"十四五"时期国家重点出版物出版专项规划项目

新能源与智能网联汽车新技术系列丛书

一流本科专业一流本科课程建设系列教材

新能源汽车技术

杨坤 等编著

机械工业出版社

本书是"十四五"时期国家重点出版物出版专项规划项目。

本书系统地论述了新能源汽车开发过程中用到的相关知识，从总体上阐述了发展新能源汽车的必要性，新能源汽车的定义与分类、发展现状、政策与法规等。在关键总成方面，本书重点讲述了电机的基本知识、分类、主流电机的工作原理和特点、车用新型电机等，电池的定义与分类、基本术语、电池的工作原理、动力蓄电池系统、电池管理系统、新能源汽车的充电方法、动力蓄电池的测试评价、梯次利用等。在整车方面，本书重点讲述了纯电动汽车的工作原理、整车构型、关键部件匹配、性能评价、整车控制系统、整车热管理系统、技术路线等，混合动力汽车的定义与分类、主流混合动力构型和工作模式、节能机理、关键总成匹配、整车控制系统、新型混合动力系统等，燃料电池电动汽车的燃料电池、氢气的制备与储存、燃料电池电动汽车的设计、匹配、控制等。

本书内容在兼顾理论性的同时，贴近工程实际，既可作为高等院校车辆工程、新能源汽车工程、交通运输、汽车运用工程、汽车服务工程及相关专业的教材，也可作为从事节能与新能源汽车相关领域的工程技术人员、科研人员的参考读物。

图书在版编目（CIP）数据

新能源汽车技术／杨坤等编著. -- 北京：机械工业出版社，2025. 7. --（新能源与智能网联汽车新技术系列丛书）（一流本科专业一流本科课程建设系列教材）.
ISBN 978-7-111-78372-5

Ⅰ. U469.7

中国国家版本馆 CIP 数据核字第 2025DR7097 号

机械工业出版社（北京市百万庄大街 22 号　邮政编码 100037）
策划编辑：宋学敏　　　　　　责任编辑：宋学敏　杜丽君
责任校对：郑　婕　李小宝　　封面设计：张　静
责任印制：单爱军
保定市中画美凯印刷有限公司印刷
2025 年 8 月第 1 版第 1 次印刷
184mm×260mm · 17.25 印张 · 432 千字
标准书号：ISBN 978-7-111-78372-5
定价：58.00 元

电话服务　　　　　　　　　网络服务
客服电话：010-88361066　　机　工　官　网：www.cmpbook.com
　　　　　010-88379833　　机　工　官　博：weibo.com/cmp1952
　　　　　010-68326294　　金　书　网：www.golden-book.com
封底无防伪标均为盗版　机工教育服务网：www.cmpedu.com

PREFACE 前言

随着环境污染和能源短缺问题的日益严重，新能源汽车已成为未来汽车发展的主要方向，新能源汽车行业人才缺口巨大。这要求车辆工程、新能源汽车工程、交通运输、汽车运用工程、汽车服务工程等专业学生必须了解新能源汽车行业发展的状况，并扎实掌握动力电池及储能装置、电驱动系统以及纯电动汽车、混合动力电动汽车、燃料电池电动汽车、电动附件等新能源汽车关键技术的相关内容，才能适应行业发展。因此，《新能源汽车技术》成为上述专业的重要专业课之一。

本书共分为6章，第1章从总体上阐述了发展新能源汽车的必要性，新能源汽车的定义与分类、发展现状、政策与法规等内容；第2章重点讲述了电机的基本知识、分类、主流电机的工作原理和特点、车用新型电机等知识；第3章除了介绍电池定义与分类、基本术语、电池的工作原理、动力蓄电池系统等基础知识，还对电池管理系统、新能源汽车的充电方法、动力蓄电池的测试评价和梯次利用等知识进行了详细讲解；第4章结合工程应用，重点讲述了纯电动汽车的工作原理、整车构型、关键部件匹配、性能评价、整车控制系统、整车热管理系统、技术路线等知识；第5章除了介绍传统的油电混合动力系统，还针对液压混合动力、基于双转子电机的混合动力系统进行了介绍，可以有效扩展学生的知识面；第6章针对燃料电池电动汽车，从燃料电池、氢气的制备与储存、燃料电池电动汽车的设计、匹配、控制等方面进行了详细论述。

本书由山东理工大学杨坤、王杰、马超、史立伟编著，王杰参与了第1章相关内容的编写，马超参与了电池相关内容的编写，史立伟参与了电机相关内容的编写。编著者在确定本书体系的过程中还得到了中国第一汽车股份有限公司研发总院王记磊（高工）、广东省汽车智能网联促进会氢能汽车专委会主任周飞鲲（高工）、一汽解放汽车有限公司商用车开发院谭树梁（正高级工程师）的支持，在资料整理过程中同时得到了邵长江、聂孟稳、常依乐、初镛坤、高兆桥、王戈、郭君、王中伟、陈立智、何肖军、黄壮壮、张祯文、张本军、王瑞学、邵庚龙、褚恩彪等研究生的帮助，在此一并表示感谢。本书的撰写参考了大量的书籍和文献资料，在此向这些参考文献的作者表示诚挚的感谢。

由于作者水平有限，书中难免有不当之处，敬请广大读者批评指正。

编著者

CONTENTS 目录

第 **1** 章

绪论

随着全球经济的快速发展，化石能源在交通领域被大量消耗，温室气体的过度排放造成了全球气候不断变暖，石油资源紧缺和生态环境恶化已经成为 21 世纪全人类需要共同面对的严峻问题，发展节能与新能源汽车已成为应对上述问题的必由之路。

1.1 发展新能源汽车的必要性

汽车已经成为当今社会的重要交通工具，为人类的出行带来了巨大便利。随着我国汽车产业的迅猛发展，汽车保有量呈持续增长态势，截至 2024 年年底，我国汽车保有量达到了 4.53 亿辆。汽车在给人们带来极大便利的同时，也引发了石油短缺、环境污染和气候变暖等负面问题。

1.1.1 石油短缺

由于汽车产业的蓬勃发展，我国已经成为汽车产销大国。从 2010 年开始，我国汽车销量保持稳定上升趋势，如图 1-1 所示。2024 年我国汽车销量达到 3143 万辆，连续 15 年保持全球汽车销量第一。随着汽车行业的发展，我国石油消耗量大大增加，石油进口量不断增长，石油短缺问题随之不断恶化。目前，我国成为仅次于美国的全球第二大石油消耗国。

图 1-1　中国汽车年销量（2010~2024 年）

如图 1-2 所示，2000 年我国石油对外依存度仅为 27.9%；2008 年开始，我国石油对外依存度就超过了 50% 的安全线，到 2024 年增长至 71.9%，石油消耗量达到 7.64 亿吨，其中汽车行业消耗的石油占我国石油消耗量的 30% 以上。车辆燃油消耗已成为我国石油对外依存度攀升的主要原因。目前，我国汽车产品结构仍以燃油汽车为主。因此，推动传统能源汽车节能化发展刻不容缓，这也是保障国家能源战略安全的重要措施。

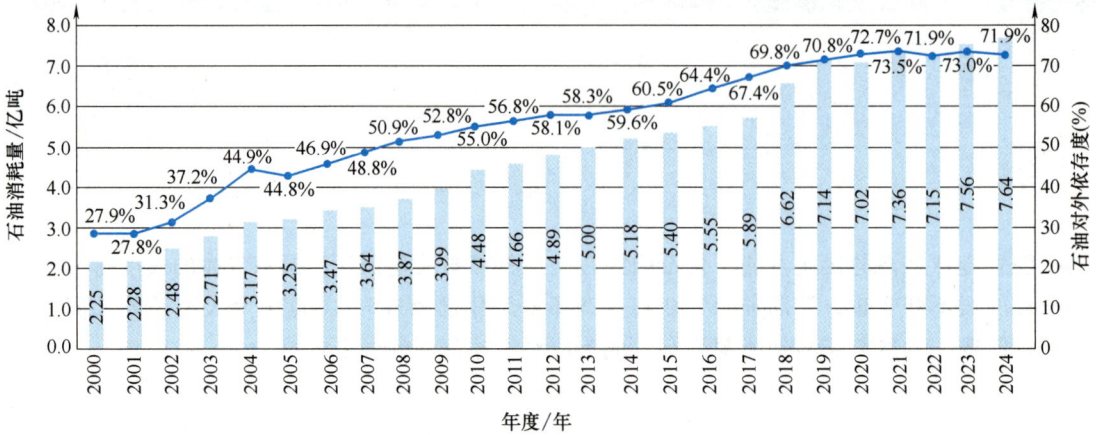

图 1-2 中国石油对外依存度

1.1.2 环境污染

由于汽车尾气排放造成的大气污染日趋严重，环境保护问题已引起了全球关注。汽车尾气中的排放污染物主要有一氧化碳（CO）、碳氢化合物（HC）、氮氧化物（NO_x）、铅（Pb）、细微颗粒物及硫化物等，如图 1-3 所示。2020 年，全国机动车四项污染物排放总量高达 1593.0 万吨。其中，一氧化碳（CO）、碳氢化合物（HC）、氮氧化物（NO_x）、颗粒物（PM）排放量分别为 769.7 万吨、190.2 万吨、626.3 万吨、6.8 万吨。汽车是污染物排放总量的主要贡献者，其排放的 CO、HC、NO_x 和 PM 超过排放总量的 90%。柴油车 NO_x 排放量超过汽车排放总量的 80%，PM 超过 90%；汽油车 CO 排放量超过汽车排放总量的 80%，HC 超过 70%。

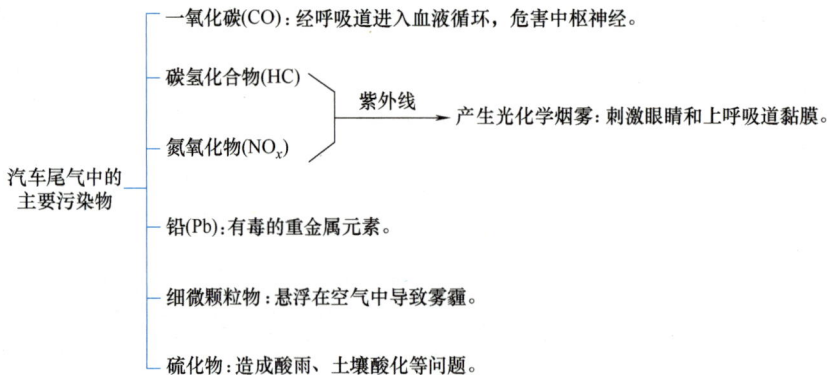

图 1-3 汽车尾气主要污染物

一氧化碳经呼吸道进入血液循环，会与血红蛋白结合生成碳氧血红蛋白，这会削弱血液输送氧的能力，并危害中枢神经系统，轻者造成人的感觉、反应、理解、记忆力等机能障碍，重者危害血液循环系统，导致生命危险。即使吸入微量一氧化碳，也可能给人造成可怕的缺氧性伤害。

氮氧化物和碳氢化合物在太阳紫外线的作用下，会生成一种具有刺激性的浅蓝色烟雾，其中含有臭氧、醛类、硝酸酯类等复杂化合物。这种光化学烟雾对人体最突出的危害是刺激眼睛和上呼吸道黏膜，引起眼睛红肿和喉炎。1943 年的洛杉矶光化学烟雾事件被认为是 20 世纪严重的环境污染事件，是世界有名的公害事件之一。当时，数千人出现咳嗽、流泪、打喷嚏的症状，严重者出现眼睛刺痛、呼吸不适、头晕恶心等症状。

大多数汽车用油均掺有防爆剂（四乙基铅或甲基铅），燃烧生成的铅及其化合物均为有毒物质。大气中 60% 以上的铅来自汽车尾气排放。人体中铅含量超标会引发心血管系统疾病，影响肝、肾等重要器官的功能及神经系统。

固体悬浮颗粒具有较强的吸附能力，可以吸附金属粉尘、病原微生物等多种有害物质，如果通过呼吸系统进入人体，滞留在呼吸系统的不同部位，还会引发各种呼吸系统疾病。

部分硫化物会造成酸雨、土壤酸化等问题。酸雨能加速土壤矿物质营养元素的流失，改变土壤结构，导致土壤贫瘠化，影响植物正常发育；酸雨能使非金属建筑材料表面硬化水泥溶解，出现孔洞，从而破坏建筑物。土壤酸化则会诱发植物病虫害，使作物减产。

20 世纪 80 年代初，我国颁布了一系列机动车尾气污染控制排放标准，包括《汽油车怠速污染物排放标准》《柴油车自由加速烟度排放标准》《汽车柴油机全负荷烟度排放标准》以及测量标准。自此，我国汽车排放标准开始一步一步建立，下面以轻型汽车的排放为例说明我国排放标准的发展历程。

2001 年，国 I 标准在全国范围内全面实施，这是第一个国家排放标准，国 I 标准参考欧 I 标准制定，相当于 20 世纪 90 年代初国外的排放标准，主要是针对 CO、HC 以及微粒排放有限制要求，CO 为 3.16g/km，HC 为 1.13g/km 等。2004 年，国 II 标准开始在全国范围内实施，该标准在国 I 标准的基础上，要求 CO 的排放降低 30%，HC 和 NO_x 的排放降低 55%。2007 年，国 III 标准开始在全国范围内实施，该标准在国 II 标准的基础上，要求增加车辆自诊断系统，并对三元催化进行了升级，要求污染物总量排放降低 40%。2010 年，国 IV 标准在全国范围内开始实施，该标准在国 III 标准的基础上，对排放后处理系统进行了升级；此外，国 IV 标准比国 III 标准的污染物排放总量降低了 50%~60%。2018 年，国 V 标准在全国范围内开始实施，该标准在国 IV 标准的基础上，要求 NO_x 的排放降低 25%，还增加了对非甲烷碳氢和 PM 排放的限制，在降低了大气污染的同时，还要求防治雾霾。2020 年，国 VI 标准在全国范围内开始实施，它在国 V 标准的基础上，对排放物的排放要求提高了 40%~50%，是目前世界范围内最严格的排放标准之一。为保证汽车行业有足够的时间进行相关车型和动力系统变更升级以及车型开发和生产准备，轻型车国 VI 标准分步实施，设置了国 VI a 和国 VI b 两个排放限值方案，分别于 2020 年和 2023 年实施。同时，对大气环境管理有特殊需求的重点区域提前实施了国 VI 排放限值（见表 1-1）。

表 1-1 国 VI 标准的排放限值表

类别			限值（国 VI a，2020 年 7 月 1 日起）						
		测试质量 TM/kg	CO/ (mg/km)	THC/ (mg/km)	NMHC/ (mg/km)	NO_x/ (mg/km)	N_2O/ (mg/km)	PM/ (mg/km)	PN/ (个/km)
一类	一	全部	700	100	68	60	20	4.5	6.0×10^{11}
二类	I	TM≤1305	700	100	68	60	20	4.5	6.0×10^{11}
	II	1305<TM≤1760	880	130	90	75	25	4.5	6.0×10^{11}
	III	TM>1760	1000	160	108	82	30	4.5	6.0×10^{11}

（续）

类别		限值（国Ⅵb，2023 年 7 月 1 日起）							
		测试质量 TM/kg	CO/ （mg/km）	THC/ （mg/km）	NMHC/ （mg/km）	NOₓ/ （mg/km）	N₂O/ （mg/km）	PM/ （mg/km）	PN/ （个/km）
一类	一	全部	500	50	35	35	20	3	6.0×10^{11}
二类	Ⅰ	TM ≤ 1305	500	50	35	35	20	3	6.0×10^{11}
	Ⅱ	1305 < TM ≤ 1760	630	65	45	45	25	3	6.0×10^{11}
	Ⅲ	TM > 1760	740	80	55	50	30	3	6.0×10^{11}

随着我国排放法规对汽车排放要求的逐步提高，从一定程度上缓解了排放污染问题，但是仅从排放标准层面加强排放要求并不能从根本上解决排放污染问题。同时受到传统燃油车技术的限制，要想进一步减小排放，发展节能与新能源汽车已经成为必经之路。

1.1.3 气候变暖

大量排放二氧化碳会加剧温室效应，使全球气温升高，而汽车尾气中的二氧化碳排放是碳排放的主要来源。"十三五"期间，我国汽车保有量从 2016 年的 1.94 亿辆增长至 2020 年的 2.81 亿辆。据中国汽车技术研究中心有限公司（简称中汽中心，CATARC）测算，2016～2020 年汽车碳排放逐年递增，从 7.5 亿吨/年增长至 7.8 亿吨/年；2020 年受疫情等因素影响，汽车使用频率有所降低，下降至 7.2 亿吨/年。为减少汽车尾气排放对全球气候变暖的影响，汽车二氧化碳排放法规已经开始实施。

发展新能源汽车产业是降低二氧化碳排放的有效途径。碳排放问题一直是国际社会舆论关注的焦点。作为《巴黎协定》缔约国之一，我国承诺到 2030 年中国的二氧化碳排放达到峰值。我国"十三五"规划纲要确定未来五年的二氧化碳排放量要下降 18%。汽车作为交通领域中碳排放的主体，一直是发展节能减排的重点领域，而纯电动汽车具有零排放的优势，对节能减排具有非常重要的作用。随着我国电力结构的优化、热电联产的稳步推进，以及新能源汽车技术水平的提升，新能源汽车在节能减排方面的优势越来越明显。因此，发展绿色低碳、高效节能的新能源汽车对减少温室气体排放、应对全球气候变化具有长远意义。

发展新能源汽车产业是实现全社会能源科学调配的重要支撑。纯电动汽车和插电式混合动力汽车既是交通工具，又可作为分布式电能存储装置。纯电动汽车和插电式混合动力汽车还具有平衡电网负荷的重要作用，有利于提高发电设备的利用效率，若遇重大灾害还可用于电力供给。另外，纯电动汽车和插电式混合动力汽车的发展能推动可再生能源的高效利用，有助于优化我国的电力能源结构，推动电力来源的清洁化。

节能与新能源汽车既是我国战略性新兴产业的重要组成部分，也是实现交通强国和双碳目标的重要途径。2019 年 9 月 19 日，中共中央、国务院发布的《交通强国建设纲要》指出：交通强国是以习近平同志为核心的党中央立足国情、着眼全局、面向未来作出的重大战略决策，是建设现代化经济体系的先行领域，是全面建成社会主义现代化强国的重要支撑，是新时代做好交通工作的总抓手；到 2020 年，完成决胜全面建成小康社会交通建设任务和"十三五"现代综合交通运输体系发展规划中的各项任务，为交通强国建设奠定坚实基础；到 2035 年，基本实现交通强国，现代化综合交通体系基本形成，人民满意度明显提高，支撑国家现代化建设能力显著增强；到 21 世纪中叶，全面建成人民满意、保障有力、世界前列的交通强国。基础设施规模质量、技术装备、科技创新能力、智能化与绿色化水平位居世界前列，交通安全水平、治理能力、文明程度、国际竞争力及影响力达到国际先进水平，全面服务和保障社会主义现代化强国建设，人民享有美好交通服务。

节能与新能源汽车既是我国战略新兴产业的重要组成部分，也是实现交通强国和双碳目标的重要途径。2020年9月，在第75届联合国大会一般性辩论上，习近平主席首次表示"中国将提高国家自主贡献力度，采取更加有力的政策措施，二氧化碳排放力争于2030年前达到峰值，努力争取在2060年前实现碳中和"。2020年10月24日，中共中央、国务院发布《中共中央 国务院关于完整准确全面贯彻新发展理念做好碳达峰碳中和工作的意见》，关于碳达峰和碳中和的具体内容是：到2030年，经济社会发展全面绿色转型取得显著成效，重点耗能行业能源利用效率达到国际先进水平，单位国内生产总值能耗大幅下降；单位国内生产总值二氧化碳排放比2005年下降65%以上；非化石能源消费比重达到25%左右，风电、太阳能发电总装机容量达到12亿千瓦以上；二氧化碳排放量达到峰值并实现稳中有降。到2060年，绿色低碳循环发展的经济体系和清洁低碳安全高效的能源体系全面建立，能源利用效率达到国际先进水平，非化石能源消费比重达到80%以上，碳中和目标顺利实现，生态文明建设取得丰硕成果，开创人与自然和谐共生新境界。

实现碳达峰、碳中和是一场广泛而深刻的经济社会系统性变革。碳达峰是量变、碳中和是质变。如果没有颠覆性技术，没有一场绿色革命，不可能实现碳中和。而新能源汽车作为全球汽车产业发展的重点，将对我国能源、环境、经济、科技、社会等方面产生较大影响。新能源汽车既是我国战略性新兴产业的重要组成部分，也是推动节能低碳的工业产品，发展新能源汽车已经成为重要的国家战略，是实现双碳目标的一个重要环节。2030年前碳达峰及2060年前碳中和的目标对汽车产业的发展提出了更高的要求，将促使汽车产业加快绿色转型，加快新能源汽车的发展进程。

低碳交通是指在交通运输行为中，以降低温室气体排放为目标的一种低能耗、低排放的交通运输方式。低碳交通模式要求以低能耗、低排放、低污染为约束条件，来进行交通规划的设计和交通方案的选择。低碳交通的核心目标是节能减排，即交通领域中以减少温室气体排放为目标。低碳交通是实现碳达峰、碳中和的一个重要环节，是碳达峰、碳中和对交通行业建设的具体要求。

对低碳交通运输体系建设的要求主要有优化交通运输结构、推广节能低碳型交通工具，以及积极引导低碳出行。其中，推广节能低碳型交通工具与发展新能源汽车密切相关，主要内容有加快发展新能源和清洁能源车船，推广智能交通，推进铁路电气化改造，推动加氢站建设，促进船舶靠港使用岸电常态化；加快构建便利高效、适度超前的充换电网络体系；提高燃油车船能效标准，健全交通运输装备能效标识制度，加快淘汰高耗能、高排放的老旧车船。

1.2 新能源汽车的定义与分类

新能源汽车的概念是相对于传统汽车而言的，随着新能源汽车技术的发展，以及国家对其技术要求的变化，我国的相关政策法规对新能源汽车的定义和分类也在不断变化。

在"十一五"节能与新能源汽车重大项目中，将清洁燃料汽车和电动汽车（包括燃料电池电动汽车、混合动力电动汽车和纯电动汽车）称为节能与新能源汽车，成为"十一五"发展的重点。

2009 年 6 月，工业和信息化部制定并发布了《新能源汽车生产企业及产品准入管理规则》，规定：新能源汽车，是指采用非常规的车用燃料作为动力来源（或使用常规的车用燃料、采用新型车载动力装置），综合车辆的动力控制和驱动方面的先进技术，形成的技术原理先进，具有新技术、新结构的汽车。新能源汽车包括混合动力汽车、纯电动汽车（包括太阳能电动汽车）、燃料电池电动汽车（FCEV）、氢发动机汽车、其他新能源（如高效储能器、二甲醚）汽车等。

随着国家对整车节能要求的提高，国务院在 2012 年 6 月发布的《节能与新能源汽车产业发展规划（2012—2020 年）》中规定：新能源汽车是指采用新型动力系统，完全或主要依靠新型能源驱动的汽车，新能源汽车主要包括纯电动汽车、插电式混合动力汽车及燃料电池电动汽车；节能汽车是指以内燃机为主要动力系统，综合工况燃料消耗量优于下一阶段目标值的汽车。非插电式混合动力汽车不再属于新能源汽车，而被划为节能汽车。

2020 年，工信部在发布的《新能源汽车生产企业及产品准入管理规定》中规定：新能源汽车为采用新型动力系统，完全或主要依靠新型能源驱动的汽车，包括纯电动汽车、插电式混合动力（含增程式）汽车和燃料电池电动汽车等。

GB/T 19596—2017《电动汽车术语》分别对各种具体车型进行了定义：纯电动汽车是驱动能量完全由电能提供、由电机驱动的汽车；电机的驱动电能来源于车载可充电储能系统或其他能量储存装置。混合动力电动汽车是能够至少从可消耗的燃料和可再充电能/能量储存装置两类车载储存的能量中获得动力的汽车。增程式电动汽车是一种在纯电动模式下可以达到其所有的动力性能，而当车载可充电储能系统无法满足续驶里程要求时，打开车载辅助供电装置为动力系统提供电能，可以延长续驶里程，且该车载辅助供电装置与驱动系统没有传动轴（带）等传动连接的电动汽车。燃料电池电动汽车是以燃料电池系统作为单一动力源或者是以燃料电池系统与可充电储能系统作为混合动力源的电动汽车。按照动力系统的结构型式，混合动力电动汽车可分为串联式混合动力电动汽车、并联式混合动力电动汽车和混联式混合动力电动汽车；按照外接充电能力，混合动力电动汽车可分为可外接充电式混合动力汽车和不可外接充电式混合动力汽车；按照行驶模式的选择方式，混合动力电动汽车可分为有手动选择功能的混合动力电动汽车和无手动选择功能的混合动力电动汽车。

1.3 新能源汽车的发展现状

面对日益严峻的能源短缺和环境污染问题，世界主要汽车生产国目前都把发展新能源汽车作为提高产业竞争能力、保持经济社会可持续发展的重大战略举措。

随着我国新能源汽车技术的不断发展以及国家相关政策的支持，新能源汽车在大众消费群体中越来越受欢迎，新能源汽车销量持续增长，2010～2024 年我国新能源汽车的销量如图 1-4 所示。

2010～2013 年，由于我国新能源汽车的相关技术还不成熟，销量总和仅为 4.58 万辆。2014～2018 年，受益于国家对新能源汽车的政策扶持以及新能源汽车技术的逐步成熟，我国新能源汽车市场开始快速发展，新能源汽车的产销量大幅上升，2014 年我国新能源汽车销量为 7.48 万辆，2018 年新能源汽车销量突破百万辆，增长至 125.6 万辆。2018～2020 年，我国新能源汽车技术快速发展，消费者对新能源汽车的认可度逐步增加，但是受到补贴退坡

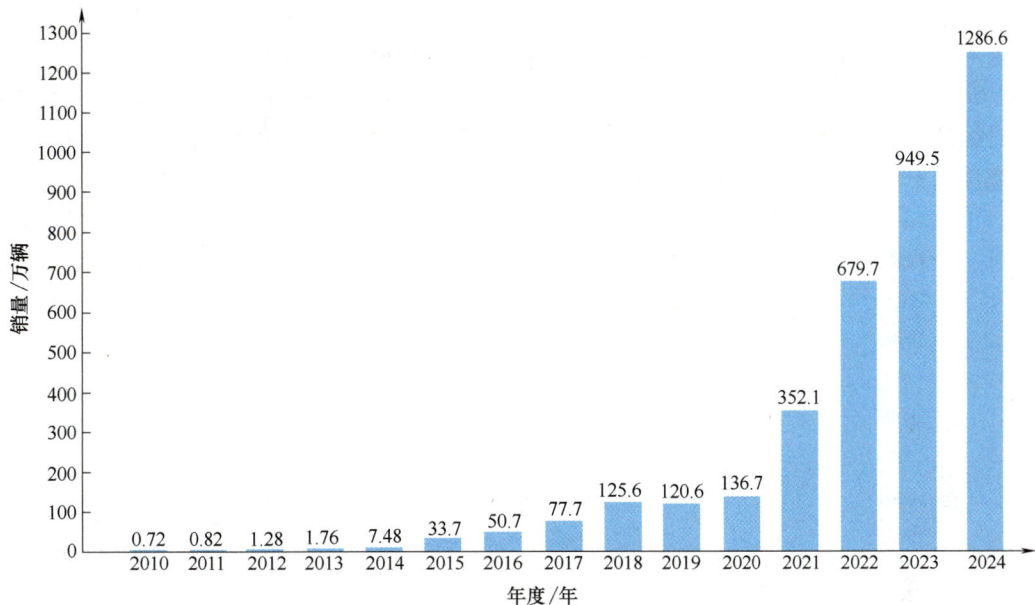

图 1-4　2010~2024 年我国新能源汽车的销量

政策的影响；新能源汽车销量处于稳定状态，年销量均保持在百万辆以上，波动较小。从
2021 年开始，由于油价大幅上涨，新能源汽车技术又有了突破性进展，新能源汽车的销量
大幅增加。2021 年销量达到 352.1 万辆，标志着我国新能源汽车进入规模产业化阶段。
2024 年新能源汽车销量已达 1286.6 万辆，新能源汽车销量占汽车新车总销量的 40.9%，截
至 2024 年，我国新能源汽车销量已连续 9 年位居世界第一。

在国家、地方政策双轮推动及强制性标准逐步完善的情况下，我国新能源汽车的保有量
逐年增加，如图 1-5 所示。2015 年底，我国新能源汽车保有量仅有 58 万辆，截至 2024 年
底，我国新能源汽车保有量达 3140 万辆，约占汽车总量的 8.90%。

当前，我国新能源汽车需求快速增长的主要驱动力，已从补贴和牌照等政策主导，转向

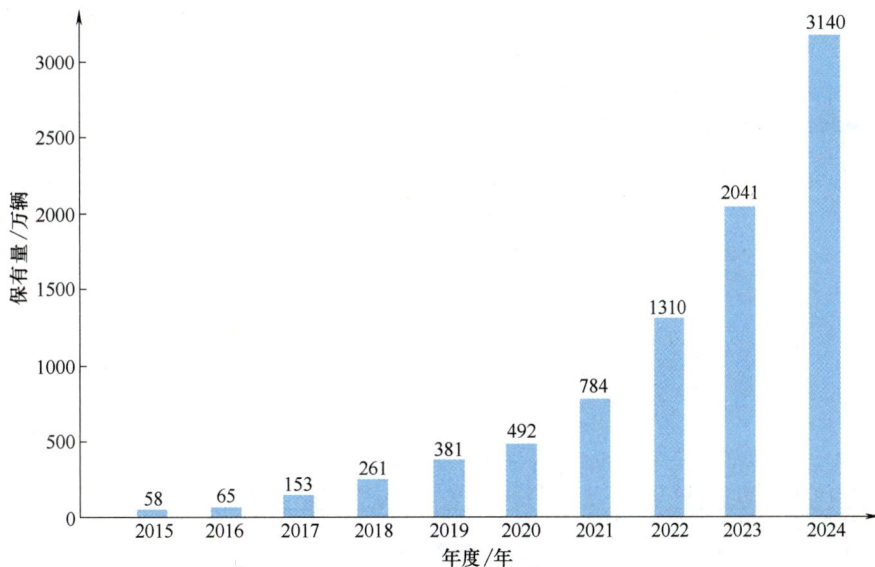

图 1-5　我国新能源汽车的保有量

市场化的供给端产品多样化、产品竞争力提升支持的个人需求释放。在新能源汽车快速发展的背景下，我国新能源汽车渗透率已经从 2013 年的 0.008% 提升至 2021 年的 13.4%，如图 1-6 所示。《新能源汽车产业发展规划（2021~2035 年）》中明确提出，新能源汽车渗透率的目标是在 2025 年达到 25%。截至 2024 年底，我国新能源汽车渗透率已达到 47.6%，未来新能源汽车的渗透率仍会快速提升。

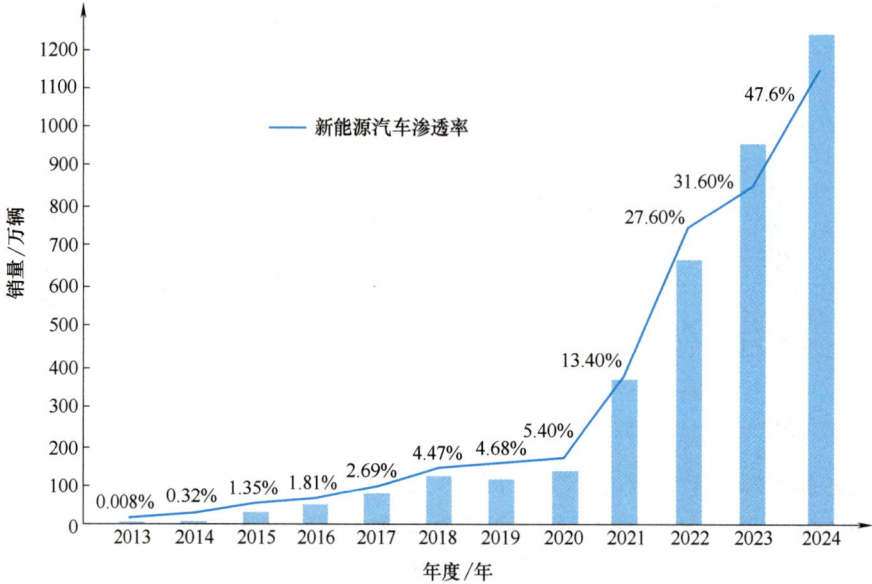

图 1-6　我国新能源汽车的渗透率

　　近年来，随着新能源汽车产业链的逐步成熟，丰富和多元化的新能源汽车产品不断出现，使用环境也在逐步优化和改进，在这些措施之下，新能源汽车越来越受到消费者的认可。其中，纯电动汽车和插电式混合动力汽车在新能源汽车消费市场得到了广泛的认可，纯电动汽车和插电式混合动力汽车逐年的销量如图 1-7 所示，从 2015 年后，纯电动和插电式

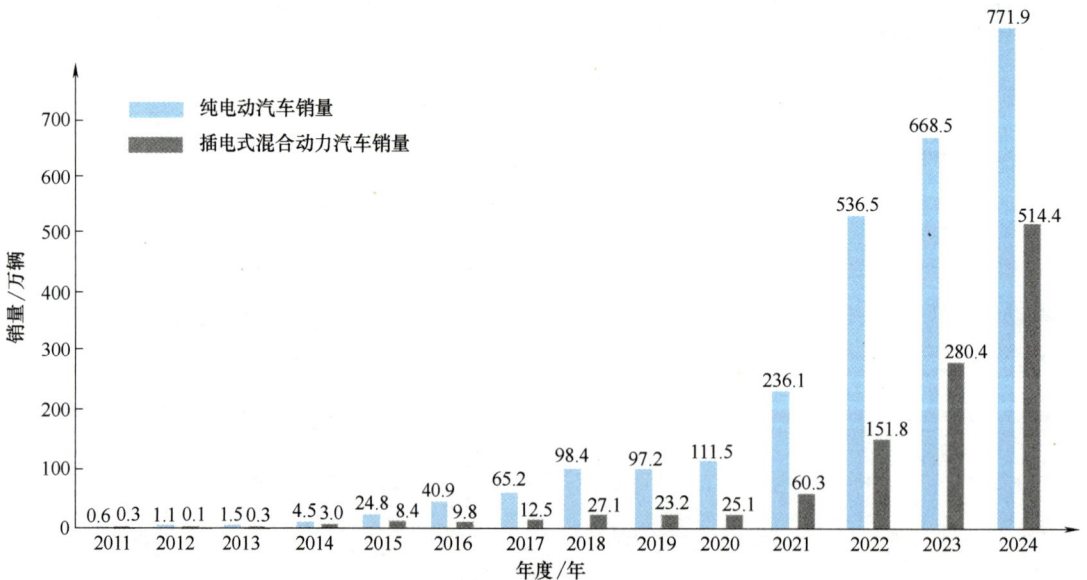

图 1-7　我国纯电动、插电式混合动力汽车销量

混合动力汽车销量实现了快速增长，到 2020 年，纯电动汽车销量已突破百万，插电式混合动力汽车也从最初不足万辆达到了 2024 年的 514.4 万辆。

1.4 新能源汽车的相关政策及法规

2001 年 9 月，科技部组织召开了"十五"国家 863 计划电动汽车重大专项可行性研究论证会，首席科学家万钢指出：在电动汽车这一新的领域，我们与国外处于相近的起跑线，技术水平与产业化的差距相对较小。因此，只要抓住机遇，对我国汽车工业的发展战略、总体技术路线以及组织管理模式进行重大调整，把大力发展新一代汽车，实现产业化作为促进我国汽车工业实现跨越式发展的战略性举措，就有可能在世界汽车工业新一轮竞争中占领制高点，取得有利地位，提高我国汽车工业的国际竞争力，实现我国汽车工业的振兴。为此，科技部在"十五"国家 863 计划中特别设立了电动汽车重大专项，从国家汽车产业发展战略的高度出发，选择新一代电动汽车作为我国汽车科技创新的主攻方向。2006 年 4 月，"十一五"国家 863 计划节能与新能源汽车重大项目启动，指导思想是：结合"十五"电动汽车重大科技专项和"十五"清洁汽车行动取得的成果，继承发展，自主创新，重点跨越，优化管理，遵循汽车工业发展和科技项目研发的规律，以市场为导向，重点突破节能与新能源汽车关键技术瓶颈和系统集成技术，构建公共服务平台，形成总体研发体系，推动节能与新能源汽车整车及关键零部件的研发和产业化，提升我国汽车工业的核心竞争能力。为保障能源安全、降低环境污染，实现汽车工业的可持续发展提供有力技术支撑。

2012 年 6 月，国务院发布的《节能与新能源汽车产业发展规划（2012—2020 年）》对我国新能源汽车的发展目标、主要任务和保障措施等提出了新要求。该规划提出：到 2015 年，纯电动汽车和插电式混合动力汽车累计产销量力争达到 50 万辆；到 2020 年，纯电动汽车和插电式混合动力汽车生产能力达 200 万辆、累计产销量超过 500 万辆，燃料电池汽车与国际同步发展。

为加强新能源汽车在各城市的推广和应用，国家分别面向公共领域及私人领域，提出了阶段性推广目标、多样化财税和非财税类激励措施，并制定了相关的补贴政策。

在通过补贴推动新能源汽车产业发展的同时，国家相关部门还通过积分政策推动新能源汽车的发展。2017 年 9 月出台的《乘用车企业平均燃料消耗量与新能源汽车积分并行管理办法》规定：企业的油耗积分和新能源积分将实行并行管理，汽车制造商除了需要降低燃油消耗来获取油耗正积分外，还必须出售足够数量的新能源汽车才能获得相应的新能源积分。乘用车企业平均燃料消耗量正积分可以结转或者在关联企业间转让；新能源汽车正积分可以自由交易，但不得结转。2019 年起实施企业平均燃料消耗量积分核算；2019 年、2020 年，新能源汽车积分比例要求分别为 10%、12%。2021 年 2 月 8 日，工业和信息化部发布《关于 2020 年度乘用车企业平均燃料消耗量和新能源汽车积分管理有关事项的通知》，明确了三项措施：一是在 2020 年的企业平均燃料消耗量积分核算中，对标准配置怠速起停系统、制动能量回收系统、换档提醒装置的车型，其燃料消耗量可相应减免一定额度（可累加）；二是企业 2020 年度产生的新能源汽车负积分可以使用 2021 年度产生的新能源汽车正积分进行抵偿；三是统筹考虑湖北企业困难和复工复产实际，对于注册地在湖北省的乘用车企业，2020 年度产生的平均燃料消耗量负积分和新能源汽车负积分，按 80% 计算。

随着新能源汽车产销量的逐步增大，国家还针对新能源汽车的生产准入制定了完善的政策法规，并进行了持续改进。例如，2020 年 2 月和 4 月，工业和信息化部分别两次公开征求意见后，于 2020 年 7 月 30 日正式发布《关于修改〈新能源汽车生产企业及产品准入管理规定〉的决定》，并于 2020 年 9 月起施行，相关内容见表 1-2。

表 1-2 《关于修改〈新能源汽车生产企业及产品准入管理规定〉的决定》

修改前	修改后	解读
申请新能源汽车生产企业准入的,应具备生产新能源汽车产品所必需的设计开发能力	删除此项内容	2020 年 2 月征求意见稿将"设计开发能力"改为"技术保障能力",2020 年 4 月征求意见稿直接删除该项要求,持续简化事前准入要求
各地方发现新能源汽车生产企业有《准入审查要求》所列要求发生重大变化、生产管理存在重大安全隐患、有违法行为等的,应当及时向工业和信息化部报告	新增内容:发现产品不符合安全技术标准的,应当及时向工业和信息化部报告	加强安全监督
对停产新能源汽车产品 12 个月及以上的新能源汽车生产企业予以特别公示	调整为 24 个月	与《道路机动车辆生产企业及产品准入管理办法》(工业和信息化部令第 50 号)关于企业特别公示的要求保持一致

随着新能源汽车技术的发展，我国陆续从科技、市场推广、示范运行、消费者购买、财政、税收支持等角度，出台了多项支持汽车电动化发展的政策和发展规划。这些政策和规划有效促进了我国新能源汽车产业的发展。总体来说，相关政策主要涉及宏观综合、生产准入、财政补贴、积分管理等方面。我国关于新能源汽车产业的部分政策见表 1-3。

表 1-3 我国关于新能源汽车产业的部分政策

发布时间	政策名称	发布部门	主要内容
2009 年 1 月	节能与新能源汽车示范推广财政补助资金管理暂行办法	财政部	节油率大于 5% 的公共服务用混合动力乘用车和轻型混合动力商用车最低补贴 4000 元,最高补贴 5 万元,纯电动乘用车和轻型纯电动商用车补贴 6 万元,燃料电池乘用车和燃料电池商用车最高补贴 25 万元
2011 年 11 月	关于进一步做好节能与新能源汽车示范推广试点工作的通知	财政部、科技部、工信部、发改委	落实新能源汽车免除车牌拍卖、摇号、限行等限制措施,并出台停车费、电价、道路通行费等扶持政策
2012 年 6 月	节能与新能源汽车产业发展规划（2012—2020 年）	工信部	2020 年,新能源汽车累计产销量达到 500 万辆;动力电池系统能量密度达到 200W·h/kg,成本降至 1.5 元/W·h;中/重度混合动力乘用车占乘用车年产销量的 50% 以上;汽车燃油经济性整体水平与国际先进水平接轨,乘用车新车平均油耗达到 4.5L/100km
2013 年 9 月	关于继续开展新能源汽车推广应用工作的通知	财政部、科技部	2013—2015 年,新能源汽车补贴政策,重点支持大中型城市示范运营;2014 年和 2015 年,纯电动乘用车、插电式混合动力乘用车、纯电动专用车、燃料电池电动汽车补助标准在 2013 年标准基础上分别下降 10% 和 20%;纯电动公交车、插电式混合动力公交车标准维持不变

（续）

发布时间	政策名称	发布部门	主要内容
2014 年 6 月	政府机关及公共机构购买新能源汽车实施方案	财政部、科技部、发展改革委	2014—2016 年,中央国家机关以及纳入财政部、科技部、工业和信息化部、发展改革委备案范围的新能源汽车推广应用城市的政府机关,以及公共机构购买的新能源汽车占当年配备更新总量的比例不低于 30%,以后逐年提高
2015 年 4 月	关于 2016—2020 年新能源汽车推广应用财政支持政策的通知	财政部、科技部、工信部、发展改革委	2016—2020 年,除燃料电池电动汽车外,其他车型的补助标准适当退坡。其中,2017 年纯电动汽车、插电式混合动力汽车的补助标准,在 2016 年的基础上下降 10%,2019 年的补助标准在 2017 年的基础上再下降 10%
2015 年 10 月	关于加快电动汽车充电基础设施建设的指导意见	国务院	到 2020 年,基本建成适度超前、车桩相随、智能高效的充电基础设施体系,满足超过 500 万辆电动汽车的充电需求
2016 年 4 月	氢能与燃料电池技术战略方向规划目标	发展改革委、国家能源局	提出 15 项重点创新任务,包括煤炭清洁高效利用技术创新、先进核能技术创新、先进储能技术创新、氢能和燃料电池技术创新、能源互联网创新等
2017 年 1 月	"十三五"节能减排综合工作方案的通知	国务院	明确了"十三五"期间节能减排总体要求和目标,加强重点领域节能以及对节能减排支持政策的完善
2017 年 4 月	汽车产业中长期发展规划	工信部、发展改革委、科技部	到 2020 年,培育形成若干家进入世界前十的新能源汽车企业,智能网联汽车与国际同步发展;到 2025 年,新能源汽车骨干企业在全球的影响力和市场份额进一步提升,智能网联汽车进入世界先进行列
2017 年 9 月	乘用车企业平均燃料消耗量与新能源汽车积分并行管理办法	工信部、财政部、商务部、海关总署、市场监管总局	对车型能耗和产量等一系列变量进行加权计算后产生分数,负者将受到包括停产在内的严厉惩罚
2018 年 10 月	推进运输结构调整三年计划行动(2018—2020 年)	国务院	加大新能源城市配送车辆推广应用,到 2020 年,新能源车辆和达到国Ⅵ排放标准的清洁能源车辆的比例超过 50%,重点区域达到 80%
2020 年 4 月	关于完善新能源汽车推广应用财政补贴政策的通知	财政部、工信部、科技部、发展改革委	规定 2020—2022 年的补贴标准分别在上一年基础上减少 10%、20%、30%
2020 年 7 月	关于修改《新能源汽车生产企业及产品准入管理规定》的决定	工信部	降低了新能源汽车生产企业准入门槛,主要修改内容有三方面:一是删除申请新能源汽车生产企业准入有关"设计开发能力"的要求;二是将新能源汽车企业停止生产的时间由 12 个月调整为 24 个月;三是删除有关新能源汽车生产企业申请准入的过渡期临时条款
2020 年 10 月	节能与新能源汽车技术路线图 2.0	中国汽车工程学会	汽车产业碳排放总量在 2028 年提前达到峰值,新能源汽车逐渐成为主流产品,汽车产业初步实现电动化转型;在此基础上,智能网联汽车技术产生一系列原创性科技成果,并有效普及应用,技术创新体系基本成熟,持续创新能力和零部件产业具备国际竞争力
2020 年 11 月	新能源汽车产业发展规划（2021—2035 年）	国务院	到 2025 年,我国新能源汽车市场竞争力明显增强,纯电动乘用车新车平均电耗降至 12kW·h/100km,新能源汽车新车销售量达到新车销售总量的 20% 左右

（续）

发布时间	政策名称	发布部门	主要内容
2020 年 12 月	关于进一步完善新能源汽车推广应用财政补贴政策的通知	财政部、工信部、科技部、发展改革委	2021 年，新能源汽车补贴标准在 2020 年基础上减少 20%；为加快推动公共交通行业转型升级，地方可继续对新能源公交车给予购置补贴
2021 年 2 月	国家电网公司发布碳达峰碳中和行动方案	国家电网	提出加快构建清洁低碳、安全高效的能源体系，持续推进碳减排，明确了推动能源电力转型的主要实践、研究路径以及行动方案
2021 年 2 月	关于加快建立健全绿色低碳循环发展经济体系的指导意见	国务院	推广绿色低碳运输工具，淘汰或改造老旧车船，优先使用新能源或清洁能源汽车
2021 年 12 月	关于 2022 年新能源汽车推广应用财政补贴政策的通知	财政部、工业和信息化部、科技部等	2022 年，新能源汽车补贴标准在 2021 年基础上退坡 30%，2022 年新能源汽车购置补贴政策于 2022 年 12 月 31 日终止，2022 年 12 月 31 日之后上牌的车辆不再给予补贴
2022 年 9 月	关于延续新能源汽车免征车辆购置税政策的公告	财政部、税务总局、工业和信息化部	对购置日期在 2023 年 1 月 1 日至 2023 年 12 月 31 日期间内的新能源汽车，免征车辆购置税
2023 年 1 月	关于组织开展公共领域车辆全面电动化先行区试点工作的通知	工业和信息化部、交通运输部、发展改革委等	试点领域新增及更新车辆中新能源汽车比例显著提高，新增公共充电桩（标准桩）与公共领域新能源汽车推广数量（标准车）比例力争达到 1:1，高速公路服务区充电设施车位占比预期不低于小型停车位的 10%
2023 年 6 月	关于进一步构建高质量充电基础设施体系的指导意见	国务院	加强充电基础设施发展顶层设计，科学规划建设规模、网络结构、布局功能和发展模式。到 2030 年，基本建成覆盖广泛、规模适度、结构合理、功能完善的高质量充电基础设施体系，有效满足人民群众出行充电需求
2023 年 12 月	关于支持新能源汽车贸易合作健康发展的意见	商务部、国家发展改革委、工业和信息化部等	鼓励新能源汽车及其供应链企业高效利用全球创新资源，提升我国新能源汽车设计、研发及工程技术等方面的创新能力
2023 年 12 月	关于加强新能源汽车与电网融合互动的实施意见	国家发展改革委、国家能源局、工业和信息化部、市场监管总局	新能源汽车通过充换电设施与供电网络相连，构建新能源汽车与供电网络的信息流、能量流双向互动体系，可有效发挥动力电池作为可控负荷或移动储能的灵活性调节能力，为新型电力系统高效经济运行提供重要支撑。车网互动主要包括智能有序充电、双向充放电等形式，可参与削峰填谷、虚拟电厂、聚合交易等应用场景
2024 年 4 月	关于开展县域充换电设施补短板试点工作的通知	财政部、工业和信息化部、交通运输部	推动新能源汽车下乡，不仅把充电桩下乡写进中央"一号文件"，并对重点村镇充电设施规划建设给予奖励资金支持。除了中央政策外，各级政府也出台了相应的补贴政策，旨在降低充电桩建设和运营成本
2024 年 5 月	关于调整享受车船税优惠的节能 新能源汽车产品技术要求的公告	财政部、税务总局、工业和信息化部、交通运输部	为适应节能与新能源汽车产业发展和技术进步需要，促进节约能源，鼓励使用新能源，对《财政部 税务总局 工业和信息化部 交通运输部关于节能 新能源车船享受车船税优惠政策的通知》（财税〔2018〕74 号）中享受车船税优惠的节能、新能源汽车产品技术要求进一步进行说明

（续）

发布时间	政策名称	发布部门	主要内容
2024 年 5 月	关于开展 2024 年新能源汽车下乡活动的通知	工业和信息化部、国家发展改革委、农业农村部、商务部、国家能源局	鼓励农村地区新能源汽车消费，补齐农村地区配套环境短板，提升居民绿色安全出行
2024 年 8 月	关于推动车网互动规模化应用试点工作的通知	国家发展改革委、国家能源局、工业和信息化部、市场监管总局	全面推广新能源汽车有序充电，扩大双向充放电（V2G）项目规模，以城市为主体完善规模化、可持续的车网互动政策机制，以 V2G 项目为主体探索技术先进、模式清晰、可复制推广的商业模式，力争以市场化机制引导车网互动规模化发展。参与试点的地区应全面执行充电峰谷分时电价，力争年度充电电量 60% 以上集中在低谷时段，其中通过私人桩充电的电量 80% 以上集中在低谷时段
2025 年 3 月	2025 年新能源城市公交车及动力电池更新补贴实施细则	交通运输部、国家发展改革委、财政部	对城市公交企业更新新能源城市公交车及更换动力电池，给予定额补贴。鼓励结合客流变化、城市公交行业发展等情况，合理选择更换的新能源城市公交车辆车长类型。每辆车平均补贴 8 万元；其中，对更换动力电池的，每辆车平均补贴 4.2 万元

1.5 新能源汽车的主要技术路线

面向未来 10~15 年，我国汽车产业发展的总体目标是碳排放于 2028 年左右提前达到峰值，到 2035 年，排放总量较峰值下降 20% 以上，新能源汽车将逐渐成为主流产品，汽车产业基本实现电动化转型，关键核心技术自主化水平显著提升，形成协同高效、安全可控的产业链；建立汽车智慧出行体系，形成汽车、交通、能源、城市深度融合生态；技术创新体系优化完善，原始创新水平具备全球引领能力。我国汽车技术总体发展目标如图 1-8 所示，基于节能和新能源汽车技术的持续进步，乘用车、商用车燃料消耗量不断降低。到 2025 年，全球轻型车辆测试循环（WLTC）工况下，乘用车新车燃料消耗量达到 4.6L/100km，货车油耗要比 2019 年降低 8% 以上，客车油耗要比 2019 年降低 10% 以上；到 2030 年，WLTC 工况下，乘用车新车油耗达到 3.2L/100km，货车油耗比 2019 年降低 10% 以上，客车油耗比 2019 年降低 15% 以上；到 2035 年，WLTC 工况下，乘用车油耗达到 2.0L/100km，货车油耗比 2019 年降低 15% 以上，客车油耗比 2019 年降低 20% 以上。

节能汽车、新能源汽车及智能网联汽车已确定为我国汽车产业的发展重点，它们是汽车技术发展与应用的体现形式和最终载体。而整车性能的提升离不开核心零部件及相关基础设施技术的进步。动力蓄电池、电机驱动系统作为关键核心零部件，其技术水平制约着新能源汽车的发展。同时，整车性能提升的需求也促进了核心零部件的技术进步，从而实现新能源汽车整车与零部件相辅相成的技术创新。此外，汽车轻量化是节能汽车、新能源汽车与智能网联汽车的共性基础技术，智能制造与关键装备技术是汽车产品生产质量的

		2025年	2030年	2035年
总体发展目标		汽车产业碳排放总量先于国家碳减排承诺于2028年左右提前达到峰值，到2035年排放总量较峰值下降20%以上		
		新能源汽车逐渐成为主流产品，汽车产业实现电动化转型		
		中国方案智能网联汽车技术体系基本成熟，产品大规模应用		
		关键核心技术自主化水平显著提升，形成协同高效、安全可控的产业链		
		建立汽车智慧出行体系，形成汽车-交通-能源-城市深度融合生态		
		技术创新体系优化完善，原始创新水平具备全球引领能力		
主要里程碑	乘用车	乘用车(含新能源)新车油耗达到4.6L/100km(WLTC)	乘用车(含新能源)新车油耗达到3.2L/100km(WLTC)	乘用车(含新能源)新车油耗达到2.0L/100km(WLTC)
	商用车	较2019年，货车油耗降低8%以上，客车油耗降低10%以上	较2019年，货车油耗降低10%以上，客车油耗降低15%以上	较2019年，货车油耗降低15%以上；客车油耗降低20%以上
	节能汽车	传统能源乘用车新车平均油耗5.6L/100km(WLTC)	传统能源乘用车新车平均油耗4.8L/100km(WLTC)	传统能源乘用车新车平均油耗4L/100km(WLTC)
		混合动力新车占传统能源乘用车50%以上	混合动力新车占传统能源乘用车75%以上	混合动力新车占传统能源乘用车100%
	新能源汽车	新能源汽车占总销量20%左右	新能源汽车占总销量40%左右	新能源汽车成为主流(占总销量的50%以上)
		氢燃料电池汽车保有量达到10万辆左右	氢燃料电池汽车保有量100万辆左右	
	智能网联汽车	PA/CA级智能网联汽车占汽车年销量的50%以上；HA级汽车开始进入市场，C-V2X终端新车装备率达50%	PA/CA级智能网联汽车占汽车年销量的70%，HA级超过20%，C-V2X终端装配基本普及	各类网联式高度自动驾驶车辆广泛运行于中国广大地区，中国方案智能网联汽车与智慧能源、智能交通、智慧城市深度融合

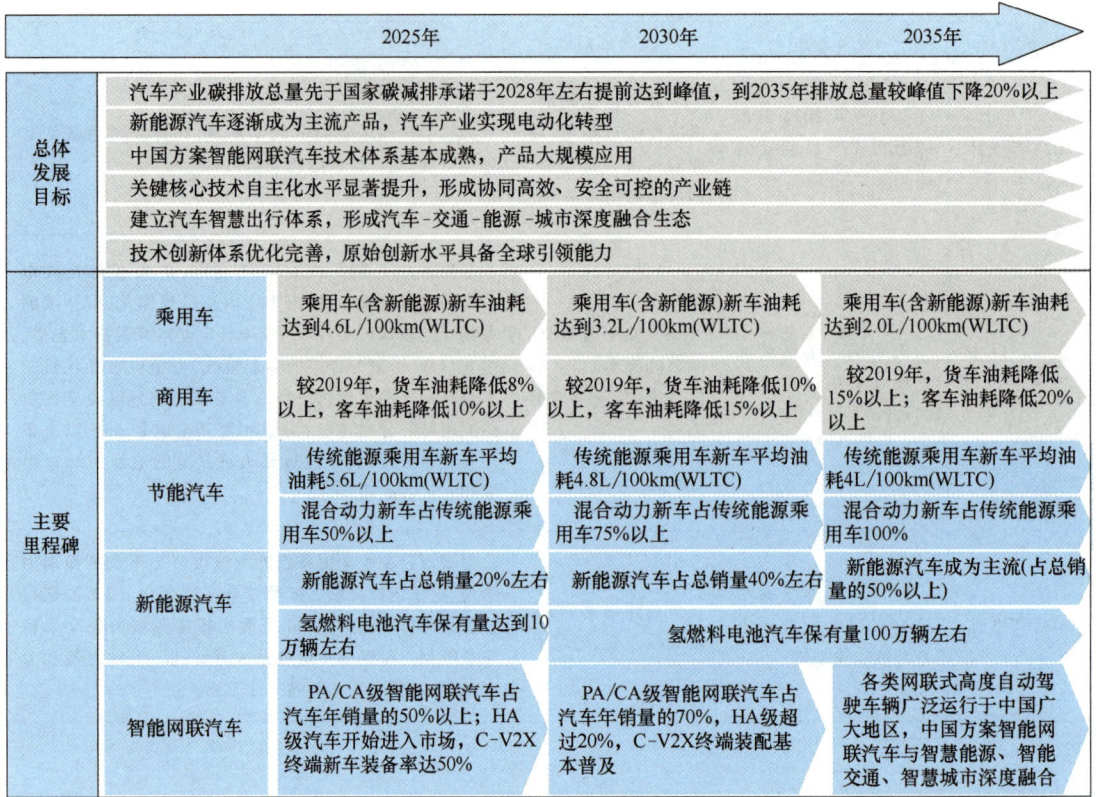

图1-8 我国汽车技术总体发展目标

保障。根据汽车各项技术的内涵、特点及相互关联，明确了我国汽车技术的重点发展方向，如图1-9所示。

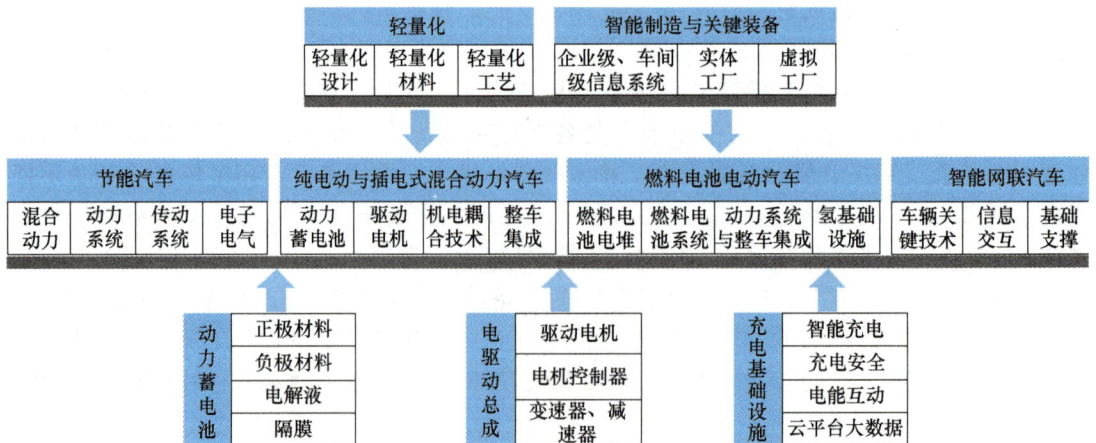

图1-9 我国节能、新能源与智能网联汽车技术重点发展方向

为进一步明确我国汽车产业实施路线，围绕七大领域的专题分析结果，立足当前，着眼长远，统筹整体推进与重点突破，以创新、协调、绿色、开放、共享为指导原则，制定了我国汽车产业的总体路线图、重点产品路线图和关键领域技术突破路线图，如图1-10所示。

14

	2025年	2030年	2035年
产业融合	**推动汽车与能源融合发展**		
	具备V2G功能的电动汽车和充电基础设施占新增比例的15%以上，以机关单位停车场、综合性商业园区、企业园区等停车场的公务用车、私人车辆、通勤车辆优先实现V2G应用，实现充电场站、充电微网的车网互动	具备V2G功能的电动汽车和充电基础设施占新增比例的50%以上，在园区、办公区、住宅小区的家庭乘用车、公务车、短途商用车及农村居舍微电网上，实现V2G规模化应用，车网互动范围扩展至城市配电网及区域综合能源系统	新增电动汽车和充电基础设施均具备V2G功能，实现全类型电动汽车与智慧能源互联网范围内车-桩-网-云的广域互动，达到多层次互动形式与效益并存
	实现电动汽车充电与新能源发电协同调度，年用电量中可再生能源电量达百亿kW·h		电动汽车年用电量中可再生能源电量达千亿kW·h
	推进可再生能源制氢氢气需求量达到20万~40万t/年	实现大规模可再生能源制氢氢气需求量达到200万~400万t/年	
	推动汽车与交通融合发展		
	实现城市共享出行汽车在专用车道和限定区域的CA级智能化	构建精准匹配个体出行需求的"出行即服务"出行模式	在全路况条件下，实现低成本且高可靠、可规模化快速部署的商用无人驾驶功能
	高速公路列队行驶等货运场景实现自动驾驶	全国主要城市的城市道路货运实现高度自动驾驶	
	推动汽车与信息通信融合发展		
	完成NR-V2X频谱、LTE-V2X与NR-V2X设备共存等技术研究	NR-V2X 6GHz以上毫米波技术成熟	V2X技术支持HA级别以上自动驾驶的商业化应用
	高精度地图数据精度达到广域亚米级、局域分米级，实现结构化道路及停车场等特定场景的高精度地图应用	高精度地图数据精度达到广域分米级、局域厘米级，覆盖全国城市次主干道及以上等级道路和一线城市热点区域等	高精度地图数据精度接近厘米级、数据覆盖全国路网，时空大数据各维度（如精度、内容、延迟性等），满足FA级自动驾驶需求
	建立北斗与多源辅助定位传感器组合应用下的车载高精度定位定姿系统，定位精度达到厘米级	实现基于视觉、毫米波雷达等的地图特征定位技术	实现北斗与多源辅助定位及其他新型定位定姿技术的深度融合
产业基础	在核心基础零部件(元器件)、先进基础工艺、关键基础材料和产业技术基础方面，补齐短板，在重点领域取得关键性突破；初步实现产业链安全可控		在工业基础能力方面形成长板，重点领域取得竞争优势，实现产业链的完全自主可控
	初步实现"新一代信息技术+先进制造技术"的数字化转型；具有自感知、自学习、自决策、自执行、自适应等功能的新型汽车生产方式开始推广应用	具有自感知、自学习、自决策、自执行、自适应等功能的汽车生产方式得到大规模推广，技术和应用水平进入世界前列；产业完成智能化转型	
	形成上下游联动、产业间协调的汽车产业自主创新体系	产业技术创新体系完整，创新能力大幅增强	
	完善节能与新能源汽车支持政策与管理体系，构建智能网联汽车协同推进机制	形成有利于低碳化、信息化、智能化融合发展的政策体系	
	立足于国家发展战略，聚焦节能、新能源、智能网联等领军人才、研发骨干和工匠人为主体的综合性、立体化人才体系		

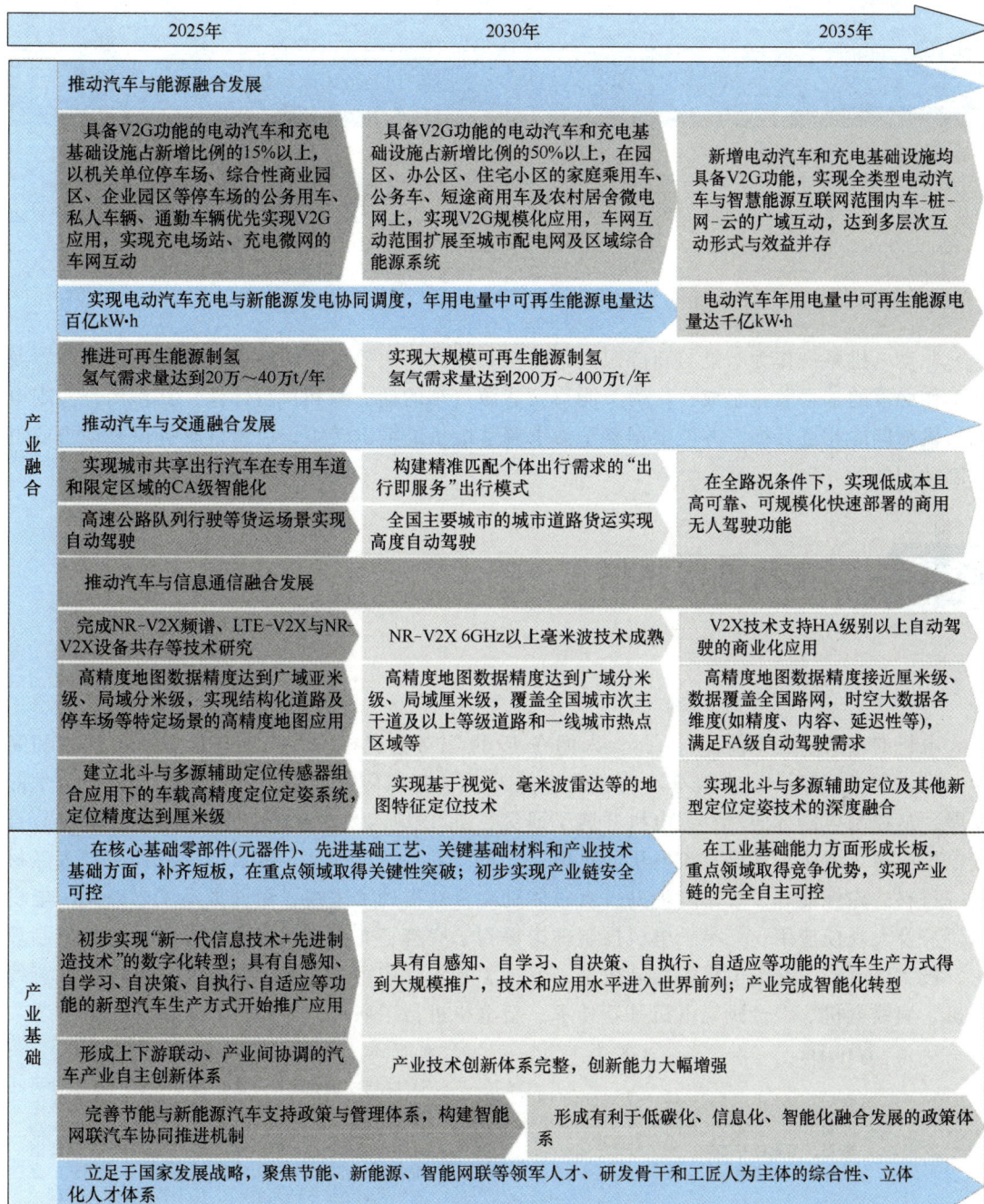

图1-10　我国汽车产业的总体路线图、重点产品路线图和关键领域技术突破路线图

第 2 章

驱动电机系统

驱动电机系统作为节能与新能源汽车的核心部件，主要由驱动电机、驱动电机控制器及其工作必需的辅助装置组成；作为节能与新能源汽车的动力源和执行部件，其作用是实现电能与机械能的相互转换，并能根据整车需求调节电机的输出转矩，以给汽车提供驱动力或电机制动力。

2.1 电机基本知识

2.1.1 电机发展史

电机的发展历程如图 2-1 所示，人们在 19 世纪对电机相关的主要理论进行了探索和完善。进入 20 世纪后，人们从多个方面对电机开展了应用研究：一是，伴随电力电子技术的发展，从控制电路方面对直流电机开展了研究，如 1917 年，Boiiger 提出了用整流管代替直流电机电刷，诞生了无刷直流电机的思想；二是，发现了铝镍钴、铁氧体、钕铁硼等永磁材料，材料的磁性能有了大幅度提高，永磁体励磁重新得到了重视，由此推动了永磁同步电机的研究及大规模应用；三是，电机控制理论得到了完善，尤其是针对交流电机的矢量控制理论，极大地改善了交流电机的控制效果，促进了其实际应用；四是，对开关磁阻电机、直线电机、扁线电机、混合励磁电机等新技术、新电机进行了研究。

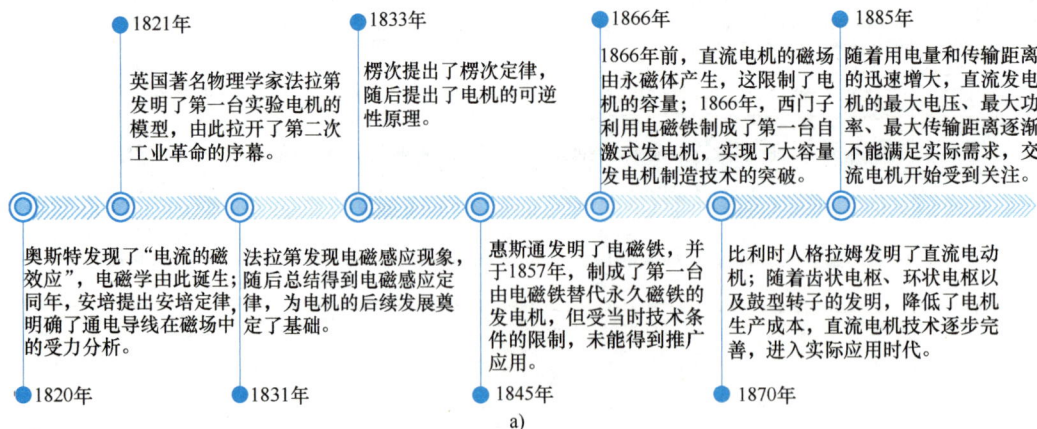

1821年
英国著名物理学家法拉第发明了第一台实验电机的模型，由此拉开了第二次工业革命的序幕。

1833年
楞次提出了楞次定律，随后提出了电机的可逆性原理。

1866年
1866年前，直流电机的磁场由永磁体产生，这限制了电机的容量。1866年，西门子利用电磁铁制成了第一台自激式发电机，实现了大容量发电机制造技术的突破。

1885年
随着用电量和传输距离的迅速增大，直流发电机的最大电压、最大功率、最大传输距离逐渐不能满足实际需求，交流电机开始受到关注。

1820年
奥斯特发现了"电流的磁效应"，电磁学由此诞生；同年，安培提出安培定律，明确了通电导线在磁场中的受力分析。

1831年
法拉第发现电磁感应现象，随后总结得到电磁感应定律，为电机的后续发展奠定了基础。

1845年
惠斯通发明了电磁铁，并于1857年，制成了第一台由电磁铁替代永久磁铁的发电机，但受当时技术条件的限制，未能得到推广应用。

1870年
比利时人格拉姆发明了直流电动机；随着齿状电枢、环状电枢以及鼓型转子的发明，降低了电机生产成本，直流电机技术逐步完善，进入实际应用时代。

a)

图 2-1　电机的发展历程

a）电机理论及直流电机的发展历程

● 1889年

俄国工程师杜列夫 - 杜波洛沃尔斯基发明了笼式三相电机,这是第一台能够使用的三相交流电机,从此交流异步电机被大量用于工业领域;但由于交流异步电机是一个高阶、非线性、强耦合的多变量系统,在无法实现解耦控制的情况下,它被长期用于控制要求不高的场合。

● 20世纪50年代

伴随铝镍钴、铁氧体等永磁材料的出现及其性能的不断提高,各种新型永磁电机不断出现,并得到了广泛运用。

● 20世纪70年代

西门子工程师 F.Blaschke 提出了矢量控制理论,从控制角度极大地促进了交流异步电机和永磁同步电机的应用。

● 1983年

英国TASC Drives公司(后更名为 SRD Ltd.),将世界上第一台开关磁阻电机投放市场。

● 21世纪后

伴随工业、新能源汽车等领域的快速发展,电机形式更加多样,电机逐渐向专用性方向发展,人们针对如何提高电机性能,围绕"永磁化""数字化""集成化""高速化"等开展了大量研究,扁线电机、混合励磁电机等新技术出现。

1885年,意大利物理学家费那里斯发现两相电流可产生旋转磁场;次年,研制出两相感应电机模型。

● 1885年

Boiiger提出用整流管代替直流电机电刷的思路,为无刷直流电机的出现奠定了基础。

● 1917年

美国D.Harrison等人用晶体管换向线路代替了机械电刷,现代无刷直流电机诞生。

● 1955年

佐川真人发现了钕铁硼永磁材料(当时世界上磁能积最大的物质),从电机本体角度提升了永磁同步电机的性能,促进了永磁同步电机的发展。

● 1982年

b)

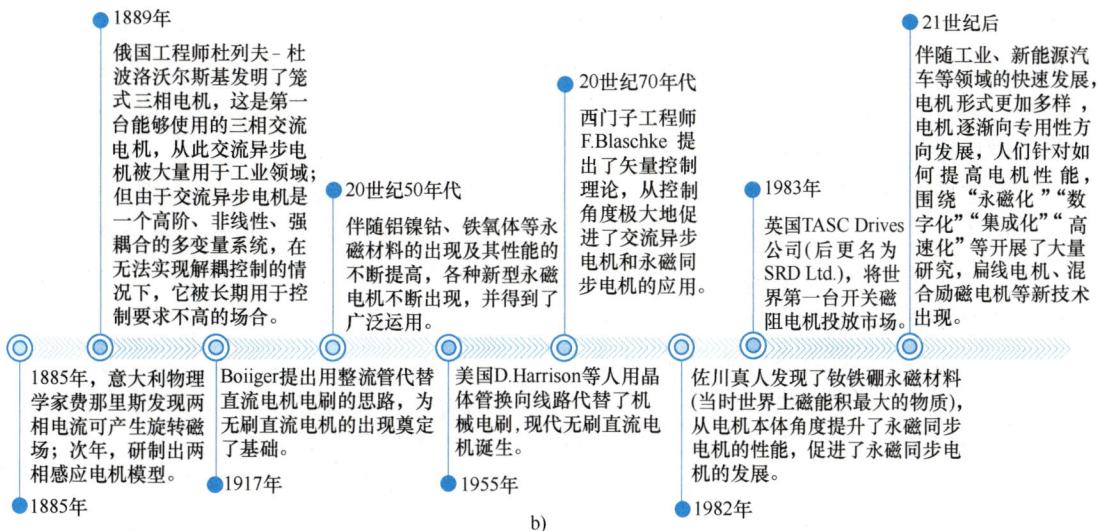

图 2-1 电机的发展历程(续)

b) 交流电机的发展历程

21 世纪后,伴随工业、新能源汽车等领域的快速发展,电机形式更加多样,电机逐渐向专用性方向发展,人们针对如何提高电机性能,围绕"永磁化""数字化""集成化""高速化"等方面开展了大量研究,出现了扁线电机、混合励磁电机等新技术。

由电机的发展历程可知,电机的工作原理涉及电学、磁学和动力学,具体包括磁场理论,电与磁的关系,电、磁与力的关系等。磁感应强度和磁通量等与磁场相关的定义,使人们对磁场有了量化的认识,为电机原理的提出奠定了基础;安培环路定理和电磁感应定律等明确了电与磁的关系,洛伦兹力和安培力相关的知识则明确了电、磁、力之间的关系。上述知识是了解电机工作和开展相关研究的理论基础。

2.1.2 电机中的能量转换

电机工作时的能量转换如图 2-2 所示,在电动状态时,输入的能量是电能,输出的能量是机械能;电机工作在发电状态时,输入的能量是机械能,输出的能量是电能;电机在工作

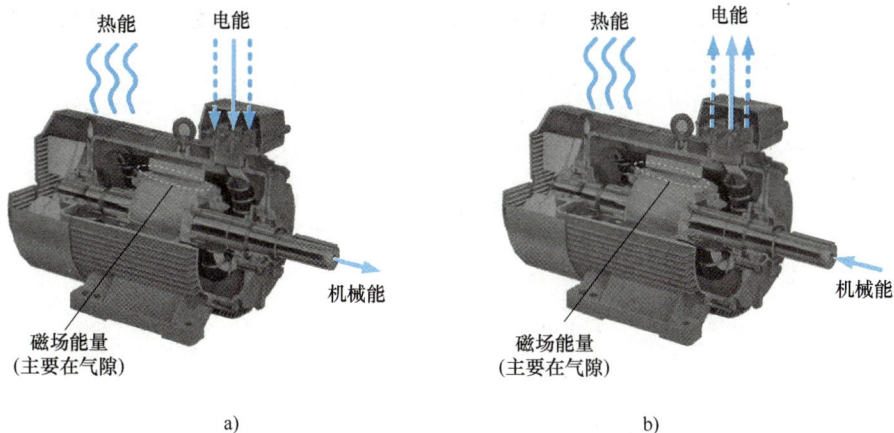

热能 电能

机械能

磁场能量
(主要在气隙)

a)

热能 电能

机械能

磁场能量
(主要在气隙)

b)

图 2-2 电机工作时的能量转换

a) 电动状态 b) 发电状态

过程中存在磁场能量，磁场能量是储存在电机磁场（主要是气隙磁场）中的能量，同时，各种损耗以热能的形式存在。在电机工作过程中，上述能量转换过程符合能量守恒定律，即电动状态下，输入的电能等于磁场能量、热能和输出机械能的和；发电状态下，输入的机械能等于磁场能量、热能和输出电能的和。

对于磁场能量，当线圈中通入电流时，线圈中就会储存磁场能量，在通有相同电流的线圈中，电感越大的线圈，储存的能量越多，因此线圈的电感反映了线圈储存磁场能量的能力。通电导线周围会产生电磁场，这个电磁场会对处于其范围内的导线发生感应作用。对产生电磁场的导线本身发生的作用，称为自感；对处在这个电磁场范围的其他导线产生的作用，称为互感。下面以自感线圈为例进行说明。

给图 2-3 所示的自感线圈通电，会产生自感电动势，即产生反向电压形成压降，可表示为

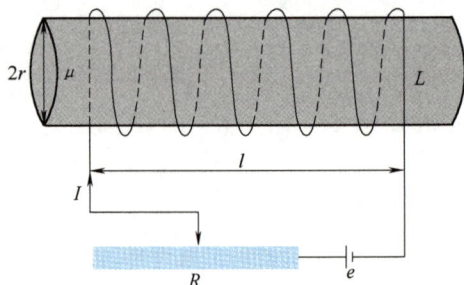

图 2-3 自感线圈

$$e - L\frac{\mathrm{d}I}{\mathrm{d}t} = RI \qquad (2\text{-}1)$$

式中，e 为电源电动势；I 为线圈电流；R 为回路电阻；L 为螺线管自感系数。

功率存在如下关系：

$$eI - LI\frac{\mathrm{d}I}{\mathrm{d}t} = RI^2 \qquad (2\text{-}2)$$

在 $0 \sim t$ 内，能量存在如下关系：

$$\int_0^t eI\mathrm{d}t - \frac{1}{2}LI^2 = \int_0^t RI^2\mathrm{d}t \qquad (2\text{-}3)$$

由式（2-3）可知，电源输出的能量与电源反抗自感电动势做的功之差为回路电阻所释放的焦耳热，三者符合能量守恒定律。将电源反抗自感电动势做的功定义为自感线圈的磁能 W_m，即

$$W_\mathrm{m} = \frac{1}{2}LI^2 \qquad (2\text{-}4)$$

其中，螺线管自感系数 L 的计算公式为

$$L = \pi r^2 \mu N^2 l = \mu N^2 V \qquad (2\text{-}5)$$

式中，r 为螺线管半径；μ 为磁导率；N 为线圈匝数；l 为螺线管长度；V 为螺线管体积。

磁感应强度 B 的计算公式为

$$B = \mu NI \qquad (2\text{-}6)$$

联立式（2-4）~式（2-6）可得

$$W_\mathrm{m} = \frac{1}{2}LI^2 = \frac{1}{2}\mu N^2 V \left(\frac{B}{\mu N}\right)^2 = \frac{1}{2}\frac{B^2}{\mu}V = \omega_\mathrm{m}V \qquad (2\text{-}7)$$

将 ω_m 定义为磁场能量密度，有

$$\omega_\mathrm{m} = \frac{1}{2}\frac{B^2}{\mu} = \frac{1}{2}BH \qquad (2\text{-}8)$$

式中，B 为磁感应强度；H 为磁场强度；μ 为磁导率。

磁场能量则可通过磁场能量密度在一定体积内积分得到，即

$$W_\mathrm{m} = \int_V \omega_\mathrm{m}\mathrm{d}V = \int_V \frac{B^2}{2\mu}\mathrm{d}V \qquad (2\text{-}9)$$

2.2 电机的分类

新能源汽车用电机与工业电机类型差别不大，两者的主要区别集中在负载要求、技术性能和工作环境等方面。

工业用电机常根据电源种类、结构和工作原理、用途、运转速度等方式进行分类，如图 2-4a 所示。例如，按照电源种类可分为直流电机和交流电机，按照电机的结构和工作原理可分为直流电机、异步电机和同步电机，按照用途可分为驱动电机和控制电机，按照电机运转速度可分为低速电机、高速电机、恒速电机和调速电机。节能与新能源汽车中采用的电机常按照图 2-4b 进行分类，常用的有直流电机、交流异步电机、永磁同步电机、开关磁阻电机等。

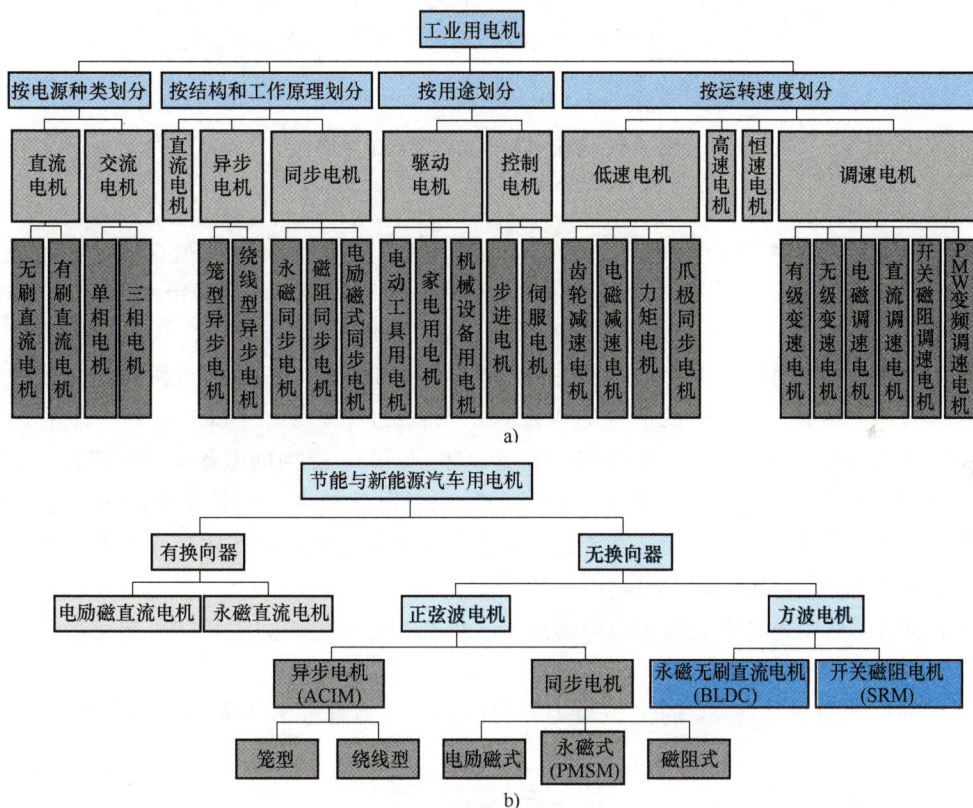

图 2-4　电机的分类方法
a）工业用电机分类　b）节能与新能源汽车用电机分类

2.3 直流电机

2.3.1 直流电机的工作原理

有刷直流电机是前期应用最广泛的电机，实际应用中常将其简称为直流电机，其工作原理如图 2-5 所示，定子磁场可简化为一对磁极，即图中的 N、S 极；电枢绕组可简化为一个线圈，即图中的 *abcd*；线圈的 *ab* 段与换向片 1 固定连接，线圈的 *cd* 段与换向片 2 固定连接；电刷 A 和电刷 B 分别与电源的正极、负极相连，两者在电机旋转过程中依次与换向片1、2 接触。

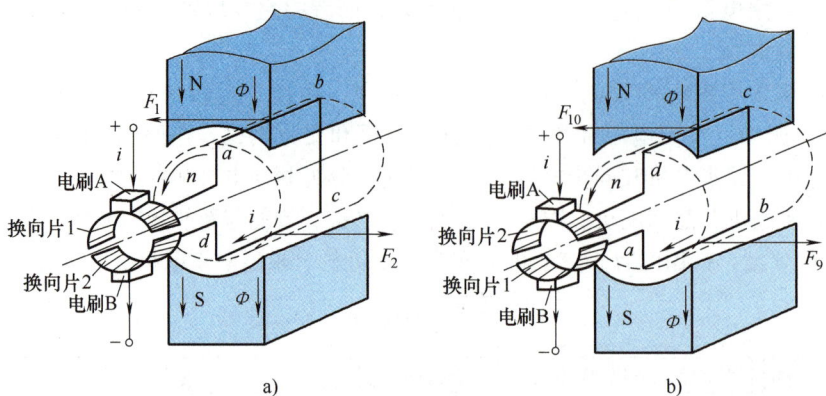

图 2-5 直流电机的工作原理示意图
a）导体 *ab* 处于 N 极侧 b）导体 *ab* 处于 S 极侧

当线圈处于图 2-5a 所示位置时，电流从电源正极经电刷 A 流入，先后经过线圈 *ab* 段、*bc* 段、*cd* 段，最后通过电刷 B 流回电源负极；根据电磁力定律，载流导体 *ab* 和 *cd* 上会分别作用有电磁力 F_1、F_2，两者大小相等方向相反；在 F_1 和 F_2 的作用下，线圈会绕其中心轴线逆时针旋转。当线圈转过 180° 时，到达图 2-5b 所示的位置，电刷 A 与换向片 2 接触，电刷 B 与换向片 1 接触，直流电流从电刷 A 流入，先后经过 *dc* 段、*cb* 段、*ba* 段，最后通过电刷 B 流回电源负极；由电磁力定律可知，载流导体 *ab* 和 *cd* 受到的电磁力 F_9、F_{10}，分别与 F_2、F_1 相同，由 F_9、F_{10} 产生的转矩会使转子持续逆时针转动，这就是有刷直流电机的工作原理。注意，虽然外加的电流是直流的，但由于电刷和换向片的作用，在线圈中流过的电流是变化的，而产生的转矩的方向是不变的。

单个线圈虽然在磁场中能够实现持续旋转，但是会存在电磁力矩随转子转角变化而变化的现象，如图 2-6 所示。

图 2-6a 中电磁力 F_1、F_2 的大小相等，方向相反，力臂等于线圈的半径；图 2-6b 为线

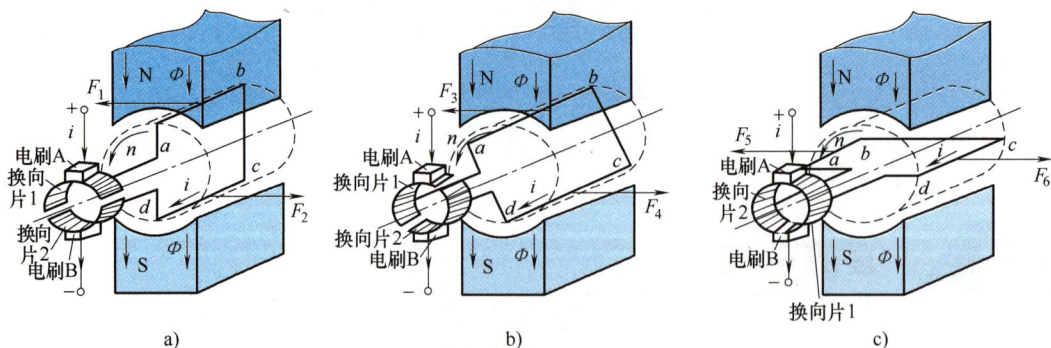

图 2-6 直流电机电磁力矩变化的示意图
a）线圈转过 0° b）线圈转过 45° c）线圈转过 90°

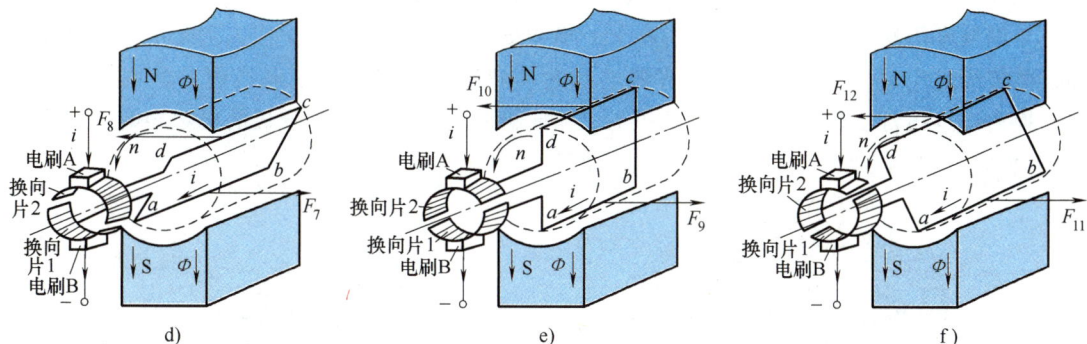

图 2-6 直流电机电磁力矩变化的示意图（续）
d）线圈转过 135° e）线圈转过 180° f）线圈转过 225°

圈转过 45°时的情况，此时电磁力 F_3、F_4 仍然大小相等、方向相反，但是力臂变为线圈半径与 cos45° 的乘积；当转到临近图 2-6c 所示的位置时，线圈近似转过 90°，此时电机电磁力 F_5、F_6 仍然大小相等、方向相反，但是力臂近似为 0，相应的电磁转矩也变为 0；随后线圈会依次经过图 2-6d（135°）、e（180°）、f（225°），并最终旋转一圈。由上述工作过程可知，在线圈的旋转过程中，电磁转矩一直在变化，且近似与线圈转过角度的余弦值成正比。从磁通的角度，在线圈旋转的过程中，线圈在磁场垂直平面上的投影是变化的，闭合线圈内部的磁通量也是相应变化的，这就导致了线圈所受的力矩不相同，即当磁场不变，给线圈通入固定电流时，单匝线圈的加速度会发生变化，使电机的转速不稳定。为解决这个问题，电枢绕组往往采用多个线圈组成，并相应设置多个换向片，如图 2-7 所示。

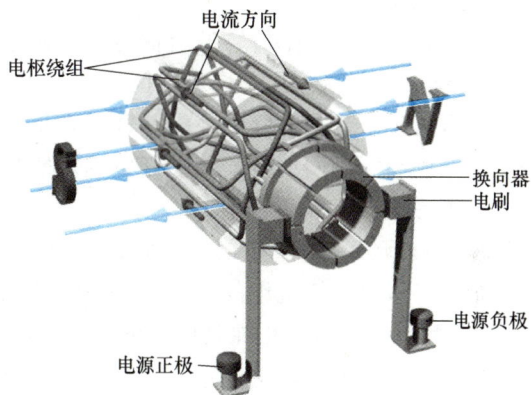

图 2-7 多匝绕组线圈与换向片

2.3.2 直流电机的结构

如图 2-8 所示，有刷直流电机主要由机座、转轴、风扇、电枢、主磁极、电刷、换向器、接线板、出线盒、换向极和端盖等部件组成。其中，转轴、风扇、电枢、换向器等组成了转子总成；主磁极、机座、换向极、电刷装置和端盖等组成了定子总成；定子磁极与转子电枢之间的区域称为气隙；接线板、出线盒等用于与外部电源连接。

1. 机座

机座是电机的安装基体，通常由钢或铸钢板制成，其主要作用有两个：一是用来固定主磁极、换向极及端盖等部件，起机械支撑作用；二是构成电机磁路的一部分，即定子磁轭。

2. 磁极

直流电机的磁极有主磁极和换向磁极两种。主磁极主要用于在定子和转子之间的气隙中建立磁场，使电枢绕组在此磁场的作用下产生感应电动势或电磁转矩。磁极的结构如图 2-9 所示，它主要由磁极铁心和套装在铁心上的绕组构成。为减小磁滞损耗，主磁极铁心常由厚度为 0.35~0.5mm 的硅钢片冲压叠装固定（叠压）而成，励磁绕组固定在主磁极铁心上，整个主磁极可用螺栓等方式固定在机座上。换向极的结构与主磁极类似，主要由换向极铁心和换向极绕组组成，其作用是改善直流电机的换向性能，消除或削弱换向时电刷产生的火花。换向极也通常由螺栓等固定在机座上，换向极的个数一般与主磁极的极数相等。

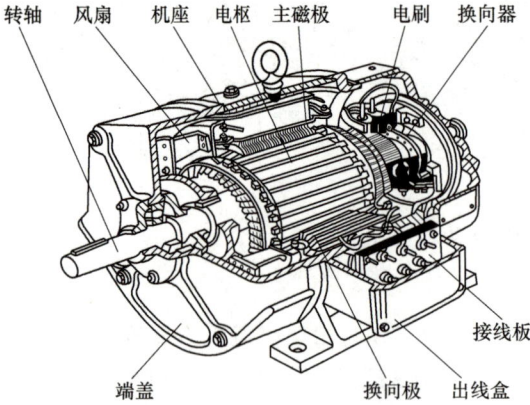

图 2-8　有刷直流电机的结构图

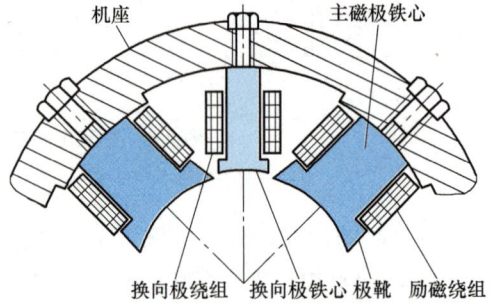

图 2-9　磁极

3. 电刷装置

电刷装置主要用于把旋转的电枢与外电路连接起来，由电刷、刷握、压紧弹簧等组成，如图 2-10 所示。电刷通常安装在刷握的刷盒中，用弹簧压紧在换向器上，并保持一定的压力，铜丝辫可使电流在电刷和外电路之间流通。刷握固定在刷杆上，每一刷杆上的一排电刷组成一个电刷组，电刷的组数（一组电刷可能是一个电刷或多个电刷）等于主磁极的数目。

4. 电枢铁心

如图 2-11 所示，电枢铁心的中间位置设有中心孔，用于将其套装在转子轴上，外部则设有多个用于嵌放电枢绕组的开口槽，常用槽数代表电枢铁心的开口槽数，图 2-11 中的槽数为 8。电枢铁心的涡流损耗是由于电枢铁心与主磁场之间存在相对运动而产生的。为减少电枢铁心中的涡流损耗，电枢铁心常由厚度为 0.5mm 硅钢片叠压而成。

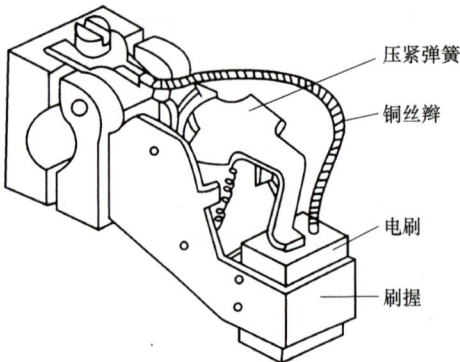

图 2-10　电刷装置

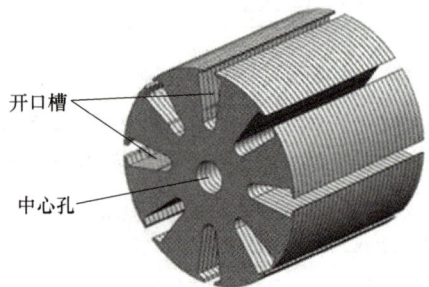

图 2-11　电枢铁心

5. 换向器

旋转的直流电机电枢绕组需要通过换向器和电刷之间的滑动接触来实现交流电和直流电之间的转换。换向器通常由多个换向片组合而成，呈圆筒状，片间常采用云母片绝缘，通过 V 形套筒夹紧，如图 2-12 所示。

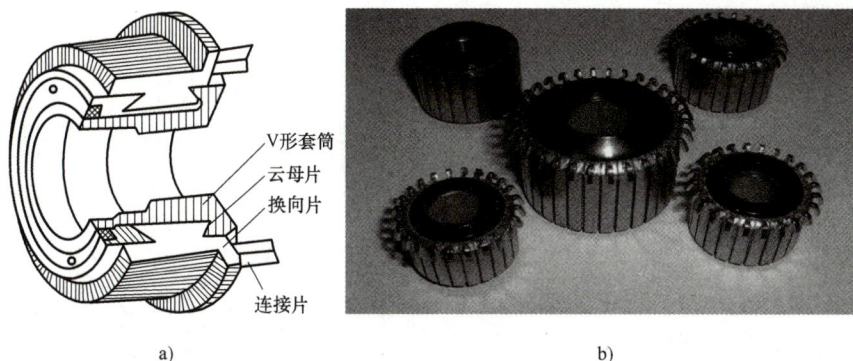

图 2-12 换向器
a）结构原理图 b）实物图

6. 电枢绕组

电枢绕组是电机的关键部件，通电的电枢绕组会通过与定子磁场的相互作用产生电磁转矩，它在切割气隙磁场磁力线的过程中还会产生感应电动势。线圈是构成电枢绕组的基本原件，它由绝缘导线按照一定的规则绕制而成，通常分上下两层嵌放在电枢铁心槽内，上、下层以及线圈与电枢铁心之间均要保证绝缘，并需通过槽楔压紧。

（1）基本概念

1）线圈。绕组线圈也称绕组元件，如图 2-13a 所示。一个线圈由两个元件边和端接线构成，元件边布置在开口槽内的主磁场中，可通过切割磁力线产生感应电动势，因此也被称为线圈的有效边，端接线通常放置在开口槽外，又被称为线圈端部。线圈端部分为首末两端，分别与两个换向片连接，如图 2-13b 所示。为了增强绕组整体的机械强度和均匀性，直流电机电枢常采用双层绕组方案，即每个开口槽中放置两个不同线圈的元件边，每个线圈的一个边放置于一个槽的上层，另一个边则放置在另一个槽的下层，如图 2-13c 所示。

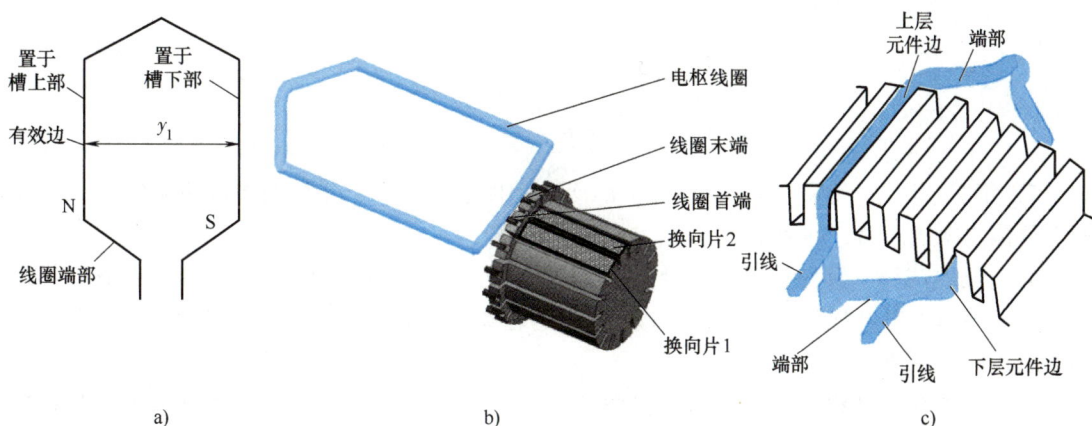

图 2-13 绕组线圈示意图
a）单匝线圈 b）结构示意图 c）安装示意图

2）极距 τ。一个磁极在电枢表面跨过的距离称为极距，通常用 τ 表示。它是设计绕组连接的关键参数，长短常用槽数表示，即

23

$$\tau = \frac{Z}{2p} \qquad (2\text{-}10)$$

式中，Z 为电枢铁心的总槽数；p 为电机的磁极对数，常简称为极对数。

3）第一节距 y_1。绕组线圈的跨距表示同一线圈的两个有效边在电枢圆周上所跨过的距离，又称第一节距，常用槽数表示，可由下层边所在槽数减去上层边所在槽数计算得到，图 2-14 中的第一节距 y_1 为 4。选择第一节距的原则是：使每个元件的感应电动势（或电磁转矩）尽可能地大，即第一节距应接近或等于一个极距，此时，一个线圈的两个有效边所产生的感应电动势一致。

4）换向节距 y_c。一个线圈两端所连接换向片之间的距离称为换向节距 y_c，常用换向片数表示。图 2-15a 中的绕组线圈与图 2-14 所示的线圈布置一致，线圈首端与换向片 1 连接，线圈末端与换向片 2 连接，绕组展开情况如图 2-15b，换向片 1 和换向片 2 之间的距离即为换向节距。

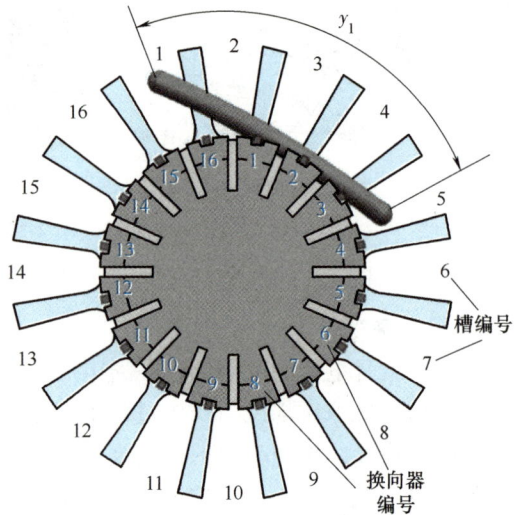

图 2-14　绕组线圈第一节距

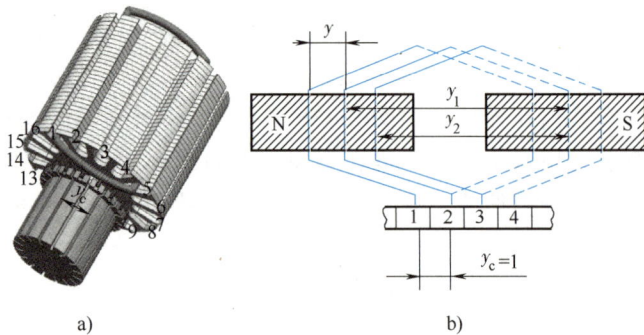

图 2-15　换向节距

a）线圈布置示意图　b）绕组展开示意图

5）第二节距 y_2。连至同一换向片上的两个元件中，第一个元件的下层边和第二个元件的上层边之间的距离，称为第二节距。

6）合成节距 y。连至同一换向片上的两个元件对应边之间的距离，称为合成节距。即第一个元件的上层边与第二个元件的上层边间的距离，或第一个元件的下层边与第二个元件的下层边间的距离。

（2）叠绕组与波绕组　绕组相邻线圈之间的连接方式有叠绕组和波绕组两种，两者的连接方式如图 2-16 所示。

叠绕组的特征是：相邻的两个线圈位于同一极对下，且它们的上端部相互重叠，即串联的两个元件，总是后一个元件的前端接线部分，紧叠在前一个元件的末端接线部分。

波绕组的特征是：相邻连接的两个线圈位于相邻极对下，且串联的两个元件中，后一个元件前端接线部分，紧叠在前一个元件末端接线部分。

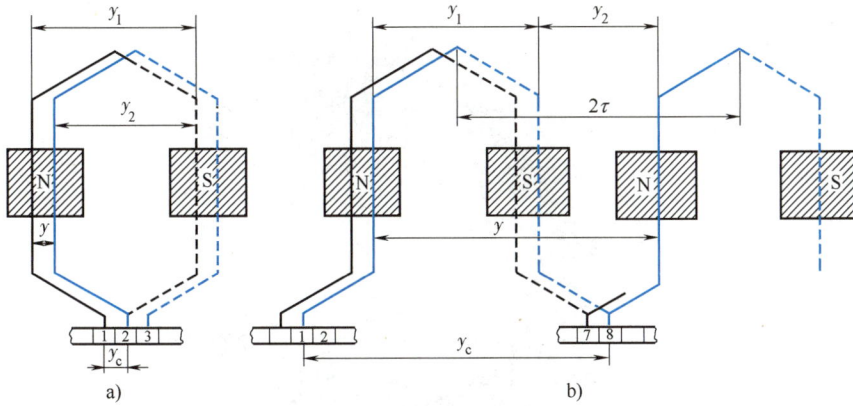

图 2-16 叠绕组和波绕组

a）叠绕组 b）波绕组

叠绕组直流电机常采用单叠绕组，单叠绕组的特点是相邻元件相互叠压，合成节距 y 为第一节距 y_1 与第二节距 y_2 之差，且合成节距 y 与换向节距 y_c 相等且为 1。波绕组直流电机常采用单波绕组，单波绕组的特点是合成节距 y 与换向节距 y_c 相等，不过合成节距 y 为第一节距 y_1 与第二节距 y_2 之和。

（3）单叠绕组的连接方法 以 4 极 16 槽直流电机电枢绕组为例介绍单叠绕组的连接方法。单叠绕组的换向节距 $y_c = 1$，则极距 $\tau = Z/(2p) = 4$，第一节距 $y_1 = 4$。因此，若线圈的一个边位于 1 号槽上层，则线圈的另一边应置于 5 号槽下层，这里使该线圈的首末两端分别与换向片 1 和换向片 2 连接，如图 2-17 所示。

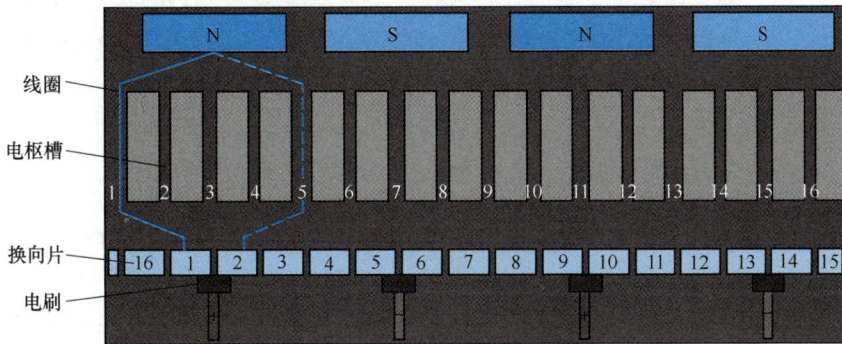

图 2-17 单绕组布置平面展开图

在分析电枢绕组连接时，通常采用绕组展开图，将图 2-14 所示的圆周图展开成图 2-17 所示的平面图，以更清晰地表达各线圈之间的连接。图 2-17 中，用实线表示线圈的上层边，虚线表示线圈的下层边，其他线圈的布置方式类似。

与上述线圈相邻的线圈，一个边置于 2 号槽上层，另一边于 6 号槽下层，首末两端分别连接 2、3 号换向片，以此类推可以得到剩余线圈的布置，如图 2-18 所示。由图可知，16 个槽中放置 16 个线圈，电机的换向片数等于槽数，每个换向片连接一个线圈的上层边和相邻线圈的下层边。需要注意，图 2-18 中将 16 个槽与 16 个换向片依次编号，第 16 个换向片与第 1 个换向片相邻，以表示电枢绕组呈圆周分布，线圈按上层元件边所在槽的序号编号。

实际应用中，常用图 2-19a 表示上述绕组的连接次序图，上排数字代表上层元件边所在

a)

b)

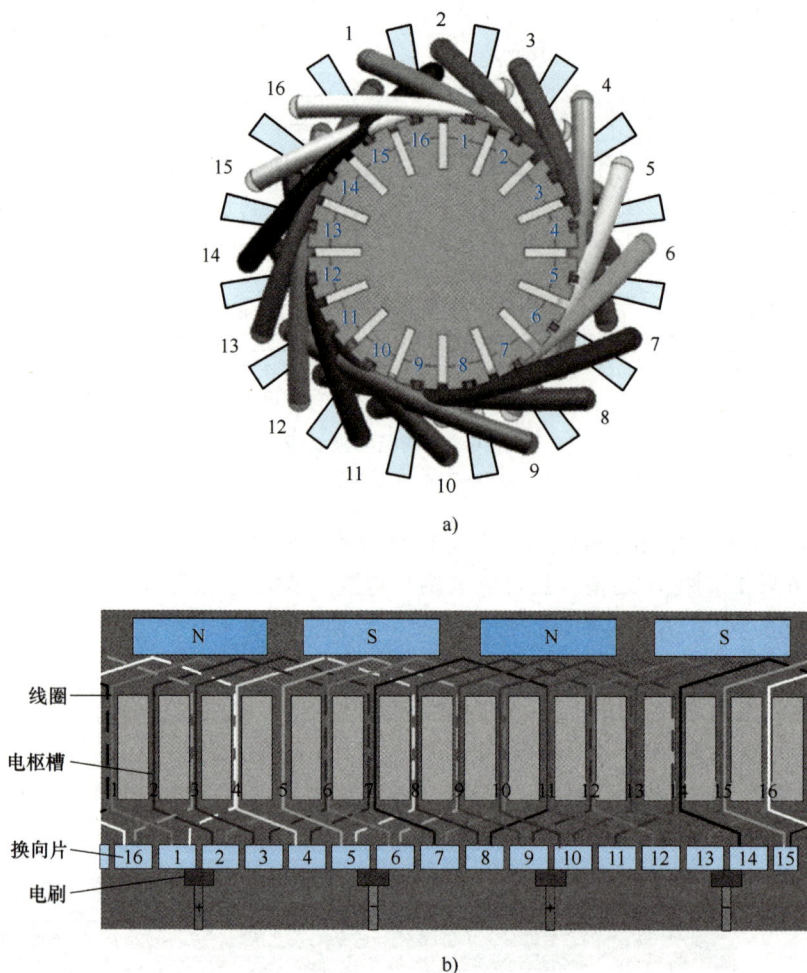

图 2-18　直流电机电枢绕组连接示意图
a）电枢绕组　b）绕组展开图

的槽号，下排数字代表下层元件边所在的槽号。图 2-19b 则用于表示绕组内电流的流向，具体分析如下：

电刷 A_1 通过 1 号换向片与线圈 1 的首端相连，此时 2 号换向片也与电刷 A_1 相连，这就使线圈 1 首尾两端的电压差为 0，即线圈 1 内无电流。电刷 A_1 通过 2 号换向片与线圈 2 首端相连，电流经 2 号换向片流入 2 号线圈，并最终流入 3 号换向片，但由于是单叠绕组，线圈 2 的末端与线圈 3 首端串接，所以电流会继续流入线圈 3、4，最终流入换向片 5，由于线圈 4 与接通电源负极的电刷 B_1 导通，因此 2、3、4 号线圈形成导通回路。同时，电刷 A_1 通过 1 号换向片与线圈 16 的末端相连，电流经 1 号换向片流入 16 号线圈，并最终流入 16 号换向片，由于是单叠绕组，线圈 15 末端与线圈 16 的首端串接，所以电流继续流入线圈 15、14，最终流入换向片 14，由于线圈 14 与接通电源负极的电刷 B_2 导通，因此 14、15、16 号线圈组成导通回路。电刷 A_2 工作时的回路导通原理与电刷 A_1 类似。

2.3.3　直流电机的类型

根据定子励磁方式的不同，直流电机可分为励磁式直流电机和永磁式直流电机。

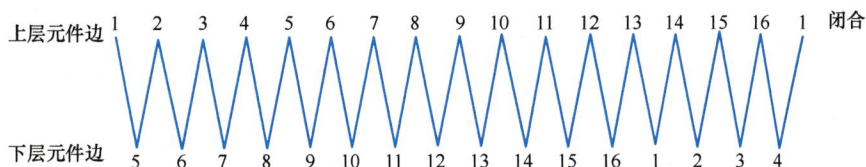

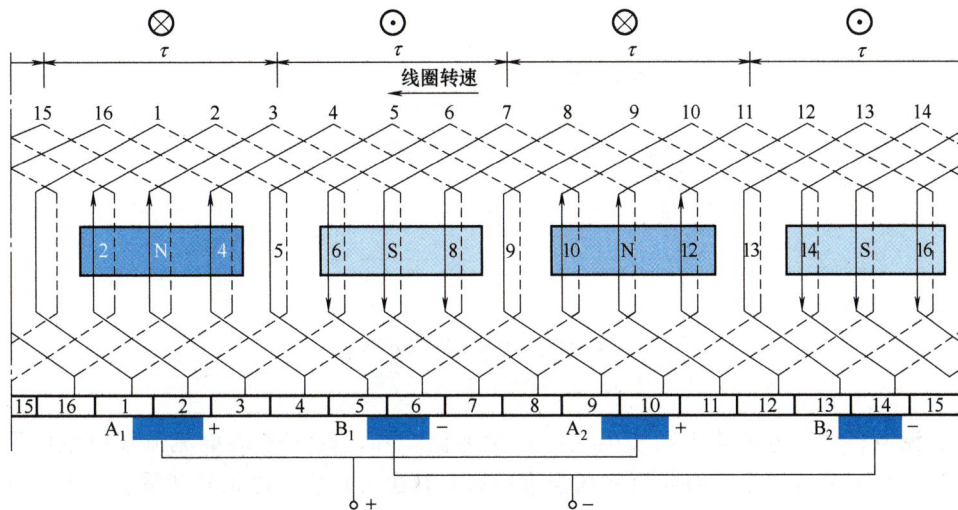

图 2-19　直流电机电枢绕组中电流的流向

a）绕组的连接次序图　b）绕组内的电流

1. 励磁式直流电机

励磁式直流电机的电路由励磁回路和电枢回路组成，根据两者之间的关系，励磁式直流电机又分为他励式、串励式、并励式和复励式。永磁直流电机从工作原理上看，与他励式直流电机类似，相应的电路连接如图 2-20 所示。图中，U 为电源电压，U_a 为电枢电压，U_f 为励磁电压，I 为负载电流，I_a 为电枢电流，I_f 为励磁电流。

（1）他励直流电机　他励直流电机的电路原理如图 2-20a 所示，其特点是：励磁回路和电枢回路相互独立，且分别由独立的电源供电，这使其在运行过程中励磁磁场稳定且控制简单。

（2）串励直流电机　串励直流电机的电路原理如图 2-20b 所示，其特点是：励磁绕组与电枢绕组串联后再接到直流电源上，因此电机的励磁电流和电枢电流相同。实际应用中，为了降低励磁绕组的损耗，常选用导线直径大且匝数较少的励磁绕组。但由于电枢电流和励磁电流调节的相互影响，使其不容易实现准确控制。例如，当负载从零增大时，电机转速会降低，而要维持转速不变，就需要增大电枢电流，但这也会同时增大励磁电流，这就使其对转速、转矩的精确调节变得困难，所以串励式直流电机主要用于起动重负载，且速度调节并不重要的场合。

（3）并励直流电机　并励直流电机的电路原理如图 2-20c 所示，其特点是：励磁绕组和电枢绕组并联后接到直流电源上，并联绕组和电枢绕组两端的电压相等。实际应用中，常选用匝数较多、导线直径较小的励磁绕组，这在减小励磁电流的同时，也能获得较强的磁场。

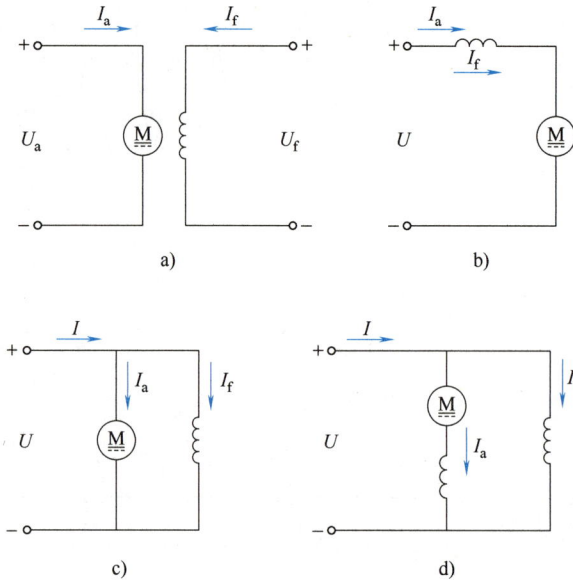

图 2-20 直流电机的类型

a）他励直流电机 b）串励直流电机 c）并励直流电机 d）复励直流电机

并励式直流电机的总电流等于励磁电流和电枢电流之和，约 95％的电流流过电枢电路，而流经励磁绕组的电流很小，因此对磁场强度的影响较小，相应的电机转速受负载电流变化的影响也就较小。

（4）复励直流电机 复励直流电机的电路原理如图 2-20d 所示，其特点是：存在两个励磁绕组，一个与电枢绕组并联，另一个与电枢绕组串联，如果串励绕组与并励绕组的磁势方向相同，则称为积复励（加复励），反之称为差复励（减复励）。积复励电机的起动转矩较大，常用于负载转矩不变的场合，但其结构比较复杂，成本较高；差复励电机的速度变化较小，但起动转矩小，运行不稳定，几乎不用。

2. 永磁直流电机

永磁直流电机的定子磁场由永磁体产生，转子总成则与电励磁式直流电机相同，具体结构如图 2-21 所示。

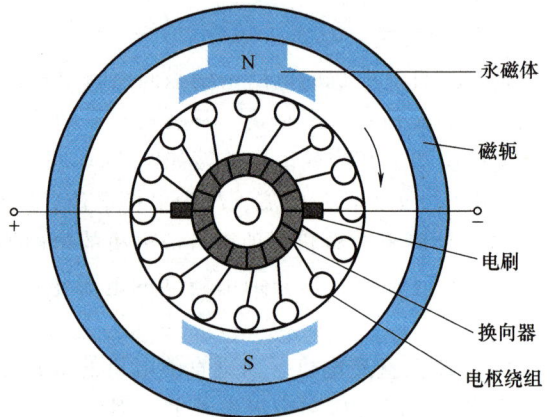

图 2-21 永磁直流电机的结构示意图

2.3.4 他励直流电机的基本公式

1. 感应电动势

由电磁感应定律，每匝线圈的有效边切割气隙磁场产生的感应电动势 E 为

$$E = Blv \tag{2-11}$$

电机的感应电动势 E_A 为

$$E_A = \frac{zBlv}{a} = \frac{zBlr\omega}{a} \tag{2-12}$$

式中，z 为导体（常把单个线圈的有效边称为导体）总数；v 为转子导体的线速度；ω 为转子导体的旋转角速度；r 为转子半径；B 为磁感应强度；l 为导体有效长度；a 为电流支路数。

注意：由于气隙磁通密度在磁极下的分布不均匀，这会造成导体中的感应电动势大小发生变化，式（2-12）中的磁通密度（即磁感应强度 B）和感应电动势分别为平均磁通密度与平均感应电动势。电流支路数指的是电枢绕组中并联支路的数目，如图 2-22 所示，4 个电刷可将 16 个线圈分成 4 个并联支路，即电流支路数 $a = 4$。

电机转子部分展开为矩形，其面积 A 可表示为

$$A = 2\pi r l \tag{2-13}$$

式中，r 为转子半径。

若电机有 p 个磁极，每个磁极的导磁面积 A_P 为

$$A_P = \frac{A}{p} = \frac{2\pi r l}{p} \tag{2-14}$$

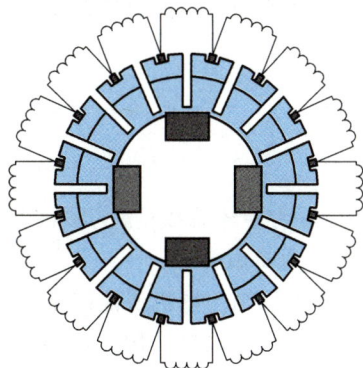

图 2-22　电流支路示意图

式中，l 为线圈有效边的长度。

每个磁极下的总磁通 Φ 为

$$\Phi = BA_P = \frac{2\pi r l B}{p} \tag{2-15}$$

综上可得，电机的感应电动势为

$$E_A = \frac{(2\pi p) z r \omega_m B l}{(2\pi p) a} = \frac{2\pi r l B}{p} \frac{zp}{2\pi a} \omega_m \tag{2-16}$$

$$E_A = \frac{zp}{2\pi a} \Phi \omega_m \tag{2-17}$$

式中，z 为导体总数；p 为磁极对数；a 为电流支路数；ω_m 为电枢角速度；Φ 为磁场每极磁通量。

考虑到电机转速的单位常用 r/min，因此电机的感应电动势计算公式可转换为

$$E_A = \frac{zp}{60a} \Phi n_m = C_e \Phi n_m \tag{2-18}$$

$$C_e = \frac{zp}{60a} \tag{2-19}$$

式中，n_m 为电机转速；C_e 为电动势常数。

综上可知，电机的感应电动势主要与电机的每极磁通、电机转速、电动势常数有关，而电动势常数是由电机结构决定的。

2. 电磁转矩

磁场下每根导体受到的转矩 T_i 为

$$T_i = BIlr \tag{2-20}$$

式中，B 为磁感应强度；I 为负载电流；l 为线圈有效边长度；r 为电枢的圆周半径。

如果电机有 a 条电流支路，则每条支路中的负载电流为

$$I = \frac{I_a}{a} \tag{2-21}$$

式中，I_a 为电枢电流。

电机中每根导体受到的转矩为

$$T_i = \frac{BI_a lr}{a} \tag{2-22}$$

电机所能产生的总转矩 T 为所有导体产生转矩的和，即

$$T = \frac{(2\pi p)zrlBI_a}{(2\pi p)a} = \frac{2\pi rlB}{p}\frac{zp}{2\pi a}I_a \tag{2-23}$$

$$T = \frac{zp}{2\pi a}\Phi I_a = C_t\Phi I_a \tag{2-24}$$

式中，z 为导体总数；p 为磁极对数；a 为电流支路数；Φ 为磁场每极磁通量；I_a 为电枢电流；C_t 为转矩常数。

综上可知，电机所能产生的转矩主要与电机的每极磁通、电枢电流、转矩常数有关，而转矩常数是由电机结构决定的。

2.3.5 直流电机的调速控制

1. 调速方法

调速控制是直流电机应用的基础，以他励直流电机为例介绍相应的调速方法，相应的等效电路如图 2-23 所示，存在如下电压方程式：

$$U_a = E_A + I_a R_a \tag{2-25}$$

由感应电动势公式和电枢回路电压方程可推得他励直流电机的转速为

$$n_m = \frac{U_a - I_a R_a}{C_e \Phi} \tag{2-26}$$

式中，U_a 为电枢电压；R_a 为电枢电阻；C_e 为电动势常数；Φ 为磁通量。

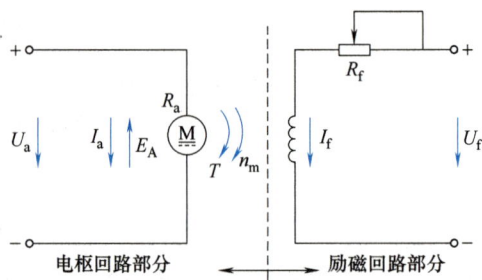

图 2-23 他励直流电机等效电路图

直流电机的机械特性是指电机在电枢电压、励磁电流、电枢回路电阻为恒值的条件下，电机转速与电磁转矩之间的关系，即

$$n = f(T) \tag{2-27}$$

结合电机的转矩方程式可知，他励直流电机的机械特性为

$$n_m = \frac{U_a}{C_e \Phi} - \frac{R_a}{C_e C_t \Phi^2}T \tag{2-28}$$

式中，U_a 为电枢电压；R_a 为电枢电阻；Φ 为磁通量；T 为电磁转矩；C_e 为电动势常数；C_t 为转矩常数。

另外，由他励直流电机的工作特性可知，励磁电流 I_f 只取决于 R_f 和 U_f。当 R_f、U_f 一定时，I_f 为定值，即磁通 Φ 为定值，由此可得图 2-24 所示的他励直流电机机械特性曲线。

（1）理想空载转速 他励直流电机转矩为 0 时的转速称为理想空载转速，用 n_0 表示，其计算公式为

$$n_0 = \frac{U_a}{C_e \Phi} \tag{2-29}$$

（2）机械特性硬度 电机的机械特性硬度是指电机转矩变化与所引起转速变化的比值，

用 β 表示。它主要用来衡量电机机械特性曲线的平直程度（见图 2-24），其计算公式为

$$\beta = \frac{\mathrm{d}T}{\mathrm{d}n} = \frac{\Delta T}{\Delta n} \times 100\% \qquad (2\text{-}30)$$

机械特性硬度 β 越大，电机的机械特性曲线越平，转速受负载变化的影响会越小，称之为硬特性；反之，转速受负载变化的影响会越大，称为软特性。根据 β 值的不同，可将电动机的机械特性分为三类：

1）绝对硬特性（$\beta \to \infty$），如交流同步电动机的机械特性。

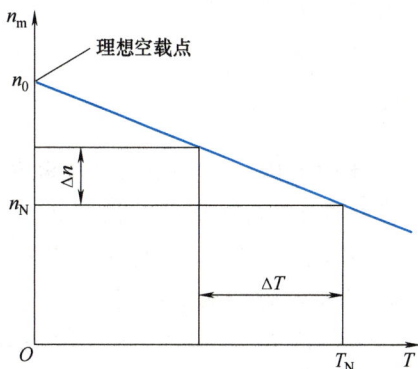

图 2-24　他励直流电机机械特性曲线

2）硬特性（$\beta > 10$），如直流他励电动机的机械特性，交流异步电动机机械特性的上半部。

3）软特性（$\beta < 10$），如直流串励电动机和直流积复励电动机的机械特性。

（3）固有机械特性　他励直流电机的固有机械特性指电机在额定条件（额定电压 U_N 和额定磁通 Φ_N）下，且电枢电路不外接任何电阻时的机械特性，即

$$n = \frac{U_N}{C_e \Phi_N} - \frac{R_a}{C_e C_t \Phi_N^2} T \qquad (2\text{-}31)$$

由于电枢电阻很小，特性曲线斜率相应很小，所以固有机械特性为硬特性。

（4）人为机械特性　人为机械特性是指通过人为改变电机电枢外加电压 U、励磁磁通 Φ 以及电枢回路串接附加电阻 R_{ad} 的大小，所得到的机械特性，即

$$n = \frac{U}{C_e \Phi} - \frac{R_a + R_{ad}}{C_e C_t \Phi^2} T \qquad (2\text{-}32)$$

综上可得，通过调节电枢电压、电枢回路电阻、励磁磁场可有效调节他励直流电机的机械特性。

2. 电枢回路串电阻调速控制

电枢回路串电阻调速特性如图 2-25 所示。

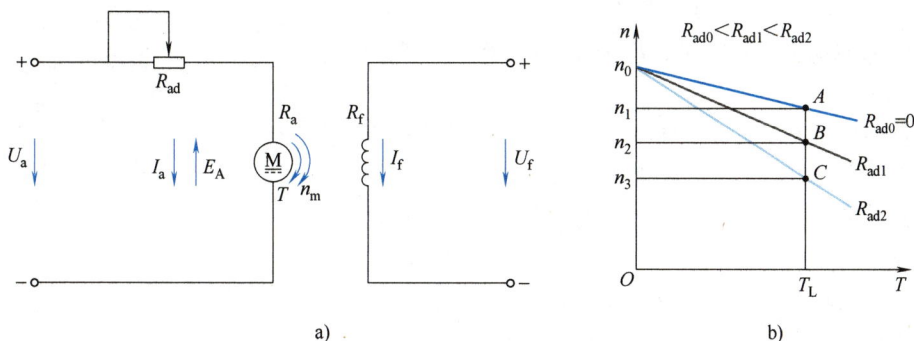

图 2-25　电枢回路串电阻调速特性

a）串电阻控制时的电枢回路　b）调速控制特性图

由图 2-25a 可得，直流电机的电压平衡方程式为

$$U_a = E_A + I_a(R_a + R_{ad}) \qquad (2\text{-}33)$$

由式（2-32）可得，改变电枢回路串电阻时的人为机械特性为

$$n_m = \frac{U_a}{C_e\varPhi} - \frac{R_a + R_{ad}}{C_e C_t \varPhi^2}T \tag{2-34}$$

当电枢电压 U_a、励磁回路电阻 R_f 和电机磁通 $\varPhi$ 不变时，通过改变电枢回路的串联电阻 R_{ad} 就可调节电机转速 n_m。由图 2-25b 可看出，在一定负载转矩 T_L 下，串入不同阻值的电阻可得到不同的转速，当电阻分别为 R_{ad0}、R_{ad1}、R_{ad2} 时，可分别得到电机的稳定工作点 A、B、C，对应转速为 n_1、n_2 和 n_3。

串联电阻 R_{ad} 增大时的电机调速过程：假设改变电阻前，电机转矩 T 与总负载转矩 T_L 平衡，系统稳定运行在转速 n_1 处，感应电动势 E_A 为 $zp\varPhi n_1/(60a)$，电枢电流为 $(U_a - E_A)/(R_a + R_{ad0})$，且电枢端电压 U_a 和磁通 $\varPhi$ 保持不变。将电枢串联电阻由 R_{ad0} 增大至 R_{ad1} 瞬间，电机转速不能立即改变，仍为 n_1，但电枢电流会突变为 $(U_a - E_A)/(R_a + R_{ad1})$，即电枢电流减小。由式（2-22）可知，电机转矩 T 会随之减小，由于负载转矩恒定，所以 T 会小于 T_L，系统进入减速过程，电机转速降低，电机的感应电动势相应减小，电枢电流和电机转矩随后增大，当电机转矩 T 增加至与负载转矩 T_L 再次平衡时，系统会再次达到稳态，此时电机会以较低转速 n_2 稳定运行。

虽然通过串接电阻进行调速比较简单，但该方案存在如下问题：

1）机械特性较软，随着串接电阻阻值的增大，机械特性会进一步变软，电机稳定度相应降低。

2）在空载或轻载时，调速范围不大。

3）实现无级调速困难。

4）在调速电阻上会消耗大量电能，从而影响电机效率。

目前，电枢回路串电阻控制已很少采用，仅在一些起重机、卷扬机等低速运转的传动系统中采用。

3. 电枢回路电压调速控制

由式（2-32）可知，当电枢回路和励磁回路电压、电阻不变时，通过改变电枢端电压 U 也可调节电机转速。如图 2-26 所示，在一定负载转矩 T_L 下，当电枢回路电压分别为 U_1、U_2、U_3 时，可分别得到电机的稳定工作点 A、B、C，对应转速分别为 n_1、n_2 和 n_3。

电枢回路电压减小时的电机调速过程：假设在降低电枢电压前电机转矩 T_i 与总负载转矩 T_L 平衡，系统稳定运行在转速 n_1，感应电动势为 $zp\varPhi n_1/(60a)$，电枢电流为 $(U_a - E_A)/R_a$，且磁通 $\varPhi$ 和电枢电阻 R_a 保持不变。将电枢端电压由 U_1 降低到 U_2 的瞬间，由于机械惯性，电机转速不会立即变化，感应电动势也

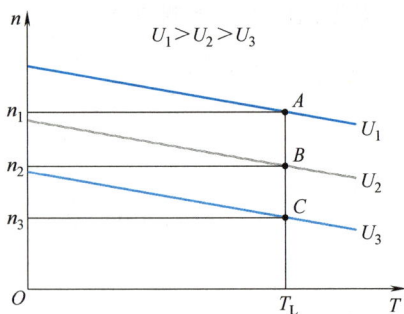

图 2-26　电枢回路电压调速控制特性

不会变化，而电枢电流会立即减小，电机转矩 T_i 相应减小。此时，电机转矩 T_i 会小于负载转矩 T_L，电机进入减速过程，电机转速 n 相应减小。随着转速 n 的下降，感应电动势会减小，这使电枢电流和电磁转矩随之增大，当电机转矩 T_i 增大至与负载转矩 T_L 平衡时，系统再次达到稳态，此时电机以较低转速 n_2 稳定运行。

电枢回路电压调速控制的特点：电机空载速度会随着电机电枢电压 U_a 的减小而减小，且机械硬度不变。但由于电机电枢绕组绝缘耐电压强度的限制，电枢电压只允许在其额定值以下进行调节，因此，电枢回路电压调速控制的特性曲线均在固有特性曲线以下。

4. 励磁调速控制

由式（2-32）可知，当保持电枢电压和电枢回路电阻不变时，通过改变励磁回路的电流可改变磁通 Φ，进而可以调节电机转速。

通过增大励磁回路电阻来调节电机转速的过程：假设在增大励磁回路电阻前，电机转矩 T_i 与总负载转矩 T_L 平衡，系统稳定运行在转速 n_1，感应电动势为 $zp\Phi n_1/(60a)$，电枢电流为 $(U_a-E_A)/R_a$，且电枢端电压 U_a 和电枢电阻 R_a 保持不变。将 R_f 由 R_{f1} 增大至 R_{f2} 的瞬间，电机转速不会立即改变，仍为 n_1，励磁电流 I_f 会由 I_{f1} 降为 I_{f2}，磁通会相应减小，由式（2-18）可知，感应电动势会减小，电枢电流和电机转矩 T_i 会相应增大，而负载转矩不变，所以此时 T_i 会大于 T_L，系统进入加速过程，电机转速增大。随着转速的增大，感应电动势会增大，这会使电枢电流和电机转矩相应减小，当电机转矩 T_i 减小到重新与负载转矩 T_L 平衡时，系统达到新的稳态，此时，电机以较高转速 n_2 运行，如图 2-27 所示。另外，由直流电机的工作原理可知，除了调节励磁回路电阻，还可以通过调节励磁电压实现励磁电流的调节。

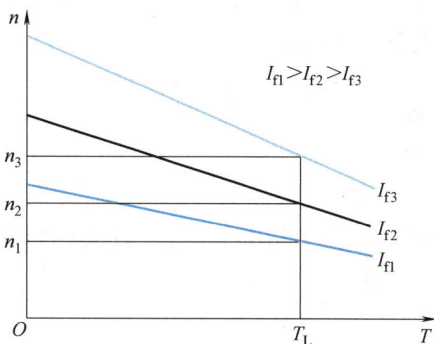

图 2-27　直流电机励磁调速控制

需要注意，受励磁线圈发热和电动机磁饱和的限制，电机的励磁电流和它对应的磁通只能在低于其额定值的范围内调节。在励磁控制中，当磁通被过分削弱后，还会出现以下情况：

1）如果负载转矩不变，电机将会因电流大大增加而导致严重过载。

2）当磁通为 0 时，从理论上说，空载时的电机转速可能趋近无穷大，俗称为"飞车"。

另外，当电机轴上的负载转矩大于电机转矩时，电机不能起动，电枢电流此时较大，长时间的大电流会烧坏电枢绕组。因此，直流他励电机起动前必须先加励磁电流，在运转过程中，不允许励磁电路断开或励磁电流为 0，在使用中通常通过设置"失磁"保护来解决。

在实际应用中，为扩大他励直流电机的调速范围，通常采用电枢调压控制和励磁控制相结合的方式，相应的调速特性曲线如图 2-28 所示。当他励直流电机转速处于零和额定转速之间时，励磁电流保持额定值不变，主要通过调节电枢电压调速；当电机转速超过额定转速时，电枢电压保持额定值，通过调节励磁磁场调速，此时只能减小磁场。额定转速前的峰值转矩为恒值，常称相应的区域为恒转矩区；额定转速后的峰值功率为恒值，常称相应的区

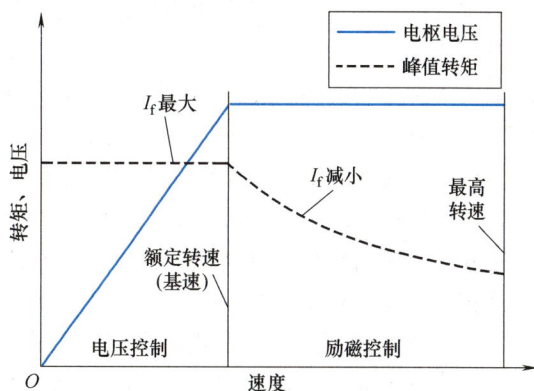

图 2-28　直流电机的实际调速特性曲线

域为恒功率区。

5. 电机的电压调节方式及四象限控制

由于电压调节是电机调速的关键，在实际应用中，常通过脉宽调制（PWM）控制实现电压调节。常用的控制电路如图 2-29 所示。图中，U_s 为直流电源电压，C 为滤波电容器，VT 为功率开关器件，VD 为续流二极管，M 为直流电机，U_g 为功率开关器件的控制电压。

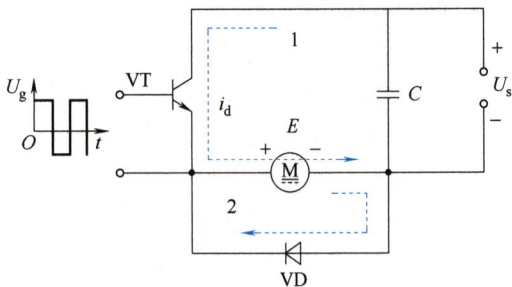

图 2-29 PWM 控制电路图

PWM 控制的基本原理：根据需要，改变电源在一个周期内"接通"和"断开"时间的长短，即通过改变电压的"占空比"，来改变平均电压的大小。因此，PWM 也被称为开关驱动装置。

PWM 的控制波形如图 2-30 所示。平均电压 U_d 的计算公式为

$$U_d = \frac{t_1}{t_1+t_2} U_s = \frac{t_1}{T} U_s = \rho U_s \qquad (2\text{-}35)$$

式中，U_d 为平均电压；t_1 为功率晶体管导通时间；t_2 为功率晶体管关断时间；T 为周期；ρ 为占空比。

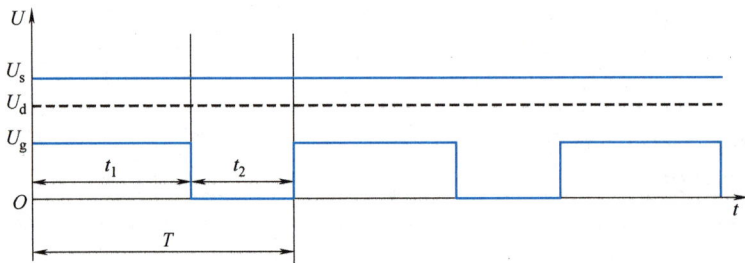

图 2-30 PWM 控制波形图

当 $0 < t < t_1$ 时，U_g 为正，图 2-30 中的功率晶体管 VT 导通，电源电压通过 VT 施加到电机电枢两端；当 $t_1 < t < T$ 时，U_g 为负，功率晶体管 VT 关断，电枢电压为 0，电机通过 VD 续流。由式（2-35）可知，当电源电压不变时，电枢端电压 U_d 取决于占空比的大小，改变占空比就可改变电压的平均值，从而实现调速。常用的直流电机双闭环调速控制系统和 H 桥电路如图 2-31 所示，通过图 2-31a 所示控制方案可实现对电机转速的闭环调节，转速环的输入为目标转速和电机实际转速，输出为目标电流；电流环的输入为目标电流和电机实际电流，输出为目标电压，通过 PWM 控制跟踪目标电压，占空比由目标电压和实际电压求得。通过图 2-31b 所示的 H 桥电路可以控制电机在四象限内的运行。当控制功率晶体管 VT_1 和 VT_4 导通，电流沿路径 1 流动时，电机工作在正向驱动状态，可对应电动汽车的前进驱动模式；当控制功率晶体管 VT_3 和 VT_2 导通，电流沿路径 2 流动时，电机工作在反向驱动状态，可对应电动汽车的倒车驱动模式；当控制功率晶体管 VT_4 和 VT_1 导通，电流沿路径 3 流动时，电机工作在正向发电状态，可对应电动汽车的前进制动能量回收模式；当控制功率晶体管 VT_2 和 VT_3 导通，电流沿路径 4 流动时，电机工作在反向发电状态，理论上可对应电动

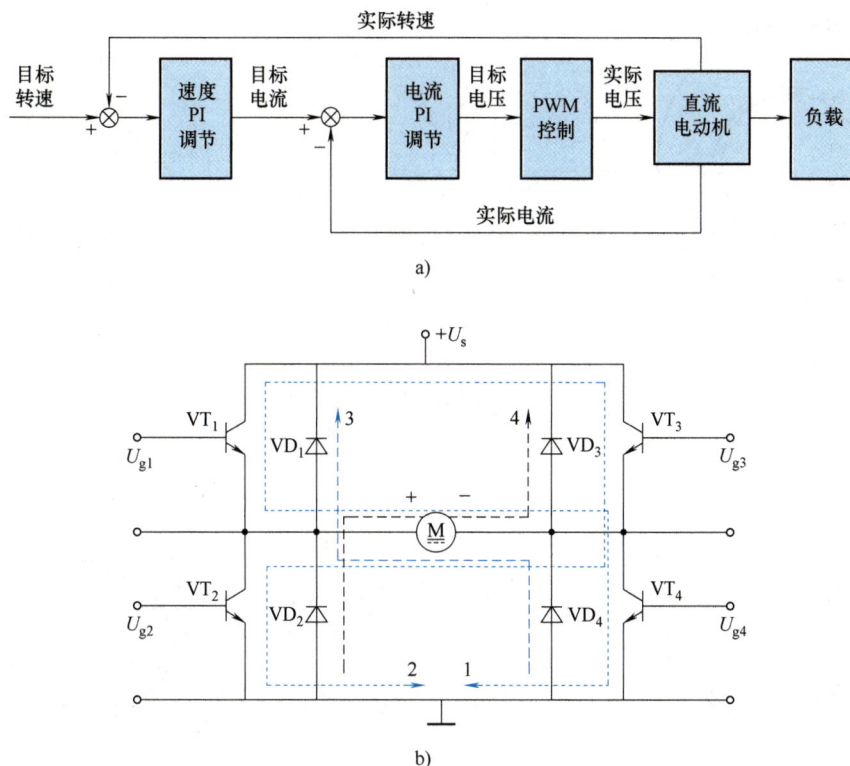

图 2-31 常用的直流电机双闭环调速控制系统和 H 桥电路

a）直流电机双闭环控制原理图 b）四象限 H 桥控制原理图

汽车的倒车制动能量回收模式，实际应用中，在倒车状态下，一般不进入制动能量回收模式。

2.4 交流异步电机

2.4.1 交流异步电机的工作原理

直流电机具有驱动力矩大、控制简单、技术成熟等优点，采用图 2-31a 所示的直流电机双闭环调速系统，可获得优良的静、动态调速特性。长期以来，在传动领域中，一直占据着主导地位。但是，由于电刷和换向器的使用，换向时容易产生火花，这会导致电刷容易磨损，甚至烧毁换向器，进而影响电机的可靠性和对恶劣环境的适应性。针对如何取消电刷，人们有针对性地开展了大量研究，随着交流电的应用，人们发现在绕组中通入交流电，会产生旋变的磁场，这为取消电刷提供了基础。

线圈是构成电机绕组的基本单元，因此对于旋变磁场的分析常从线圈开始。在图 2-32a 所示的单线圈中，通入图 2-32b 所示的交流电，会产生一个两极磁场，由右手螺旋定则可得磁场方向，具体如图 2-32c 中的虚线所示。该磁场不会旋转，但其大小会根据电流的大小发生周期性变化，也就是沿着线圈的方向来回振动，振动的规律满足正弦规律，通常将单相电流产生的磁场称为脉动磁场，图 2-32b 中各时刻磁场的分布如图 2-33 所示。

a)　　　　　　　　　　　b)　　　　　　　　　　c)

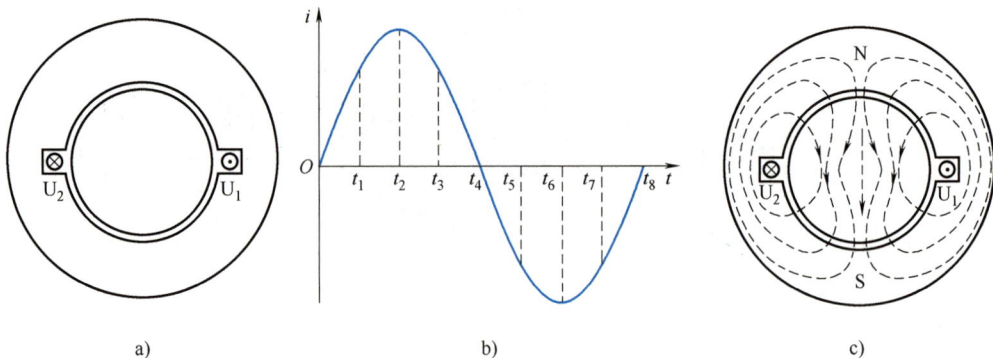

图 2-32　单相脉动磁场的产生

a）电机绕组单线圈示意图　b）单相交流电　c）单相脉动磁场

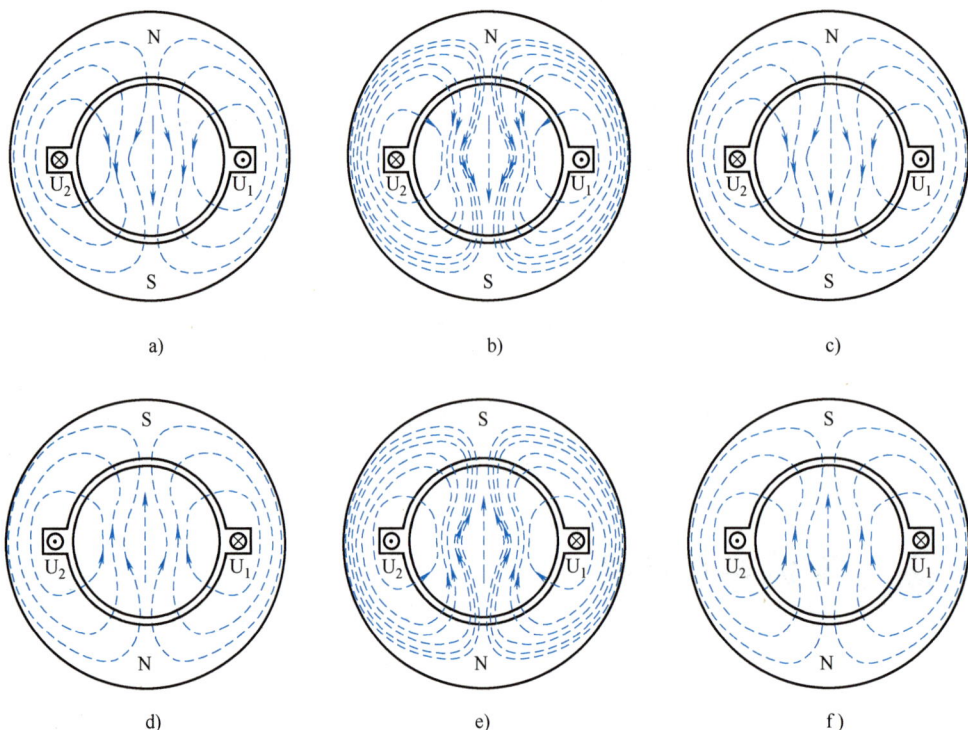

a)　　　　　　　　　　　b)　　　　　　　　　　c)

d)　　　　　　　　　　　e)　　　　　　　　　　f)

图 2-33　单相脉动磁场的分布示意图

a）t_1 时刻　b）t_2 时刻　c）t_3 时刻　d）t_5 时刻　e）t_6 时刻　f）t_7 时刻

　　当在三相绕组中通入交流电时，各相绕组也会产生类似的磁场，各绕组磁场经合成后，则会形成一个旋转磁场。

　　例如，在图 2-34a 所示的三相星形绕组中通入图 2-34b 所示的三相对称交流电，则会得到图 2-34c 所示的旋转磁场。

　　三相交流电由 U、V、W 三相组成，其中 U_1、U_2 表示 U 相线圈，V_1、V_2 表示 V 相线圈，W_1、W_2 表示 W 相线圈，U_1、V_1、W_1 端表示线圈入端，U_2、V_2、W_2 表示线圈出端，通入三相对称交流电的方程见式（2-36），即每相间距为 120°，相应的交流电波形如图 2-34b 所示。当电流从绕组首端流入、末端流出时，规定其值为正；当电流从末端流入、

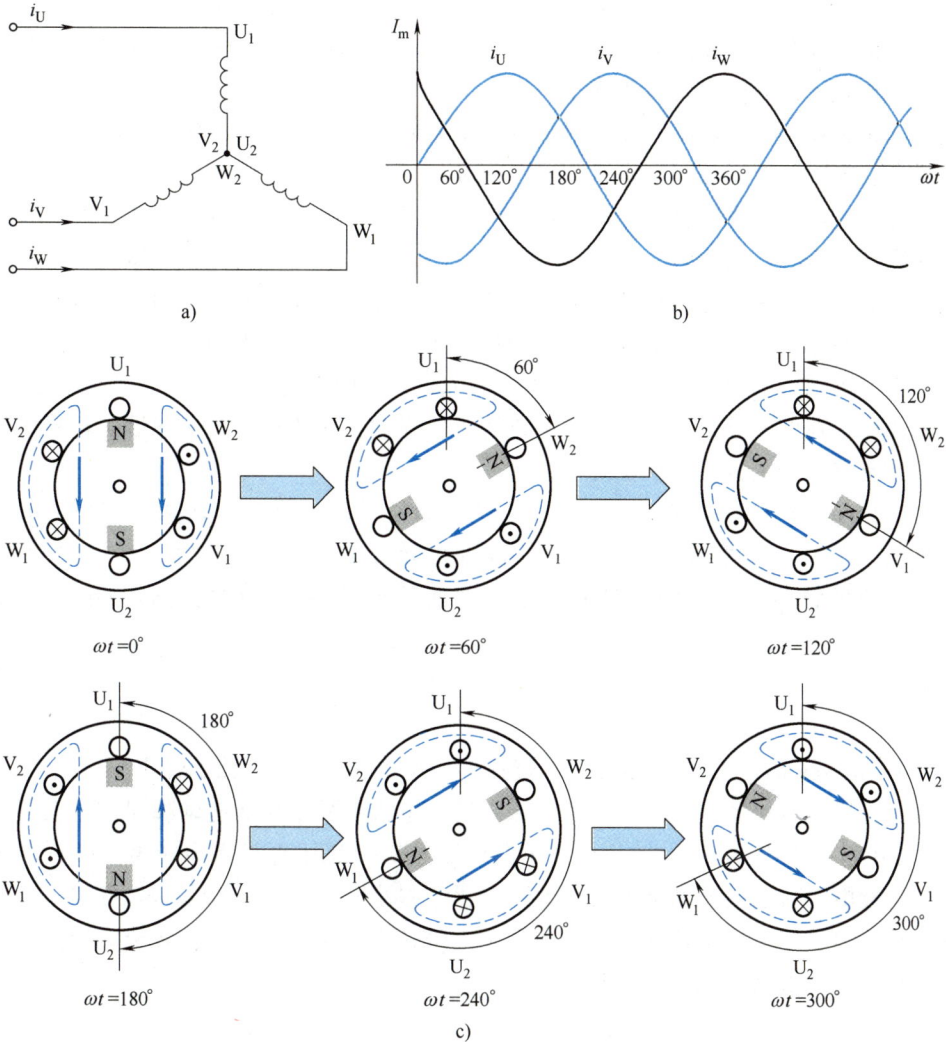

图 2-34 三相电流合成磁场的分布情况

a) 星形联结的三相绕组 b) 三相对称电流波形图 c) 三相绕组的合成磁场

首端流出时，规定其值为负。

$$\begin{cases} i_U = I_m \sin\omega t \\ i_V = I_m \sin(\omega t - 120°) \\ i_W = I_m \sin(\omega t - 240°) \end{cases} \qquad (2\text{-}36)$$

当 $\omega t = 0°$ 时，i_U 为 0，i_V 为负值，i_W 为正值，即，V 相电流从 V_2 端流入，V_1 端流出，W 相电流从 W_1 端流入，W_2 端流出；当 $\omega t = 60°$ 时，i_W 为 0，i_V 为负值，i_U 为正值，即 V 相电流从 V_2 端流入，V_1 端流出，U 相电流从 U_1 端流入，U_2 端流出；当 $\omega t = 120°$ 时，i_V 为 0，i_W 为负值，i_U 为正值，即 W 相电流从 W_2 端流入，W_1 端流出，U 相电流从 U_1 端流入，U_2 端流出；当 $\omega t = 180°$ 时，i_U 为 0，i_W 为负值，i_V 为正值，即 W 相电流从 W_2 端流入，W_1 端流出，V 相电流从 V_1 端流入，V_2 端流出；当 $\omega t = 240°$ 时，i_W 为 0，i_U 为负值，i_V 为正值，即 U 相电流从 U_2 端流入，U_1 端流出，V 相电流从 V_1 端流入，V_2 端流出；当 $\omega t = 300°$ 时，i_V 为 0，i_U 为负值，i_W 为正值，即 U 相电流从 U_2 端流入，U_1 端流出，W 相电流从 W_1

端流入，W_2 端流出；$\omega t = 360°$ 时的状态与 $\omega t = 0°$ 时的状态一致，由此可完成一个周期。在各位置下，相应的合成磁场方向如图 2-34c 所示，即，相应的合成磁场是旋转的，电流变化 360° 时，合成磁场也会相应旋转 360°。

旋转合成磁场不仅为解决直流电机电刷带来的问题提供了解决方案，也为交流异步电机的发明提供了基础。在交流异步电机的定子中设置三相绕组，并通入固定频率的三相对称交流电，这会在气隙空间中产生以固定转速旋转的定子磁场，定子磁场的旋转速度称为同步转速。转子绕组/导体为闭合回路，当定子磁场旋转时，相当于转子绕组/导体切割磁力线，这会产生感应电动势，感应电动势的方向由右手定则确定，此时，转子绕组/导体中会产生感应电流，电流的方向由感应电动势确定。根据电磁力定律，载流转子绕组/导体在定子旋转磁场的作用下将产生电磁力，电磁力的方向可由左手定则确定，电磁力对转轴会形成转矩，称为电磁转矩。在电磁转矩的作用下，电机转子可拖动机械负载以转速 n 沿旋转磁场方向旋转，这就是交流异步电机的工作原理。

由交流异步电机的工作原理可知，在其工作过程中，存在两个转速：一个是定子旋转磁场的转速，另一个是电机转子的转速。两者之间会始终存在一定差值，该差值与定子旋转磁场转速的比值，是影响交流异步电机性能的重要参数，称之为转差率，其计算公式为

$$s = \frac{n_1 - n}{n_1} \tag{2-37}$$

式中，s 为转差率；n_1 为定子旋转磁场的转速，即同步转速；n 为转子转速。

当给交流异步电机通入一定频率的交流电时，电机开始工作，起动瞬间，电机转子转速为 0，此时转差率为 1；随后，电机所产生的电磁转矩会克服电机阻力转矩，以驱动转子开始旋转，随着电机转速的不断上升，转差率会逐渐减小，但是其值会始终大于 0。这是因为如果转子转速等于定子磁场转速，将不能产生电磁转矩，也就无法维持转子旋转。通常，转差率越小越好，一般将其控制在 0.01~0.05。

2.4.2 交流异步电机的分类与结构

交流异步电机通常可按照转子型式和定子绕组相数分类。按照转子型式可分为笼型转子异步电机（简称为笼型异步电机）和绕线式转子异步电机；按照定子绕组相数分为单相异步电机、两相异步电机和三相异步电机。下面以图 2-35 所示的交流笼型异步电机为例进行说明。与直流电机类似，交流异步电机也主要由定子总成和转子总成两部分组成，且定子和转子之间存在一定气隙，定子、转子的结构和气隙决定了电机的性能。

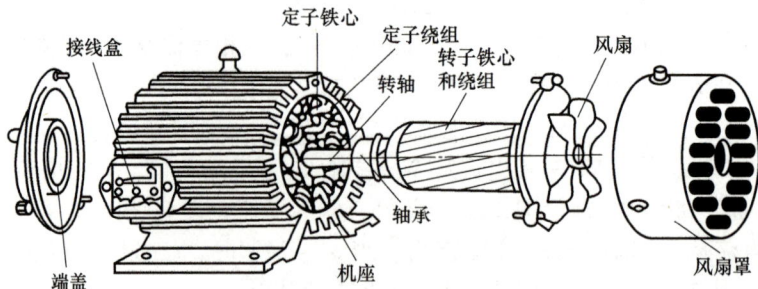

图 2-35　交流笼型异步电机的结构图

1. 定子总成

（1）**定子总成的结构**　定子总成主要由机座、定子铁心和定子绕组三部分组成，另外还有端盖、轴承、接线盒等附件。

1）机座。机座主要用于固定和支撑定子铁心，并构成通风系统的外壳，端盖也固定在机座上，其上设有轴承座，用于安装转轴轴承，机座一般用钢板焊接而成。

2）定子铁心。作为异步电机主磁路的一部分，定子铁心内部有较强的旋转磁场，因此，常采用导磁性能良好的铁磁材料制作而成。为减少旋转磁场在铁心中产生的磁滞损耗[⊖]和涡流损耗[⊖]，定子铁心常用厚度为 0.35~0.5mm 的含硅量较高的冷轧硅钢片叠压而成，硅钢片的两面有绝缘层，叠压后的形状如图 2-36a 所示。定子铁心内部需设置嵌放定子绕组且均匀分布的槽，其常用的形状有梨形槽和矩形槽，如图 2-36b 和 c 所示。当定子线圈为圆漆包线绕制的线圈时，多采用梨形槽；当定子线圈采用矩形导线绕制时，多采用矩形槽。

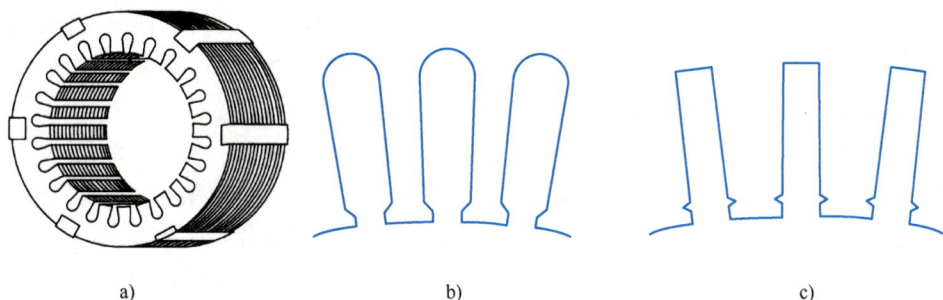

a)　　　　　　　　　　　b)　　　　　　　　　　　c)

图 2-36　交流异步电机的定子铁心

a）定子铁心　b）梨形槽　c）矩形槽

3）定子绕组。定子绕组是交流电机定子的电路部分，通常由相互连接的若干线圈按照一定规律嵌放在定子铁心槽中构成。三相交流异步电机的绕组通常为三相对称绕组，流过三相对称电流时会产生旋转磁场。绕组又可分为单层绕组和双层绕组。通常将定子三相绕组的 6 个出线端引至接线盒，分别用 U_1、V_1、W_1 标注各相首端，用 U_2、V_2、W_2 标注各相末端，可以接成星形或三角形，具体如图 2-37 所示。

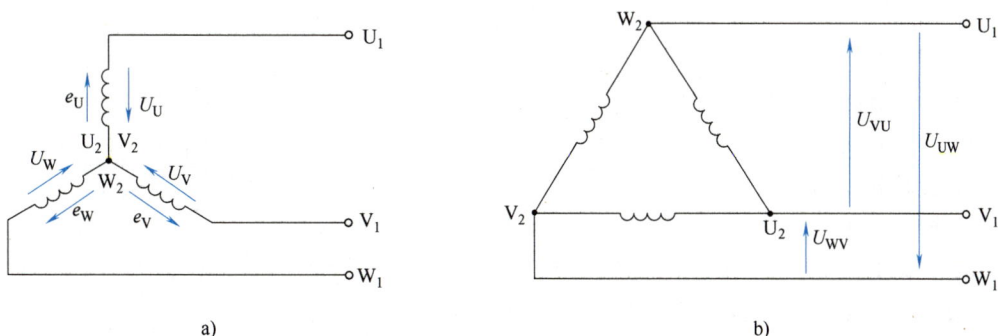

a)　　　　　　　　　　　　　　　　　　　b)

图 2-37　三相绕组的连接方式

a）三相绕组星形联结　b）三相绕组三角形联结

⊖　磁滞损耗是指在交变磁场对铁磁材料进行反复磁化的过程中，因大量磁畴相互摩擦而造成的功率损失。

⊖　涡流损耗是指处于交变磁场中的铁磁材料，会因磁通密度变化而产生感应电动势，同时会因铁心导电而在内部形成环流，环流在铁心周围绕磁力线做漩涡状流动而形成涡流，涡流在铁心中引起的功率损耗。

星形联结又称丫形联结，它把三个绕组的末端连接在一起，成为一个公共点，从首端 U_1、V_1、W_1 引出三条线，三相首端连接电源端，如图 2-37a 所示；采用星形联结时，电机每一绕组承受的电压均为相电压，线电压是相电压的 $\sqrt{3}$ 倍，线电流等于相电流。三角形联结又称 $\triangle$ 联结，它是将三相绕组首尾互相连接，U_1、V_1、W_1 三个端点接电源端，如图 2-37b 所示；采用三角形联结时，三相交流异步电机每相绕组承受的电压为线电压，相电压等于线电压，线电流是相电流的 $\sqrt{3}$ 倍。

（2）定子绕组的分类与设计原则 交流电机定子绕组常根据相数、绕组层数、绕法和每极每相槽数进行分类，分别可分为：①单相、两相、三相及多相绕组；②单层绕组和双层绕组，双层绕组按照绕法又可分为叠绕组和波绕组；③整数槽绕组和分数槽绕组。其中，单层绕组具有制作工艺简单、槽内无须层间绝缘、槽的利用率高等优点，但当导线较粗时，由于工艺原因会导致绕组嵌放和线圈端部整形困难，且无法通过线圈的短距（线圈节距小于极距）来改善电动势和磁动势波形；双层绕组的主要优势在于可以通过调整节距改善电机的电动势和磁动势波形。对于交流异步电机而言，单层绕组一般用于 10kW 以下的小型异步电机，双层叠绕组一般用于较大功率的异步电机。

虽然定子绕组的形式多种多样，但在设计时均须遵循如下原则：①三相绕组对称，以保证三相电动势和磁动势对称；②在导体数一定的情况下，尽可能地增大电动势和磁动势；③绕组的电动势和磁动势波形要尽量接近正弦波；④三相绕组的各项参数要相同，相位互差 120°；⑤端部连线应尽可能短，以节省用铜量；⑥绕组的绝缘等级和机械强度要高，散热条件要好；⑦工艺要简单，以便于制造、安装和检修。

（3）交流电机定子绕组的基本概念

1）极对数。磁极对数简称极对数。电机绕组通电后所形成的磁极，是以 N 极和 S 极成对的形式出现的。在 2 极电机中，因只有一对磁极，所以磁极对数 $p=1$；在 4 极电机中有 2 对磁极，所以 $p=2$；同理，6 极电机，$p=3$；8 极电机，$p=4$。p 为磁极对数，则磁极数为 $2p$，磁极数应是偶数。

2）极距 τ。交流异步电机的极距是沿电机定子铁心内圆，相邻两个异性磁极之间的距离，有槽数和长度两种表示方法，实际中常用槽数表示，计算公式为

$$\tau = \frac{Z}{2p} \tag{2-38}$$

式中，τ 为极距；Z 为定子槽数；p 为极对数。

如图 2-38 所示，$Z=24$，$p=2$，则根据式（2-38），计算得 $\tau=6$。

3）线圈节距 y_c。线圈节距是一个线圈的两个有效边（嵌入槽中的线圈边）所跨的距离，一般用线圈跨过的槽数表示。为使每个线圈获得尽可能大的电动势（或磁动势），节距应等于或接近于极距，两者相等的绕组称为整距绕组，节距小于极距的绕组称为短距绕组，节距大于极距的绕组称为长距绕组。短距绕组和长距绕组具有相同的电磁性能，且短距绕组的端部连线短，能够节省用铜，所以常用短距绕组。

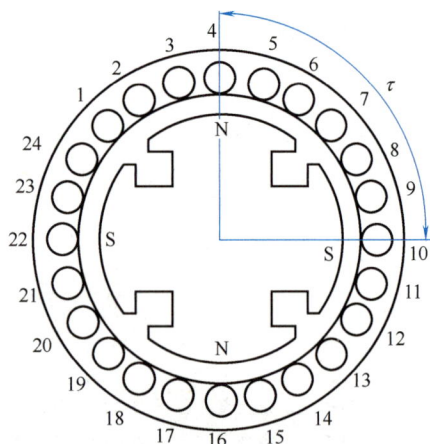

图 2-38 交流电机极距示意图

4）电角度。通常把电机每对磁极在定子内圆上所占的区间定义为360°电角度，而把对应的实际空间几何角度定义为机械角度。电角度等于机械角度乘以极对数。

5）槽距角 α。两个相邻定子槽之间的电角度称为槽距角，计算公式为

$$\alpha = \frac{p \times 360°}{Z} \tag{2-39}$$

式中，p 为电机的极对数；Z 为定子槽数。

6）每极每相槽数 q。每相绕组在每个磁极下所占的槽数称为每极每相槽数，计算公式为

$$q = \frac{Z}{2pm} \tag{2-40}$$

式中，Z 为定子槽数；p 为极对数；m 为定子绕组相数。

为了获得对称绕组，每极每相槽数应相同。$q=1$ 的绕组称为集中绕组，$q>1$ 的绕组称为分布绕组。q 等于整数的绕组称为整数槽绕组，中小型交流电机大多采用整数槽绕组；q 等于分数的绕组称为分数槽绕组，分数槽绕组常用在大型水轮同步发电机和大型异步电机中。

7）相带。每个磁极下每相绕组所占的定子槽数称为相带，一般用电角度 $q\alpha$ 表示，即在每个磁极下每相绕组所连续占有的电角度，计算公式为

$$q\alpha = \frac{Z}{2pm} \frac{p \times 360°}{Z} = \frac{180°}{m} \tag{2-41}$$

在三相电机中有 60°相带和 120°相带，即一相占 60°电角度和一相占 120°电角度，采用60°相带方案比采用 120°相带方案具有更高的合成电势，且绕组利用率更高，所以三相电机常采用 60°相带。

8）同步转速。交流电机定子绕组通电后所产生旋转磁场的转速，称为该电机的同步转速。异步电机转子的实际转速略低于同步转速。同步转速 n_1 的数值与磁极对数 p 的数值密切相关，其计算公式为

$$n_1 = \frac{60f}{p} \tag{2-42}$$

式中，p 为极对数；f 为交流电的频率，车用驱动电机可以通过调节交流电的频率来调节其转速。

（4）槽电动势星形图　当转子磁极在交流电形成的旋转磁场作用下旋转时，交流电机绕组中感应出随时间 t 变化的电动势。若将定子槽内按正弦规律变化的导体电动势分别用向量表示，这些向量就会构成一个辐射状的星形图，称为槽电动势星形图，其实质上就是定子槽内导体电动势的向量图。

槽电动势星形图可用来分析绕组的分相和绕组电动势。下面以一台三相交流电机（定子槽数 $Z=24$，极对数 $p=2$，相数 $m=3$）为例说明其绘制方法。

由式（2-39）可知，槽距角 α 为

$$\alpha = \frac{p \times 360°}{Z} = \frac{2 \times 360°}{24} = 30°$$

由式（2-40）可知，每极每相槽数 q 为

$$q = \frac{Z}{2pm} = \frac{24}{2 \times 2 \times 3} = 2$$

当给定子通入三相交流电时，电机的气隙磁通密度 B 也按正弦规律分布，当电机转子逆时针旋转时，均匀分布在定子圆周上的线圈切割磁力线，感应出电动势 $E = Blv$，当 l、v 为定值时，各定子槽内线圈的感应电动势也将随时间按正弦规律变化。对于每个定子槽中的线圈而言，磁场转过一对磁极，感应电动势就变化一个周期，即 $360°$。如图 2-39b 所示，假设 1 号槽内的电动势用向量 1 表示，2 号槽内的电动势用向量 2 表示，由于 $\alpha = 30°$，所以各定子槽内空间电角度彼此相差 $30°$，即线圈切割磁场分先后，各槽内的感应电动势在时间相位上彼此相差 $30°$。当转子按图 2-39a 中的旋转方向旋转时，2 号槽内电动势滞后于 1 号槽内电动势 $30°$，3 号槽内电动势滞后于 2 号槽内电动势，依次类推，一直到第 12 个槽，一对磁极完成循环，空间电角度恰为 $360°$，在槽电动势星形图中布置如图 2-39b 所示。

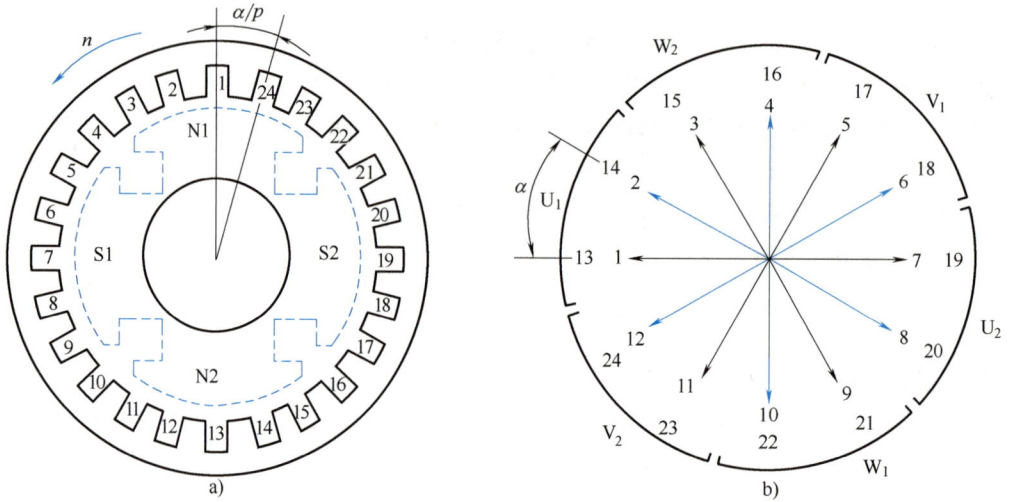

图 2-39　交流电机槽电动势星形图

a）槽内导体沿定子圆周分布情况　b）槽电动势星形图

（5）三相双层绕组　绕组展开图的绘制是根据槽电动势星形图分相的结果，把属于各相的线圈按一定规律连接起来，组成三相绕组。绘制展开图时，将电枢从齿中心沿轴向剖开，展成平面，磁极布置在上方。绘图时，每个线圈的上层边用实线表示，下层边用虚线表示。下面以一台三相双层叠绕组电机（电机定子槽数 $Z = 24$，极对数 $p = 2$，节距 $y_c = 5$，相数 $m = 3$）为例，说明绕组的排列，其槽电动势星形图如图 2-39b 所示，各相所属槽号按相带顺序排列，见表 2-1。

表 2-1　电机各相所属槽号表

极对	相带					
	U_1	W_2	V_1	U_2	W_1	V_2
第一极对	1　2	3　4	5　6	7　8	9　10	11　12
第二极对	13　14	15　16	17　18	19　20	21　22	23　24

以 U 相为例，按照槽电动势星形图并采用 $60°$ 相带分相原则，应将 U_1 相带的 1、2、13、14 号槽导体与 U_2 相带的 7、8、19、20 号槽导体连接成 U 相绕组。其中，U_1 相带布置在 1、2、13、14 号定子槽中，U_2 相带布置在 7、8、19、20 号定子槽中。由于节距 $y_c = 5$，所以 1 号线圈的一条线圈边嵌放在 1 号槽上层时，另一条线圈边应嵌放在 6 号槽下层，两者串联组

成 U 相绕组的线圈 1；同理，槽 2 的上层边将与槽 7 的下层边串联组成 U 相绕组的线圈 2。以此类推，7、8 号槽的上层边与 12、13 号槽的下层边，13、14 号槽的上层边与 18、19 号槽的下层边，19、20 号槽的上层边与 24、1 号槽的下层边分别依次连接，并分别组成 U 相绕组的线圈 3—8。相应的绕组展开图如图 2-40 所示，每个线圈均由槽中的上层边导体和另一个槽中的下层边导体串联而成。

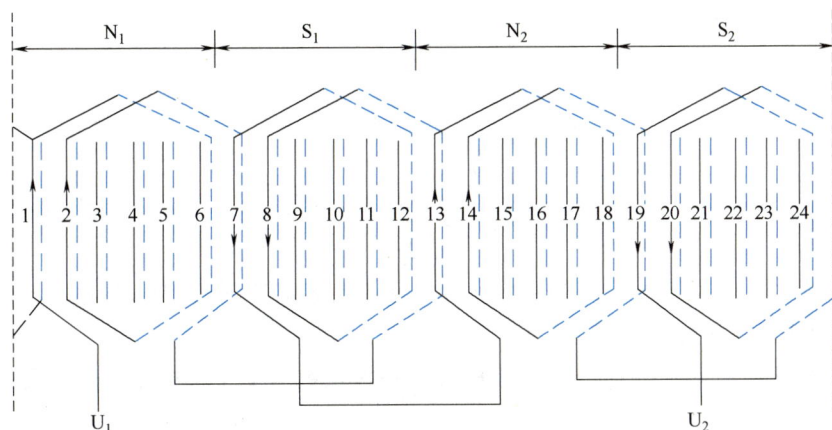

图 2-40 U 相绕组展开图

根据三相绕组相互对称的原则，V 相和 W 相绕组的结构与 U 相相同，但三相绕组在空间的分布上依次互差 120° 电角度，即 U_1 相带和 V_1 相带的线圈边应相互间隔 120° 电角度，V_1 相带和 W_1 相带的线圈边应相隔 120° 电角度。如果 U 相绕组以从 1 号槽上层边引出的线作为首端，V 相和 W 相绕组应分别以从 5 号槽和 9 号槽上层边引出的线作为首端，具体相带划分见表 2-1。由表 2-1 可知，V_1 相带布置在 5、6、17、18 号定子槽中，V_2 相带布置在 11、12、23、24 号定子槽中，W_1 相带布置在 9、10、21、22 号定子槽中，W_2 相带布置在 3、4、15、16 号定子槽中，线圈的具体布置如图 2-41 所示，该图也是三相绕组的展开图。

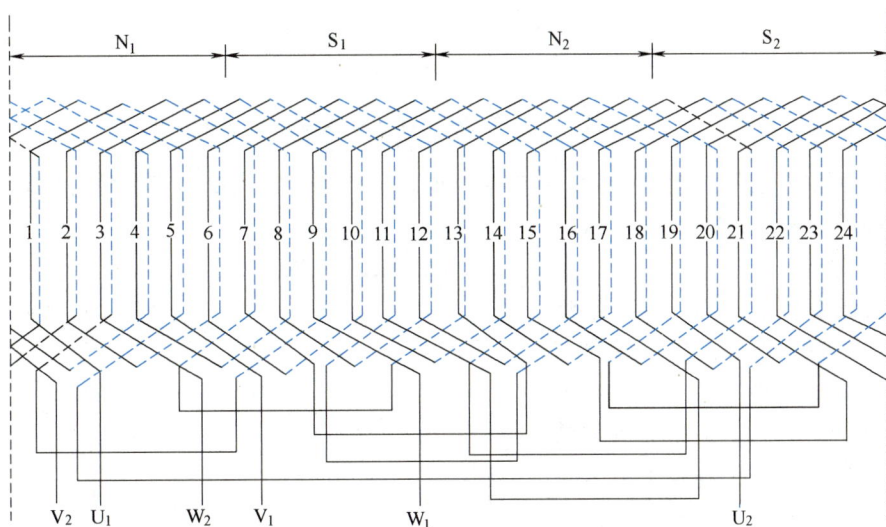

图 2-41 三相绕组展开图

（6）三相单层绕组 定子每相每槽中只有一个线圈边的三相交流绕组称为三相单层绕

组。三相单层绕组由于每个槽中只含有一个线圈边，所以其线圈数是槽数的一半。与三相双层绕组相比，三相单层绕组无层间绝缘，槽利用率较高，绕线嵌线方便，但由于单层绕组需采用整距绕组，因此其产生的绕组感应电动势不理想。单层绕组的形式主要有同心式、链式、交叉式。下面以一款三相电机（$Z = 24$，$p = 2$，$m = 3$）为例，对单层链式绕组展开图进行说明。

1）计算相关参数。

$$\alpha = \frac{p \times 360°}{Z} = 30°$$

$$q = \frac{Z}{2pm} = 2$$

$$y_c = \tau = \frac{Z}{2p} = 6$$

2）绘制槽电动势星形图。由于电机参数与槽电动势星形图所用电机的参数一致，因此相应的槽电动势星形图如图 2-39b 所示。

3）进行分相。经计算得 $q = 2$，即电机每极每槽相数为 2，各相所属槽号及相带顺序见表 2-1。

4）绘制绕组展开图。按照槽电动势星形图，U 相绕组由 1—7；2—8；13—19；14—20 四个线圈构成，头尾相接将四个线圈串联，构成 U 相绕组，如图 2-42 所示。

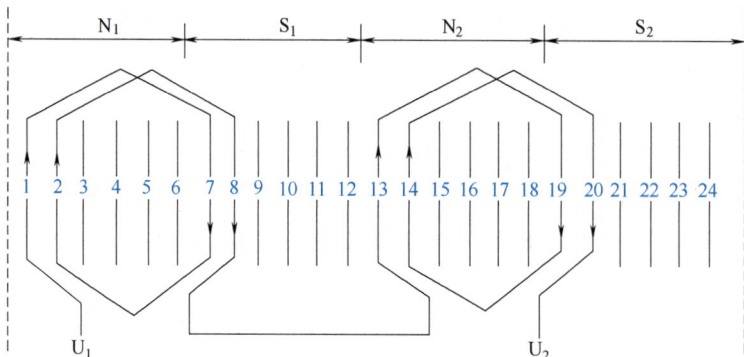

图 2-42 三相单层链式绕组 U 相展开图

V、W 两相绕组的首端依次与 U 相绕组相差 120°和 240°空间电角度，故可以画出 V、W 两相绕组的展开图，如图 2-43 所示。

2. 转子总成

转子总成由转子铁心、转子绕组和转轴组成。转子铁心是电机磁路的一部分，一般由厚度为 0.35～0.5mm 的硅钢片叠压而成。中小型电机的转子铁心通常直接套装在转轴上，大型电机的转子铁心则通过压装固定在支架上，整个转子的外表呈圆柱形。

转子绕组分为笼型和绕线型两类。

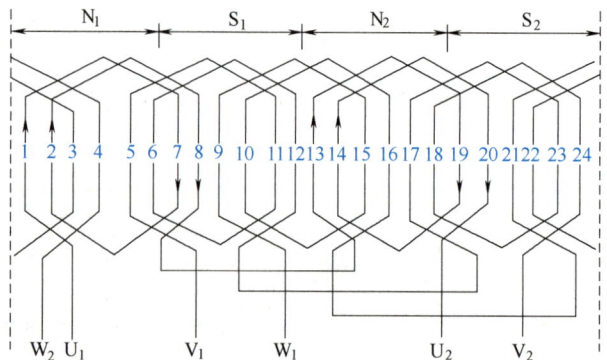

图 2-43 三相单层链式绕组展开图

1）笼型转子的每个槽中都有一根导条，导条的两端各通过一个端环连接，这使其处于短路状态。如果去掉转子铁心，整个绕组的外形像一个鼠笼，如图2-44所示。导条的材料有铜的，也有铝的。中小型转子一般采用铸铝材料，常将其连同端环、风扇一次铸成。功率较大或有特殊需要的电机采用铜条和铜端环焊接而成，转子绕组不用对地绝缘，笼型转子的极对数是由定子绕组磁动势感应得到的，因此始终与定子绕组的极对数相等，与笼型转子的导条数无关。笼型转子具有结构简单、控制简单、制造方便、经济、耐用等优点。

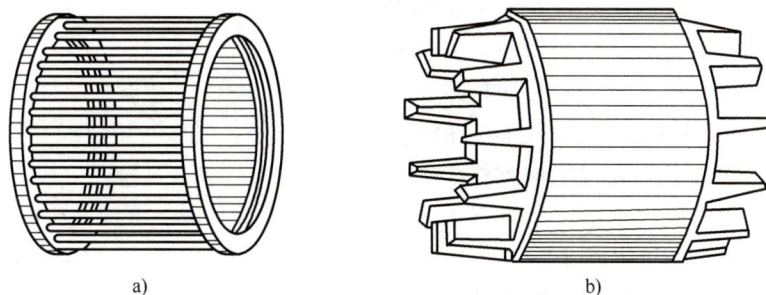

图 2-44 笼型转子的结构图
a）笼型绕组 b）铸铝转子

2）绕线式转子的绕组和定子绕组相似，中型电动机多采用双层绕组，三相绕组采用星形联结方式，三根端线连接到装在转轴上的三个铜（或钢）集电环上，通过三个固定在定子上的电刷装置与外电路连接，如图2-45所示。绕线转子式异步电机转子绕组的相数、极对数总是跟定子相同，转子绕组对地绝缘。这种方式还可以通过给外电路串接附加电阻，来改善电机的起动性能或实现电机调速。绕线式转子电机结构复杂、价格高、控制电机运行相对复杂、应用相对较少，但因为其起动电流小、起动力矩较大，主要用于重载起动场合。

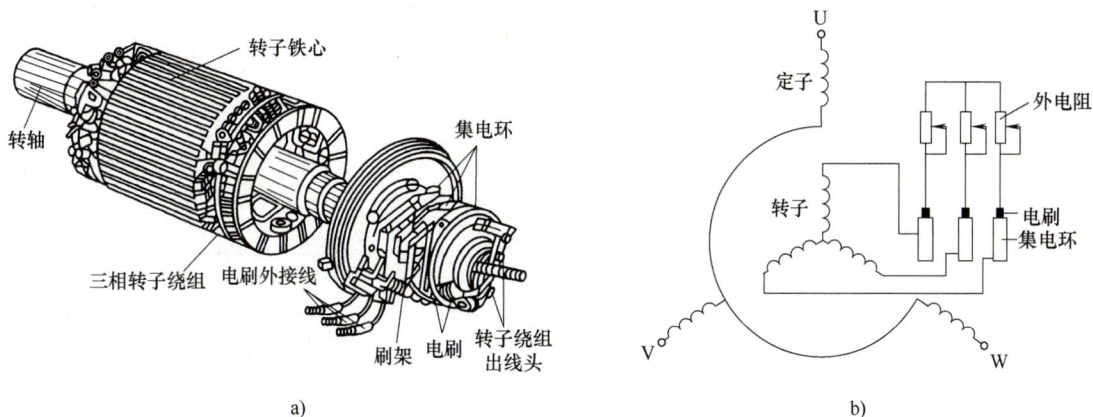

图 2-45 绕线式转子
a）结构图 b）原理示意图

2.4.3 交流异步电机的控制

由于交流异步电机是一个多输入多输出、高阶、强耦合的非线性系统，如何实现精确控制是影响其应用的关键，常用的车用交流异步电机控制方法主要有矢量控制和直接转矩控制等。

1. 矢量控制

交流异步电机矢量控制的基本思路是以保持旋转磁动势不变为准则，通过坐标变换，将三相静止坐标系中的定子交流电流，转换为旋转坐标系中的直流电流，并通过对相应直流电流的控制，分别实现对磁通和转矩的解耦控制，从而得到与直流电机相当的控制效果。

（1）坐标变换

1）坐标定义。如图 2-46 所示，假设定子三相绕组的轴线为 A、B、C，三者互差 120°，由此构成 A-B-C 三相坐标系，另外定子坐标系还可以转换为一个静止的两相坐标系，即图中的 α-β 坐标系，其中的 α 轴与三相坐标系中的 A 轴重合，而 β 轴则超前 α 轴 90°，同时由于 α 轴和 A 轴均固定在定子 U 相绕组的轴线上，这两个坐标系在空间中固定不动，所以又被称为静止坐标系。矢量 x 在 A-B-C 坐标轴上的投影 x_A、x_B、x_C 代表它在三个绕组中的分量。

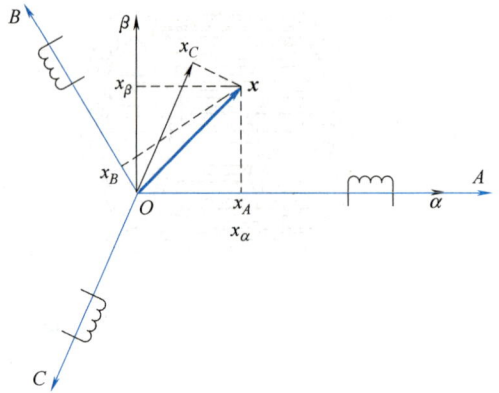

图 2-46　定子坐标系

对于固定在转子上的转子坐标系（a-b-c）而言，同样可以定义为一个两相坐标系（d-q），且该两相坐标系的 d 轴位于转子轴线 a 上，q 轴则超前 d 轴 90°，如图 2-47 所示。两个坐标系相对于转子实体都是静止的，但是，相对于静止的定子 A-B-C 三相坐标系和 α-β 两相坐标系，却是以转子角速度 ω_r 旋转的。另外，还有一个两相坐标系（M-T），该坐标系为直流绕组坐标系，其中的 M 轴固定在磁链矢量上，T 轴超前 M 轴 90°，该坐标系和磁链矢量一起以同步角速度 ω_s 在空间中旋转，当控制同步旋转坐标系中的磁动势与其他坐标系中的磁动势相同时，该套旋转的直流绕组与定子坐标系中的三相交流绕组和转子坐标系中的两相交流绕组等效。

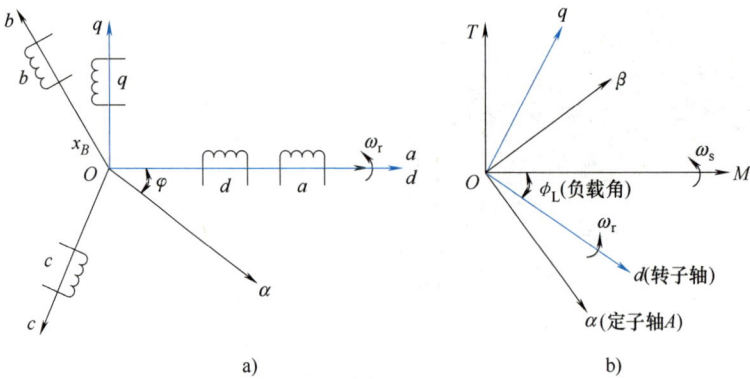

a)

b)

图 2-47　转子坐标系与同步坐标系

a）转子坐标系　b）同步坐标系

2）三相-二相坐标系变换。如图 2-48 所示，当同一个磁场分别处于定子坐标系（A-B-C 坐标系）和二相静止坐标系（α-β 坐标系）下时，为保证相应的磁动势相等，合成磁动势沿同一轴的分量应相等，即三相绕组与二相绕组的瞬时磁动势在 α、β 轴上的投影相同，见式（2-43）。

$$\begin{cases} N_2 i_\alpha = N_3 i_A - N_3 i_B \cos\dfrac{\pi}{3} - N_3 i_C \cos\dfrac{\pi}{3} = N_3\left(i_A - \dfrac{1}{2}i_B - \dfrac{1}{2}i_C\right) \\ N_2 i_\beta = 0 + N_3 i_B \sin\dfrac{\pi}{3} - N_3 i_C \sin\dfrac{\pi}{3} = \dfrac{\sqrt{3}}{2}N_3\left(0 + i_B - i_C\right) \end{cases}$$

$$(2\text{-}43)$$

式中，N_2 为二相绕组每相的有效匝数；N_3 为三相绕组每相的有效匝数；i_α 为二相坐标系中 α 轴上的电流；i_β 为二相坐标系中 β 轴上的电流；i_A 为三相坐标系中 A 相上的电流；i_B 为三相坐标系中 B 相上的电流；i_C 为三相坐标系中 C 相上的电流。

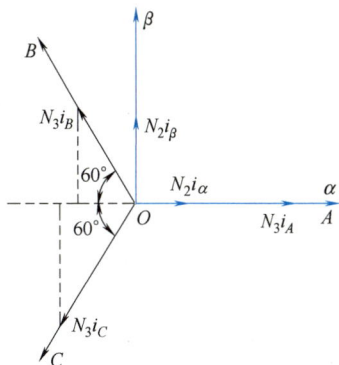

图 2-48 二相-二相坐标系

由式（2-43）可得

$$\begin{cases} i_\alpha = \dfrac{N_3}{N_2}\left(i_A - \dfrac{1}{2}i_B - \dfrac{1}{2}i_C\right) \\ i_\beta = \dfrac{N_3}{N_2}\left(0 + \dfrac{\sqrt{3}}{2}i_B - \dfrac{\sqrt{3}}{2}i_C\right) \end{cases}$$

$$(2\text{-}44)$$

用矩阵表示为

$$\begin{pmatrix} i_\alpha \\ i_\beta \end{pmatrix} = \frac{N_3}{N_2}\begin{pmatrix} 1 & -\dfrac{1}{2} & -\dfrac{1}{2} \\ 0 & \dfrac{\sqrt{3}}{2} & -\dfrac{\sqrt{3}}{2} \end{pmatrix}\begin{pmatrix} i_A \\ i_B \\ i_C \end{pmatrix}$$

$$(2\text{-}45)$$

这种由三相静止坐标系到二相静止坐标系的变换，称为 Clark 变换或 3/2 变换。实际控制中，除了需要根据 i_A、i_B、i_C 求得 i_α、i_β 外，还需要根据 i_α、i_β 求得 i_A、i_B、i_C，这就需要求得上述电流变换矩阵 [见式（2-45）] 的逆矩阵，而上述变换矩阵为奇异阵，不存在逆矩阵，为此引入独立的零序电流 i_0，则有

$$N_2 i_0 = K N_3 (i_A + i_B + i_C)$$

$$(2\text{-}46)$$

式中，K 为比例系数。

对于二相系统，零序电流主要用于逆矩阵的求解，并没有具体意义，引入零序电流后，式（2-45）变形为

$$\begin{pmatrix} i_{s\alpha} \\ i_{s\beta} \\ i_0 \end{pmatrix} = \frac{1}{2}\frac{N_3}{N_2}\begin{pmatrix} 2 & -1 & -1 \\ 0 & \sqrt{3} & -\sqrt{3} \\ 2K & 2K & 2K \end{pmatrix}\begin{pmatrix} i_A \\ i_B \\ i_C \end{pmatrix}$$

$$(2\text{-}47)$$

令

$$\boldsymbol{C}_{3/2} = \frac{N_3}{N_2}\begin{pmatrix} 1 & -\dfrac{1}{2} & -\dfrac{1}{2} \\ 0 & \dfrac{\sqrt{3}}{2} & -\dfrac{\sqrt{3}}{2} \\ K & K & K \end{pmatrix}$$

$$(2\text{-}48)$$

考虑变换前后的总功率应保持不变，相应的变换矩阵应为正交矩阵，即

$$C_{2/3} = C_{3/2}^{T} = \frac{N_3}{N_2} \begin{pmatrix} 1 & 0 & K \\ -\dfrac{1}{2} & \dfrac{\sqrt{3}}{2} & K \\ -\dfrac{1}{2} & -\dfrac{\sqrt{3}}{2} & K \end{pmatrix} \tag{2-49}$$

$$C_{3/2} \cdot C_{2/3} = E \tag{2-50}$$

可得

$$\begin{pmatrix} i_A \\ i_B \\ i_C \end{pmatrix} = \frac{N_3}{N_2} \begin{pmatrix} 1 & 0 & K \\ -\dfrac{1}{2} & \dfrac{\sqrt{3}}{2} & K \\ -\dfrac{1}{2} & -\dfrac{\sqrt{3}}{2} & K \end{pmatrix} \begin{pmatrix} i_{s\alpha} \\ i_{s\beta} \\ i_0 \end{pmatrix} \tag{2-51}$$

推得

$$\frac{3}{2}\left(\frac{N_3}{N_2}\right)^2 = 1 \tag{2-52}$$

$$2K^2 = 1 \tag{2-53}$$

即

$$\frac{N_3}{N_2} = \sqrt{\frac{2}{3}} \tag{2-54}$$

$$K = \frac{1}{\sqrt{2}} \tag{2-55}$$

将式（2-55）代入式（2-48）和式（2-49），可得到 3/2 和 2/3 电流变换矩阵。

$$C_{3/2} = \sqrt{\frac{2}{3}} \begin{pmatrix} 1 & -\dfrac{1}{2} & -\dfrac{1}{2} \\ 0 & \dfrac{\sqrt{3}}{2} & -\dfrac{\sqrt{3}}{2} \\ \dfrac{1}{\sqrt{2}} & \dfrac{1}{\sqrt{2}} & \dfrac{1}{\sqrt{2}} \end{pmatrix} \tag{2-56}$$

$$C_{2/3} = \sqrt{\frac{2}{3}} \begin{pmatrix} 1 & 0 & \dfrac{1}{\sqrt{2}} \\ -\dfrac{1}{2} & \dfrac{\sqrt{3}}{2} & \dfrac{1}{\sqrt{2}} \\ -\dfrac{1}{2} & -\dfrac{\sqrt{3}}{2} & \dfrac{1}{\sqrt{2}} \end{pmatrix} \tag{2-57}$$

式（2-56）和式（2-57）同时也适用于电压变换矩阵及磁链变换矩阵。另外，转子轴系的变换与上述定子轴系变换相同。把等效的二相转子绕组 d、q 相序和三相转子绕组 a、b、c 相序取为一致，且使 d 轴和 a 轴重合，则可以直接使用定子三相轴系到二相轴系的变换矩阵，如图 2-49 所示。

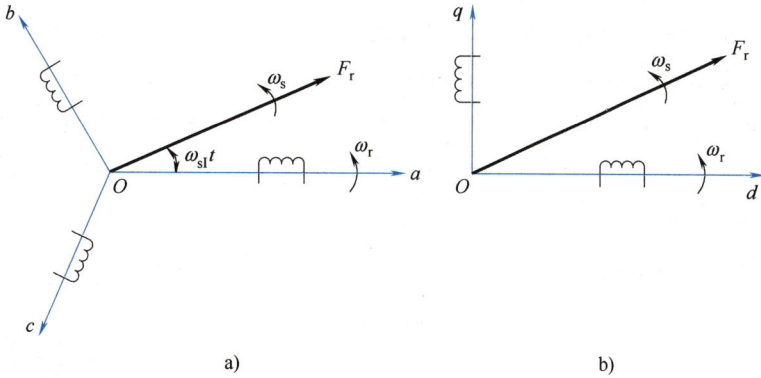

图 2-49　转子绕组轴系变换

a）三相转子绕组坐标系　b）二相转子绕组坐标系

图 2-49a 表示一对称的异步电机三相转子绕组，$\omega_{sl}t$ 表示同步坐标系中的负载角 ϕ_L，负载角表示异步电机中定子旋转磁场与转子磁场之间的夹角，它与负载转矩有关，通常负载转矩越大，该负载角越大，ω_{sl} 表示同步坐标系中同步旋转磁场角频率与转子角频率的差值；图 2-49b 表示与三相转子绕组等效的二相转子绕组坐标系。

3）二相静止-二相运动坐标系变换。如图 2-50 所示，定子 α-β 坐标系固定不动，转子 d-q 轴系以转子角速度 ω_r 旋转，两者之间存在如下关系：

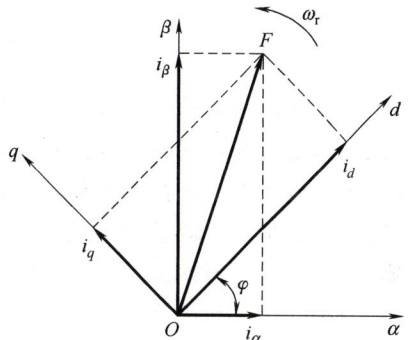

图 2-50　二相静止-二相运动坐标系变换

$$\begin{pmatrix} i_d \\ i_q \end{pmatrix} = \begin{pmatrix} \cos\varphi & \sin\varphi \\ -\sin\varphi & \cos\varphi \end{pmatrix} \begin{pmatrix} i_\alpha \\ i_\beta \end{pmatrix} \tag{2-58}$$

由式（2-58）可推得定子 α-β 坐标系到转子 d-q 坐标系的变换矩阵，称为 Park 变换矩阵，用 $C_{2s/2r}$ 表示，即

$$C_{2s/2r} = \begin{pmatrix} \cos\varphi & \sin\varphi \\ -\sin\varphi & \cos\varphi \end{pmatrix} \tag{2-59}$$

将转子 d-q 坐标系到 α-β 坐标系的变换矩阵，称为 Park 变换的逆矩阵，用 $C_{2r/2s}$ 表示，即

$$C_{2r/2s} = \begin{pmatrix} \cos\varphi & -\sin\varphi \\ \sin\varphi & \cos\varphi \end{pmatrix} \tag{2-60}$$

综上所述，要把三相静止坐标系上的电压方程、磁链方程和转矩方程都变换到二相静止坐标系上，可先利用3/2变换将方程式中定子和转子的电压、电流、磁链、转矩都变换到二相静止坐标系 α-β 上，然后通过旋转变换矩阵将这些变量变换到二相旋转坐标系 d-q 上。通过上述两次坐标变换，就可以把交流异步电机等效为直流他励电机，其中，把 d 轴称作 M（Magnetization）轴，把 q 轴称作 T（Torque）轴，则 M 绕组相当于直流电机的励磁绕组，M 轴定位于等效直流电机的磁通方向上，i_d 相当于励磁电流，T 绕组相当于电枢绕组，i_q 相当于与转矩成正比的电枢电流。

（2）**矢量控制基本原理** 矢量控制的基本原理如图 2-51 所示。控制器首先基于直流电机模型，根据目标转速或目标转矩，计算得到 $M\text{-}T$ 坐标系下 i_d、i_q 的目标值 i_d^*、i_q^*，经 Park 逆变换，求得 $\alpha\text{-}\beta$ 轴系下 i_α、i_β 的目标值 i_α^*、i_β^*，再由 Clark 逆变换，求得交流异步电机的三相目标电流 i_A^*、i_B^*、i_C^*，并以此为目标值通过变频器控制电机的三相电流；而实际的 i_A、i_B、i_C 依次经过 Clark 变换、Park 变换得到实际的 i_d、i_q，反馈给控制器，从而实现对目标信号的闭环控制。

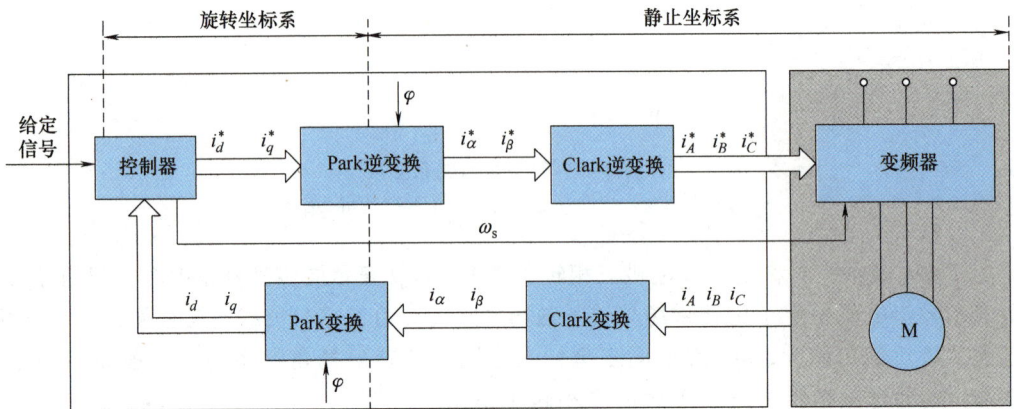

图 2-51　矢量控制的基本原理图

综上所述，交流异步电机的动态数学模型是一个高阶、非线性、强耦合的多变量系统，通过以坐标变换为基础的矢量控制，可使之降阶并解耦，进而可获得与直流他励电机类似的控制效果，这促进了它在多个领域中的应用。但矢量控制也存在如下问题：转子磁链的准确观测存在一定难度，转子磁链的计算对电机参数有较强的依赖性，因此对参数变化较为敏感；由于需要进行解耦运算，并采用矢量旋转变换，系统计算比较复杂。

2. 直接转矩控制

20 世纪 80 年代中期，德国鲁尔大学的 Depenbrock 教授和日本学者 Takahashi 相继提出了直接转矩控制技术（DTC）。它是继矢量控制技术之后发展起来的另一种高动态性能的交流电机变压变频调速系统。它通过转速环里面的转矩反馈直接控制电机的电磁转矩，因而得名。它不需要复杂的坐标变换，也不依赖转子数学模型，而是通过控制 PWM 型逆变器的导通和切换方式，控制电机的瞬时输入电压，进而通过改变磁链的旋转速度来控制其瞬时转矩，这能使系统性能对转子参数呈现较强的鲁棒性。

交流异步电机的直接转矩控制系统主要包括磁链调节器、转矩调节器、转速调节器、磁链观测器、转矩观测器等。

磁链观测器的准确性对整个控制系统的稳定性有很大影响，开关策略和磁链、转矩调节是控制算法的核心部分。定子磁链观测器的准确性是实现直接转矩控制技术的关键，若定子磁链幅值或相位出现较大误差，控制性能会直接变坏。间接测量方法是解决磁链问题的通用方法，即通过测量的定子电压、定子电流和转速等建立定子磁链观测模型，在控制中实时准确地计算出定子磁链的幅值和相位。磁链调节器主要用于控制定子磁链在给定值附近的变化，输出磁链控制信号。转矩观测器用于通过状态检测转矩模型完成电磁转矩计算，转矩调节器则用于对转矩进行直接控制。转矩调节器通常具备两个功能：一是直接调节转矩；二是在调节转矩的同时，控制定子磁链的旋转方向，以加强转矩调节。在直接转矩控制系统中，主要通过控制电压空间矢量来控制转速，而转速控制的基础是转矩控制，即从传感器中引出转速反馈信号，并与转速给定信号做比较后，送入 PI 调节器，调节器的输出直接作为转矩给定值，从而实现对转速的闭环控制。如图 2-52 所示，通过传感器检测和坐标变换得到定子电流、电压的 α-β 分量，然后通过磁链观测器和转矩观测器分别得到定子磁场实际值 Ψ_{f} 和转矩实际值 T_{f}，将定子磁场的实际值 Ψ_{f} 与给定值 Ψ_{g} 输入磁链调节器，以实现磁场的自控制。转速给定值 n_{g} 与测量得到的转速 n_{f} 之差，经过转速调节器得到转矩给定值 T_{g}，将转矩的实际值 T_{f} 与给定值 T_{g} 输入转矩调节器，以实现转矩的自控制。

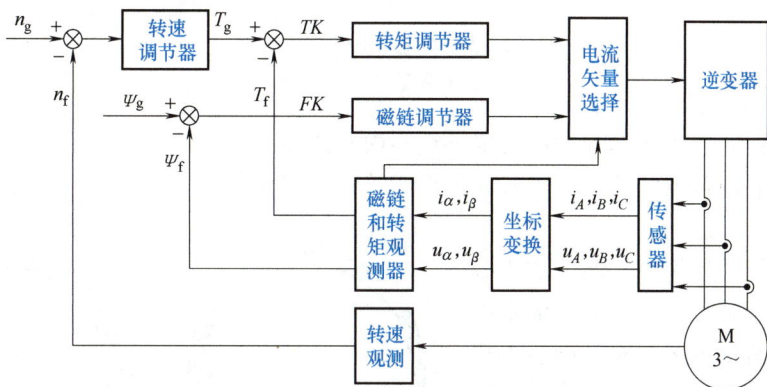

图 2-52 直接转矩控制的系统框图

综上所述，交流异步电机具有结构简单、坚固耐用、工作可靠、价格便宜等特点，由于它是一个高阶、非线性、强耦合的多变量系统，所以前期主要被用于一些对性能要求不高，但可靠性要求比较高的场合。随着矢量控制理论和直接转矩控制理论的提出，其控制性能得到了大幅提升，有效促进了它在各种领域中的应用。

2.5 永磁同步电机

与传统电励磁电机相比，通过永磁体与定子磁场的相互作用，可以有效提高电机的性能。永磁电机主要有无刷直流电机和交流永磁同步电机两种。永磁体材料有铝镍钴、铁氧体、稀土永磁材料等，且主要以稀土永磁材料为主。交流永磁同步电机因具有高效率、高控制精度、高转矩密度、良好的转矩平稳性等优点，而被广泛用作新能源乘用车的驱动电机。

2.5.1 永磁同步电机的结构

与交流异步电机类似，交流永磁同步电机主要由定子总成和转子总成组成。如图 2-53 所示，定子总成主要由定子铁心和定子三相绕组构成。交流永磁同步电机的定子总成与交流异步电机相同，在此重点介绍转子总成。永磁同步电机的转子总成主要由永磁体、转子铁心和转轴等组成。转子铁心根据磁极结构的不同，可由实心钢、钢板或硅钢片冲制后叠压而成。根据永磁体在转子上的位置，可将永磁同步电机的转子结构分为表贴式、内置式和爪极式三种。

1. 表贴式转子结构

在表贴式转子中，永磁体通常呈瓦片形，并安装于转子铁心的外表面上，永磁体提供磁

a)   b)

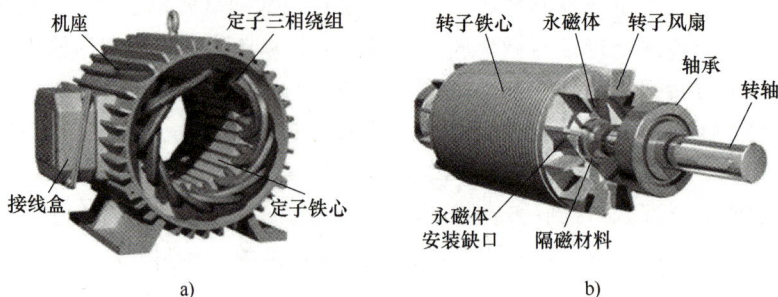

图 2-53　永磁同步电机的结构

a）定子总成　b）转子总成

通的方向为径向，且永磁体外表面与定子铁心内圆之间一般仅套起保护作用的非磁性圆筒，或在永磁磁极表面包无纬玻璃丝带起保护作用。表贴式结构又可分为凸出式和嵌入式两种，如图 2-54 所示。

　　凸出式转子结构简单，制造成本较低，且转动惯量较小，在无刷直流电机和恒功率运行范围不宽的永磁同步电机中得到了广泛应用。表面凸出式转子结构中的永磁磁极易于设计，能使电机气隙磁密波形趋近于正弦波，可显著提高电机性能。嵌入式转子结构可充分利用转子磁路不对称所产生的磁阻转矩，提高电机的功率密度，动态性能比凸出式有所改善，制造工艺也较简单，但漏磁系数和制造成本都比凸出式结构大。对采用稀土永磁的电机来说，由于永磁材料的相对回复磁导率接近 1，所以表面凸出式转子在电磁性能上属于隐极转子磁路结构；而表面嵌入式转子的两个相邻永磁磁极间有着磁导率很大的铁磁结构，故而在电磁性能上属于凸极转子磁路结构。

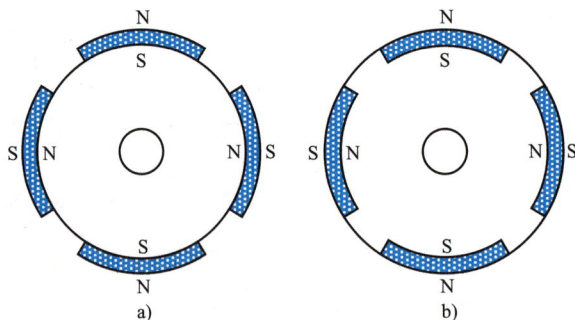

图 2-54　表贴式转子结构

a）凸出式　b）嵌入式

2. 内置式转子结构

　　内置式转子的永磁体位于转子铁心内部，永磁体外表面与定子铁心内圆之间（外转子磁路结构则为永磁体内表面与转子铁心内圆之间）有铁磁物质制成的极靴，极靴中可以放置铸铝笼或者铜条笼，起阻尼或起动作用，其动、稳态性能好，广泛用于有异步起动能力或动态性能高的永磁同步电机。内置式转子内的永磁体受到极靴的保护，其转子磁路结构不对称性所产生的磁阻转矩也有助于提高电动机的过载能力和功率密度，而且易于"弱磁"扩散。根据永磁体供磁方向与转子旋转方向的关系，内置式转子结构分为径向式、切向式、U形混合式和 V 形混合式四种，如图 2-55 所示。为防止永磁体磁通短路，通常需要在转子铁心内开设隔磁槽，在槽内填充隔磁材料。

　　径向式转子的磁钢通常安置在磁通轴的非对称位置上，以产生高磁通密度，有时也同时利用径向和切向充磁的磁钢。这种结构的优点是：漏磁系数小，转轴上不需要采取隔磁措施，转子冲片机械强度高，安装永磁体后转子不易变形。切向式转子的惯性和漏磁系数均较大，与径向式结构相比，制造难度和成本均有所增加。其优点是一个极距下的磁通由相邻两

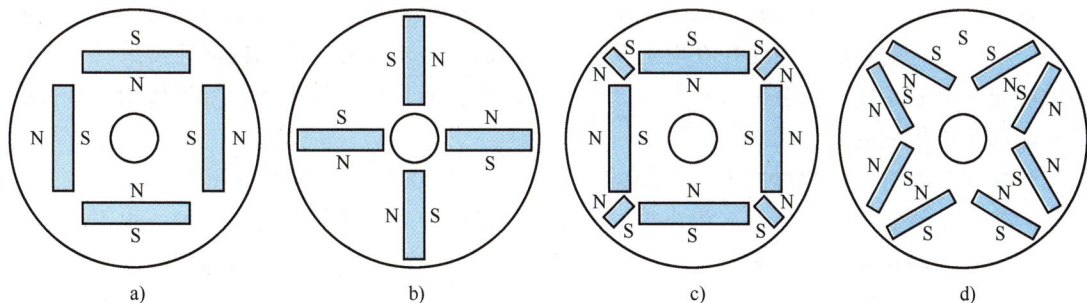

图 2-55　内置式转子结构

a）径向式　b）切向式　c）U形混合式　d）V形混合式

个磁极并联提供，可得到更大的每极磁通。当电机极数较多、径向式结构不能提供足够的每极磁通时，这种结构的优势会更突出。混合式转子结构集成了径向式转子结构和切向式转子结构的优点，但制造工艺复杂、成本较高。

3. 爪极式转子结构

爪极式转子结构通常由两个带爪的法兰盘和一个圆环形的永磁体构成，如图 2-56 所示。爪极式转子结构的左右法兰盘爪数相同，且两者的爪极相互错开，沿圆周均匀分布，永磁体轴向充磁，使得左右法兰盘的爪极分别形成极性相异、相互错开的永磁同步电机磁极。爪极式转子结构永磁同步电机性能较低，且不具备异步起动能力，实际生产中应用较少，但结构和制造工艺较为简单。

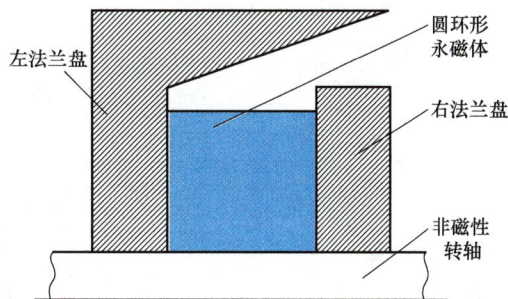

图 2-56　爪极式转子磁路结构

根据定子、转子的内外布置关系，交流永磁同步电机还可分为内转子结构和外转子结构。当电机尺寸相同时，外转子电机的转子半径要大于内转子电机，会使外转子电机的输出转矩远大于内转子电机，这是因为电机的输出转矩与 D^2L（D 为转子直径，L 为轴向长度）成正比。另外，外转子电机还具有功率密度高，散热好，绕线、架线简单等优点，但也存在密封性不够好，转子惯量大，只能做成表贴式，常用在低速大转矩、直接驱动、恒转速和转速变化较小等场合；内转子电机则具有转动惯量小、密封性好等优点，但其散热差、功率密度低，多用在需要频繁起停或频繁调速运行的场合。

2.5.2　永磁同步电机的工作原理

当给定子绕组通入三相交流电时，会产生一个旋转磁场，这个旋转磁场会与转子上的恒定磁场相互作用，从而形成一个转矩，以驱动转子随旋转磁场以相同的速度旋转。转子转速的计算公式为

$$n = n_1 = \frac{60f_1}{p} \tag{2-61}$$

式中，n 为转子转速（r/min）；n_1 为同步转速（r/min）；f_1 为三相正弦交流电的频率（Hz）；p 为磁极对数。

　　永磁同步电机通电运行时，定子绕组电流会产生电枢磁动势，它与永磁体的磁动势共同作用产生合成气隙磁场，因此存在电枢反应。电枢磁场与永磁磁场以相同的速度旋转，彼此相对静止。电枢磁场不仅会使永磁磁场波形发生畸变，而且会产生去磁和增磁作用，直接影响永磁同步电机的运行性能。

　　永磁同步电机在新能源汽车中应用的原理图如图 2-57 所示。车载高压蓄电池输出的直流电，经逆变器后，产生输入三相绕组的三相交流电以产生旋转的电励磁磁场，由于电机的转速等于磁场的转速，因此通过调节三相交流电的频率即可实现对电机转速的调节。与交流异步电机类似，永磁同步电机也是一个高阶、非线性、强耦合的多变量系统，其控制方法也普遍应用矢量控制、直接转矩控制及恒压频比开环控制，具体的控制方法与交流异步电机相同。

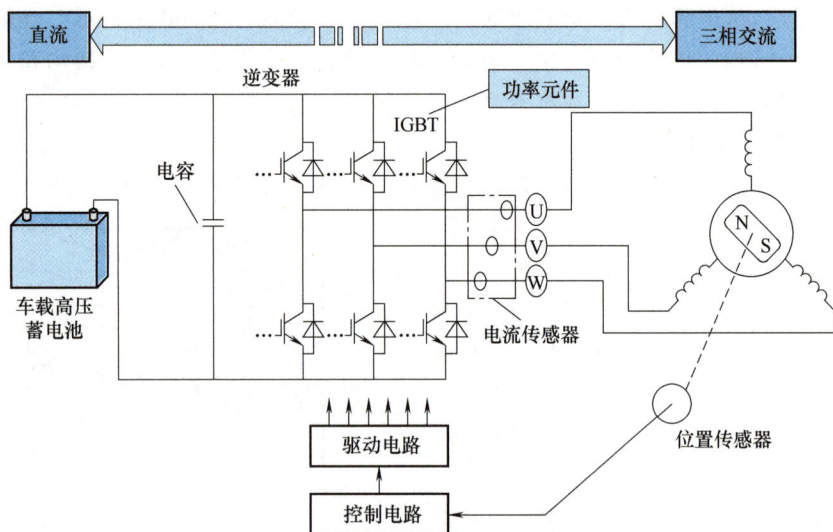

图 2-57　永磁同步电机在新能源汽车中应用的原理图

2.5.3　永磁同步电机的特点

　　（1）优点　与其他电机相比，永磁同步电机具有以下优点：

　　1）与传统的电励磁电机相比，永磁同步电机（特别是稀土永磁同步电机）具有结构简单、运行可靠、体积小、质量小、损耗少、效率高，以及电机的形状和尺寸灵活多样等优点。

　　2）永磁同步电机转速与电源频率始终保持准确的同步关系，调节电源频率就能调节电机转速，即实现变频调速容易。

　　3）永磁同步电机具有较硬的机械特性，对于因负载变化而引起的电机转矩扰动具有较强的承受能力，峰值转矩可达到额定转矩的 3 倍以上，适合在负载转矩变化较大的工况下运行。

　　4）永磁同步电机的转子为永磁铁，无须励磁，可避免由励磁电流产生磁场而导致的励磁损耗，因此电机可在很低的转速下保持同步运行，调速范围宽。

　　5）体积小、功率密度大。近年来，随着稀土等永磁材料的应用，永磁同步电机的功率密度大大提高，其体积和质量大幅减小，结构更加紧凑，有利于电动汽车的轻量化设计，并节省布置空间。

6）电机结构简单灵活。交流异步电机转子上需要安装导条、端环或转子绕组，这大大限制了交流异步电机结构的灵活性。而永磁同步电机转子结构的设计更为灵活，且永磁同步电机参数可不受电机极数的限制。

（2）缺点　永磁同步电机还存在以下缺点：

1）由于永磁同步电机转子为永磁体，磁场强度无法主动调节，必须通过施加定子直轴去磁电流分量来削弱磁场，这会增加电机的铜耗。

2）永磁同步电机的磁钢价格较高。

综上所述，与有刷直流电机和交流异步电机相比，永磁同步电机具有效率高、比功率密度高的优点，更适合电动汽车等空间有限的场合；另外，永磁同步电机过载能力强，尤其低转速时输出转矩大，更适合电动汽车的起步加速。因此，交流永磁同步电机在新能源乘用车领域得到了广泛应用。

2.6　无刷直流电机

2.6.1　无刷直流电机的结构

无刷直流电机也是一种同步电机，它主要由电机本体、电子换向器和转子位置传感器三部分组成。其中，电机本体主要分为定子、转子两部分，定子上设有定子绕组，转子与永磁同步电机类似，设有永磁体；电子换向器由位置信号处理电路和功率开关组成；转子位置传感器主要采用霍尔式传感器。

1. 电机本体

无刷直流电机的电机本体主要由定子总成和转子总成组成，如图 2-58 所示。定子总成主要由定子铁心、定子绕组、铁心和绕组的固定零件、绝缘材料等组成。定子铁心由硅钢片叠压而成，其上设有铺设绕组的定子槽。转子主要由永磁体、导磁体和支撑零部件组成。转子永磁体多采用高磁通密度的稀土永磁材料，如钕铁硼等，布置方式与交流永磁同步电机类似。另外，无刷直流电机根据转子、定子的位置，还分为内转子结构和外转子结构。

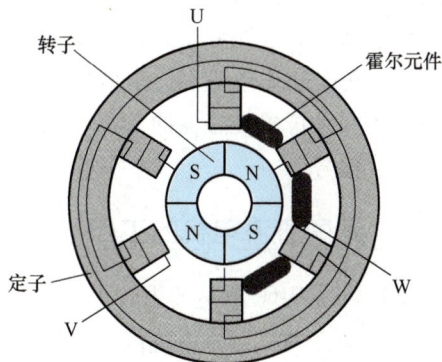

图 2-58　无刷直流电机本体的组成

2. 电子换向器

电子换向器由功率开关和位置信号处理电路构成，主要用来控制定子各绕组通电的顺序和时间。如图 2-59 所示，定子三相绕组分别与电子换向电路中的功率开关管 VT_1、VT_2、VT_3、VT_4、VT_5、VT_6 连接，绕组的通断由开关管控制，VD_1、VD_2、VD_3、VD_4、VD_5、VD_6 为反向续流二极管。转子位置传感器安装在电机转轴上，当定子绕组某相通电时，所产生的磁场会吸引转子转动一定角度，转动过程中，转子位置传感器会随时检测转子位置变化，从而通过及时控制换向电路的功率开关管来接通下一相绕组，进而使定子各相

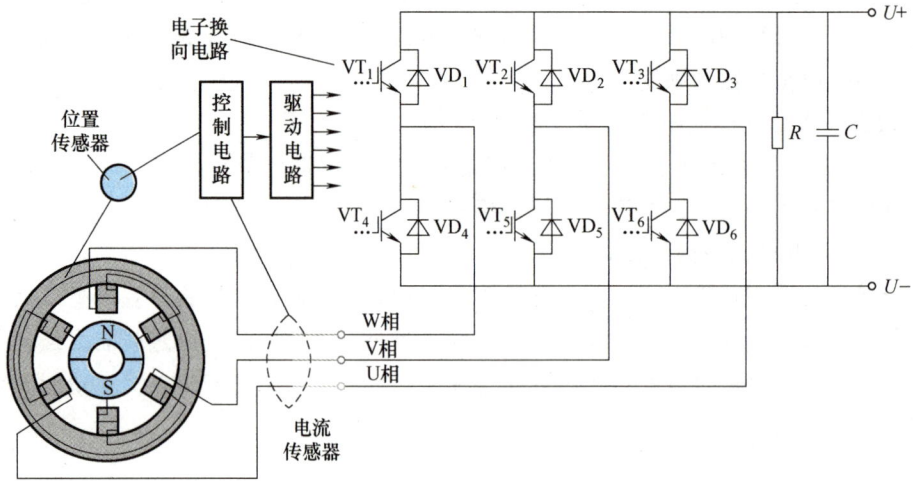

图 2-59　典型的无刷直流电机控制系统

绕组轮流通电。在此过程中，电子换向电路可起到与有刷直流电机机械式换向器相同的作用。

3. 转子位置传感器

在无刷直流电机中，转子位置传感器主要用于检测转子磁极的位置，为电子换向器的功率开关电路提供准确的换向信息，即将转子磁极位置转换为电信号，经位置信号处理电路处理后，用来控制定子三相绕组的换向。转子位置传感器主要有电磁式位置传感器、光电式位置传感器、磁敏式位置传感器等。电磁式位置传感器具有输出信号大、工作可靠、寿命长等优点，但其体积比较大，信噪比较低且输出为交流信号，需经整流滤波后才能使用。光电式位置传感器具有性能稳定、体积小、重量轻的优点，但对环境要求较高。磁敏式位置传感器的基本原理是霍尔效应和磁阻效应，它具有环境适应性强，成本低廉的优点，但精度不高。此外，还有无位置传感器的无刷直流电机，它主要通过定子绕组的反电动势，来检测转子磁极的位置信号。

2.6.2　无刷直流电机的工作原理及控制基础

下面以图 2-60 所示的内转子一极三相无刷直流电机来说明换向过程，分别用 U_1、U_2，V_1、V_2，W_1、W_2 表示电机的三相绕组；H1、H2、H3 表示相应的霍尔式传感器，当电机旋转时，霍尔式传感器有六种组合状态，转子每转过 $60°$，其中一个霍尔式传感器的电平就会发生跳变。图 2-60 所示状态为初始状态，此时霍尔式传感器 H1、H3 输出高电平，H2 输出低电平。当电机控制器检测到霍尔式传感器 H1、H3 输出高电平，H2 输出低电平时，控制电源正极与 U 相之间的功率开关管 VT_3 导通，电源负极与 V 相之间的功率开关管 VT_5 导通，其他功率开关管均关断，电流从 U 相流入，经 V 相流回电源负极。电流流通路径为：电源正极→VT_3→U 相→V 相→VT_5→电源负极。

转子转过 $60°$后，霍尔式传感器 H3 的信号由高电平变为低电平。当电机控制器检测到霍尔式传感器 H1 输出高电平，H2、H3 输出低电平时，给 V 相断电，同时使 U 相和 W 相接通，即控制电源正极与 U 相之间的功率开关管 VT_3 导通，电源负极与 W 相之间的功率开关

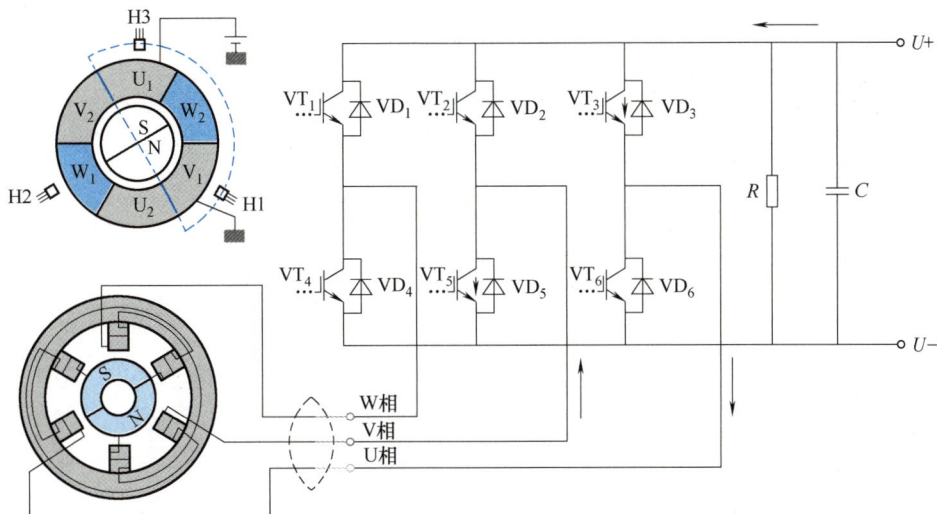

图 2-60 转子初始状态及电流路径

管 VT_4 导通，其他功率开关管均关断，相应的电流流通路径为：电源正极→VT_3→U 相→W 相→VT_4→电源负极，如图 2-61 所示。

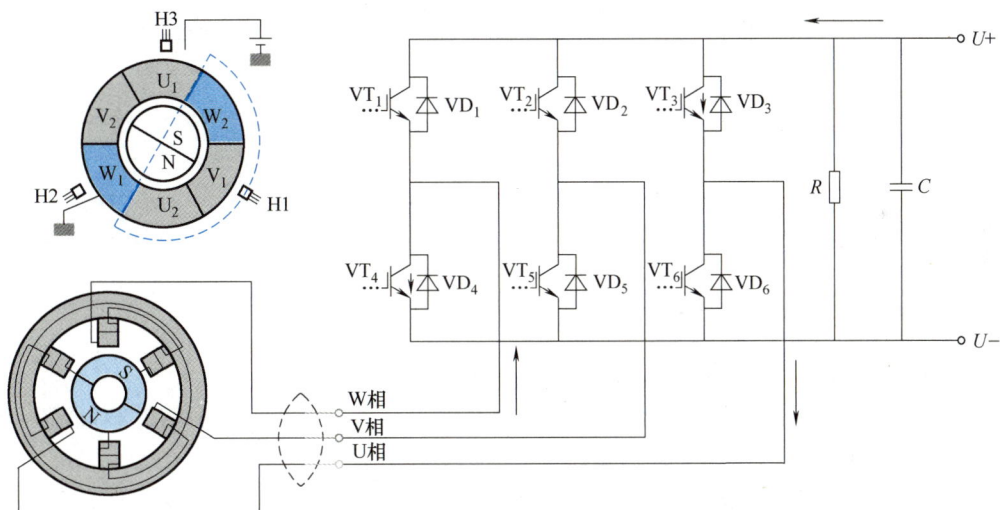

图 2-61 转子转过 60° 时的状态及电流路径

转子转过 120° 后，霍尔式传感器 H2 的信号由低电平变为高电平。当电机控制器检测到霍尔式传感器 H1、H2 输出高电平，H3 输出低电平时，给 U 相断电，同时，控制电源正极与 V 相之间的功率开关管 VT_2 导通，电源负极与 W 相之间的功率开关管 VT_4 导通，其他功率开关管均关断，相应的电流流通路径为：电源正极→VT_2→V 相→W 相→VT_4→电源负极，如图 2-62 所示。转子转过 180°、240°、300° 时的情况与之类似。

转子转过 360° 后，与 0° 时的电流流通路径一致，由此可实现转子的持续旋转。当改变绕组导通顺序时，电机会逆时针转动。因此，要实现电机顺时针或逆时针转动，只需改变电机导通相的逻辑顺序。由此可得霍尔式传感器信号与各相电压的对应关系，见表 2-2。该表是无刷直流电机控制的基础。

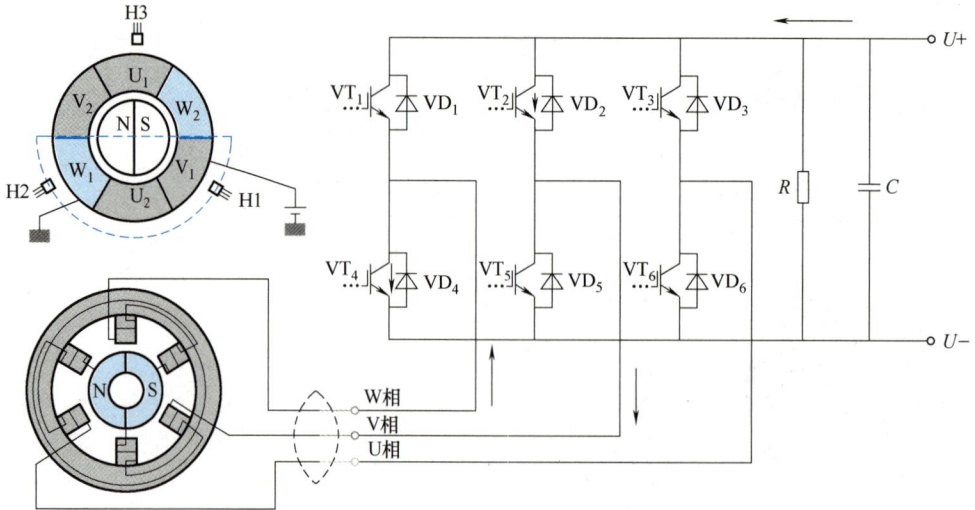

图 2-62　转子转过 120°时的状态及电流路径

表 2-2　霍尔式传感器信号与各相电压的对应关系

H1	H2	H3	U 相	V 相	W 相
1	0	1	+U	−U	0
1	0	0	+U	0	−U
1	1	0	0	+U	−U
0	1	0	−U	+U	0
0	1	1	−U	0	+U
0	0	1	0	−U	+U

2.6.3　无刷直流电机的特点

（1）优点　无刷直流电机具有以下优点：

1）效率高。无刷直流电机的转子励磁采用永磁体，且不需机械式换向器和电刷，这使其效率较高，尤其在轻载车况下，仍能保持较高的效率。

2）体积小、重量轻、比功率大。无刷直流电机采用永磁体，磁通密度较高，在输出转矩相同的情况下，能有效减小电机的体积和重量，进而节省空间。

3）噪声低、可靠性高。用电子换向器替代了机械换向器，因此不存在伴随换向器的噪声，且驱动逆变器的开关频率比较高，这可使谐波噪声处于人耳听不见的范围。另外，换向器采用全封闭式结构，能有效防止尘土进入电机内部，可靠性高。

4）转速适应性好。无刷直流电机可在低、中、高速范围内运行，而有刷直流电机受机械换向的影响，多在中低速下运行。

5）过载能力强，可满足堵转需求。

6）控制比交流异步电机和交流永磁同步电机简单。

（2）缺点　无刷直流电机也存在如下缺点：

1）电机本体比交流电机复杂，控制器比有刷直流电机复杂，且无刷直流电机须采用价格昂贵的稀土永磁材料，这也导致其成本较高。

2）存在退磁风险，当永磁体遇到高温环境或较大的反向磁动势时，会产生退磁现象。

3）具有安全隐患，当车辆遭遇事故且车轮可以旋转时，由于存在永磁体励磁，则可能会在电机的接线端输出高电压，这可能伤害乘员或救援人员。

4）电子换向电路存在短路的风险，这会导致旋转的转子总被励磁，并会持续在短路绕组中产生感生电动势，短路绕组中极大的环流和相应的大转矩会堵转转子，从而使车轮停转，这会严重影响整车稳定性。此外，电子换向电路短路引起的大电流还会导致永磁体产生退磁和毁损风险。

2.7　开关磁阻电机

2.7.1　开关磁阻电机的结构

开关磁阻电机（switch reluctance machine，SRM）由定子和转子组成，由于定子和转子都具有凸起的齿极，因此又被称为双凸极结构。其定子和转子均由硅钢片叠压而成，定子极上绕有集中绕组，把沿径向相对的两个绕组串联成一个两级磁极，称为一相；转子既无绕组又无永磁体，仅由硅钢片叠压而成，一般装有位置传感器，转子凸极数也被称为转子极数。开关磁阻电机的定子与转子结构如图 2-63 所示。

图 2-63　开关磁阻电机的定子与转子

开关磁阻电机定子绕组可以设计成多种相数，如单相、两相、三相、四相及多相等，且定子和转子的极数有多种搭配，常用的定子和转子极数组合方案见表 2-3。相数越多，步进角越小，越有利于减小转矩脉动，但其结构会越复杂，低于三相的开关磁阻电机一般没有自起动能力。应用最多的是四相 8/6 极结构和三相 6/4 极结构。

表 2-3　常用的定子和转子极数组合方案

相数	三	四	五	六	七	八	九
定子极数	6	8	10	12	14	16	18
转子极数	4	6	8	10	12	14	16
步进角/(°)	30	15	9	6	4.28	3.21	2.5

2.7.2　开关磁阻电机的工作原理

开关磁阻电机工作的基础是"磁阻最小原理"，即磁通总是沿着磁阻最小的路径闭合，所以转子铁心在移动到最小磁阻位置时，总会使自己的轴线与定子磁场轴线相重合。如图 2-64 所示，开关磁阻电机每相绕组的电感会随转子位置的改变而改变，而在不考虑磁路饱和的情况下，磁阻转矩与电感存在如下关系：

$$T(\theta,i) = \frac{i^2}{2}\frac{\mathrm{d}L}{\mathrm{d}\theta} \tag{2-62}$$

式中，i 为相电流；L 为电感；θ 为转子位置角。

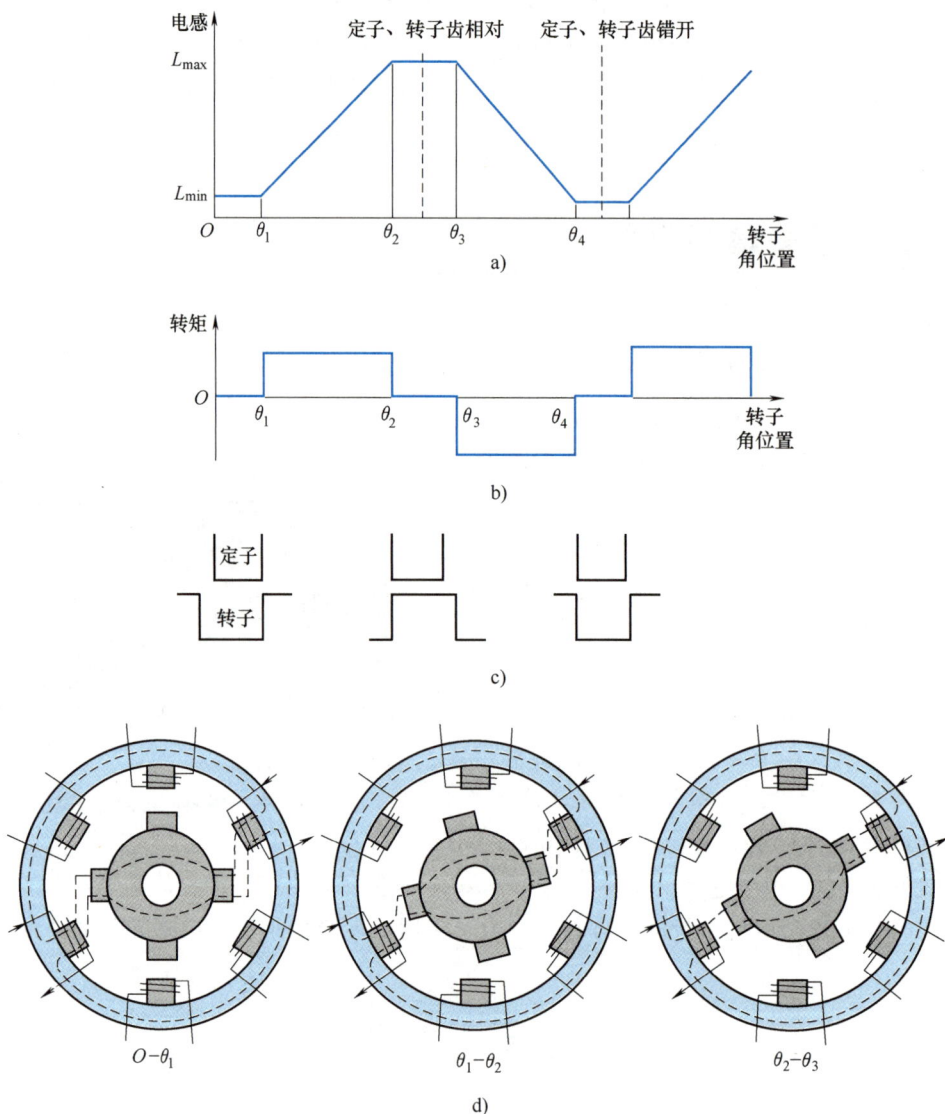

图 2-64　电感、转矩与转子位置的关系曲线

a）相电感与转子位置的关系　b）定电流下转矩与转子位置的关系　c）定、转子的相对位置关系　d）磁拉力示意图

由式（2-62）可知，当相电流恒定时，磁阻转矩会随着电感的变化而变化，转子与定子齿极的相对位置如图 2-64c 所示，在此过程中，相电感的变化如图 2-64a 所示，当转子磁极在定子磁极中心线位置时，相绕组电感最大；当转子磁极中心线与定子磁极中心线完全错开时，相绕组电感最小，相应的磁阻转矩如图 2-64b 所示。具体说明如下：当转子角位置处于 O-θ_1 阶段时，定子齿极与转子齿极处于错开阶段，此时相绕组电感最小且保持不变，所形成的磁阻转矩为零；当转子角位置处于 θ_1-θ_2 阶段时，定子齿极与转子齿极开始错开，由磁阻最小原理，磁场开始形成磁拉力，此阶段的电感逐渐增大且 $\mathrm{d}L/\mathrm{d}\theta$ 一定，所形成的磁阻转

矩达最大值，使转子齿中心与定子齿中心逐渐重合；当转子角位置处于 θ_2-θ_3 时，此时定子齿极和转子齿极相对，相绕组电感达到最大值且维持不变，所形成的磁阻转矩为零；当转子角位置处于 θ_3-θ_4 时，定子齿极和转子齿极会再次错开，由磁阻最小原理，磁场开始形成磁拉力，此阶段的电感逐渐减小且 dL/dθ 一定，但 dL/dθ<0，此时形成的磁阻转矩与 θ_2-θ_3 阶段的转矩方向相反。实际应用中，为了维持电机的持续旋转，可将转子位置传感器检测到的转子位置信号转换成电信号，由电机控制器输出指令，控制与该转子位置对应的且最有利于使转子产生目标转矩的一相定子通电，转过一定步进角后，由下一个最有利于转子产生目标转矩的某相通电。不断变换定子的通电相绕组，以使转子朝某个方向持续转动。

以典型的四相 8/6 极开关磁阻电机为例说明其工作原理。如图 2-65a 所示，定子上有 8 个凸极，各凸极上分别绕有定子绕组，依次组成 AA′、BB′、CC′、DD′四对磁极；转子上有 6 个凸极。每对定子绕组分别通过电子开关与直流电源相连，如 AA′绕组分别通过电子开关 S_1、S_2 与直流电源相连；为了续流，分别并联有二极管 VD_1、VD_2。四相 8/6 极开关磁阻电机定子位置传感器的布置如图 2-65b 所示，光敏器件 S、P 布置在定子上并相距 75°，且分别和定子极中心线呈 37.5°夹角，可输出两路相差 15°、占空比为 50%的方波信号。

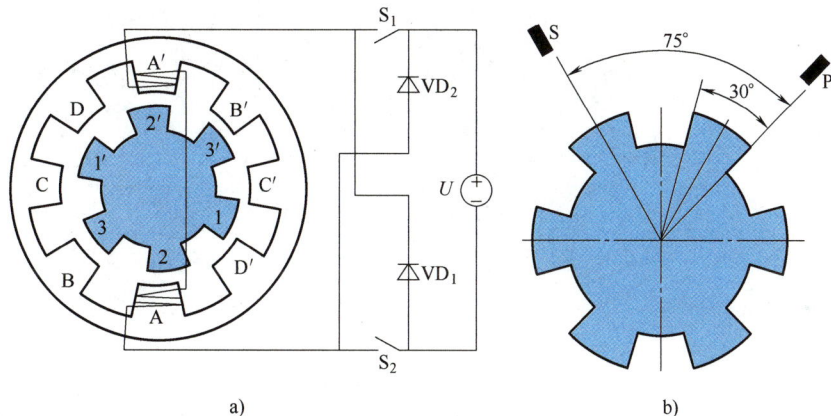

图 2-65　四相 8/6 极开关磁阻电机原理图
a）定子/转子及控制电路示意图　b）定子位置传感器布置示意图

控制方法包括单相导通和两相导通。两相导通方式与单相导通方式相比，避免了绕组的突然切换，可有效减小电机的转矩波动，降低电机的噪声并提高电机的输出转矩。下面以常用的两相导通方式为例进行说明，如图 2-66 所示。

如图 2-66a 所示，假设转子转角为 0°，若要实现电机逆时针旋转，应使 A、B 两相导通，磁力线从最近的转子齿极，通过转子铁心，磁场产生的磁拉力会使转子开始逆时针转动。此时，光敏器件 S 未被转子遮盖，输出高电平；光敏器件 P 正被转子凸极 3′遮盖，输出低电平，当检测到光敏器件 P 不再被凸极 3′遮盖时，说明转子转动了 30°。

如图 2-66b 所示，为了使转子继续转动，在转子转到 15°前，应切断 A 相电源，并在 15°时，接通 C 相电源，以使磁通从最近的转子齿极，通过转子铁心；此时，光敏器件 S 恰好被转子凸极 2′遮盖，输出低电平，并直至转子转动 30°，光敏器件 S 才会改变电平信号；光敏器件 P 仍被转子凸极 3′遮盖，输出低电平，直至转子转动 15°，光敏器件 P 才会改变电平信号。

如图 2-66c 所示，在转子转到 30°前，应切断 B 相电源，并在 30°时，接通 D 相电源，

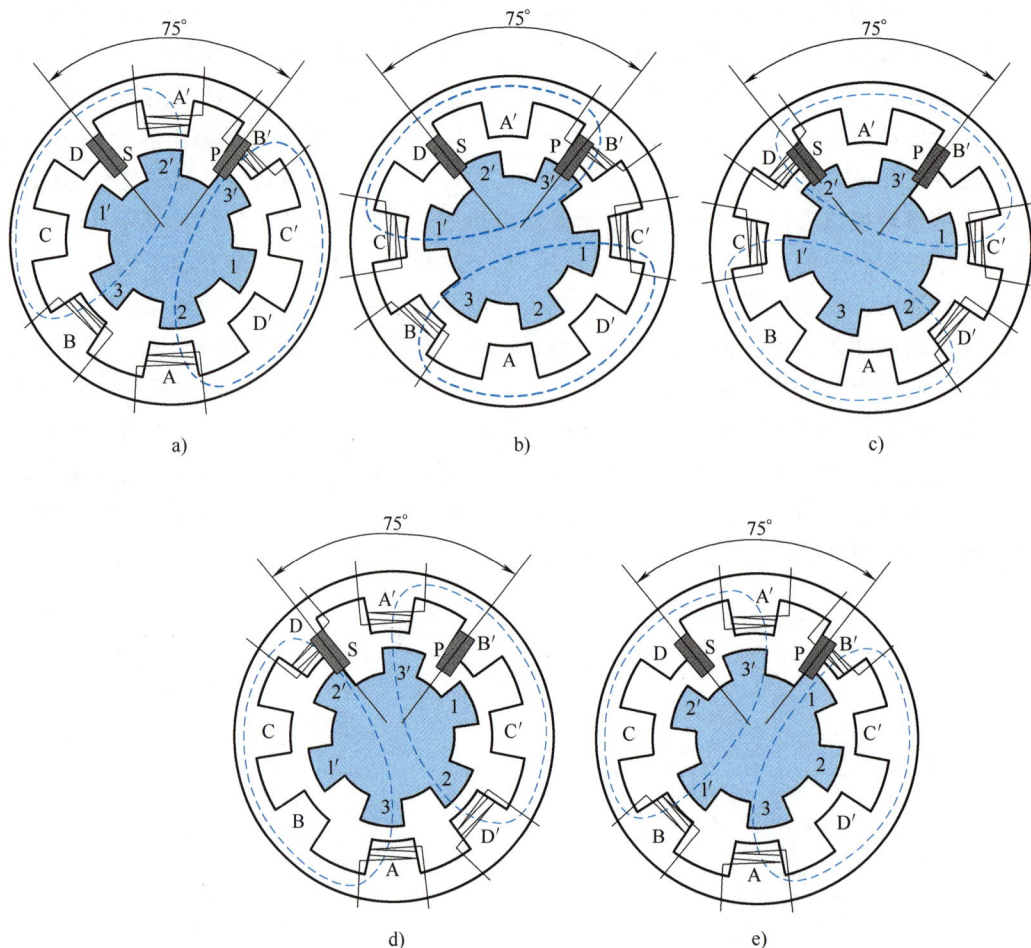

图 2-66　转子两相导通情况

a）0°时的相导通情况　b）15°时的相导通情况　c）30°时的相导通情况
d）45°时的相导通情况　e）60°时的相导通情况

以使磁通从最近的转子齿极，通过转子铁心；此时，光敏器件 S 仍被转子凸极 2′遮盖，输出低电平，并直至转子旋转 15°，光敏器件 S 才会改变电平信号；此时，光敏器件 P 不再被转子凸极 3′遮盖，输出高电平，直至转子旋转 30°，光敏器件 P 才会改变电平信号。转子转到45°、60°时的情况与之类似。

综上所述，两相导通方式各相通电的情况与光敏器件 S、P 的电平信号关系如 2-67a 所示，相应的单相导通方式如图 2-67b 所示。

图 2-68 所示的单相导通方式也称为四相单四拍式，四相指定子的四相绕组，单指每次只有一相绕组通电，从一相通电切换到另一相通电称为一拍，四拍是指完成一次通电循环要经过四次切换；这种单独一相控制绕组通电的方式，容易使转子在平衡位置附近来回摆动，造成运行不稳定，因此实际上很少应用。图 2-66 所示的两相导通方式也称为四相双四拍式，它在双四拍每步的平衡点处，转子会受到两个方向相反的转矩而达到平衡，不会产生振荡，使得稳定性好于单四拍方式。另外，四相八拍式的步距角是前两种运行方式的一半，这种工作方式可以使开关磁阻电机获得更精确的控制特性，运行稳定性比前两种运行方式更好。

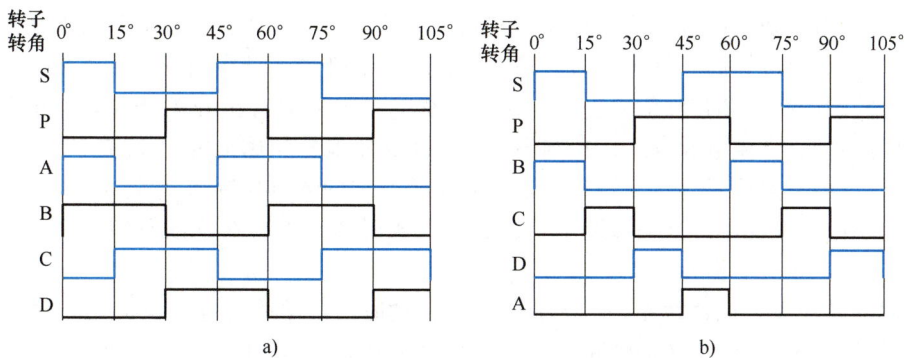

图 2-67　各相通电情况与光敏器件电平信号关系

a）两相导通方式　b）单相导通方式

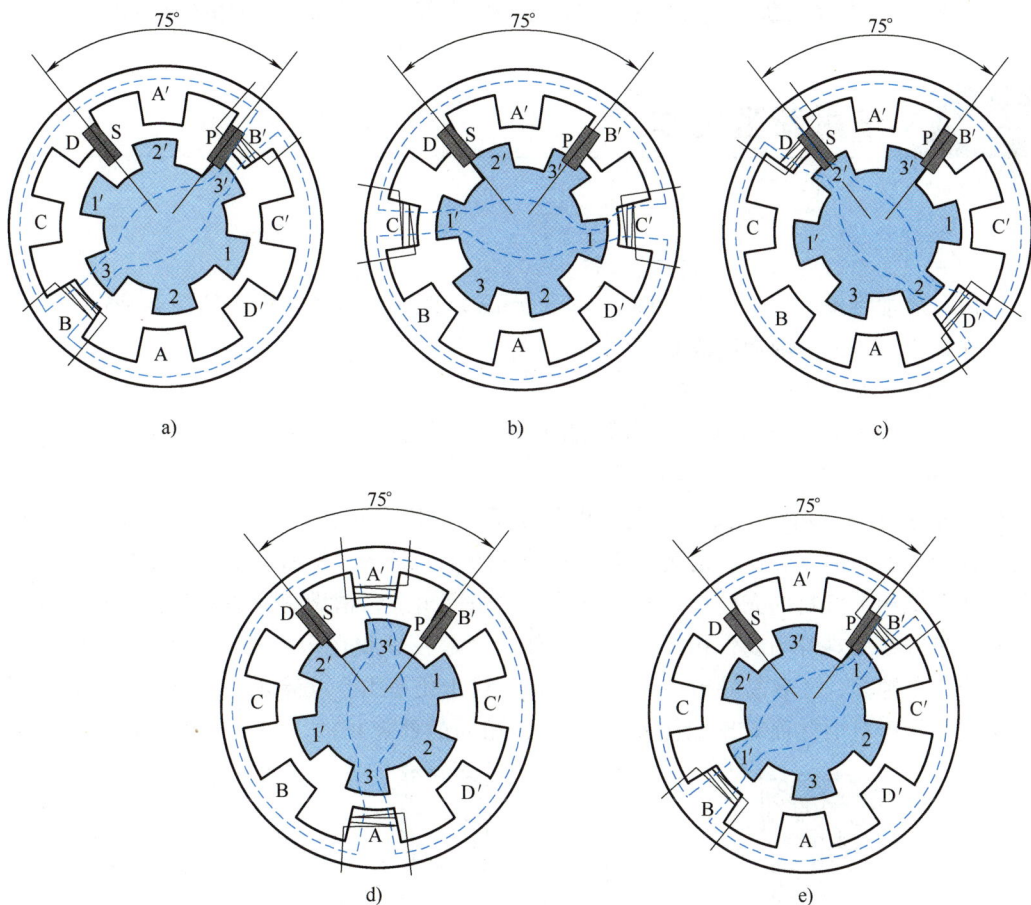

a) b) c)

d) e)

图 2-68　转子单相导通情况

a）0°时的相导通情况　b）15°时的相导通情况　c）30°时的相导通情况

d）45°时的相导通情况　e）60°时的相导通情况

2.7.3　开关磁阻电机的特点

（1）优点　开关磁阻电机具有以下优点：

1）结构简单、成本低。开关磁阻电机转子上没有绕组、永磁体、滑环等，定子上只有简单的集中绕组，绕组端部较短，且没有相间跨接线，不但制造方便，而且绕组的发热量小且散热容易，从而可提高其电磁负荷；功率转换器元器件少，结构简单，成本低。

2）可控参数多，调速性能好。开关磁阻电机的可控参数有主开关开通角、主开关关断角、相电流幅值、直流电源电压，控制灵活，易于在很宽的转速范围内实现高效控制，且可四象限运行，容易实现正转、反转和电动、发电等特定的调节控制。

3）效率高，损耗小。开关磁阻电机的转子无永磁体，不存在励磁及转差损耗，功率变换器元器件少，相应的损耗也少。

4）起动转矩大，低速性能好，无异步电机起动时出现的冲击电流现象。

5）转子无绕组，电机转动惯量小，具有较高的转矩/惯量比，适合高速运行。

（2）缺点　由于结构和运行方式的特殊性，开关磁阻电机也存在以下不足之处：

1）电机定子绕组利用率低，转矩脉动和噪声大。

2）功率开关器件关断时，还会在电机定子绕组端部及开关器件上产生较高的电压尖峰。

2.8 车用新型电机

2.8.1 扁线电机

国内，通常将条形绕组电机（bar-wound motor）也称为扁线电机，其特点是定子采用扁铜线绕组替代了传统的圆铜线绕组。

1. 扁线电机的优势

扁线电机主要具有槽满率高、散热能力强、功率密度高、效率高、损耗小、端部短、NVH性能更好等优势。

（1）槽满率高　槽满率指线圈放入电机槽后，它所占用槽内空间的比例，即导线截面积占槽内有效面积的百分比。槽满率高，表示导线填充紧密；槽满率低，表示槽内导线填充松散。从电机相关材料的充分利用和运行性能的角度出发，槽满率应越高越好，但槽满率过高容易带来嵌线困难等问题；相反，槽满率低，会存在导线在槽内松动而损坏绝缘的问题；此外，槽内空隙多，还容易导致电机内部过热，这主要是由空气导热差造成的。扁线电机和传统圆线绕组电机的截面对比如图2-69所示，相同的槽体积内，扁线电机可以放置更多铜

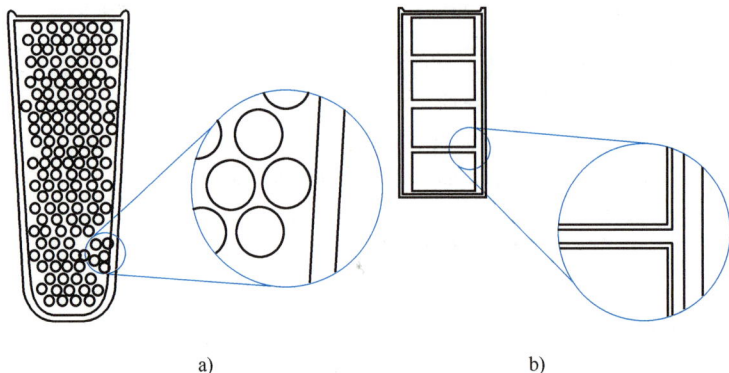

a)　　　　　　　　　　　　　　b)

图2-69　传统圆线电机与扁线电机的截面对比图

a）圆线电机截面　b）扁线电机截面

线，铜线线圈数目的增多可以增加电机转矩并形成更稳定的电磁极，同时也能有效提高电机功率。因此，要获得与圆线电机相同的功率，扁线电机定子槽的面积可以减小，相应的电机体积也可有效减小。

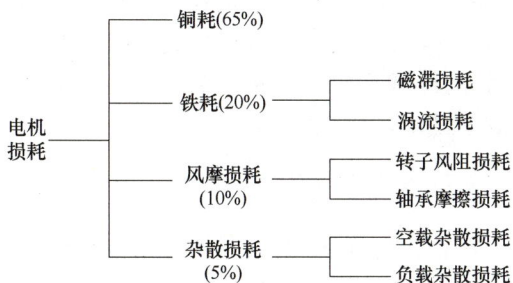

图 2-70 电机损耗

（2）损耗小 如图 2-70 所示，按照产生部位及原理的不同，电机的损耗主要由杂散损耗、风摩损耗、铁耗和铜耗组成。

电机的杂散损耗主要分为空载杂散损耗和负载杂散损耗。其中，空载杂散损耗一般归于铁耗中，主要包括加工引起的铁耗增量、空载永磁体涡流损耗、空载金属结构件损耗、由集肤效应和邻近效应引起的附加铜耗等；负载杂散损耗主要包括永磁体涡流损耗和漏磁场在金属结构件中产生的损耗。电机风摩损耗主要包括转子风阻损耗和轴承摩擦损耗。铁耗在电机损耗中的占比在20%左右，铁耗指电机内铁心的损耗，包括磁滞损耗和涡流损耗。铁磁材料会随铁心中的磁通交变而被反复磁化，此时因磁畴间摩擦所导致的损耗，称为磁滞损耗；铁心内部交变磁通感应出的电动势会引起涡流，该涡流在电流的热效应下产生的损耗，称为涡流损耗。铜耗指由电流热效应而导致的损失，其中绕组铜耗占电机总损耗的65%左右，具体可由式（2-63）计算，即铜耗大小和绕组电阻成正比，因此减小绕组电阻可直接降低铜耗、提升电机效率和功率密度。

$$P = I^2 R \qquad (2-63)$$

式中，P 为导线的发热功率；I 为电流；R 为绕组电阻。

绕组电阻的计算公式为

$$R = \rho \frac{L}{S} \qquad (2-64)$$

式中，ρ 为绕组导线电阻率；L 为导线长度；S 为导线横截面积。

在绕组导线电阻率、长度一定的情况下，可通过提升绕组横截面面积来降低导线电阻，即电机槽截面积一定时，可通过提升槽满率来有效降低导线电阻。传统圆线电机的槽满率可达到42%~45%，而扁线电机能达到70%。

（3）端部更短 端部指的是铜线在开口槽外的部分，开口槽中的铜线有助于电机做功，而端部主要用于将槽与槽之间的导线连接起来，它与电机做功关系不大，如果端部导线过长，会增大电机质量、体积，提高成本。为了避免在加工过程中损伤槽中的铜线，从工艺角度，传统的圆线电机需要将端部留出较长的距离，而扁线电机则可从根本上解决这一问题。扁线电机绕组端部可绕制成波浪形、三角形、阶梯形等特殊形状，这可有效降低绕组端部的尺寸，有利于实现电机小型化和轻量化。

（4）散热性能更好 扁线电机内部紧凑、空隙少，同时由于扁线电机采用矩形扁铜线绕组代替圆铜线绕组，使得导体与导体之间，以及导体与铁心槽之间的接触面积更大，热传导和散热性能更好。另外，绕组端部导体间都留有最小空气间隙，更方便散热，同时，配合端部喷油冷却技术可进一步提升扁线电机的散热性能。

2. 扁线电机的不足

扁线电机存在的主要问题是高速时的集肤效应明显，即当交变电流流过导体时，电流会集中在导体表面流过，且在靠近槽口一端的位置处，发热会更明显。当电机转速大于

15000r/min 时，圆线电机的性能会更好。另外，扁线电机在高速时的交流损耗较大，且铁心槽内导体数少，这会导致参数匹配困难，虽然可用增加导体层数来解决部分问题，但层数的增加会使导线与导线的间隙、导线漆膜端的比例增大，并会降低导线传导率，且增加导体层数会提高对设备的要求。

2.8.2　混合励磁电机

随着钕铁硼等永磁材料性价比的不断提高，永磁同步电机得到了广泛应用。但由于永磁材料的固有特性，永磁电机的内气隙磁场基本保持恒定，无法满足宽调速范围的驱动场合，因此气隙磁场的合理调节与控制成为研究的热点与难点。随着混合励磁思想的提出，混合励磁电机开始得到应用，混合励磁电机通过改变电机拓扑结构，引入辅助电励磁绕组，由永磁励磁源和电励磁源共同产生并调节电机主磁场，从而改善电机的调速、驱动性能或调压特性。混合励磁电机由于具有两种励磁源，因此同时具有永磁同步电机和电励磁同步电机的诸多优点，如效率高、体积小、质量轻、控制精度高、能量密度高、转矩平稳性好、振动噪声低，最重要的是其气隙磁场调整更容易。

混合励磁电机的气隙磁密由永磁体和电励磁绕组共同产生，但转速调节所需的磁场调节由辅助电励磁绕组实现。当电励磁磁场方向与永磁磁场方向相同时，气隙磁场增强；当两者方向相反时，气隙磁场减弱。混合励磁电机通过调节电励磁绕组电流的大小和方向，可有效实现电机磁场的弱磁控制，进而使电机具有更宽的调速范围，同时还可通过增磁控制使电机满足低速、大转矩的驱动要求。混合励磁电机的结构虽然比传统永磁电机复杂，但随着其性能的不断提高，出现了多种新型混合励磁电机的结构拓扑。

如图 2-71 所示，根据转子的运动形式，混合励磁电机可分为旋转式混合励磁电机和直线式混合励磁电机；根据电机永磁体的安装位置，混合励磁电机可分为转子永磁型混合励磁电机和定子永磁型混合励磁电机；根据永磁体磁势与电励磁磁势的作用关系，混合励磁电机可分为串联磁路混合励磁电机、并联磁路混合励磁电机和串并联混合磁路混合励磁电机。

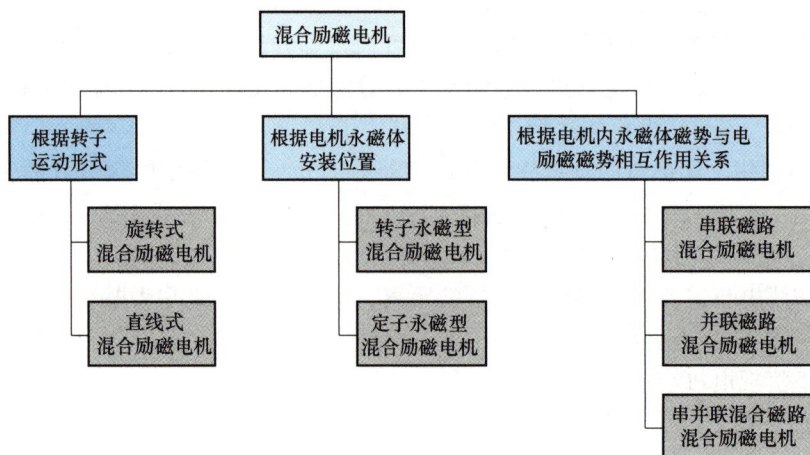

图 2-71　混合励磁电机分类

2.8.3　直线电机

1. 直线电机的工作原理

直线电机可看作是将一台旋转电机沿径向剖开并展平而成的电机，两者的结构如图 2-72

所示。旋转电机的定子对应着直线电机的初级，旋转电机的转子对应着直线电机的次级，定子内绕有电枢绕组，用以产生电磁场，动子内布置有永磁体或绕组。从图 2-72 中可以看出，旋转电机的转子相对于定子产生旋转运动，而直线电机的次级则相对于初级做直线运动。通常把直线电机运动部分称为动子，静止部分称为定子。原则上，每一种旋转电机都有其对应的直线电机。

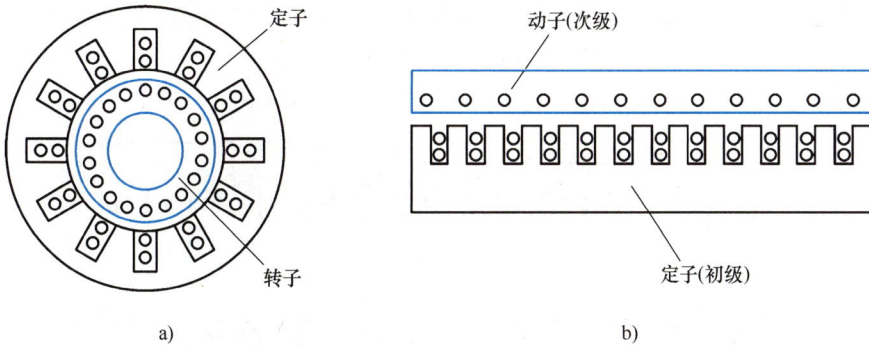

图 2-72 旋转电机与直线电机的对比示意图
a）旋转电机　b）直线电机

与旋转电机的工作原理类似，直线电机初、次级的相对运动也是在气隙磁场的作用下产生的，不同之处在于旋转电机产生的磁场为旋转磁场，而直线电机产生的磁场为行波磁场，输入电能通过行波磁场转化为电磁推力，进而驱使直线电机的初级和次级产生相对运动。直线电机的形状可以是平板式、U 形槽式和管式，下面以平板式直线感应电机为例介绍其工作原理。

与旋转电机相同，直线电机绕组的基本单位是线圈，每个线圈有两个直线边，分别嵌在铁心的两个槽内，是绕组的有效部分，也是电磁能量转换的主要部分。图 2-73 所示的初级

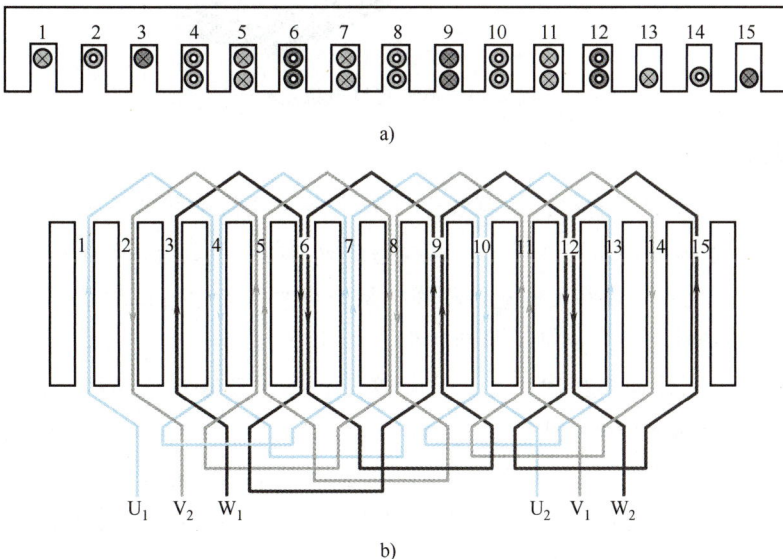

图 2-73 平板式直线感应电机初级绕组展开图
a）平板式直线感应电机初级侧视图　b）初级绕组展开图

绕组采用三相双层叠绕法，U_1 与 U_2 是 A 相绕组的始末端，V_1 与 V_2 是 B 相绕组的始末端，W_1 与 W_2 是 C 相绕组的始末端。

　　绕组接通三相交流电，就会在上下初级铁心间产生交变磁场。如图 2-74 所示，两铁心间的箭头线表示该点磁场方向与大小，连接各箭头尖会形成一条类似正弦波的曲线。随着交流电的变化，该正弦波状磁场会水平移动，故称为行波磁场。在行波磁场中的次级（即动子），会产生感应电流，随着行波磁场移动，但次级的移动速度要比行波磁场慢一些。直线电机的原理与异步电机相同。典型直线电机结构如图 2-75 所示。

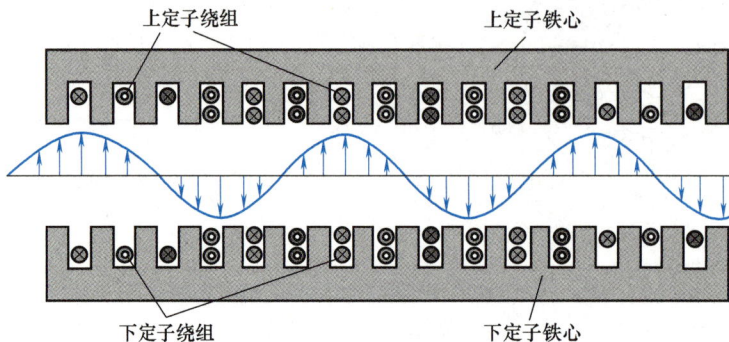

图 2-74　行波磁场的产生

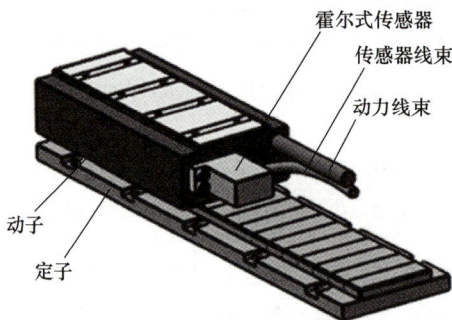

图 2-75　典型直线电机结构

2. 直线电机的特点

（1）**优点**　直线电机可直接产生直线运动而不需要任何中间转换机构，特别适用于直线运动场合。与传统旋转电机相比，采用直线电机驱动的装置具有以下优点：

　　1）直线电机的动子一般和负载直接相连，从而可直接产生直线运动，省去了丝杠、齿轮或者链条等中间传动机构，提高了传动效率。

　　2）直线电机中间传动连接附件少，这有效简化了传动系统的结构，提高了系统可靠性，减小了机械摩擦带来的噪声干扰。

　　3）直线电机加速度大，可以在短行程内，产生较高的直线速度。

　　4）直线电机的初级线圈形状规则，安放电枢绕组后，可以使用环氧树脂等进行封装，使其不易受雨水及化学气体或液体的侵蚀，可应用于恶劣的工作环境。

（2）**缺点**　与旋转电机相比，直线电机也存在一些无法避免的缺点：

　　1）由于材料、加工精度以及电气性能等原因，直线电机的气隙比旋转电机的大，因此，直线电机的效率和功率因数均要低于同等规格的旋转电机。

2）根据应用场合的不同，直线电机结构可分为多种。与旋转电机相比，直线电机主要应用于一些特殊场合，需求量少，未形成统一的、规格化的直线电机配件，这也从一定程度上限制了它的发展。

3）直线电机的定子是断开结构，磁场不对称，由此产生了端部效应，而端部效应会使励磁电流存在畸变，从而带来推力波动等问题。

4）直线电机的机械加工精度要求高、成本高。

2.9 新能源汽车对电机的要求

电机性能的好坏直接决定了新能源汽车整车性能的好坏，这是因为从动力源角度看，新能源汽车与传统汽车的主要区别在于是否用电机或电机和发动机的组合取代了发动机。从整车控制和性能的角度出发，新能源汽车电机通常需要满足如下要求：

1）电机的体积小、重量轻。

2）具有低速大转矩的特性。

3）在宽速范围内，具有高速恒功率的特性。

4）具有较高的可靠性和安全性。

5）转矩响应迅速、波动小。

6）具有良好的过载能力，以满足短时加速或爬坡的需求。

7）具有较高的功率密度和体积密度。

8）效率特性良好，在较宽的转速/转矩范围内可获得较高的平均效率。

9）工作可控性高、稳态精度高、动态性能好。

10）电机可工作在高温及频繁振动等恶劣环境下。

11）制造成本和价格要尽可能低。

工业用电机的测试主要包括外特性测试、效率测试、起动性能测试、空载特性测试、外壳防护测试、绝缘性能测试、湿热测试等静态测试。新能源汽车作为一种道路车辆，工作条件恶劣，工作负荷与转速变化剧烈，且工作空间有限，因此对电机及控制器的性能要求更为严格，传统的工业电机测试项目远不能满足新能源汽车电机测试的需求。此外，车用动力电机对动态特性、安全性及可靠性要求高，所以对动力电机系统的测试还应科学、准确、全面地反映新能源汽车的道路工况。

2.10 新能源汽车用驱动电机的技术路线

为了进一步提高电动车整车性能，国家基于电驱动系统的研究现状，从总体目标、驱动电机系统、电驱动总成等方面制定了相应的技术路线，如图 2-76 所示。另外，新能源汽车驱动电机技术还具有明显的高速化、集成化和高压化趋势，而电驱动系统功率器件也有明显采用 SiC 的趋势。

			2025年	2030年	2035年
总体目标			电驱动总成系统关键性能达到国际先进，实现可高压高速化与先进制造工艺，核心关键材料与关键制造装备实现国产化	电驱动总成系统关键性能达到国际领先，实现可高压高速化与先进制造工艺，核心关键材料与关键制造装备实现国产化	电驱动总成系统关键性能整体达到国际领先。核心关键材料、关键制造与测试装备与设计开发工具实现国产化
驱动电机系统领域	重点技术	提升电机质量功率密度与效率	乘用车电机质量功率密度达到5.0kW/kg，电机系统超过80%的高效率区达到90%	乘用车电机质量功率密度达到6.0kW/kg，电机系统超过80%的高效率区达到93%	乘用车电机质量功率密度达到7.0kW/kg，电机系统超过80%的高效率区达到95%
		提升电机控制器集成度	乘用车电机控制器体积功率密度达到40kW/L	乘用车电机控制器体积功率密度达到50kW/L	乘用车电机控制器体积功率密度达到70kW/L
		提高电驱动总成性价比	面向普及型应用，电机成本达到28元/kW，控制器成本达到30元/kW	面向普及型应用，电机成本达到25元/kW，控制器成本达到25元/kW	面向普及型应用，电机成本达到20元/kW，控制器成本达到20元/kW
	支撑技术	关键材料与零部件突破	低损耗硅钢、低或无重稀土磁钢、高速轴承、高线速度密封件、耐高频高压绝缘材料、低黏度润滑油等核心零部件技术		新材料与新工艺的核心零部件技术及其应用
		功率元器件与无源元器件国产化	功率部件高度集成、高效散热	新型功率半导体元器件、新型无源元器件(高温陶瓷材料)应用技术	
		软件架构与故障诊断应用	自主软件架构、基于智能云的状态检测、多核异构计算平台与智能控制、故障诊断与容错、寿命预测		
电驱动总成领域	重点技术	提升纯电驱动总成技术	纯电驱动系统质量功率密度达到2.0kW/kg，综合效率达到87.0%(CLTC)	纯电驱动系统质量功率密度达到2.4kW/kg，综合效率达到88.5%(CLTC)	纯电驱动系统质量功率密度达到2.8kW/kg，综合效率达到90%(CLTC)
		提升机电耦合集成度	机电耦合总成重量相对2020年降低12%，综合效率达到83%(WLTC)	机电耦合总成重量相对2020年降低20%，综合效率达到84.5%(WLTC)	机电耦合总成重量相对2020年降低30%，综合效率达到86%(WLTC)
		提升商用车总成技术水平	商用车电机转矩密度达到20N·m/kg，控制器体积功率密度达到30kW/L	商用车电机转矩密度达到24N·m/kg，控制器体积功率密度达到40kW/L	商用车电机转矩密度达到30N·m/kg，控制器体积功率密度达到60kW/L
		轮毂和轮边电机总成国产化	轮毂电机峰值转矩密度达到20N·m/kg或质量功率密度达到5kW/kg	轮毂电机峰值转矩密度达到24N·m/kg或质量功率密度达到6kW/kg	轮毂电机峰值转矩密度达到30N·m/kg或质量功率密度达到7kW/kg
	支撑技术	核心零部件国产化	核心零部件国产化(专用润滑油，高精度齿轮工艺，断开装置，平行轴，高转速、低摩擦、长寿命轴承和油封，强制润滑，两档变速器)		新材料、新工艺、轻量化材料与核心零部件

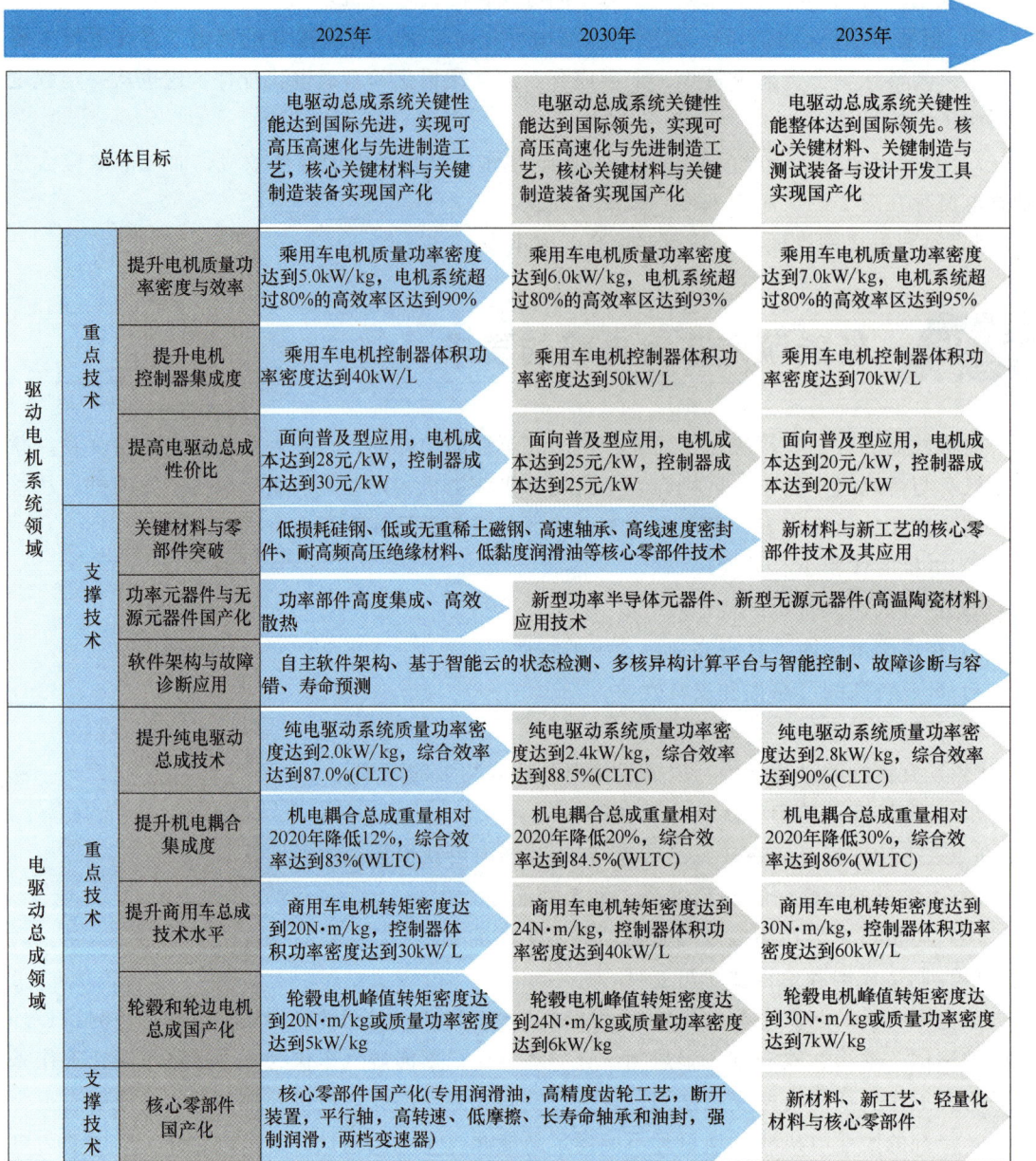

图 2-76　电驱动总成系统总体技术路线图

第 3 章

储能系统

在新一轮科技革命和产业变革的影响下，电动化、网联化、智能化、共享化正成为全球汽车产业发展的趋势，发展新能源汽车已经成为全球共识。动力蓄电池作为新能源汽车主流的能量存储装置，其充放电性能、安全可靠性和使用寿命对整车的经济性、动力性、安全性、续驶里程和寿命等至关重要。本章从新能源汽车应用的角度出发，系统地介绍动力蓄电池的基本术语、结构、原理、充放电特性、系统集成与管理、使用要求、测试技术、充电技术、梯次利用技术以及回收利用技术等内容。

3.1 电池的定义及分类

电池广义上可分为化学电池、物理电池和生物电池，如图 3-1 所示。

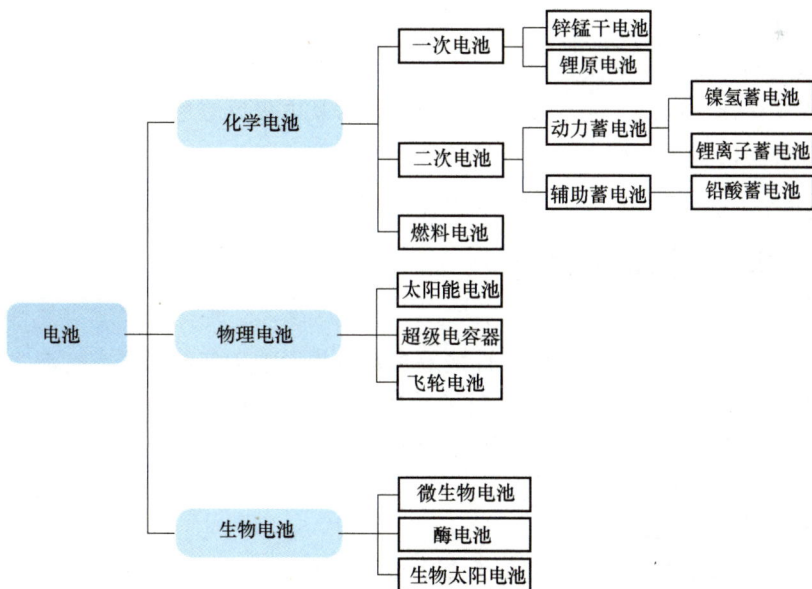

图 3-1　电池的分类

1. 化学电池

化学电池是一种将电能以化学能的形式储存，并可以将化学能转变为电能的电化学装置。化学电池根据能否循环充放电又分为一次电池和二次电池。此外，化学电池还包括燃料电池等。

（1）**一次电池** 一次电池又称为原电池，其正负极活性物质只能进行一次氧化还原反应，放电后不能被再次利用。一次电池主要有锌锰干电池和锂原电池等，这种电池不宜用作汽车电池。

（2）**二次电池** 二次电池又称蓄电池，这种电池放电后，通过外部电源充电可使正负极的活性物质逐步恢复，从而使其重新恢复工作能力，其能量转换是可逆的，可多次重复使用。目前，汽车上应用的主流电池为蓄电池，根据具体用途不同，车用蓄电池可分为动力蓄电池和辅助蓄电池。

1）动力蓄电池是给汽车动力系统提供能量的蓄电池，根据正极材料的不同可分为镍氢蓄电池、锂离子蓄电池等。

2）辅助蓄电池主要用于在发动机或动力蓄电池停止工作的情况下，给部分整车低压用电设备供电，目前多采用铅酸蓄电池。

（3）**燃料电池** 燃料电池是将一种燃料和一种氧化剂的化学能直接转化为电能（直流电）、热和反应产物的电化学装置，燃料电池是车用能源发展的重要方向。

2. 物理电池

物理电池是利用光、热、物理吸附等物理能量发电的电池，如太阳能电池、超级电容器、飞轮电池等。

（1）**超级电容器** 超级电容器具有高功率密度、不受低温限制等优势，在混合动力电动汽车和部分纯电动公交车上得到了很好的应用。

（2）**太阳能电池** 太阳能电池因具有完全绿色环保、可有效延长电动汽车续驶里程的优势，已在电动汽车上进行了探索性应用。

3. 生物电池

生物电池是利用生物化学反应发电的电池，如微生物电池、酶电池、生物太阳电池等。这类电池多用于医疗、航海、航空等特定场合，因为其电极反应速率较低且内阻和电子传递速率易受外界环境的干扰，难以输出较高的功率。

3.2　电池的基本术语

动力蓄电池的类型、结构、规格、性能等参数直接影响着新能源汽车的动力性、经济性及安全性。目前，大部分动力蓄电池采用了单体-模组-系统的架构，按功能可分为能量型、功率型以及能量功率兼顾型，其性能主要涉及充放电、容量、能量、功率、密度、电压、放电电流、内阻、效率及寿命等。

1. 电池类型相关的术语

（1）**能量型动力蓄电池** 能量型动力蓄电池是指最大允许持续输出电功率（W）与 $1C$（倍率）放电能量（W·h）的比值低于 10 的动力蓄电池。能量型动力蓄电池多用于纯电动汽车，以在电池体积或质量一定的情况下，使整车获得更长的续驶里程。

（2）**功率型动力蓄电池** 功率型动力蓄电池是指最大允许持续输出电功率（W）与 $1C$（倍率）放电能量（W·h）的比值大于或等于 10 的动力蓄电池。功率型动力蓄电池多用于混合动力电动汽车，以在电池体积或质量一定的情况下，使整车获得更好的动力性。

（3）**能量功率兼顾型蓄电池** 兼顾能量型和功率型两种电池特点的蓄电池称之为能量功率兼顾型动力蓄电池，这种电池多应用在插电式混合动力汽车中。目前，量产的插电式混合动力汽车用蓄电池质量能量密度能够达到 200W·h/kg，充电质量功率密度能够达到 2500W/kg。随着电池技术的发展，相关性能参数还会不断优化。

2. 电池结构相关的术语

动力蓄电池系统结构如图 3-2 所示。

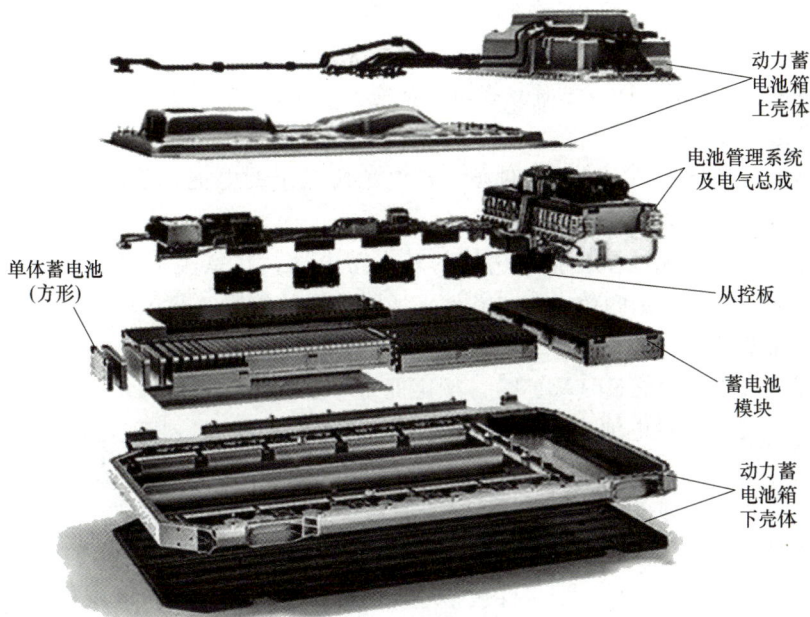

图 3-2 动力蓄电池系统结构图

（1）**单体蓄电池** 单体蓄电池是构成动力蓄电池的最小单元，一般由正极、负极、电解质、隔膜、壳体以及其他附件组成，简称为单体。

（2）**蓄电池模块** 蓄电池模块是将多个蓄电池单体按照串联、并联或混联方式连接，并作为电源使用的组合体，也称作蓄电池组。

（3）**电池管理系统** 电池管理系统是用来监视蓄电池的状态（温度、电压、荷电状态等），为蓄电池提供通信、安全、电芯均衡及管理控制，并提供与应用设备通信接口的系统。

（4）**动力蓄电池箱** 动力蓄电池箱包含机械连接、电气连接、防护等总成，用于安装蓄电池组、蓄电池管理系统及相应辅助元器件的装置，简称蓄电池箱。

3. 电池容量相关的术语

电池容量是衡量电池储存电量多少的物理量，其数值由电极上的活性物质决定，可用放电电流与放电时间的乘积计算，单位为 A·h 或 mA·h。

（1）**理论容量** 假设电池的活性物质全部参加反应时，电池可释放的容量为理论容量。

（2）**可用容量** 在室温下，完全充电（电压为充电终止电压）的蓄电池以一定放电倍率（如 $0.2C$）放电，所释放的容量值为可用容量，也称可用规格。

（3）**额定容量** 在电池设计和制造时，规定电池在一定放电条件下所放出的最低限度的电量，也称额定容量。例如，国际电工委员会（International Electrotechnical Commission，IEC）标准规定镍镉和镍氢蓄电池在20℃±5℃环境下，以 $0.1C$ 充电 16h 后，再以 $0.2C$ 放电至 1.0V 时，所放出的电量为电池的额定容量。规定锂离子蓄电池在常温、恒流（1C）、恒压（4.2V）控制的充电条件下充电 3h，再以 0.2C 放电至 2.75V 时，所放出的电量为额定容量。

（4）初始容量 初始容量是指新出厂的动力蓄电池，在室温下，完全充电后，以 1 小时率放电电流，放电至企业规定的放电终止条件时，所放出的容量（A·h）。

（5）容量恢复能力 容量恢复能力是指完全充电的蓄电池在一定温度下贮存一定时间（28 天）后，再完全充电，其后放电容量与初始容量之比。

（6）荷电状态（SOC） 荷电状态是指按照规定放电条件，蓄电池当前剩余容量与其完全充电时容量的比值。当 SOC=1 时，表示电池完全充电。

4. 电池能量相关的术语

蓄电池的能量是指在一定放电条件下，蓄电池所输出的电能，单位为 W·h 或 kW·h。它会直接影响电动汽车的续驶里程。

（1）初始能量 初始能量是指新出厂的动力蓄电池，在室温下完全充电后，以 1 小时率放电电流放电至企业规定的放电终止条件，所能放出的能量（W·h）。

（2）额定能量 额定能量是指室温下，完全充电的电池以 1 小时率电流放电，达到放电截止电压时，所放出的能量（W·h）。额定能量等于额定电压与额定容量的乘积。

（3）理论能量 假设电池在放电过程中始终处于平衡状态，其放电电压保持电池标准电动势的数值，且活性物质被完全利用，在此条件下电池所能放出的能量为理论能量，其数值为电池标准电动势与理论容量的乘积。

（4）实际能量 在一定条件下，动力蓄电池所能输出的能量为实际能量，其数值等于实际容量与平均电压的乘积。一定条件包括环境温度、放电率、终止电压等。平均电压指在规定的充放电过程中，实际能量（W·h）与实际容量（A·h）的比值。

5. 电池功率相关的术语

（1）峰值放电功率 峰值放电功率是指蓄电池在特定时间（一般不大于 30s）内，能够放出的最大功率。

（2）峰值充电功率 峰值充电功率是指蓄电池在特定时间（一般不大于 30s）内，以规定条件进行充电时的最大功率。规定条件指蓄电池在室温下，以最大充电电流进行充电。

（3）高温起动功率 高温起动功率是指蓄电池系统 SOC 在 20% 或制造商允许的最低 SOC 时，在 40℃ 下恒压放电（可根据制造商提供的参数设定放电电流上限）所能输出的功率。

（4）低温起动功率 低温起动功率是指蓄电池系统 SOC 在 20% 或制造商允许的最低 SOC 时，在 -20℃ 下恒压放电（可根据制造商提供的参数设定放电电流上限）所能输出的功率。

6. 电池密度相关的术语

（1）能量密度 能量密度是指由单位质量或单位体积的蓄电池所能获取的电能，用 W·h/kg 或 W·h/L 表示，也称比能量。

1）质量能量密度：由单位质量的蓄电池所能获取的电能，用 W·h/kg 表示，也称质量比能量。

2）体积能量密度：由单位体积的蓄电池所能获取的电能，用 W·h/L 表示，也称体积比能量。

（2）功率密度 功率密度是指由单位质量或单位体积的蓄电池所能获取的输出功率，用 W/kg 或 W/L 表示，也称比功率。

1）质量功率密度：由单位质量的蓄电池所能获取的输出功率，用 W/kg 表示，也称质量比功率。

2）体积功率密度：由单位体积的蓄电池所能获取的输出功率，用 W/L 表示，也称体积比功率。

7. 电池电压相关的术语

（1）电动势与电势差 电动势指在电池内部，由化学反应（非静电力）将正电荷从电源负极，经电池内部移到电源正极时，对电荷做的功。做功过程就是产生电池电动势的过程，电动势的大小与电池材料和结构有关。

电势差指电池正、负极之间的电位差，也称电压，电源两端无负载时，电势差与电动势在数值上相等。

（2）开路电压 开路电压是指电池在开路状态下的端电压，即无负载时，电池正极与负极之间的电位差。

（3）负载电压 负载电压是指电池接上负载后，在放电状态下的端电压。

（4）充电终止电压 电池充电时，极板上的活性物质已达到饱和状态，再继续充电，电池的电压也不会上升，此时的电压称为充电终止电压，即蓄电池正常充电时所允许的最高电压。

（5）放电截止电压 电池放电时，极板上的活性物质被消耗，电压逐渐降低，当极板上的活性物质被消耗完，电池不宜再继续放电，此时的电压称为放电截止电压，即蓄电池正常放电时所允许达到的最低电压。

8. 电池充放电相关的术语

（1）充电特性术语 充电是将蓄电池外部的电能转化为化学能贮存起来的过程。

1）完全充电。电池贮存的容量达到制造商规定的充电截止（终止）条件时即为完全充电。

2）涓流充电。为补偿自放电效应，使蓄电池保持在近似完全充电状态的连续小电流充电即为涓流充电。

3）充电特性。充电特性是指蓄电池的电流、电压随充电时间或荷电状态的变化规律。

4）过充电。过充电是指在电芯或电池完全充电后，继续对电池进行充电。

5）充电倍率。在规定的时间内，充至电池额定容量时，所需要的电流值即为充电倍率。

（2）放电特性术语 放电是指将蓄电池中贮存的化学能以电能的方式释放出来的过程。

1）工况放电。工况放电是指模拟实际运行时的负荷，用相应的负载进行放电的过程。

2）恒流放电。恒流放电是指蓄电池以某个设定的恒定电流进行放电。

3）恒压放电。恒压放电是指蓄电池以某个设定的恒定电压进行放电。

4）恒功率放电。恒功率放电是指蓄电池以某个设定的恒定功率进行放电。

5）放电深度。放电深度是表示蓄电池放电状态的参数，即实际放电容量与可用放电容量的百分比。

6）过放电。过放电是指在电芯或电池完全放电（到达放电截止电压）后，继续进行放电。

7）放电倍率和 n 小时率。放电倍率指电池在规定的时间内，放出电池的额定容量所需要的电流值；n 小时率指电池以一定的电流放出其额定容量所需要的小时数。放电倍率 C 与 n 小时率互为倒数，即 $C=1/n$。例如，额定容量 $5A \cdot h$ 的电池，以 $0.2C$ 放电，$5h$ 可以放完电池额定容量，称为 5 小时放电率；对额定容量为 $5A \cdot h$ 的电池，以 $1A$ 电流放电，则放电倍率为 $0.2C$。

9. 电池内阻相关的术语

电池工作时，电流流过电池内部所受到的阻力大小，称为内阻，包括欧姆内阻和极化内阻。内阻对蓄电池的充放电效率、电热特性以及寿命等参数都有重要影响。外界环境一定时，内阻增大会导致电池充放电效率降低、温度升高及寿命缩短。在实际应用中，通常基于电池内阻特性进行等效电路建模、SOC 估计以及电池寿命预测。

（1）欧姆内阻　欧姆内阻主要来源于两部分：一是电极材料、电解液、隔膜等部件自身的电阻；二是各部件的接触电阻。欧姆内阻主要与蓄电池电极的材质、结构及装配工艺等相关。

（2）极化内阻　电池内部的氧化还原反应会产生电场，在此电场作用下，电介质（内部无自由电子的绝缘体）会产生极化电荷，这会使内部原来的平衡状态发生一定的偏离，该过程称为极化效应。极化电荷不能通过传导或其他方式离开电介质，也不能在电介质中移动，所以会对电流产生阻力，称为极化电阻。

在电池的充放电过程中，极化效应主要有电化学极化和浓差极化。电化学极化的产生原因是由于电化学反应相对于电荷运动有一定的迟缓性，当电流密度较大时，造成电极上电荷传递缓慢，引起电荷积累，导致电极电位发生变化。浓差极化是由反应物浓度的变化造成的，即在电化学反应时，电极表面反应离子浓度的迅速升高/降低，会造成电极表面与电解液之间的反应离子浓度不同，形成浓度差，从而导致电极电位发生变化。

极化内阻与活性物质本性、电极的结构、电池的制造工艺以及蓄电池工作条件和状态有关，是动态变化的。大电流放电时，电化学极化和浓差极化增大，会导致极化内阻增大；温度降低对电化学极化和离子的扩散均有不利影响，也会使内阻增大；随着放电深度的增加，电极上的活性物质会逐渐减少，从而导致蓄电池内阻增大。

10. 电池效率相关的术语

由于内阻的存在，蓄电池在充电和放电过程中，都存在能量损耗，相关损耗的大小常用蓄电池转换效率表示，具体有库伦效率和能量效率。

（1）库伦效率（安时效率）　库伦效率是指放电时，从蓄电池中释放的容量与同循环过程中充电容量的比值，用于描述电池释放容量能力的高低，即

$$\eta_c = \frac{C_{out}}{C_{in}} \times 100\% \tag{3-1}$$

式中，η_c 为电池的库伦效率；C_{out} 为电池放电时所输出的容量；C_{in} 为电池充电时所输入的容量。

影响库伦效率的主要因素为副反应，如电池充电时，一部分电量会消耗在水分解上。此外，自放电、活性物质脱落、结块等也会减小输出的容量。

（2）能量效率（瓦时效率）　能量效率是指放电时，从蓄电池中释放的能量与同循环过程中充入能量的比值，即

$$\eta_w = \frac{W_{out}}{W_{in}} \times 100\% \tag{3-2}$$

式中，η_w 为电池的能量效率；W_{out} 为电池放电时所输出的能量；W_{in} 为电池充电时所输入的能量。

影响能量效率的因素主要为电池内阻，它会使电池充电电压增加，放电电压下降。

11. 电池自放电相关的术语

电池在存放期间，容量的下降率称为自放电率，即电池无负荷时，自身放电使容量损失的速度。自放电率用单位时间容量降低的百分数表示，即

$$\eta_o = \frac{C_a - C_b}{C_a T} \times 100\% \tag{3-3}$$

式中，η_o 为自放电率；C_a 为电池存储前的容量（A·h）；C_b 为电池存储后的容量（A·h）；T 为电池存储的时间，单位为月或年。

12. 电池寿命相关的术语

（1）寿命开始（BOL） 单体蓄电池或蓄电池组经测试且符合标准要求，并注入电解液完成第一次充电时即为寿命开始。

（2）寿命终止（EOL） 单体蓄电池或蓄电池组按标准测试后，输出的容量、能量或功率性能等不能满足规定的标准时即为寿命终止。通常以放电容量低于初始容量的80%作为寿命终止条件。

（3）循环寿命 循环寿命也称作使用寿命，指蓄电池在规定的充放电制度和充放电终止条件下，再不能达到规定的容量、能量或功率性能等标准时，所经历的循环数。蓄电池充电和放电的电量均达到额定容量时，称作一次循环。在实际工作时，蓄电池的一次循环数并不是一次充电数和一次放电数，通常蓄电池放电到一定阈值时，会对蓄电池进行充电，将每次充电和放电的容量相加，当其累积到额定容量时，才记作一次循环。一次循环可以有多次充电和放电次数。

（4）日历寿命 蓄电池在不满足寿命终止标准前所经历的时间即为日历寿命，它是系统工作时间和空闲时间的总和。工作时间指系统处于自检、预处理、提供电能、回收电能、充电存储电能、均衡等过程的时间总和；空闲时间是指系统处于休眠状态，没有能量流动时的时间总和。

除特殊规定外，本节中涉及的试验温度为25℃±5℃，室温为25℃±2℃，相对湿度为15%~90%，大气压力为86~106kPa。

3.3 动力蓄电池的工作原理

动力蓄电池作为新能源汽车的能量源，直接影响整车的各项性能。动力蓄电池技术也影响着电动汽车的实用化进程，其发展历程（图3-3）主要经历了三个阶段。

第一代动力蓄电池是铅酸蓄电池，发明于1859年，1881年应用于第一辆电动三轮车；19世纪末到20世纪20年代，以铅酸蓄电池为能量源的电动汽车出现了短暂的发展高峰期。随着内燃机技术的提高，铅酸蓄电池因比能量低、比功率低、使用寿命短等缺点，逐渐不能满足人们对整车性能的要求，为此，铅酸蓄电池电动车逐渐退出市场，但它因具有高/低温

性能好、安全性高及价格低等特点，而被一直用作汽车的辅助电池。

第二代动力蓄电池是镍氢蓄电池，20世纪80年代镍氢蓄电池研制成功，20世纪90年代开始规模化生产。与铅酸蓄电池相比，镍氢蓄电池具有高比能量、高比功率、长循环寿命及无污染等优点。1997年，丰田汽车首次将镍氢蓄电池用作混合动力汽车的动力电池；1997~2014年期间，镍氢蓄电池被广泛用于各类新能源汽车；2014年以后，随着锂离子蓄电池被广泛用于新能源汽车，镍氢蓄电池在新能源汽车蓄电池方面的市场份额逐渐减少。

第三代动力蓄电池是锂离子蓄电池，锂离子蓄电池于20世纪70年代研制成功，1990年实现商业化。在20世纪末，相继研制出以磷酸铁锂、三元锂为正极材料的锂离子蓄电池。锂离子蓄电池的能量密度高于铅酸蓄电池和镍氢蓄电池，其中磷酸铁锂蓄电池的能量密度在150W·h/kg以上，三元锂蓄电池的能量密度在220W·h/kg以上。同时，锂离子蓄电池在单体电压、比能量、比功率、循环寿命及使用寿命等方面均优于镍氢蓄电池，目前已成为新能源汽车的主流电池。此外，各种新体系动力蓄电池成为研发热点，如钠系电池、锂硫电池等。

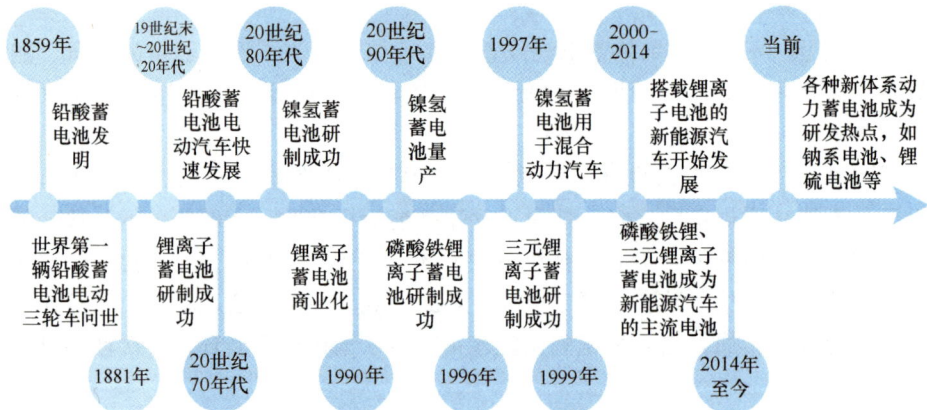

图3-3　动力蓄电池的发展历程

3.3.1　铅酸蓄电池

铅酸蓄电池作为电动汽车的第一代动力蓄电池，是最早使用、最成熟、成本低的蓄电池。作为电动汽车的能量源，铅酸蓄电池的能量密度、功率密度和循环寿命等性能均低于镍氢蓄电池和锂离子蓄电池，且铅酸蓄电池电极材料需要使用铅、硫酸等物质，如果泄露会对环境造成污染，已经不适合现代新能源汽车的需求。但铅酸蓄电池在高低温性能、稳定性、安全性和成本等方面具有较强的优势，一直被用作各类汽车的辅助电源，如发动机的起动电源、低压电气设备的辅助供电等。

铅酸蓄电池可分为非密封式铅酸蓄电池和阀控密封式铅酸蓄电池。非密封式铅酸蓄电池在充电末期会析出氢气和氧气，为排除气体，需在电池盖处设开口。此类电池需要经常加酸、加水，并且气体溢出会携带酸雾而污染环境。在使用期间，阀控密封式铅酸蓄电池不用加酸加水维护，电池为密封结构，不会漏酸，也不会排酸雾。电池盖上设有安全阀，电池内部气压升高到一定值时，安全阀会自动打开排出气体，然后自动关闭，以防止空气进入电池内部。目前，阀控密封式铅酸蓄电池是主流方案。

1. 铅酸蓄电池的结构

铅酸蓄电池主要由正负极板组、正负极柱、隔板、电解液、汇流排、排气阀、壳体等部件组成，如图 3-4 所示。

正负极板组由栅架和活性物质组成。正极板栅架材料主要有铅锑合金、铅钙合金等。正极板活性物质是棕红色的二氧化铅（PbO_2），负极板活性物质是青灰色的海绵状铅（Pb）。正负极板之间留有一定间隙，用于放置隔板。隔板的材料为微孔橡胶，其作用是避免正负极短路。蓄电池电解液为硫酸（H_2SO_4），由纯硫酸和蒸馏水按一定比例配制而成。铅酸蓄电池一个正负极板组（单体）的额定电压为 2V，乘用车辅助铅酸蓄电池一般由 6 个铅酸蓄电池单体串联而成，总电压为 12V。为满足不同的使用要求，还有 24V、36V、48V 铅酸蓄电池。24V 铅酸蓄电池主要用作商用车辅助蓄电池，36V、48V 铅酸蓄电池主要用在低速电动车和轻度混合动力汽车上。

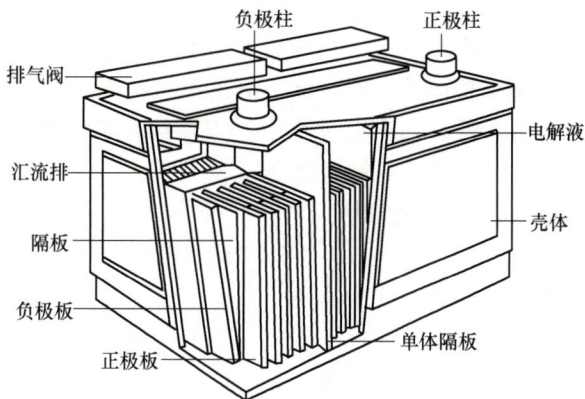

图 3-4　铅酸蓄电池的结构图

2. 铅酸蓄电池的工作原理

铅酸蓄电池充放电过程示意图如图 3-5 所示。

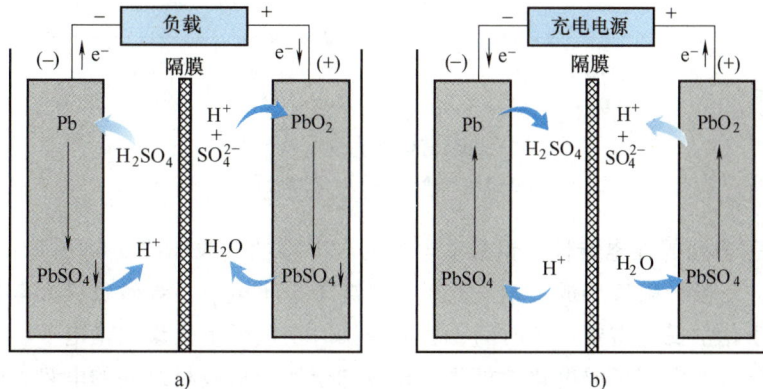

图 3-5　铅酸蓄电池充放电过程示意图

a）放电过程　b）充电过程

（1）放电过程　铅酸蓄电池放电时，负极板发生氧化反应，铅和电解液反应生成硫酸铅（$PbSO_4$）、氢离子和电子；电子经外部电路由负极移向正极，正极板发生还原反应，二氧化铅和电解液反应生成硫酸铅和水。在放电过程中，正负极上的硫酸铅逐渐增多，正负极活性物质逐渐减少，电解液浓度相应降低，相应的电化学反应方程式如下：

正极反应方程式为

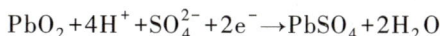

$$PbO_2 + 4H^+ + SO_4^{2-} + 2e^- \rightarrow PbSO_4 + 2H_2O$$

负极反应方程式为

$$Pb + H_2SO_4 \rightarrow PbSO_4 + 2H^+ + 2e^-$$

放电总反应方程式为

$$Pb+PbO_2+2H_2SO_4 \rightarrow 2PbSO_4+2H_2O$$

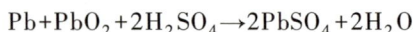

（2）充电过程 充电时，正极板发生氧化反应，硫酸铅和水生成二氧化铅并析释出氢离子和硫酸根离子，同时电子由正极移向负极；负极板发生还原反应，硫酸铅与氢离子反应生成铅和硫酸。在充电过程中，正负极板活性物质和电解液浓度逐渐增加，硫酸铅相应减少，充电化学反应方程式如下：

正极反应方程式为

$$PbSO_4+2H_2O \rightarrow PbO_2+4H^++SO_4^{2-}+2e^-$$

负极反应方程式为

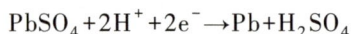

$$PbSO_4+2H^++2e^- \rightarrow Pb+H_2SO_4$$

充电总反应方程式为

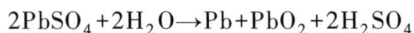

$$2PbSO_4+2H_2O \rightarrow Pb+PbO_2+2H_2SO_4$$

3. 铅酸蓄电池的充放电特性

铅酸蓄电池充放电特性曲线如图3-6所示。

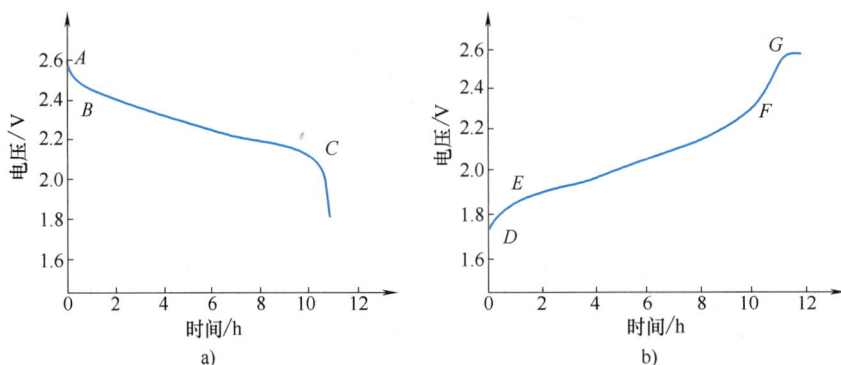

图3-6 铅酸蓄电池充放电特性曲线

a）放电特性曲线 b）充电特性曲线

（1）铅酸蓄电池的放电特性 铅酸蓄电池的放电特性曲线如图3-6a所示，放电开始时，负极失去电子，负极板附近形成大量氢离子，氢离子带正电荷，导致负极板电势升高。正极接收电子，由于化学反应需要一定时间，放电开始时正极板上集聚大量电子，所以正极板电势会迅速降低。电池内部形成电化学极化，相应的会使正负极板之间的电势差降低，进而导致电池端电压降低。放电开始的同时，正极板会大量消耗氢离子和硫酸根离子，造成正极板附近溶液浓度迅速降低，而溶液中的离子向正极板扩散的速度低于其消耗的速度，这就会在电池内部形成浓差极化，进而会使电池电压迅速降低。电化学极化和浓差极化会导致放电开始阶段电压迅速降低（*AB* 段）。随着放电过程的进行，电池内部的氢离子逐渐向正极扩散，氢离子浓度差逐渐降低，*BC* 段氢离子的浓度差低于 *AB* 段的浓度差，因此 *BC* 段放电特性曲线斜率比 *AB* 段小，所以 *BC* 段端电压下降缓慢。放电终了时，电压急剧下降的原因主要有两个：一是反应过程中反应物逐渐减少，生成物逐渐增多，电池电动势减小速度加快；二是反应物的减少会导致电流密度上升，正负极极化增大。

铅酸蓄电池的化学反应方程式为

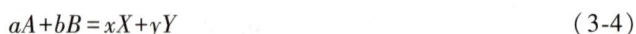

$$aA+bB=xX+yY \tag{3-4}$$

反应物、生成物浓度与电极电势关系为

$$E_B = E^\phi - \frac{RT}{zF} \ln \frac{C_X C_Y}{C_A C_B} \tag{3-5}$$

式中，A 和 B 代表电极活性物；X 和 Y 代表生成物；E_B 为电池电动势；E^ϕ 为标准电动势，指各反应物都处于标准态时的电池电动势；C_A 和 C_B 为反应物浓度；C_X 和 C_Y 为生成物浓度；R 为摩尔气体常数，具体取为 8.314472J/(mol·K)；T 为室温温度；F 为法拉第常数，具体为 9.65×10^4 C/mol；z 为电极得失电子数。

在式（3-5）中，生成物浓度的乘积与反应物浓度的乘积之比成对数关系，该对数函数与电池电动势成减函数关系。在放电终了时，正负极板活性反应物质减少，生成物增加，生成物浓度的乘积与反应浓度的乘积之比趋于无限大，从而导致电池电动势下降速度加快。

（2）铅酸蓄电池的充电特性 铅酸蓄电池的充电特性曲线如图 3-6b 所示，充电开始时，正极失去电子，同时正极板附近会生成大量氢离子，氢离子带正电荷，导致正极势变高；负极得到电子，由于化学反应需要一定时间，负极板上会集聚大量电子，使负极板电势变低；由此导致的电化学极化会使正负极电势差增大。同时，负极板附近的氢离子会被大量消耗，溶液中氢离子向负极板扩散的速度低于其消耗的速度；正极板附近会生成大量氢离子，正极板氢离子生成速度高于其扩散速度；因此，电池内部会形成氢离子浓度差，由浓差极化造成正负极电势差升高，这使充电开始阶段的电池端电压迅速上升（*DE* 段）。随着充电过程的进行，电池内部氢离子逐渐向负极扩散，氢离子浓度差降低，这会使端电压上升变缓（*EF* 段）。充电末期，由于正负极上的活性物质基本被完全激活，此时活性物质反应面积大，当充电电流保持不变时，电流密度相应减小，即充电时的电流密度减小。由图 3-6b 可知，此时的充电曲线斜率会增大，这会使正负极电势差急剧增大；同时，电极活性物增多，溶液反应物减少，由式（3-5）可知，电池的电动势会急剧升高。这均会导致电池端电压急剧上升（见图 3-6b 中的 *FG* 段）。对于水性电解液，在充电末期还会出现电解水反应，正极会析出氧气，负极析出氢气，电池安全阀口会将气体释放出。当电压达到充电终止电压 2.6V 时，电极上的活性物质基本被完全激活，则充电结束。若继续充电会导致电池内部电压升高，破坏活性物质的结构，造成电池容量衰减及寿命缩短，甚至会引起电解液剧烈反应，有可能引发爆炸。

（3）铅酸蓄电池充放电电流密度与电极电势的关系 图 3-7 所示为铅酸蓄电池充放电电流密度与电极电势的关系图。图中，横坐标为正负电极电势，纵坐标为充放电电流密度，$\Phi_{I,+}$ 为正极电势，$\Phi_{I,-}$ 为负极电势，$\Phi_{p,-}$ 为负极平衡电势，$\Phi_{p,+}$ 为正极平衡电势，$I_{a,+}$ 为正极放电电流密度，$I_{a,-}$ 为负极放电电流密度，$I_{c,+}$ 为正极充电电流密度，$I_{c,-}$

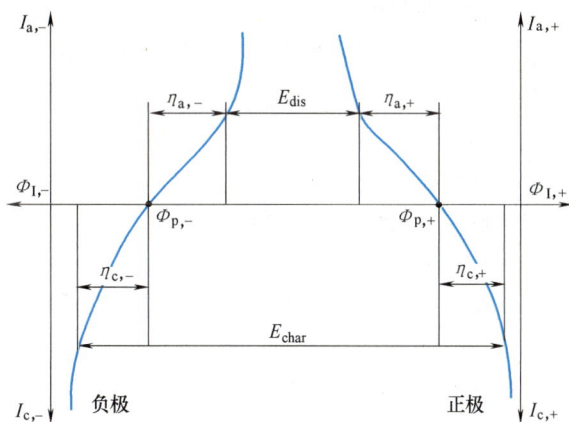

图 3-7 铅酸蓄电池充放电电流密度与电极电势关系图

为负极充电电流密度，$\eta_{a,+}$ 为某时刻放电正极浓度差，$\eta_{a,-}$ 为某时刻放电负极浓度差，$\eta_{c,+}$ 为某时刻充电正极浓度差，$\eta_{c,-}$ 为某时刻充电负极浓度差，E_{dis} 为放电电势，E_{char} 为充电电势。

在放电电流一定的条件下，由于反应物的减少，正负极板电流密度会相应增大。电流密度与电流成正比，与极板上的活性物质面积成反比，关系式为 $I=i/A$，其中，I 为电流密度，i 为电流大小，A 为极板上活性物质的面积。电极电势与电流密度的关系曲线称为极化曲线，图 3-7 中横坐标以上为电池放电极化曲线，横坐标以下为电池充电极化曲线。由图 3-7 可知，电流密度增大，电极电势会逐渐偏离平衡电极电位；放电终了时，正负极电势差会迅速降低，这均会导致电池端电压迅速下降（见图 3-6a 的 C 点后）。当电压达到放电截止电压 1.75V 时，电极上的活性物质基本被完全消耗，则放电结束。若继续放电会破坏活性物质的可逆性，则会导致电池内阻增大、容量衰减及寿命缩短等问题。

4. 铅酸蓄电池的特点

铅酸蓄电池的主要优点有：①正负极板原材料为二氧化铅和铅，电解液为硫酸，原材料价格相对低廉；②温度适应性强，可工作在 $-40\sim60℃$；③充放电过程中，电压变化比较明显，荷电状态容易识别；④电池无记忆效应；⑤可制成密封结构，实现免维护。

铅酸蓄电池的主要缺点有：①能量密度低，相同能量的电池用在电动汽车上所占质量和体积较大；②使用寿命短，循环寿命在 500 次以下；③充电时间长，12V 铅酸蓄电池一次充满电需要 $6\sim10h$。

铅酸蓄电池虽然性能与镍氢蓄电池和锂离子蓄电池差距很大，但是仍被长期用作车载辅助电源，主要原因有：①低温性能好，铅酸蓄电池的低温性能优于锂离子蓄电池和镍氢蓄电池，当温度低于 $-20℃$ 时，锂离子蓄电池和镍氢蓄电池的性能会急剧衰减，尤其是容量和充放电效率等性能；②价格优势，铅酸蓄电池的电极材料使用铅和氧化铅，镍氢蓄电池使用贵重金属镍，锂离子蓄电池电极材料使用磷酸铁锂、三元锂、石墨烯等材料，相比之下铅酸蓄电池的材料成本更低；③安全性高，铅酸蓄电池在高温和碰撞条件下的安全性能优于锂离子蓄电池和镍氢蓄电池。

3.3.2 镍氢蓄电池

镍氢蓄电池可分为高压镍氢蓄电池和低压镍氢蓄电池两种。高压镍氢蓄电池通过将高压氢充入电池以获得更高的能量密度，它需要贵金属铂、钯作催化剂，成本较高；且高压氢会提高电池的密封要求，降低其安全性，增大它在汽车上的应用风险。与高压镍氢蓄电池相比，低压镍氢蓄电池的能量密度虽然偏低，但是安全性更好，成本更低，曾被广泛用作新能源汽车动力电池。

1. 镍氢蓄电池的结构

镍氢蓄电池主要由正负极板、正负极触点、隔膜、电解液、壳体及其他部件组成，如图 3-8 所示。在结构上，多制成圆柱形或方形。镍氢蓄电池的正极板多为发泡镍或冲孔镀镍钢带，负极板多为铜网或钢网。正极活性物质为氢氧化镍，负极活性物质为储氢合金（镁系、钛系、锆系等），电解液为氢氧化钾溶液。隔膜常采用多孔维尼纶无纺布或尼龙无纺布。在圆柱形镍氢蓄电池中，正负极用隔膜分开卷绕在一起，然后密封在钢壳中。

2. 镍氢蓄电池的工作原理

镍氢蓄电池充放电过程示意图如图 3-9 所示。

（1）放电过程 放电时，正极发生还原反应，氢氧化亚镍（NiOOH）得到电子被还原成氢氧化镍 $[Ni(OH)_2]$ 和氢氧根离子。负极发生氧化反应，储氢合金（MH）与氢氧根离子反应失去电子生成合金（镁系、钛系、锆系等）和水，相应的电化学反应如下：

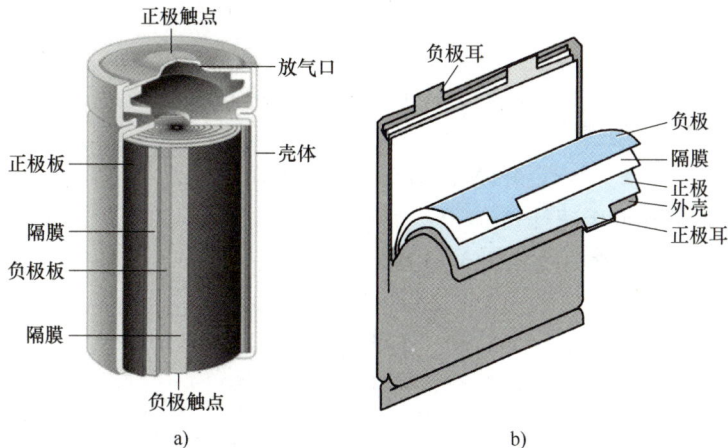

图 3-8 镍氢蓄电池结构图

a）圆柱形 b）方形

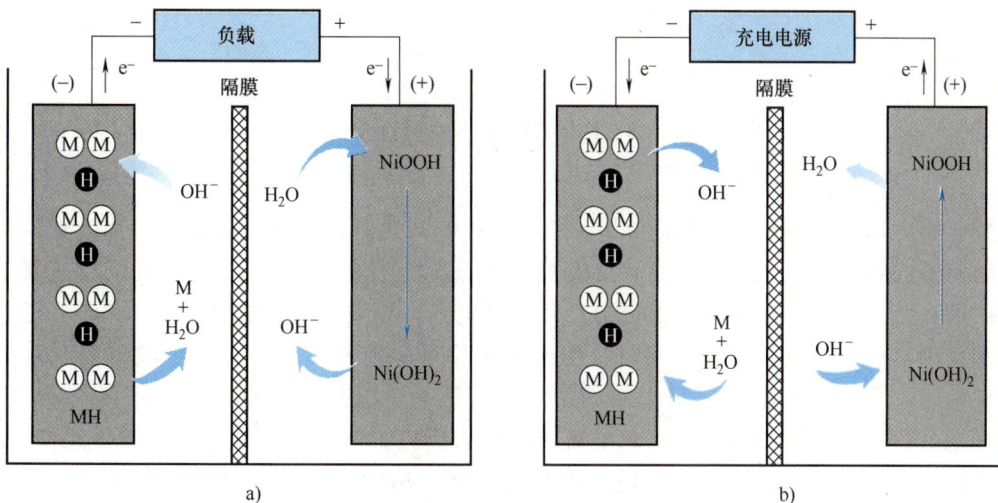

图 3-9 镍氢蓄电池充放电过程示意图

a）放电过程 b）充电过程

正极反应方程式为

$$NiOOH + H_2O + e^- \rightarrow Ni(OH)_2 + OH^-$$

负极反应方程式为

$$MH + OH^- \rightarrow M + H_2O + e^-$$

放电总反应方程式为

$$MH + NiOOH \rightarrow M + Ni(OH)_2$$

（2）**充电过程** 镍氢蓄电池充电时，正极发生氧化反应，氢氧化镍［$Ni(OH)_2$］失去电子被氧化成氢氧化亚镍（NiOOH）；负极发生还原反应，水分子（H_2O）得到电子还原成氢原子（H）和氢氧根离子（OH^-），氢原子和合金（镁系、钛系、锆系等）结合形成储氢合金（MH），相应的电化学反应方程式如下：

正极反应方程式为

$$Ni(OH)_2+OH^-\rightarrow NiOOH+H_2O+e^-$$

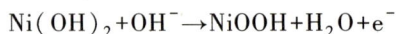

负极反应方程式为

$$M+H_2O+e^-\rightarrow MH+OH^-$$

充电总反应方程式为

$$M+Ni(OH)_2\rightarrow MH+NiOOH$$

3. 镍氢蓄电池的充放电特性

镍氢蓄电池充放电特性曲线如图 3-10 所示。

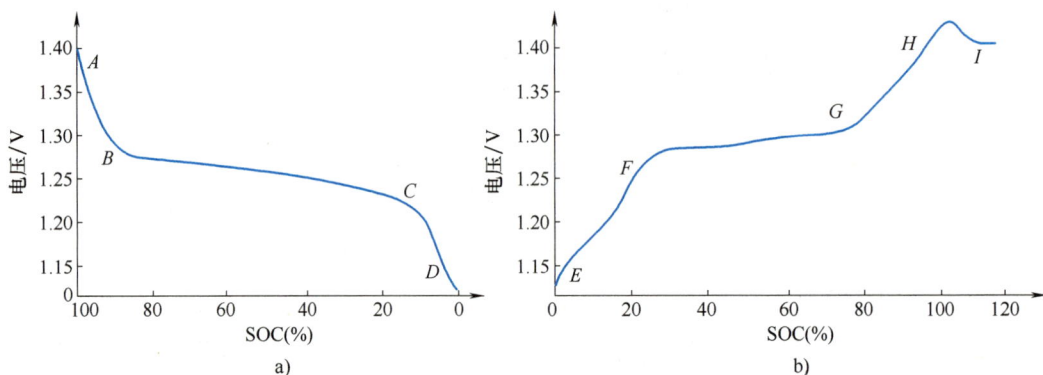

图 3-10　镍氢蓄电池充放电特性曲线

a）放电特性曲线　b）充电特性曲线

镍氢蓄电池放电特性曲线如图 3-10a 所示。放电开始时，负极失去电子，负极板附近的氢氧根离子会被大量消耗，这会导致负极板电势升高。正极接收电子，由于化学反应需要一定的时间，所以放电开始时正极板上会集聚大量电子，导致正极板电势变低，此时，正负极电势差会因电化学极化而减小。另外，由于溶液中的氢氧根离子向负极扩散需要一定的时间，电池内部会形成较高的氢氧根离子浓度差。因此，放电初期电压迅速下降（AB 段）。随着放电过程的持续，溶液中的氢氧根离子逐渐向负极扩散，氢氧根离子浓度差逐渐减小，BC 段氢氧根离子的浓度差小于 AB 段的浓度差，所以 BC 段电压缓慢下降。放电终了时，由于反应物减少，生成物增多，以及电流密度上升，导致电池正负极极化增大，这会导致电池电势差迅速减小，即端电压急剧下降（CD 段）。当电压达到放电截止电压 1V 时，电极上的活性物质基本被完全消耗，则停止放电。若继续放电会破坏活性物质的可逆性，则会造成电池内阻增大、容量衰减及寿命衰减等问题。

镍氢蓄电池充电特性曲线如图 3-10b 所示。充电开始时，正极失去电子，电势增高；负极得到电子，由于化学反应需要一定的时间，所以负极板上会集聚大量电子，负极电势降低。同时，正极板附近的氢氧根离子会被迅速消耗，溶液中的氢氧根离子向正极扩散需要一定的时间，电池内部会形成氢氧根浓度差。因此，在充电开始阶段电压会迅速上升（EF 段）。随着充电过程的持续，溶液中的氢氧根离子逐渐向正极扩散，氢氧根离子浓度差逐渐减小，FG 段氢氧根离子的浓度差小于 EF 段的浓度差，所以 FG 段端电压缓慢上升。充电终了时，正负极板生成物增多，溶液中的反应物减少；正负极板活性物质面积增大，维持一定充电电流时，会导致电流密度下降，这会使正负极电势差急剧增大，最终导致充电末期端电压急剧上升（GH 段）。理论上，充电时负极不析出氢气，但在实际应用时，电芯在制造时由于化成不好，会生成催化性能较差的贮氢合金电极，这会影响电芯的充电效率和充电容量。这种电芯充电至一定容量时，会使电池过电位太大，过电位是电池此时电位偏离平衡时的电位，从而导致正极析出氧气（见图 3-10b 的 H 点之后）。此时如果继续充电，氧气会通过隔膜与负极上的氢发生还原反应，生成水和氢氧根离子进入电解液，从而使电池内部压力下降，最终当电压达到充电终止电压 1.4V 时充电结束（见图 3-10b 的 I 点之后）。

4. 镍氢蓄电池的特点

镍氢蓄电池的成本要高于铅酸蓄电池，但能量、功率、循环寿命等性能均优于铅酸蓄电池，其比能量可达到 $60\sim70W\cdot h/kg$，比功率能达到 $150\sim300W/kg$，循环寿命可达到 1000 次。镍氢蓄电池与锂离子蓄电池相比，镍氢蓄电池安全性更高，不易自燃；电芯一致性更好，电压更稳定，控制容易；循环寿命长；温度适用范围宽，可在 $-20\sim55℃$ 下正常工作。但镍氢蓄电池的单体电压明显低于锂离子蓄电池，能量密度等性能也比锂离子蓄电池差。在锂离子蓄电池未大规模应用前，镍氢蓄电池曾取代铅酸蓄电池成为新能源汽车的主流动力蓄电池。

3.3.3 锂离子蓄电池

锂离子蓄电池是用于新能源汽车领域的第三代主流动力蓄电池。与前两代动力蓄电池相比，锂离子蓄电池具有更高的单体电压、能量密度、功率密度，在整车性能需求相同的前提下，可有效降低电池组的重量和减小体积。在循环寿命、自放电率及环境友好性等方面均优于前两代动力蓄电池。锂在锂离子蓄电池的正极、负极和隔膜中，均以离子形式存在。锂离子蓄电池的充放电过程是锂离子在正负极之间来回移动的过程，因而锂离子蓄电池也被称为"摇椅式电池"。

1. 锂离子蓄电池的结构

锂离子蓄电池主要由正负极板、正负极触点、电解质、隔膜、壳体及其他附件等组成，如图 3-11 所示。根据正极锂化合物的不同，车用锂离子蓄电池主要有磷酸铁锂蓄电池和三元锂蓄电池两大类。

（1）**正极材料** 正极材料参数决定了锂离子蓄电池的质量能量密度和体积能量密度。已经规模化生产的正极材料主要包括橄榄石结构的磷酸铁锂材料、层状结构的三元材料（镍钴锰、镍钴铝）及富锰基材料、尖晶石结构的锰酸锂材料等。国外动力蓄电池企业的产品主要以锰酸锂（LMO）、镍钴锰（NCM）、镍钴铝（NCA）为主，我国动力蓄电池企业的产品主要以三元材料和磷酸铁锂材料为主。磷酸铁锂材料的理论容量已达到上限，下一步的发展趋势是进一步提升其压实密度，压实密度是指在正负电极制造过程中，电极

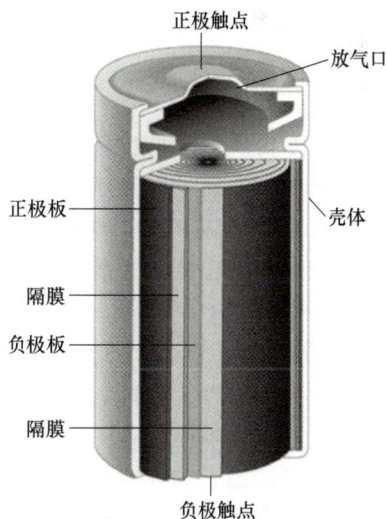

图 3-11 锂离子蓄电池的结构

的材料密度与材料厚度的比值。三元材料则朝着高镍、低钴方向发展。表 3-1 所列为不同正极材料性能参数的比较，磷酸铁锂和三元锂的比容量、能量密度较高，目前，新能源汽车动力蓄电池主要使用这两种正极材料。随着电池技术的发展，相关性能参数还会不断优化。

表 3-1 不同正极材料的性能参数对比

正极材料	平均电压/V	比容量/(mA·h/g)	能量密度/(W·h/kg)
磷酸铁锂	3.4	150~170	510
磷酸锰铁锂	3.4~4.1	140~150	500~600
钴酸锂	3.7	140	518
镍酸锂	3.6	180	648
三元锂	3.6	160~200	576~720
锰酸锂	4.1	130	520
镍锰酸锂	4.7	140	658

(2) 负极材料 在锂离子蓄电池中，负极材料主要用作储锂主体，在充放电过程中用于实现锂离子的嵌入与脱出，其性能与电池寿命和充电性能密切相关。负极材料主要有碳材料和非碳材料两大类，目前广泛应用的负极材料是碳材料。

1) 碳材料主要有石墨类材料（人造石墨、天然石墨、复合石墨）和无定型碳材料（硬碳和软碳）。石墨类材料的比容量接近理论值，下一步的发展趋势是提升压实密度和降低成本；无定型碳材料具有良好的循环性能和寿命，下一步的发展趋势是高比容量材料的实用化、提升首次循环库伦效率以及降低成本。

2) 非碳材料包括钛基材料、锡基材料、硅基材料以及氮化物材料等，其储锂机理与碳材料不同。非碳负极材料具有较高的比容量，但存在电压平台高、电位滞后和循环性能不理想等缺点，为解决这些问题，通常采用锡基和硅基复合负极材料。锂金属理论比容量要高于碳材料和非碳材料，本身也具有良好的导电性，因此也成为负极材料的研究重点，常见的有钛酸锂材料和铌酸锂材料。

(3) 电解液材料 电解液性能会直接影响锂离子蓄电池的比容量、工作温度范围、循环效率、安全性等性能。如图 3-12 所示，电解液按照物质形态可分为液体电解液和聚合物电解质。液体电解液根据是否存在水又可分为水系电解液和有机电解液。聚合物电解质按照形态又可分为固体电解质和凝胶电解质。

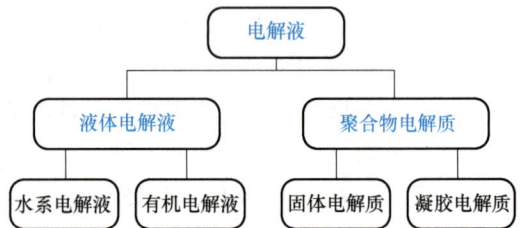

图 3-12 电解液类型

1) 液体电解液。水系电解液具有污染小、成本低、安全等优点，但存在电压范围低、能量密度低等缺点；有机电解液将锂盐溶解于有机溶剂中，具有离子导电率高、工作温度范围宽、与电极相容性好等优点，但有机溶剂存在易挥发、易燃等缺点。有机溶剂通常需要满足如下要求：①要具有较高的离子电导率，可满足快速充放电的要求；②熔点要低，沸点要高，以保证锂离子蓄电池能在-20~60℃温度下正常工作。锂盐通常要满足如下要求：①要有良好的化学稳定性和电化学稳定性，以保证不与电极活性物质和集流体发生化学反应；②要易于溶解在有机溶剂中，以保证高离子导电率；③要具有良好的热稳定性。

2) 聚合物电解质。聚合物电解质是以高分子材料为基体的聚合物，锂盐/有机溶剂存在于聚合物中。聚合物电解质理论能量密度可达 500~700W·h/kg，而且安全系数远高于液态锂离子蓄电池。聚合物电解质除了可传递离子，还被用作正负极隔膜。凝胶电解质主要由高分子化合物、锂盐和有机溶剂组成，它兼有固体电解质和有机电解液的特性。固体聚合物电解质具有安全系数高、能量密度高、循环次数多、阻燃性好、机械强度高、易于加工成各种形状等优点。但存在如下问题：①不能大电流放电，最大放电电流需限制在 $2 \sim 3C$；②电池的一致性较差；③高温和低温储存性较差；④耐过充电和过放电能力差；⑤成本相对较高。

目前，电动汽车锂离子蓄电池使用的电解质主要为凝胶电解质和有机电解液。

（4）隔膜材料 隔膜的主要作用是将电池正、负极隔开，防止正负极短路，同时为电解质离子的移动提供通道。其性能会直接影响电池的性能与安全。目前，锂离子蓄电池的隔膜主要以聚烯烃基膜为主，其发展方向是在聚烯烃基膜基础上将隔膜薄型化，同时开发具有化学稳定性好、机械强度高、比电阻小、透气性更好及电解液保持能力强等特点的新型无纺布隔膜。

2. 磷酸铁锂蓄电池

（1）磷酸铁锂蓄电池的结构 磷酸铁锂蓄电池的正极板是用黏合剂将磷酸铁锂（LiFePO$_4$）涂布在铝箔上制作而成的；负极板是用黏合剂将石墨涂布在铜箔上制作而成的；隔膜是由聚乙烯或聚丙烯材料制得的微多孔薄膜；电解质为有机溶液或固体聚合物，通过隔膜将正负极隔开，锂离子（Li$^+$）可自由通过隔膜，而电子不能通过。电池外壳有钢壳、铝壳、软包等方案：钢壳结构机械强度高，但散热性差；铝壳结构散热好、易成组，但成本高；软包材料一般采用铝塑膜，铝塑膜具有质量轻、厚度薄、阻氧、防潮及耐穿刺等特点，可起到保护电芯的作用，软包电池的电芯质量比能量高，但其机械强度较差。

（2）磷酸铁锂蓄电池的工作原理 磷酸铁锂蓄电池充放电过程示意图如图 3-13 所示。

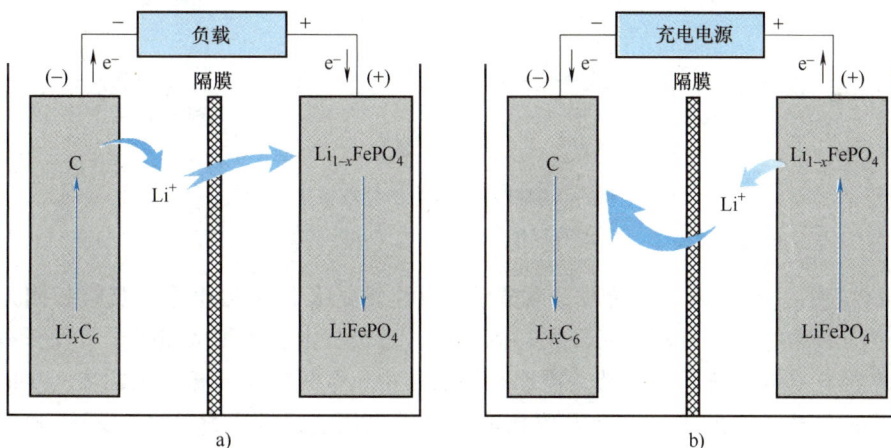

图 3-13 磷酸铁锂蓄电池充放电过程示意图
a）放电过程 b）充电过程

1）放电过程。磷酸铁锂蓄电池放电时，负极发生氧化反应，锂离子（Li$^+$）从负极板的石墨晶体中脱出，经过电解质和隔膜返回正极板；同时，电子经外部电路由负极流向正极；正极得到电子发生还原反应，锂离子与磷酸铁晶体（Li$_{1-x}$FePO$_4$）生成磷酸铁锂。相应的电化学反应方程式如下：

正极反应方程式为

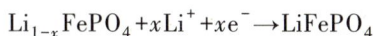

$$Li_{1-x}FePO_4 + xLi^+ + xe^- \rightarrow LiFePO_4$$

负极反应方程式为

$$Li_xC_6 \rightarrow 6C + xLi^+ + xe^-$$

放电总反应方程式为

$$Li_{1-x}FePO_4 + Li_xC_6 \rightarrow LiFePO_4 + 6C$$

2）充电过程。磷酸铁锂蓄电池充电时，正极发生氧化反应，失去电子，同时锂离子从正极板的磷酸铁锂晶体中脱出，正极由磷酸铁锂转化为磷酸铁。负极得到电子发生还原反应，同时锂离子经电解质和隔膜迁移到负极板，嵌入到石墨晶体的晶状层之间。相应的电化学反应方程式如下：

正极反应方程式为

$$LiFePO_4 \rightarrow Li_{1-x}FePO_4 + xLi^+ + xe^-$$

负极反应方程式为

$$6C + xLi^+ + xe^- \rightarrow Li_xC_6$$

充电总反应方程式为

$$LiFePO_4 + 6C \rightarrow Li_{1-x}FePO_4 + Li_xC_6$$

（3）磷酸铁锂蓄电池的充放电特性　磷酸铁锂蓄电池充放电特性曲线如图 3-14 所示。

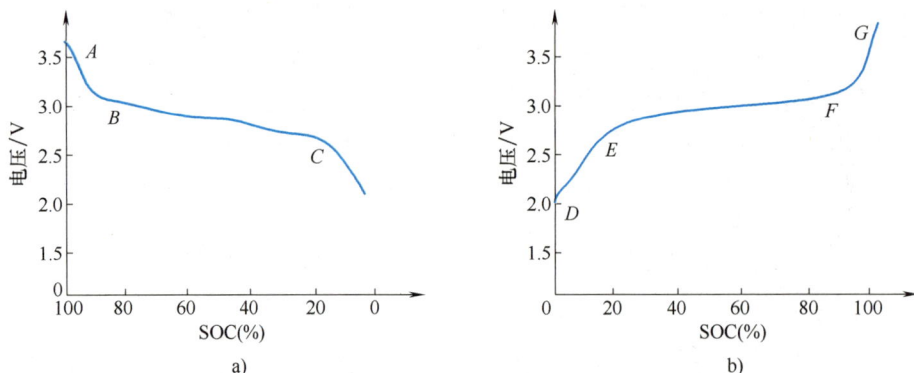

图 3-14　磷酸铁锂蓄电池充放电特性曲线
a）放电特性曲线　b）充电特性曲线

1）放电特性。在放电开始阶段，磷酸铁锂蓄电池的负极失去电子，负极板附近会析出大量锂离子，使负极电势升高；正极则得到电子，正极板上会集聚大量电子，使正极电势降低，电化学极化会导致正负极电势差减小。锂离子由负极板向正极板扩散需要一定时间，正负极之间形成锂离子浓度差，这会导致放电初期端电压会迅速下降（AB 段）；随着持续放电，锂离子浓度变化速率相对平稳，端电压持续缓慢下降（BC 段）；放电终了时，正极板锂离子和负极板活性反应物的含量稀少，这会导致负极板电流密度减小，正负极极化增大，电池端电压会急剧下降（C 点以后）。当电压达到放电截止电压 2.0V 时，电极上的活性物质基本被完全消耗，放电结束。若继续放电，则会破坏电池活性物质的可逆性，同时负极会析出锂，这会造成电池的内阻增大、容量衰减及寿命衰减。

2）充电特性。在充电开始阶段，正极失去电子，正极板聚集大量锂离子，使电池正极电势增高；负极得到电子，负极电势降低，这就产生了电化学极化现象，电化学极化会导致正负极电势差增大。由于锂离子从正极向负极扩散需要一定时间，正负极之间会产生锂离子浓度差，相应的浓差极化会造成正负极电势差迅速升高，所以充电初期端电压会快速上升（DE 段）；随着锂离子向负极的扩散，锂离子浓度变化速率相对平稳，端电压持续缓慢上升

（EF段）；充电末期，正极活性生成物基本被激活，活性物质反应面积基本达到最大，当充电电流不变时，电流密度会加快下降，这会使电池的电势差迅速增加；同时，电极活性物质增多，溶液反应物质减少，同样会使电池的电动势急剧升高，最终导致充电末期的端电压急剧上升（FG段）。当电压达到充电终止电压3.6V时，电池上的活性物质基本被激活，充电结束。若继续充电，则会造成电池内部电压升高，破坏活性物质的结构，导致电池容量衰减及寿命缩短，甚至会引起电池自燃或爆炸。

（4）磷酸铁锂蓄电池的特点 与铅酸蓄电池、镍氢蓄电池相比，磷酸铁锂蓄电池具有能量密度高、循环寿命长，充放电循环次数多等优点；与三元锂蓄电池相比，磷酸铁锂蓄电池具有安全性好，材料分解温度大于500℃，不易因内部或外部受损而燃烧或爆炸，成本低，不含贵重金属等优点。但磷酸铁锂蓄电池低温性能较差，在-20℃时，电池容量衰退明显，仅为常温状态的50%~60%；充放电时，电压变化曲线较平坦，SOC估计困难。

3. 三元锂蓄电池

（1）三元锂蓄电池的结构 三元锂蓄电池与磷酸铁锂蓄电池的主要区别在于正极板活性物质不同。三元锂蓄电池正极板活性物质可为镍钴锰酸锂、镍钴铝酸锂等材料，各元素的作用分别是：镍元素影响电池的能量密度，铝元素影响电池的化学稳定性，锰元素影响三元体系的热稳定性，钴元素能使锂、镍元素更好的混排。负极材料为石墨晶体，通过将其涂布在铜箔上制成负极板。电解质与磷酸铁锂蓄电池类似，为有机溶液或固体聚合物，用于将正负极隔开，可以允许锂离子（Li^+）通过，而不允许电子通过。

（2）三元锂蓄电池的工作原理 三元锂蓄电池充放电过程示意图如图3-15所示。

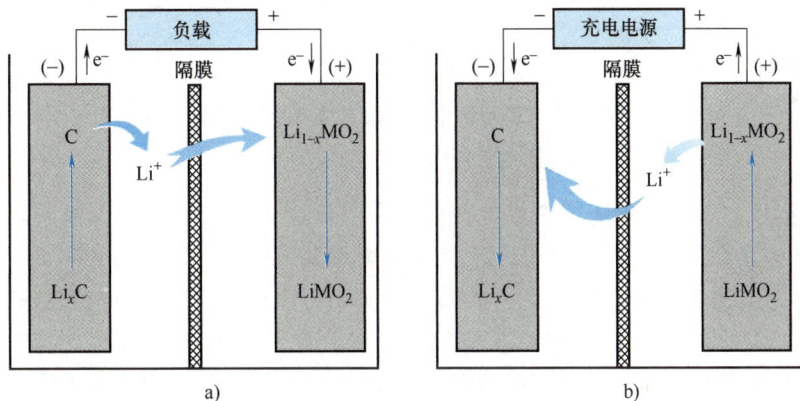

图3-15 三元锂蓄电池充放电过程示意图
a) 放电过程 b) 充电过程

1）放电过程。三元锂蓄电池放电时，负极发生氧化反应失去电子，锂离子（Li^+）从负极的石墨晶体脱离，经过电解质和隔膜返回正极；正极得到电子发生还原反应，锂离子与三元锂晶体（$Li_{1-x}MO_2$）生成三元锂化合物，相应的电化学反应方程式如下：

正极反应方程式为

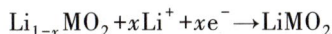

$$Li_{1-x}MO_2 + xLi^+ + xe^- \rightarrow LiMO_2$$

负极反应方程式为

$$Li_xC \rightarrow C + xLi^+ + xe^-$$

放电总反应方程式为

$$Li_xC + Li_{1-x}MO_2 \rightarrow C + LiMO_2$$

2）充电过程。充电时，正极发生氧化反应失去电子，锂离子从正极三元锂晶体中脱出；负极得到电子发生还原反应，锂离子经电解质和隔膜嵌入到负极石墨晶体的晶状层之间，相应的电化学反应方程式如下：

正极反应方程式为

$$LiMO_2 \rightarrow Li_{1-x}MO_2 + xLi^+ + xe^-$$

负极反应方程式为

$$C + xLi^+ + xe^- \rightarrow Li_xC$$

充电总反应方程式为

$$LiMO_2 + C \rightarrow Li_{1-x}MO_2 + Li_xC$$

式中，M 表示 Ni、Co、Mn。

（3）三元锂蓄电池的充放电特性 三元锂蓄电池的充放电特性曲线如图 3-16 所示。

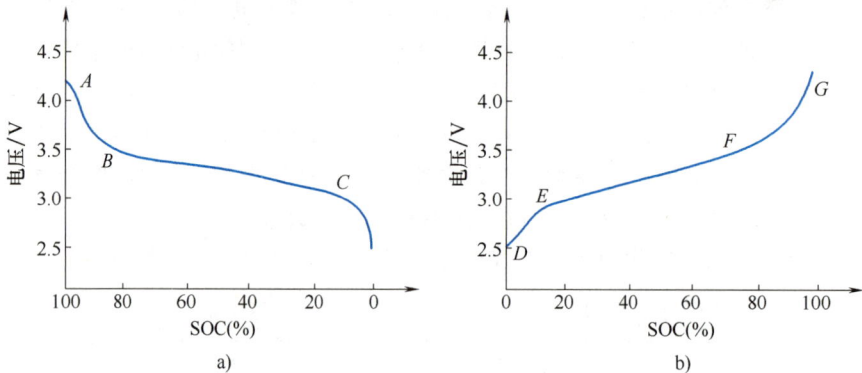

图 3-16　三元锂蓄电池的充放电特性曲线
a）放电特性曲线　b）充电特性曲线

1）放电特性。三元锂蓄电池在放电开始阶段，负极失去电子，负极板附近析出大量锂离子，负极电势升高；正极得到电子，正极板上集聚大量电子，正极电势降低，由此产生电化学极化现象，电化学极化会导致正负极电势差减小；锂离子由负极板向正极板扩散需要一定时间，正负极之间同时会形成锂离子浓度差，这会导致放电初期的电池端电压迅速下降（AB 段）。随着放电的持续，锂离子浓度的变化速率相对平稳，端电压缓慢下降（BC 段）。放电终了时，正极板锂离子的含量和负极板活性反应物的含量稀少，负极板电流密度会因而减小，正负极极化增大，电池端电压又会急剧上升（C 点以后）。当电压到达放电截止电压 2.5V 时，电极上的活性物质基本被完全消耗，放电结束。若继续放电，则会破坏活性物质的可逆性，同时负极会析出锂，这会导致电池内阻增大、容量衰减及寿命缩短。

2）充电特性。三元锂蓄电池在充电开始阶段，正极失去电子，正极板聚集大量锂离子，电池正极电势增大；负极得到电子，电势减小，由此产生电化学极化，相应的电化学极化会导致正负极电势差增大。由于锂离子从正极向负极扩散需要一定时间，正负极之间会形成锂离子浓度差，浓差极化也会造成正负极电势差迅速增大，上述原因均会导致放电初期电池端电压急剧上升（DE 段）；随着锂离子向负极扩散，锂离子浓度变化速率逐步平稳，端电压缓慢上升（EF 段）。充电末期，正极活性物质基本被完全激活，活性物质的反应面积基本达到最大，充电电流不变时，会导致电流密度下降加快，使电池的电势差迅速增加；同时，电极活性物质增多，溶液反应物质减少，使电池的电动势急剧升高，最终会导致充电末期端电压急剧上升（*FG* 段）；直到端电压达到充电终止电压 4.2V 时，充电结束。若继续充电，则会造成电池内部电压升高，破坏活性物质的结构，导致电池容量衰减及寿命缩短，甚至引起电池自燃/爆炸。

（4）三元锂蓄电池的特点 三元锂蓄电池的优点是：能量密度高，可达 240W·h/kg；电压平台相对较高，电压可达 3.7V；可进行大倍率充放电；循环寿命长，可循环充放电 2000 次以上；高低温性能好，与 25℃时的额定容量相比，55℃时的容量基本不变，−20℃时的可用容量在 70% 以上。其缺点主要有：三元材料分解温度仅为 200℃，温度过高容易自燃，安全性差；需要镍等贵金属，成本较高。

3.3.4 新体系动力蓄电池

新体系动力蓄电池泛指正在研发的、先进的、具有高能量密度、长循环寿命等特征的新型蓄电池，其关键技术在于研制高比容量的电极材料，有效提高能量密度。目前，新体系动力蓄电池主要有钠离子蓄电池、锂硫蓄电池、锂空气蓄电池及固态锂蓄电池等。

1. 钠离子蓄电池

碳酸锂是制作锂离子蓄电池正极的关键材料，而锂作为其中的核心元素，仅占地球元素的 0.064%，且 70% 以上的锂资源分布在智利、澳大利亚、阿根廷。我国锂资源仅占全球总量的 6%，且多为盐湖型锂矿，开采难度较高，难以满足市场需求。随着新能源汽车的发展，目前我国锂资源的对外依存度高达 70% 以上。由于我国对碳酸锂需求量的逐年增大，2020～2022 年，碳酸锂的价格上涨了近 10 倍，每吨价格达到了 47 万～50 万元，这直接造成了锂离子蓄电池价格大幅上涨。为此，钠离子蓄电池因钠元素储量丰富、碳酸钠价格便宜而再次成为研究热点。钠离子蓄电池在 20 世纪 70 年代就被研制成功，其工作原理、反应机理、电池结构与锂离子蓄电池基本类似，但由于钠原子半径大于锂原子半径，同质量或同体积的钠离子蓄电池，其能量密度和功率密度均低于锂离子蓄电池，因而未被大规模应用。

（1）钠离子蓄电池的结构 钠离子蓄电池在结构上与锂离子蓄电池类似，其差异在于正极材料不同。钠离子蓄电池正极活性物质的主流路线为层状氧化物（Na_xMO_2，其中 M 为过渡金属元素，如 Mn、Ni、Cr、Fe、Ti 和 V 及其复合材料）、聚阴离子类 $\{Na_xM_y[(XO_m)_n^-]_z$，M 为可变价态的金属离子如 Fe、V 等，X 为 P、S 等元素$\}$，以及普鲁士蓝类 $\{$过渡金属六氰基铁酸盐 $Na_xMa[Mb(CN)_6]$，Ma 为 Fe、Mn 或 Ni 等元素，Mb 为 Fe 或 Mn$\}$；负极材料为碳基类。隔膜材料为聚乙烯或聚丙烯材料的微多孔膜。电解质为有机液体电解质。

（2）钠离子蓄电池的工作原理 钠离子蓄电池与锂离子蓄电池的工作原理类似，依靠钠离子在正、负极之间来回移动实现充放电，如图 3-17 所示。下面以聚阴离子类磷酸钒钠 $[Na_3V_2(PO_4)_3]$ 钠离子蓄电池为例进行介绍。

1）放电过程。钠离子蓄电池放电时，负极失去电子发生氧化反应，钠离子从负极板的石墨晶体中脱离；正极得到电子发生还原反应，钠离子移向正极，并与磷酸钒离子生成磷酸钒钠，相应的电化学方程式如下：

正极反应方程式为

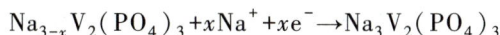

$$Na_{3-x}V_2(PO_4)_3 + xNa^+ + xe^- \rightarrow Na_3V_2(PO_4)_3$$

负极反应方程式为

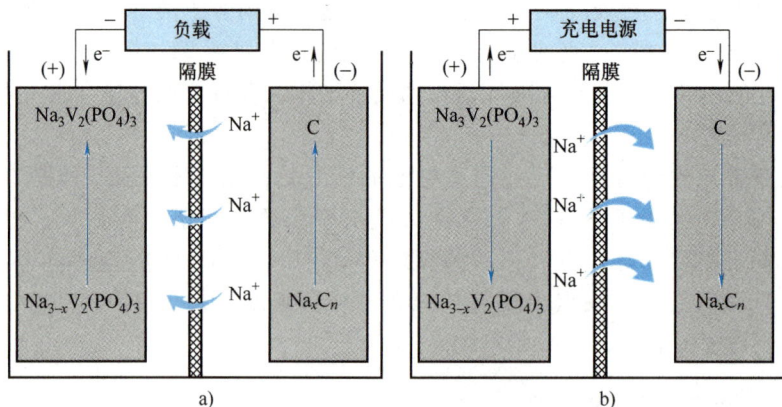

图 3-17 钠离子蓄电池充放电过程示意图

a）放电过程 b）充电过程

$$Na_x C_n \rightarrow nC + xNa^+ + xe^-$$

放电总反应方程式为

$$Na_{3-x} V_2 (PO_4)_3 + Na_x C_n \rightarrow Na_3 V_2 (PO_4)_3 + nC$$

2）充电过程。钠离子蓄电池充电时，正极失去电子发生氧化反应，钠离子从正极板脱离，正负极间产生浓度差，钠离子在浓度差的作用下向负极移动。负极得到电子发生还原反应，钠离子与负极板上的石墨生成碳钠化合物，相应的电化学反应方程式如下：

正极反应方程式为

$$Na_3 V_2 (PO_4)_3 \rightarrow Na_{3-x} V_2 (PO_4)_3 + xNa^+ + xe^-$$

负极反应方程式为

$$nC + xNa^+ + xe^- \rightarrow Na_x C_n$$

充电总反应方程式为

$$Na_3 V_2 (PO_4)_3 + nC \rightarrow Na_{3-x} V_2 (PO_4)_3 + Na_x C_n$$

（3）钠离子蓄电池的特点 钠离子蓄电池主要有造价成本低、工作温度宽、安全性高等优点。锂离子蓄电池正极板可使用铝箔，而负极板材料需要使用价格高的铜箔；钠离子蓄电池的正负极板材料均可使用铝箔。钠离子蓄电池与锂离子蓄电池的结构及工作原理类似，可通过锂离子蓄电池的成熟工艺来有效降低钠离子蓄电池的成本。钠离子蓄电池的工作温度范围在 $-20 \sim 80\,℃$ 之间，且温度不会造成其容量的急剧衰减。在使用过程中，金属锂可能产生枝晶，枝晶会刺破电池内部结构（如隔膜、集流体），这容易造成电池短路，引发电池燃烧爆炸；而钠化学性能稳定，在充放电过程中，钠离子蓄电池产生枝晶的概率较小。

钠离子蓄电池的主要缺点是：能量密度低，这是由于钠原子半径远大于锂原子半径，导致钠离子蓄电池的能量密度上限会一直低于锂离子蓄电池；相同能量密度的钠离子蓄电池和锂离子蓄电池，钠离子蓄电池的质量、体积会更大。目前，钠离子蓄电池还不能满足新能源汽车的使用需求。

2. 锂硫蓄电池

（1）锂硫蓄电池的结构 锂硫蓄电池是锂二次电池的一种，正极材料为单质硫，硫是一种呈八环状（S_8）的黄色固体；负极材料为金属锂。电解质为有机电解液。隔膜通常采用高强度薄膜化的聚烯烃多孔膜。

（2）锂硫蓄电池的工作原理　锂硫蓄电池充放电过程示意图如图3-18所示。

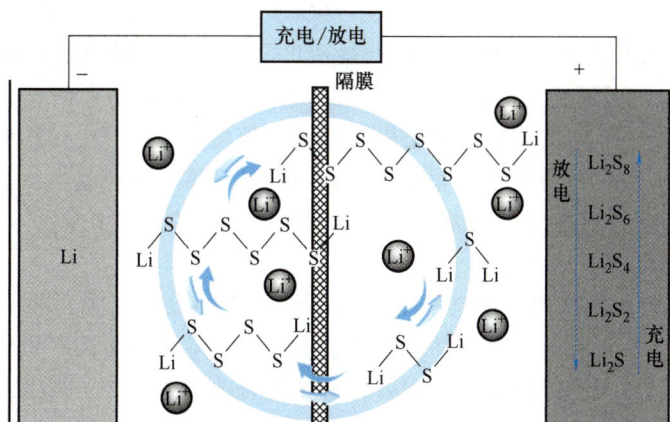

图 3-18　锂硫蓄电池充放电过程示意图

1）放电过程。锂硫蓄电池放电时，负极失去电子发生氧化反应，锂金属变为锂离子；正极得到电子发生还原反应，环八硫（S_8）先得到电子变成（S_8^{2-}），再与负极的锂离子反应生成硫化物（Li_2S_8）。随着放电深度增加，Li_2S_8会逐渐被还原成可溶性高阶多硫化锂，最终会被还原成不溶性的硫化锂（Li_2S）。在放电过程中，硫电极经历固相（s）—液相（l）—固相（s）转化过程，相应的电化学方程式如下：

正极反应方程式为

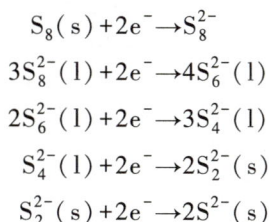

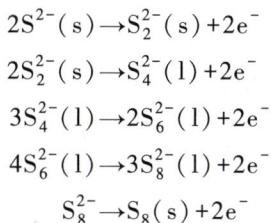

$$S_8(s)+2e^-\rightarrow S_8^{2-}$$
$$3S_8^{2-}(l)+2e^-\rightarrow 4S_6^{2-}(l)$$
$$2S_6^{2-}(l)+2e^-\rightarrow 3S_4^{2-}(l)$$
$$S_4^{2-}(l)+2e^-\rightarrow 2S_2^{2-}(s)$$
$$S_2^{2-}(s)+2e^-\rightarrow 2S^{2-}(s)$$

负极反应方程式为

$$Li\rightarrow Li^++e^-$$

放电总反应方程式为

$$16Li+S_8\rightarrow 8Li_2S$$

2）充电过程。锂硫蓄电池充电时，正极失去电子发生氧化反应，锂硫化合物逐渐被氧化，最终被氧化为环八硫（S_8）；负极得到电子发生还原反应，锂离子由正极回到负极形成金属锂。相应的电化学反应方程式如下：

正极反应方程式为

$$2S^{2-}(s)\rightarrow S_2^{2-}(s)+2e^-$$
$$2S_2^{2-}(s)\rightarrow S_4^{2-}(l)+2e^-$$
$$3S_4^{2-}(l)\rightarrow 2S_6^{2-}(l)+2e^-$$
$$4S_6^{2-}(l)\rightarrow 3S_8^{2-}(l)+2e^-$$
$$S_8^{2-}\rightarrow S_8(s)+2e^-$$

负极反应方程式为

$$Li^++e^-\rightarrow Li$$

充电总反应方程式为

$$8Li_2S \rightarrow 16Li + S_8$$

（3）锂硫蓄电池的特点 锂硫蓄电池能量密度高，能量型锂硫蓄电池最高质量能量密度大于 600W·h/kg。但锂硫蓄电池在安全性和寿命方面还存在如下问题：金属锂负极存在易生成枝晶以及界面不稳定的问题；硫正极产物为多硫化物，在充电过程中会移向负极，引起穿梭效应，从而影响锂硫蓄电池的库仑效率和循环稳定性；锂硫蓄电池循环寿命较低，仅为 1000 次左右。目前，锂硫蓄电池尚不能满足新能源汽车的使用要求。

3. 锂空气蓄电池

（1）锂空气蓄电池的结构 锂空气蓄电池以空气中的氧气作为正极活性物质，正极板为便于气体扩散的多孔活性炭，负极活性物质是金属锂；电解液可为有机电解液、水系电解液、混合体系电解液以及固态电解质。混合体系电解液在靠近空气电极处采用水系电解液，在靠近锂电极处采用有机电解液。

（2）锂空气蓄电池的工作原理 混合体系锂空气蓄电池充放电过程示意图如图 3-19 所示。

1）水系电解液锂空气蓄电池充放电过程。

① 放电过程。采用水系电解液的锂空气蓄电池放电时，负极金属锂失去电子，发生氧化反应生成锂离子（Li^+），锂离子从负极通过电解质传输到正极板上；正极得到电子发生还原反应，锂离子与氧气和水结合生成氢氧化锂（LiOH）。相应的电化学方程式如下：

图 3-19　混合体系锂空气蓄电池充放电过程示意图

正极反应方程式为

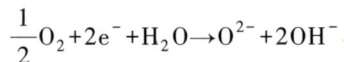

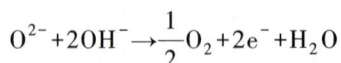

$$\frac{1}{2}O_2 + 2e^- + H_2O \rightarrow O^{2-} + 2OH^-$$

负极反应方程式为

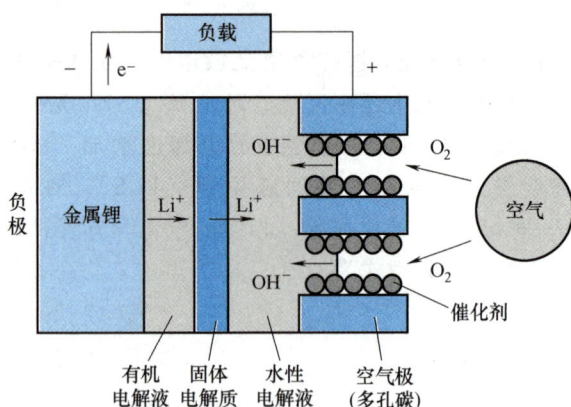

$$2Li \rightarrow 2Li^+ + 2e^-$$

放电总反应方程式为

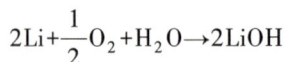

$$2Li + \frac{1}{2}O_2 + H_2O \rightarrow 2LiOH$$

② 充电过程。采用水系电解液的锂空气蓄电池充电时，正极失去电子，发生氧化反应，氢氧化锂中的氢氧根离子与氧离子被氧化成水和氧气；负极得到电子，发生还原反应，锂离子从正极移动到负极被还原成金属锂。相应的电化学方程式如下：

正极反应方程式为

$$O^{2-} + 2OH^- \rightarrow \frac{1}{2}O_2 + 2e^- + H_2O$$

负极反应方程式为

$$2Li^+ + 2e^- \rightarrow 2Li$$

放电总反应方程式为

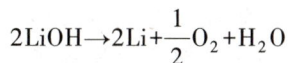

$$2LiOH \rightarrow 2Li + \frac{1}{2}O_2 + H_2O$$

2）有机电解液锂空气蓄电池充放电过程。

① 放电过程。采用有机电解液的锂空气蓄电池放电时，负极失去电子，发生氧化反应，金属锂被氧化成锂离子（Li^+），锂离子从负极通过电解质移动到正极板上；正极得到电子，发生还原反应，锂离子与氧气结合被还原成氧化锂（Li_2O）。相应的电化学方程式如下：

正极反应方程式为

$$\frac{1}{2}O_2 + 2e^- \rightarrow O^{2-}$$

负极反应方程式为

$$2Li \rightarrow 2Li^+ + 2e^-$$

放电总反应方程式为

$$2Li + \frac{1}{2}O_2 \rightarrow Li_2O$$

② 充电过程。采用有机电解液的锂空气蓄电池充电时，正极失去电子，发生氧化反应，氧离子被氧化成氧气；负极得到电子，发生还原反应，锂离子回到正极板被还原成金属锂。相应的电化学方程如下：

正极反应方程式为

$$O^{2-} \rightarrow \frac{1}{2}O_2 + 2e^-$$

负极反应方程式为

$$2Li^+ + 2e^- \rightarrow 2Li$$

充电总反应方程式为

$$Li_2O \rightarrow 2Li + \frac{1}{2}O_2$$

（3）锂空气蓄电池的特点 采用水系电解液的锂空气蓄电池，负极金属锂被消耗，正极产物为氢氧化锂（LiOH）；金属锂在开路状态下会与水反应，这在消耗金属锂的同时，会释放出氢气，从而带来安全隐患。采用有机溶剂电解液的锂空气蓄电池，正极生成的沉淀物氧化锂（Li_2O），则会堵塞空气电极的孔道，从而影响反应速率。采用混合体系电解液的锂空气蓄电池，需要考虑如何分离两种电解液的问题。目前，金属锂空气蓄电池的反应机理及性能衰退机理仍未得到很好的解决，这限制了其实用化。

4. 固态锂蓄电池

目前，锂离子蓄电池的电解质主要有有机电解液和凝胶电解质两种，两者均存在易燃、易爆、易挥发的有机物质，这使其存在安全隐患。相比有机电解液和凝胶电解质，固态电解质在安全性、热稳定性、电化学性等方面具有较大优势。按照电解质和电极的形态组成，固态锂蓄电池可分为半固态锂蓄电池、准固态锂蓄电池及全固态锂蓄电池。下面以全固态锂蓄电池为例进行介绍。

（1）全固态锂蓄电池 全固态锂蓄电池结构由正极、负极和固体电解质三部分组成，如图 3-20 所示。其正极材料为金属氧化物或金属硫化物，负极主要采用锂金属或金属氧化物，电解质主要为聚合物型固态电解质、无机型固态电解质及有机复合型固态电解质。它省去了隔膜，通过固态电解质传导离子并阻断电子传输。

（2）全固态锂蓄电池的工作原理　全固态锂蓄电池的工作原理与锂离子蓄电池类似。全固态锂蓄电池充放电过程示意图如图 3-21 所示。

1）充电过程。全固态锂蓄电池充电时，正极失去电子发生氧化反应，电子经外部电路由正极移动到负极，锂离子从正极材料晶体中脱离，经固体电解质传输到负极板；负极得到电子发生还原反应，锂离子在负极板上形成锂金属。

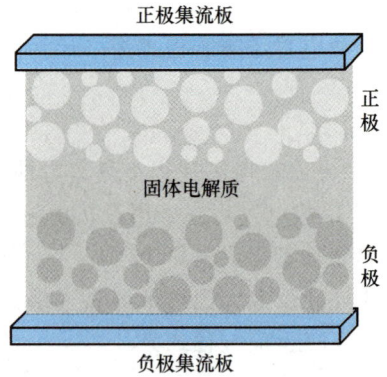

图 3-20　全固态锂蓄电池结构示意图

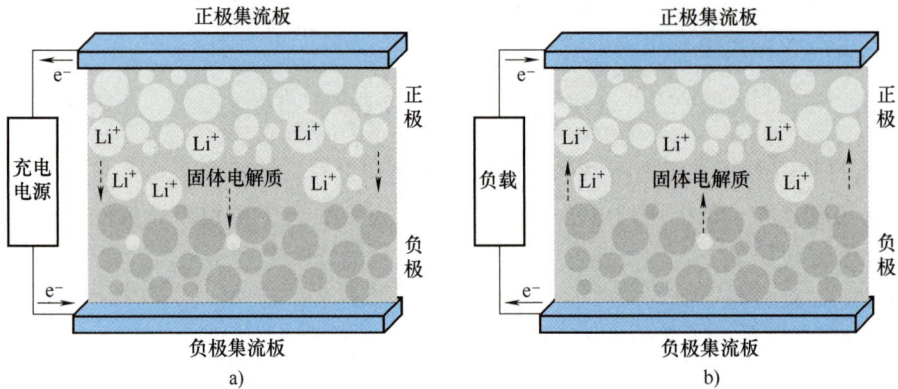

图 3-21　全固态锂蓄电池充放电过程示意图
a）充电过程　b）放电过程

2）放电过程。全固态锂蓄电池放电时，负极失去电子发生氧化反应，电子由负极经负载移动到正极，锂离子从负极材料脱离，经固体电解质移动到正极；正极得到电子发生还原反应，锂离子在正极板上形成锂氧化物。

（3）全固态锂蓄电池的特点　固态锂蓄电池具有能量密度高、安全性好等优点；但它存在内部阻抗大、离子导通率低、稳定性差等缺点，这限制了其实际应用。

3.4　新能源汽车对动力蓄电池的要求

如图 3-22 所示，与整车性能相关的动力蓄电池性能参数主要有电压、能量、功率、寿命、成本、高低温性能、均匀一致性、安全可靠性、环保等。它们会直接影响整车的动力性、经济性、续驶里程、使用寿命、安全可靠性、高低温性能、制造成本及使用成本等性能。

1. 电压要求

动力蓄电池的电压高低会影响其充放电效率，进而影响整车的经济性、续驶里程等性能。电动汽车需要具备高压充电能力，以提高其充电效率、缩短充电时间，这需要对动力蓄电池电芯进行合理设计。提高电芯的压实密度，锂离子在极板间的导通率会下降，能量密度就会相应提高，但功率密度会相应下降，因此要实现高压快充，需要综合考虑上述因素，合理设计压实密度。另外，锂离子蓄电池在充电时，为实现锂离子的快速移动，需要提高负极的容量和材料活性，并使用更薄的隔膜和导电率更高的电解液。

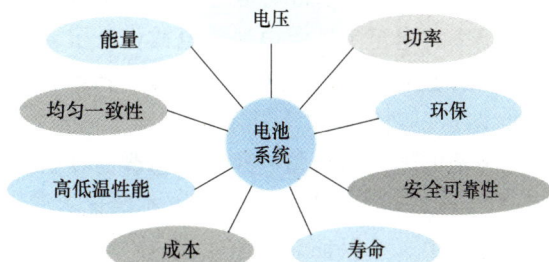

图 3-22 与整车性能相关的动力蓄电池性能参数

2. 能量要求

为了延长整车的续驶里程，动力蓄电池应具有较高的能量密度，当整车安装空间一定时，体积能量密度越高，所能安装的电池总量就越多，整车的续驶里程就越长；当所需总能量一定时，质量能量密度越大，电池质量就越小，整车整备质量就越小，整车百公里能量消耗率就越低。2021 年，工信部发布的《锂离子蓄电池行业规范条件》规定：使用三元材料的能量型电池，单体能量密度不小于 $210W \cdot h/kg$，电池组能量密度不小于 $150W \cdot h/kg$；其他能量型电池，单体能量密度不小于 $160W \cdot h/kg$，电池组能量密度不小于 $115W \cdot h/kg$。

3. 功率要求

为了满足整车动力性要求，动力蓄电池应具有较高的功率密度，当整车安装空间一定时，体积功率密度越高，所能安装的电池总功率就越大，整车的动力性就越好；当所需总功率一定时，质量功率密度越大，电池总质量就越小，整车的百公里能量消耗就越低。对于混合动力电动汽车来说，体积功率密度和质量功率密度越高，就越有利于动力蓄电池的空间布置，并能更好地发挥其辅助能量源的作用。同时，动力蓄电池应具备承受大功率充电的能力，以满足新能源汽车快速充电以及制动能量回收的需求。《锂离子蓄电池行业规范条件》规定：功率型单体电池的功率密度不小于 $700W/kg$，电池组的功率密度不小于 $350W/kg$。

4. 寿命要求

延长动力蓄电池寿命可有效降低整车生命周期内的使用成本和维护成本；为此，动力蓄电池的寿命应尽可能长，最好与整车寿命需求相匹配。《锂离子蓄电池行业规范条件》规定动力蓄电池退役条件是：电池额定容量小于初始容量的 80%，且相应的循环寿命应小于1000 次。

5. 成本要求

蓄电池成本是整车成本的重要组成部分，除延长电池寿命外，降低动力蓄电池的成本也是降低整车成本，进而增强整车市场竞争力的重要手段，为此，汽车行业和电池行业均对蓄电池成本设置了目标要求，电池行业同时也对蓄电池的材料成本进行了分解。目前，纯电动汽车用能量型蓄电池成本在 $0.6 \sim 0.8$ 元$/W \cdot h$，系统成本在 $0.8 \sim 1.1$ 元$/W \cdot h$；插电式混合动力汽车蓄电池成本在 1 元$/W \cdot h$ 左右，系统成本在 1.5 元$/W \cdot h$ 左右。

6. 高低温性能要求

为了使新能源汽车在高低温环境下均能可靠工作，要求动力蓄电池应有较宽的温度适应区间。GB/T 31486—2015《电动汽车用动力蓄电池电性能要求及试验方法》中规定：电动汽车用动力蓄电池工作环境温度为 $-20 \sim 55\,℃$；高温时，蓄电池充满电静置 5h，再以 $1C$ 的放电倍率放电至单体蓄电池放电截止电压，要求动力蓄电池的放电量应不低于初始容量的

90%；低温时，锂离子蓄电池与镍氢蓄电池要求不同，蓄电池充满电后静置24h，再以1C的放电倍率放电至单体蓄电池放电截止电压，要求锂离子蓄电池的放电量应不低于初始容量的70%，镍氢蓄电池的放电量不应低于初始容量的80%。

7. 均匀一致性要求

动力蓄电池单体均匀一致性差会造成容量减小、内阻增大、功率降低及循环寿命缩短等问题。在蓄电池单体开始使用时，要保证容量、电压、内阻、初始SOC等参数的一致性；在使用过程中，要保证衰减速度、内阻增加速度、库仑效率等参数的一致性。

8. 安全可靠性参数

在路面和环境多变的情况下，新能源汽车用动力蓄电池可能出现漏液、短路、撞击、颠簸等危险情况，会导致车辆燃烧或爆炸等危险事故。这就要求动力蓄电池应具备较高的安全性和可靠性，以有效降低此类危险事故发生的概率。同时，应对复杂工况有一定的适应能力，能有效避免因工作环境剧烈变化、人为操作失误而引起的电池特性突变。

9. 环保要求

动力蓄电池应在全生命周期内注意环保问题，包括电池的原材料来源、生产制造技术、充电电能的来源等，在电池报废后，还需要对原材料进行回收，以避免污染环境。

这里需要注意：各参数的要求是随着技术的发展而变化的，具体数值应查询最新的标准或规范。

3.5　动力蓄电池系统

动力蓄电池系统主要涉及电芯、成组、电池系统集成等技术，是集机械、电气、化学于一体的复杂系统，在设计时要考虑各单体及子系统之间的协调，以确保动力蓄电池系统能够满足整车性能的要求。

3.5.1　电芯技术

电芯是动力蓄电池系统的最小单元，其技术主要涉及：材料选择、参数设计、结构设计、安全可靠性设计、电芯制作工艺、寿命预测以及测试验证等。

1. 材料选择

电芯主要由正负极板、电解液、隔膜、外壳组成。其中，电解液、隔膜均在前文做了详细介绍，外壳分为钢壳、铝壳和软包壳体。极板是决定电芯性能的关键部件，主要由活性物质、集流体、导电剂、黏结剂组成。目前，锂离子蓄电池正极活性物质为锂化合物，负极活性物质主要为石墨。正极集流体常用铝箔，负极集流体常用铜箔，铜箔和铝箔均具有导电性好、电化学性能相对稳定、质地软、价格低等优点。导电剂多用超导炭黑等链状物，其作用是提高材料的导电性。黏结剂为非极性物质，其作用是将活性物质、导电剂和集流体黏结在一起，极板制造的关键是将各种材料按照一定比例进行配比。

2. 参数设计

电芯参数主要有电压、容量、能量和功率等，电压的高低取决于正极活性物质的类型。在容量设计时，负极容量应多于正极容量，这是因为放电时，电子从负极移向正极，同时需要补偿电池闲置时的负极电子耗散，这就要求负极容量大于正极容量，电池容量的大小由负极决定。

负极容量的计算公式为

$$C_m = 2\rho_{sm}\alpha_m LWn^- C_{km} \tag{3-6}$$

式中，C_m 为负极容量，指负极在定容条件下所能释放出的电池容量（A·h）；ρ_{sm} 为负极板单面涂布密度（g/m^2）；α_m 为负极活性材料质量分数（%）；L 为极板长度（m），因为反应面积取决于正极板，所以取正极板长度；W 为极板宽度（m），因为反应面积取决于正极板，所以取正极板宽度；n^- 为负极板数量；C_{km} 为负极活性物质的额定容量（A·h/g）。

正极容量的计算公式为

$$C_p = 2\rho_{sp}\alpha_p LWn^+ C_{kp} \tag{3-7}$$

式中，C_p 为正极容量，指正极在定容条件下所能释放出的电池容量（A·h）；ρ_{sp} 为正极板单面涂布密度（g/m^2）；α_p 为正极活性材料质量分数（%）；L 为极板长度（m）；W 为极板宽度（m）；n^+ 为正极板数量；C_{kp} 为正极活性物质的额定容量（A·h/g）。

另外，涂布的厚度、压实密度高低、隔膜厚度均是影响电芯能量密度和功率密度的关键参数。压实密度越高，能量密度就越高；压实密度越低，离子移动速度越快，功率密度就越高。隔膜越厚，越能够有效防止电池内部短路，提高安全性；隔膜越薄，则有利于离子快速通过，可有效提高电池充放电功率。因此，相关设计应以保证安全为前提，合理确定各参数。

3. 结构设计

电芯主要有圆柱、方形、软包三种封装形式。

1）圆柱形电芯外壳材料有钢壳和铝壳两种，基于重量、散热、成组难易等因素，目前多采用铝壳方案。圆柱电芯的优点是：生产自动化水平高，电芯单体一致性好；技术成熟，成本相对较低。其缺点是：单体能量密度小；成组时，所占空间大。

2）方形电芯外壳材料也有钢壳和铝壳两种，现以铝壳为主。方形电芯的优点是：与圆柱电芯相比，容量一定时，方形电芯质量更轻，能量密度和系统能量效率更高；单体容量大，易成组。其缺点是：尺寸需要定制，成本较高；生产自动化水平不高，单体性能差异较大。

3）软包电芯外壳为铝塑膜，其优点是：发生安全隐患时，软包会先鼓气或从封口处裂开释放气体，与铝壳电芯相比，安全性高；可采用叠加制造工艺，电芯比能量高；尺寸灵活多变，可满足不同车辆结构的需求。其缺点是：机械强度差，封口工艺复杂，电池一致性差，大规模生产难度大。

4. 电芯制作工艺

锂离子蓄电池电芯的制造流程主要包括制浆、涂布、碾压、分切、注液、封装、化成等工序，图3-23分别为锂离子蓄电池圆柱形电芯、方形电芯、软包电芯的制造流程，三者的区别主要在封装、注液流程。

各工序的主要工作如下：

1）制浆：将正负极活性物质、导电剂、黏合剂等均匀的搅拌在一起，形成一定黏度的浆料供涂布使用。

2）涂布：将混合好的浆料按照一定厚度涂敷于集流体两面，浆料涂敷量的一致性会决定电芯容量的一致性。循环特性和倍率特性等电池性能取决于涂布的质量。

3）碾压：将涂布好的电极通过碾压的方式成形。碾压的作用是形成一定的电极压实密

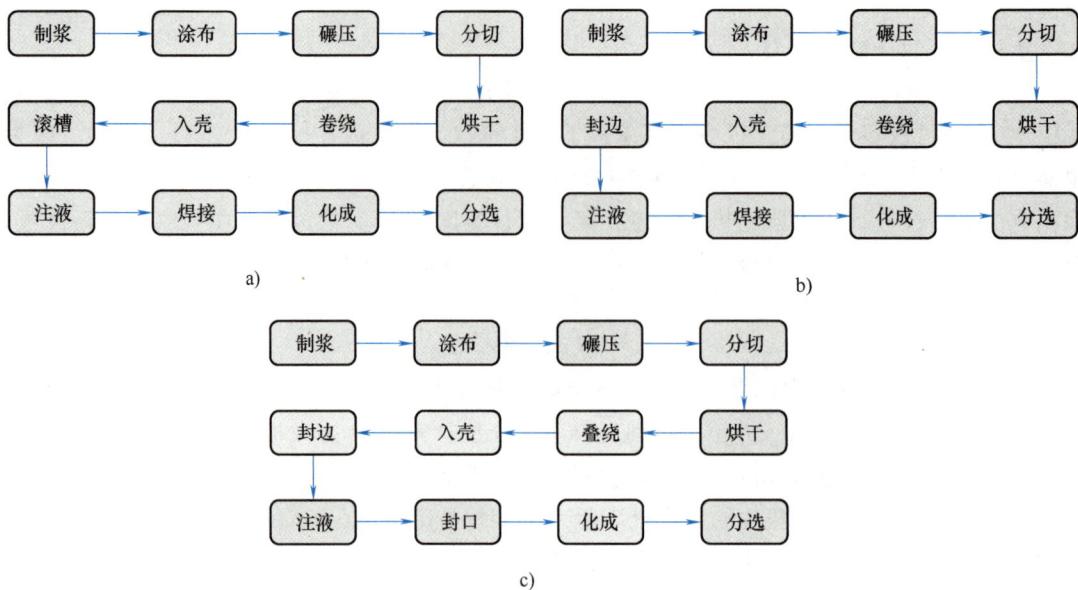

图 3-23　锂离子蓄电池电芯的制造流程

a）圆柱形电芯的制造流程　b）方形电芯的制造流程　c）软包电芯的制造流程

度，碾压的质量会影响电化学极化和浓差极化的特性，进而影响容量、倍率特性、循环寿命等电池性能。

4）分切：将碾压过的电极板分切出极耳。

5）烘干：将极板放入真空干燥箱，在真空状态和一定温度下，将极板中的水分烘干，以防止电芯后期发生膨胀。

6）卷绕或叠绕：将正负极板、隔膜卷绕或叠绕，以合成裸电芯。其中，圆柱形电芯和方形电芯采用卷绕工序，软包电芯采用叠绕工序。

7）入壳或封边：将电芯装入外壳中，圆柱形电芯要进行滚槽和外壳体润滑处理；软包电芯要进行封边。

8）注液：将电解液注入封装好的电芯中。焊接或封口：圆柱形电芯和方形电芯进行焊接，软包电芯进行封口。

9）化成：通过充放电使电芯内部发生化学反应，将电芯活性物质激活，同时负极形成钝化膜（SEI 膜）。SEI 膜是电池首次循环使用时，在电解液和负极材料的固液相间，生成的一层膜，可以保证电池充放电过程安全、可靠。

10）分选：根据电芯的容量、内阻及电压等参数将化成后的电芯进行分组，其作用是保证电芯性能的一致性，进而保证电池模组及电池系统的使用寿命。

3.5.2　成组技术

单体电池所能提供的电压、能量、功率等是远不能满足整车需求的，为此在实际应用中，需要将单体蓄电池通过串并联方式组成蓄电池模组。

1. 成组方式

电芯并联后的系统电压等于电芯电压，并联后的系统容量等于电芯容量的倍数；电芯串联后的系统电压等于电芯电压的倍数，串联后的系统容量等于电芯容量。目前，动力蓄电池的成组方式主要有先并后串和先串后并两种，如图 3-24 所示。

如图 3-24a 所示，先并后串的优点是可把并联的电芯当作一个电芯，监控通道少，管理成本低；电芯故障造成断路时，只损失单只电芯的容量。其缺点是在电芯并联时，由于生产工艺的原因会使电芯一致性有偏差，会导致流经各电芯的电流不一致；并联点较多，并联电流大，过流能力不易提高，当并联电路中的电芯发生短路时，大电流会造成电池熔化起火。先并后串的电池系统过流能力不高，主要应用于中、低功率的慢充系统中。

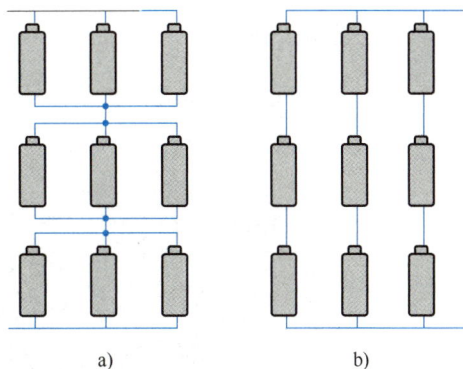

图 3-24 电池单体成组方案示意图
a）先并后串示意图 b）先串后并示意图

如图 3-24b 所示，先串后并的优点是只在两端并联，系统过流能力强；两支路间电流一致性好。其缺点是每个支路电芯均需要独立监控，以防止电压不均衡，造成管理通道过多，成本升高；电芯故障导致断路时，会损失整条串联电芯的容量。先串后并的电池系统过流能力强，主要应用于有快充需求或功率要求高的系统。

2. 成组工艺流程

电池成组主要包括电芯检查、电芯排列、模组封装及模组检测等工序，具体的工艺流程如图 3-25 所示。各工序的作用如下：

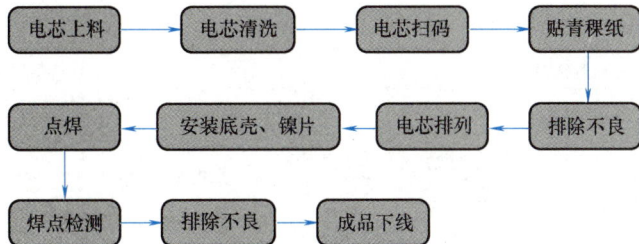

图 3-25 电池成组工艺流程图

1）电芯上料：选取一定数量的性能一致性满足要求的电芯。

2）电芯清洗：用于对上料电芯进行等离子清洗，去除污物、粉尘等，以防止接触不良。

3）电芯扫码：用于对电芯进行扫码登记，以实现溯源追踪。

4）贴青稞纸：在电池外壳贴青稞纸，以保持电芯外壳绝缘，并起到耐油、耐磨及耐老化的作用。

5）排除不良：检测电芯是否存在短路、漏液等问题，并排除不良电芯。

6）电芯排列：根据模组设计要求，对电芯进行串或并联排列。

7）安装底壳、镍片：将电芯固定在电池包底壳中，通过镍片实现电芯单体电极的连接。

8）点焊及检测：通过点焊实现电池包外壳的封装，并对焊点进行检测。

9）排除不良：排除不符合要求的电池包。

10）成品下线：符合要求的电池包成品在生产线上完成生产过程。

3.5.3　电池系统集成

电池系统主要由电池模组、电气系统、热管理系统和机械结构系统等组成，如图 3-26 所示。

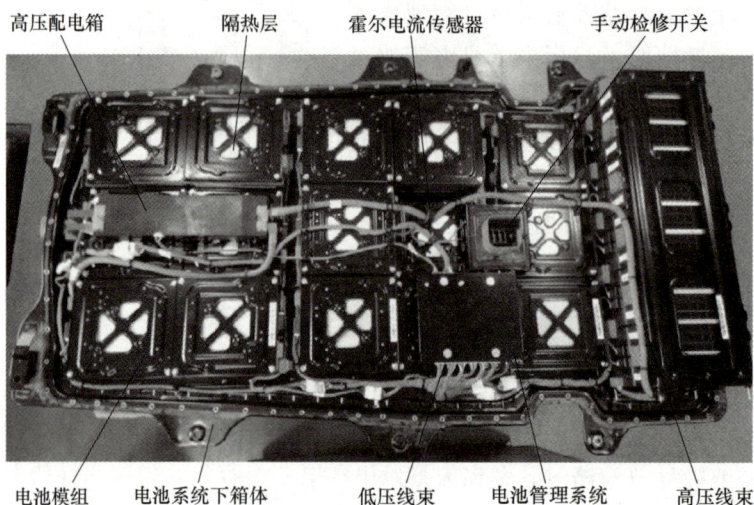

图 3-26　电池系统实物图

1. 电气系统

动力蓄电池系统的电气架构主要由高压配电系统、低压配电系统及通信网络组成，如图 3-27 所示。

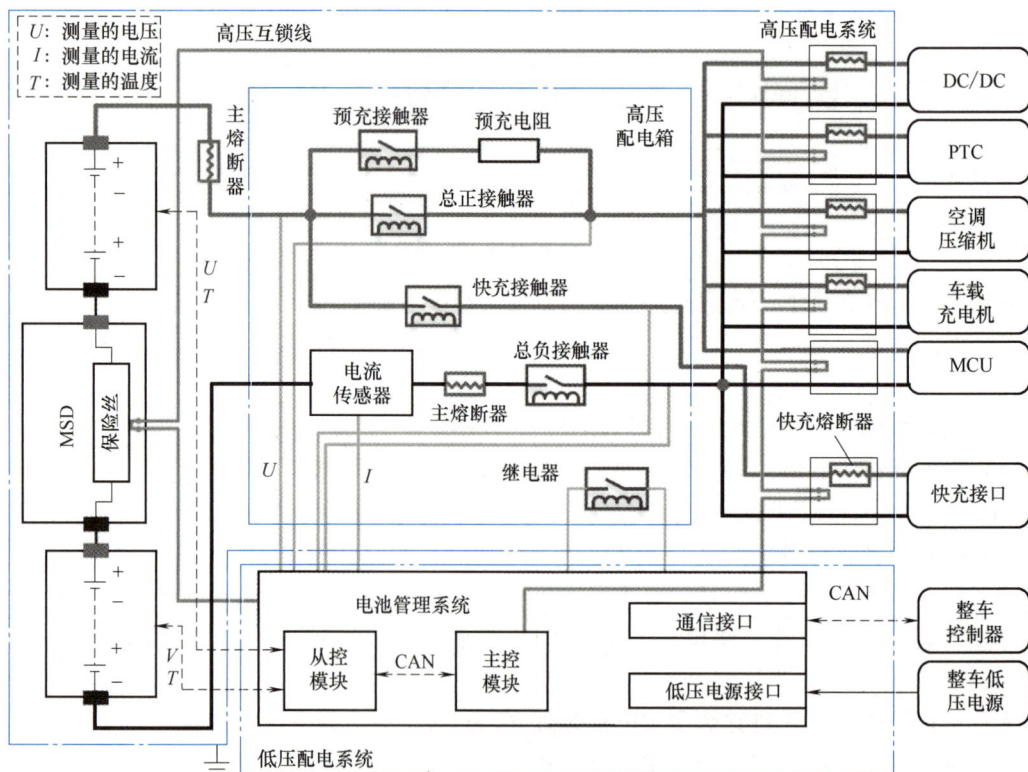

图 3-27　动力蓄电池系统电气架构示意图

（1）**高压配电系统**　高压配电系统主要由高压线束、高压插接件、高压配电箱组成，其作用是将动力蓄电池中的电能输送到高压用电设备，同时保证供电过程中的高压安全。高压线束由一根或多根高压电缆组成，用来传输高压电，要求使用橙色外观以起警示作用。电池系统高压线束主要包括动力蓄电池主回路线束、DC/DC 线束、PTC 加热器线束、电动空调压缩机线束、车载充电机线束、电机控制器（MCU）线束及快充线束等。

1）高压插接件。高压插接件用来连接高压电缆和高压部件，插接件除了要具备稳定的接触电阻、良好的力学性能（抗拉、抗振动、抗冲击）外，还应具备适应复杂工作环境的能力（耐高低温、耐油、耐腐蚀等）。

2）高压配电箱。高压配电箱主要由接触器、熔断器、预充电阻、插接件、汇流排等组成。它主要用于实现预充电、电能分配、电流检测、接触器状态检测、充放电管理、熔断保护、紧急切断等功能。图 3-28 所示为一款高压配电箱的示意图。

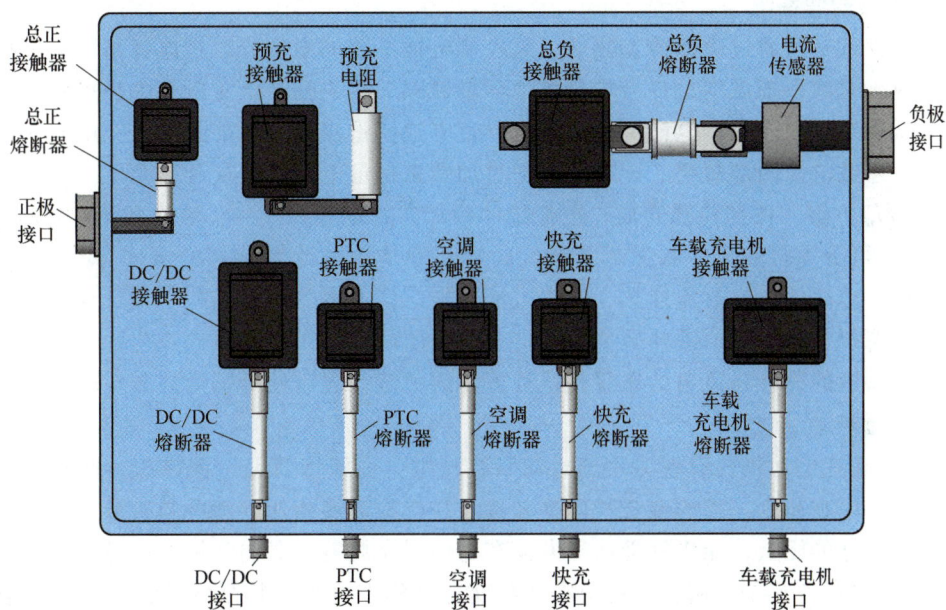

图 3-28　一款高压配电箱的示意图

由于整车电气系统中存在大量容性负载，直接接通高压主回路，会产生瞬间大电流，这会对电容造成较大冲击，甚至损坏整个高压系统，所以需要在高压配电箱中设置预充电回路。预充电回路主要由主接触器、预充接触器和预充电阻组成。通常电池放电时，先使用预充电电阻进行限流，待高压部件中的电容电压达到阈值后，再接通高压主回路。

①接触器。接触器的作用是控制预充电回路和高压部件主回路的通断，根据新能源汽车整车电路特点和高压安全的要求，相应的接触器应具有灭弧功能。在开关关断时，开关触头之间容易形成电弧。在交流电路中，由于电压能够过零点，电弧在电压零点时就会熄灭。而在直流电路中，电压不会过零点，在开关关断时，电弧并不能熄灭，这就要求新能源汽车电池系统中的高压回路开关需要具备灭弧装置，且能有效防止大电流击穿。

②继电器。继电器的作用是根据外界输入信号（电压、电流、温度、压力等）来控制电路的通断，常被用于低压回路电路中。例如，温度继电器，当温度超过预设值，温度继电器就发生动作。

③ 熔断器。熔断器主要由熔体（熔丝）和绝缘管组成，在高压回路发生过载或短路时，熔丝会通过自动熔断来保护相应的高压线束及高压电气部件。动力蓄电池高压系统中的熔断器主要包括动力蓄电池组主回路熔断器、快充熔断器、车载充电机熔断器、空调压缩机熔断器、DC/DC 熔断器及 PTC 熔断器。

④ 高压手动服务开关。高压手动服务开关（MSD）通常设置在高压配电盒或电池箱上，其内部设有高压熔丝，并串联高压互锁装置，其作用是在维修或发生突发状况时，能够有效切断动力蓄电池的高压输出。

（2）低压配电系统 低压配电系统由低压线束、传感器、控制器等组成。其中，低压线束主要包括电压采集线束、温度采集线束、电流采集线束和通信线束等，传感器主要包括电压传感器、温度传感器、电流传感器等。低压配电系统的主要作用是数据采集、高压互锁监测、绝缘监测、接触器或继电器状态检测，以及电池系统各部件的通信和故障诊断。

2. 电池热管理系统

电池热管理是指通过冷却或加热的方式控制电池系统的温度，以把电池组的温度控制在合理范围内。电池系统温度过高会导致电池容量衰减、热失控，严重的热失控可能引起电池自燃，此时需要合理降温；电池温度过低会导致电池容量衰退、性能衰减，充电时还可能析出锂枝晶，导致电池内部短路，此时需要通过加热来保证电池的性能和安全。

（1）冷却方案 按照传热介质，电池组的冷却方式可分为空冷、液冷和相变材料冷却。

1）空冷可分为自然风冷和强制风冷。自然风冷是让电池箱外部的空气穿过电池模组，通过空气与导热部件进行对流换热，实现电池冷却。该方案只需在结构上设计导热路径，因此具有结构简单、成本低、散热效率差等特点。强制风冷是用冷却风扇产生的风将电池内部热量排走，风道的设计和风扇的布置是这种方案的关键。强制风冷的散热效率较高，但单体的温度一致性较差。

2）液冷是在电池箱内设置专用的冷却回路，主要由液冷管路、液冷板、冷却液、导热层等组成，常用水和乙二醇的混合物作冷却液。与空冷散热相比，液冷具有散热效率高、温度均匀一致性好的优点，能更好地适应电池在高倍率充放电、高温环境中的散热要求。

3）相变材料冷却是利用相变材料在物相变化过程中可吸收热量的特性，来实现电池冷却的，其冷却方案与液冷类似。

（2）加热方案 常用的电池加热方式有电加热膜加热、PTC 加热和液体加热。

1）电加热膜加热是将金属加热丝封装在绝缘层内，组成加热膜，再将加热膜封装在电池箱内。

2）PTC 加热属于电阻形式的加热，其关键部件是 PTC 发热体，它主要由发热元件和铝管组成，具有热阻小、换热效率高的优点。

3）液体加热是通过 PTC 加热元件将冷却系统回路中的冷却液加热到一定温度，实现电池加热的。

加热系统的选择主要根据安全性、空间和成本要求确定。

3. 机械结构系统

电池系统相关的机械结构主要由模组壳体、电池箱体及其附件组成，如图 3-29 所示。电芯通过一定的串并联方式安装在电池模组内，各模组根据整车电压需求进行串并联连接，并将模组安装在电池箱下壳体中；采用风冷方式的电池系统会在电池内部设计冷却风道。

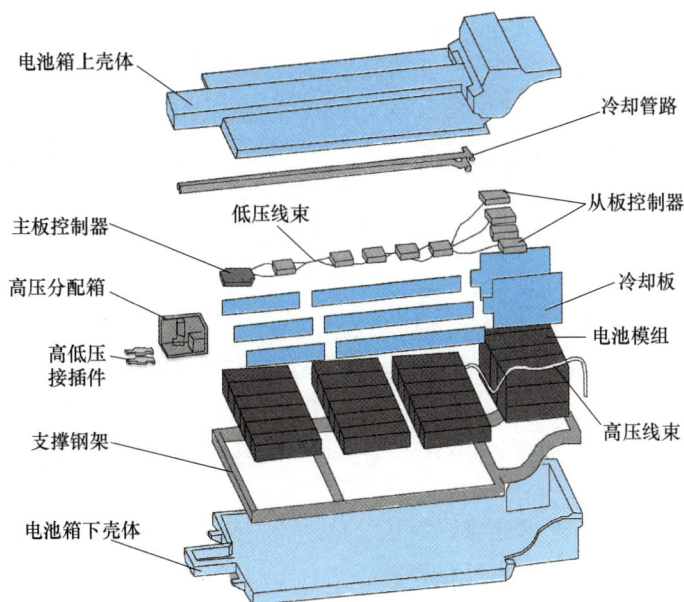

图 3-29 典型的动力蓄电池系统机械结构示意图

（1）模组设计 模组设计的工作主要有：完成线束排列，设计线束保护装置，设计模组壳体，完成单体安装及各模组之间的连接。

图 3-30 所示为模组的结构示意图。模组主要由上下壳体总成、线束盖板、单体盖板、电压采样端等组成。模组上下壳体、单体盖板、单体侧板用于固定电池单体，模组上壳体总成提供模组之间连接的固定点，模组下壳体总成提供与箱体连接的固定点，低压线束盖板则用于保护低压线束。

（2）箱体结构设计 箱体的结构设计主要包括上箱体设计、下箱体设计、电气连接设计和防护装置设计。设计时需要根据整车要求，考虑机械尺寸边界、电气参数边界和整体排布等。

1）上箱体即电池箱上壳体，采用钣金、铝板材或复合材料加工而成，在设计时需要考虑防火、防热冲击、机械强度等性能。一般需要通过在上盖内喷涂隔热层或粘贴防火布，来提高其防火或防热冲击能力。由于电池受到碰撞时容易引发安全事故，所以强度性能也是

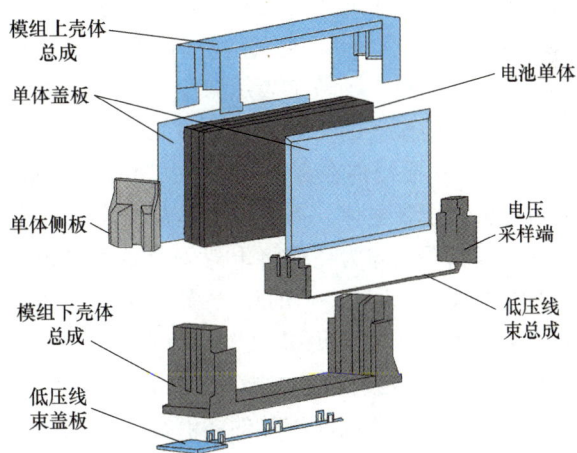

图 3-30 模组的结构示意图

上箱体设计要考虑的关键因素。设计时，要重点考虑箱体的强度和模态要求，同时还要考虑相应的轻量化要求，常通过增加凸包或加强筋等设计，来提高箱体的机械强度。

2）下箱体是电池系统的主要承载部件，需要重点考虑其机械强度设计、防腐设计、轻量化设计等要求，具体包括挂点设计、内部纵/横梁设计、防撞梁设计、密封面设计等，如图 3-31 所示。挂点是把电池箱固定在车架上的支点，防撞梁主要用于承受电池箱受到的纵向、横向冲击，纵/横梁用以增强电池箱体的强度和刚度，密封面主要用于电池箱的防水和防尘。

3）电气连接设计包含模组之间的电气连接、模组与电气元件之间的连接、电气元件与电气元件之间的连接，具体包括汇流排设计、高低压插接件设计、高低压线束设计和高低压线束排布。汇流排通常有铜流排和铝流排两种，两者又分为软/硬铜排、软/硬铝排，各种汇流排的性能对比见表 3-2。在设计高低压插接件和高低压线束时，要充分考虑绝缘、耐压、抗老化、阻燃和盐雾等因素。在对高低压线束进行排布设计时，要尽量避免线束互相接触。

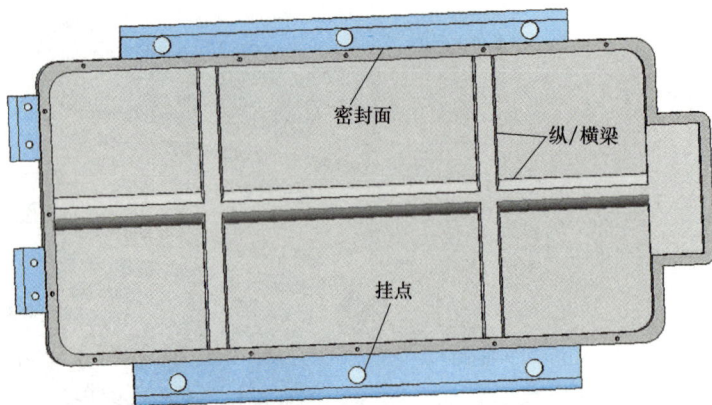

图 3-31　一种电池下箱体的结构示意图

表 3-2　各汇流排的性能对比

名称	软铜排	硬铜排	软铝排	硬铝排
重量	重	重	轻	轻
成本	高	高	高	低
公差要求	低	高	低	高
过流能力	高	高	较高	低

4）防护设计又称 IP 防护设计，主要包括防水设计、防尘设计和电气安全防护设计。防水和防尘设计是为了避免电池箱内部渗入液体、粉尘而造成安全事故，电池箱的防护应满足 GB/T 4208—2017《外壳防护等级（IP 代码）》所规定的 IP67 防护等级，相应的数字越大其防护等级越高。第 1 个数字表示防尘、防止外物侵入的等级，最高等级为 6；第 2 个数字表示防水浸入、防湿气的密封程度，最高等级为 8。IP67 防护等级中，6 代表完全防止外物及灰尘侵入；7 代表浸泡在深 1m 的水中 30min 内能够防止水的侵入。电气安全防护是防止操作人员接触高压带电体。高压带电体应带有遮拦或外壳，且带电体与遮拦或外壳之间应有一定间隙。以相关间隙为依据将电气安全防护等级分为 IPXXA、IPXXB、IPXXC、IPXXD，其中 D 的防护等级最高，A 的防护等级最低。电池系统 B 级电压对应的防护等级应满足 IPXXB 和 IPXXD，直流电 B 级电压为 60~1500V，交流电 B 级电压为 30~1000V。防护等级中，XX 为前述的防尘和防水等级；B 代表直径 12mm、长 80mm 的铰接试指与危险部件必须保持足够的间隙，即该高压部件能够徒手触摸而不触电；D 表示直径 1mm、长 100mm 的试具与危险部件必须保持足够的距离，即高压部件能够防止金属丝接近。

3.5.4　车用动力蓄电池集成方案

新能源汽车动力蓄电池传统的集成方式是将电芯集成在模组中，再由模组集成电池包，即 CTM（cell to module）集成技术，相应的 CTM 集成方案如图 3-32 所示。基于 CTM 集成技术的电池包空间利用率在 40% 左右，这会在一定程度上限制其他部件的布置空间。近年来，整车企业针对 CTM 技术空间利用率不高的问题，对电池集成技术开展了持续研究，提出了 CTP、CTC、CTB 等电动汽车动力蓄电池集成技术，相关技术的应用有效提高了整车的相关性能。

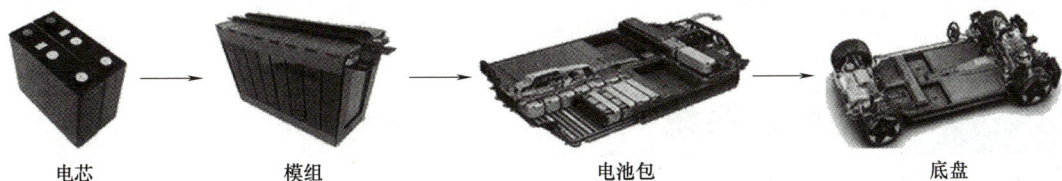

图 3-32   CTM 集成方案

电池无模组（cell to pack，CTP）技术取消了电池模组设计，直接将电芯集成为电池包，再将整个电池包作为整车的一部分集成到车身底板上，其集成方案如图 3-33 所示。CTP 技术可减少电池包的内部线缆和结构件，从而有效实现电池系统的轻量化，并提高相应的空间利用率。与 CTM 技术相比，相同体积的 CTP 电池系统可以安装更多的电芯，整车动力性和续驶里程等性能均会得到相应提高。目前，CTP 成组技术的空间利用率可达到 60% 以上。

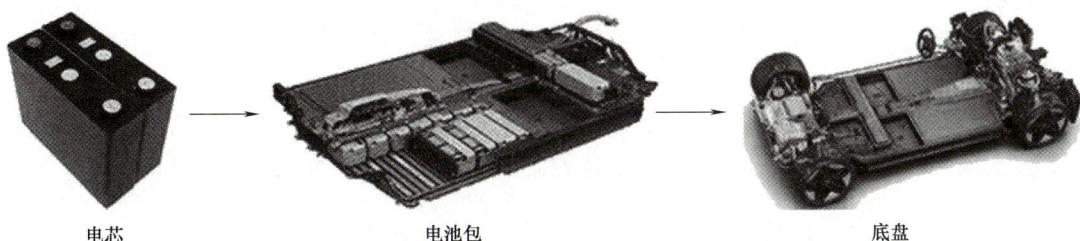

图 3-33   CTP 集成方案

电池底盘一体化（cell to chassis，CTC）技术的核心是将车身底板和电池包上盖合二为一，包括两种技术路线：一是，取消车身底板，保留电池包上盖，并将底盘的横梁与电池包上盖集成，电池包上盖既起到密封电池的作用，也作为车身底板起到承重作用；二是，取消电池上盖，保留车身底板，车身底板既要起承重作用，也要充当电池上盖，为电池提供密封。CTC 技术通过将车身底板和电池包上盖集成为一体，使空间利用率进一步提高，在原车基础之上，整车的垂向空间有效增大，整车质量减轻，可延长电动汽车续驶里程。由于电池和底盘集成一体，会使车身的扭转刚度提高，并可提高整车的安全性、舒适性和操稳性等性能，图 3-34 所示是一种典型的 CTC 集成方案。电池车身一体化技术（cell to body，CTB）是比亚迪研发的新型电池集成技术，其本质上仍是将电池包上盖与车身底板合二为一，不同之

a)   b)

图 3-34   CTC 集成方案

a）CTC 集成方案实物图   b）CTC 集成方案示意图

处是 CTB 技术采用了刀片电池。

3.6 电池管理系统

车用动力蓄电池系统需要由若干个电池单体通过串并联组合而成，以满足整车对电压、能量和功率的要求，但是单纯的电池包是不能直接使用的，主要原因如下：

1）由于制造工艺和使用条件的不同，各单体电池的容量、电阻及放电率等参数存在一定差异，如果在使用过程中不对这些差异进行相应的控制，它们会逐步扩大，最终导致整个电池组性能降低，甚至报废。

2）在行驶过程中，驾驶员需要了解剩余电量、有无故障等电池参数或信息，以合理地操控车辆。

3）当电池发生故障时，如果不及时进行相应的处理，可能会造成电池包损坏，甚至引发自燃、爆炸等安全事故。

为此，在实际应用中，需要通过控制系统对电池系统进行监控和管理，以保证其能够高效、安全地工作，同时延长其使用寿命，该控制系统通常称为电池管理系统（BMS）。

3.6.1 BMS 的功能概述

电池管理系统主要基于单体/模组的电压、电流、温度及各高压部件的状态等信息，来实现对动力电池系统的管理。如图 3-35 所示，BMS 的基本功能包括电池状态的监测、电池状态分析、电池安全保护、能量管理、电池信息管理等。

（1）电池状态监测 电池状态监测主要包括对单体电压、单体温度和主回路电流等信号的监测，相关信息的准确度会直接影响 BMS 的其他功能。BMS 必须具备单体电池电压采集能力，以判断各单体电池的充放电终止条件，避免电池的过充电和过放电。目前多数 BMS 还不具备检测所有单体电池温度的功能，从安全角度考虑，采集每支单体电芯的温度至关重要。当电池连接松动、使用不当及内部出现故障时，电池温度会明显上升，通过检测单体电池温度可以实时了解电池运行状态，实施异常报警。

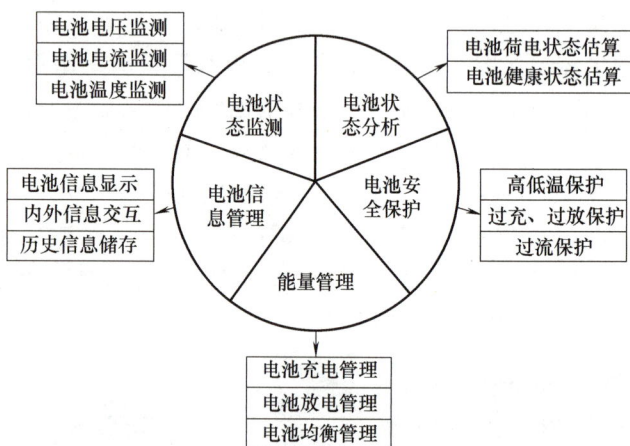

图 3-35 BMS 的基本功能示意图

（2）电池状态分析 电池状态分析主要包括电池荷电状态（state of charge，SOC）估算和电池健康状态（state of health，SOH）估算。SOC 估算是电池管理系统最基础的功能，也是 BMS 的关键技术之一。SOH 是对电池老化程度的评估，电池性能从开始使用就会逐渐下降，为保证电动汽车的使用性能，需要合理评估其老化程度。

（3）电池安全保护 电池安全保护是以电池状态监测和状态分析为基础的，需要对过充、过放、过流、高低温等情况进行管理。电池单体的充放电均有截止电压，过充会使电解液中的溶剂分解，造成电芯内部压力过大，进而可能导致爆炸；过放会对电极造成直接损伤，缩短电池寿命。长时间过流则会造成电池发热和短路，从而可能引起电池起火、爆炸。高温可能会导致难以控制的化学反应，轻则损伤电池，重则可能引发安全事故；低温则会导致电池容量大幅降低，低温环境下给锂离子蓄电池充电，可能会导致电池内部短路。

（4）**能量管理**　能量管理主要是针对电池充电、放电和均衡进行管理。电池充电管理是指 BMS 在充电过程中，对充电电压、充电电流等参数进行实时优化控制，优化的目标包括充电时长、充电效率等。电池放电管理是指 BMS 在放电过程中，根据电池状态控制放电电流的大小，以使动力蓄电池组发挥更大的效能。例如，当 SOC<10% 时，如果能适当控制电池组的最大放电电流，虽然会影响整车最高车速，但会有效延长整车续驶里程，这还有利于延长电池组的寿命。受工艺和使用环境的影响，各电池单体会出现不一致性，而不一致性过大，会严重影响电池的寿命和使用安全。针对上述问题，通常需要采取一定措施来减小各单体间的不一致性，称为电池的均衡管理。它可以有效优化电池组的整体效能，进而延长电池组的寿命。

（5）**电池信息管理**　电池信息管理包括三个方面：一是，通过仪表显示部分监测和状态信息估算；二是，在电池系统内外进行信息交互；三是，储存电池的历史信息。显示到仪表上的电池信息一般包括总电压、总电流、电池最高电压、电池最低电压、电池最高温度、电池最低温度、电池剩余电量和警示信息等。电池系统信息对内交互是把采集的电芯数据发送给电池管理系统主控单元，对外交互是与整车控制器、电机控制器等进行信息交互。例如，当整车行驶时，整车控制器等需要获取电池的电压、电流、温度等信息；当充电枪插入时，电池管理系统需要从整车控制器获取"是否允许充电"的指令。在整车运行过程中，BMS 会储存电池相关的各种信息，这有利于更好地评估电池状态。

3.6.2　BMS 软件设计

BMS 的软件功能主要包括电池状态估算，电池状态估算又分为电池荷电状态（SOC）估算、电池健康状态（SOH）估算和电池功率状态（state of power，SOP）估算。

1. 电池 SOC 估算

电池 SOC 估算常用的方法有：传统方法、模型法及数据驱动法，如图 3-36 所示。

（1）**传统方法**　常用的传统方法主要包括放电实验法、安时积分法、开路电压法和内阻法。它们主要基于开路电压、电流及内阻等电池表征参数，通过估算得到 SOC 值。

1）放电实验法。放电实验法对电池进行持续恒流放电，直到放电截止电压，放电电流与所用时间的乘积即为该电池的已使用容量。该方法操作简单，但需花费大量时间，

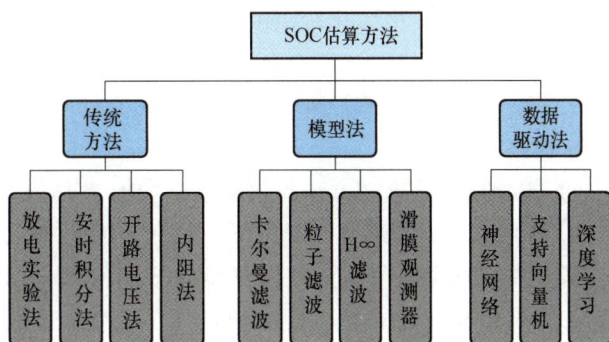

图 3-36　SOC 估算方法分类

目前不宜用于车用环境下的实时预测，而多用于非车用环境下的电池标定和后期维护。

2）安时积分法。安时积分法又称库伦计数法，是目前常用的 SOC 估算方法。该方法不需要考虑电池内部的电化学反应，但需要关注电池系统的外部特征，估算公式为

$$SOC_t = \begin{cases} SOC_0 - \dfrac{1}{C_0}\displaystyle\int_0^t \eta I \mathrm{d}t, I < 0 \\ SOC_0 - \dfrac{1}{C_0}\displaystyle\int_0^t \dfrac{I}{\eta} \mathrm{d}t, I \geq 0 \end{cases} \tag{3-8}$$

式中，SOC_0 为电池初始 SOC 值；SOC_t 为电池在 t 时刻的 SOC 值；C_0 为电池的额定容量；I 为充/放电电流，以放电为正；η 为充/放电效率。

安时积分法可以实时估算电池 SOC，但也存在影响其应用的问题，如动力蓄电池初始 SOC 值难以精确获取；对电流传感器精度要求高，电流传感器常受到噪声、温度等因素的影响，容易造成误差积累。实际应用中安时积分法通常与其他方法结合估算 SOC，如通过开路电压法估算初始 SOC，使用安时积分法估算实时 SOC。

3）开路电压法。开路电压法是基于开路电压和开路电压与 SOC 的关系曲线获得电池 SOC 的一种方法，所需的关系曲线需要在多种不同条件下（温度、老化程度等）通过充放电测试获得。开路电压法可操作性较强，但需要将电池静置一段时间，才能够保证估算的准确性。该方法可以用于估算初始 SOC 值，但不能够实时估算 SOC。

4）内阻法。内阻法与开路电压法类似，基于电池内阻与 SOC 之间的映射关系，可以通过测量内阻估算得到 SOC。该方法的估算精度取决于电池内阻的测量精度，但电池内阻容易受到外界干扰而出现误差，因此，该方法常用于特定环境下的 SOC 估算。

（2）模型法 模型法可以看作是安时积分法的一种扩展，首先需要建立电池模型，明确相关参数与 SOC 的关系，然后通过滤波法、观察法等算法估算得到 SOC。基于模型的估算 SOC 的方法有卡尔曼滤波（Kalman filter，KF）、粒子滤波、H∞滤波（H-Infinity filte，HIF）和滑膜观测器等。相关的电池模型有电化学模型、等效电路模型和黑箱模型等。

基于模型的 SOC 估算是一种闭环方法，通过不断修正 SOC 的估计值，可使算法具有良好的精度和稳定性。该方法具体估算的流程（见图 3-37）如下：

1）根据上一时刻的 SOC 值或初始 SOC 与电流测量值，利用安时积分法计算得到当前时刻的 SOC 预估值。

2）基于电池模型参数与 SOC 的关系，计算当前模型的参数值（开路电压）。

3）通过计算得到的开路电压值与测量值对比，得到模型端电压误差。

4）根据电压估算误差和增益来修正 SOC 预估值，从而获得 SOC 修正值，该修正值可用作下一时刻 SOC 的输入。

（3）数据驱动法 基于数据驱动的 SOC 估算以大量离线数据为基础，通过建立动力蓄电池电压、电流、温度等数据与 SOC 的映射关系训练模型，通过上述模型和相关的数据，来预测电池的 SOC 值。该方法的具体估算的流程（见图 3-38）如下：

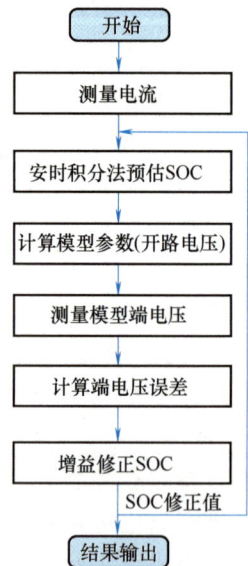

图 3-37　基于模型法估算 SOC 的流程

1）对离线数据进行预处理，主要包括对电压、电流、温度等数据进行筛选，去除时间重复的数据，去除温度或 SOC 跳变的数据。

2）对数据进行分组，包括充电数据和放电数据。

3）针对充电数据和放电数据分别提取最高温度、最低温度、最高电压、最低电压、电流等参数，以此作为输入，提取 SOC 值，作为输出。

4）构建相关数学模型，并用提取的输入数据和输出数据来训练该模型。

5）将前期分组得到的充电数据和放电数据代入此模型中，以此来预估电池 SOC 值。

6）若预估 SOC 值符合精度要求，就输出预估结果；若不符合精度要求，则返回数据预处理环节，重新进行设计与规划。

基于数据驱动法估计 SOC 的方法估算精度高，无须电池参数辨识，可避开电池非线性问题，但需要大量的实验数据，且模型的复杂度、训练函数、训练截止条件均会影响估计精度，神经网络法、深度学习法及支持向量机法均属于这类方法。

2. 电池 SOH 估计

电池老化会使电池的容量降低，阻抗增大，进而会使相同条件下的电池额定容量和所能释放的能量减小。动力蓄电池 SOH 是衡量电池老化程度的物理量，新能源汽车常用容量衰减和直流内阻来评判电池老化程度。

基于容量衰减，电池的 SOH 计算公式为

$$SOH = \left(1 - \frac{C_t}{C_0}\right) \times 100\% \qquad (3-9)$$

式中，C_t 为电池在 t 时刻已损失的容量；C_0 为电池出厂时的额定容量。

电池的内阻主要与温度、荷电状态、电池老化程度有关，常用动力蓄电池电压变化量与电流变化量之比来计算内阻变化，其计算公式为

$$R_i = \frac{\Delta U}{\Delta i} \qquad (3-10)$$

式中，R_i 为动力蓄电池的欧姆内阻；ΔU 为动力蓄电池的脉冲电压；Δi 为动力蓄电池的脉冲电流。

与动力蓄电池容量相比，动力蓄电池的欧姆内阻更容易测量，但车辆的急加速或制动均会引起电压和电流的剧烈变化，因此在电压和电流采样时，采样时间应尽可能小，同时要设定 Δi 的最小绝对值，以防止欧姆内阻测量结果发生剧烈波动。

3. 电池 SOP 估计

电池 SOP 是在预定时间间隔内，动力蓄电池所能持续释放或吸收的最大功率，可反映动力蓄电池充放电功率的能力。基于 SOP 可以实现动力蓄电池与汽车动力性能之间的最优匹配，以满足电动汽车的加速和爬坡性能。电池实时输出或吸收的功率会受到电压、电流、温度、可用容量及 SOC 的制约。

SOP 估计方法有混合脉冲功率特性法（HPPC）、SOC 约束预测法、电压约束预测法、多约束动态法等，其中常用的是混合脉冲功率特性法。该方法基于动力蓄电池上下截止电

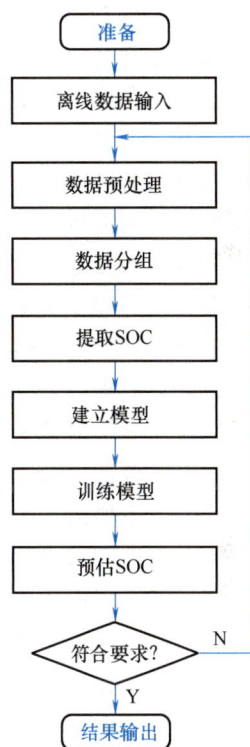

图 3-38　基于数据驱动法估计 SOC 的流程

压，计算动力蓄电池瞬时峰值电流和功率，算法相对简单。

3.7 新能源汽车的充电方法和管理

动力蓄电池的充电管理影响着电池的安全性和寿命，如果充电方法或管理不合理，容易导致电池温度失控，还可能导致电池自燃。因此，与电池充电相关的技术不仅要考虑充电速度，还要重视充电的安全性。

3.7.1 充电方法

新能源汽车的充电方法主要有恒流充电、恒压充电、阶段充电、脉冲充电、间歇充电等。这些充电方法可应用在各种充电方式中，针对不同的充电机可选择不同的充电方法。

1. 恒流充电法

恒流充电的特点是充电过程中充电电流保持不变，随着电池端电压和内阻的变化，需要相应增大充电电压。恒流充电法的充电曲线如图 3-39 所示，充电电流大小的设置是这种方法的关键。当充电电流较大时，能够有效缩短充电时间，但容易造成电池过充，从而影响电池寿命；当充电电流较小时，虽不会影响电池寿命，但会导致充电时间较长。

恒流充电根据电流的大小又可分为涓流充电和普通恒流充电。涓流充电是以小于 $0.1C$ 的电流给电池充电，电池内部反应速度较慢，可使活性物质分布均匀，主要用于对电池进行修复和激活。在电池电压非常低的情况下，常用此方法充电以保护电池。普通恒流充电电流一般在 $0.2C \sim 1C$ 之间，使用普通恒流充电能够缩短充电时间，但是在充电后

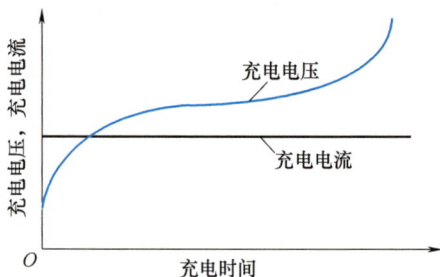

图 3-39 恒流充电法的充电曲线

期，会导致极化反应加剧，这会使电池电压快速上升，普通恒流充电会使电池未完全充满就达到充电终止电压，此时需要降低充电电流，以获得更高的充电容量。

恒流充电常采用如下两种方法判断充电是否完成：一是电池最高电压终止法，即当单体电池电压达到充电终止电压时，终止恒流充电；二是电池最高温度法，即当电池温度达到设定门限（如 60℃）时，恒流充电立即终止。

恒流充电可以根据充电需求调节充电电流大小，在蓄电池初始充电阶段以及容量恢复时，可采用小电流充电，但充电时间长、充电效率低，容易造成过充，损伤电极板；在急需用电时，可使用大电流充电，其充电效率高、充电时间短，但容易造成温度失控，可能引发安全事故。

2. 恒压充电法

恒压充电法的特点是充电过程中充电电压保持不变，随着电池电压的升高，充电电流会逐渐减小。恒压充电法的充电曲线如图 3-40 所示。这种充电方式，电池的 SOC 越高，充电电流越小，充电过程相对安全，电池更容易充满。但充电初期充电电流过大，会引起锂离子剧烈的运动，造成电极晶格塌陷，导致活性物质脱落，缩短电池寿命。恒压充电法在充电中后期，受电池极化作用的影响，正极电位会变高，负极电位会变低，这会使电池电动势增

大，进而减小充电电流，容易导致长期充电不足。

对于恒压充电，常采用如下四种方法来判断充电是否完成：一是电池最高电压法，即当有单体电池电压达到充电终止电压时，停止充电；二是电池最高温度法，即当电池温度达到设定门限时，立即终止充电；三是电池最长充电时间法，即当充电时长超过设定门限值时，停止充电；四是电池最小充电电流法，即当充电电流低于设定门限值时，停止充电。

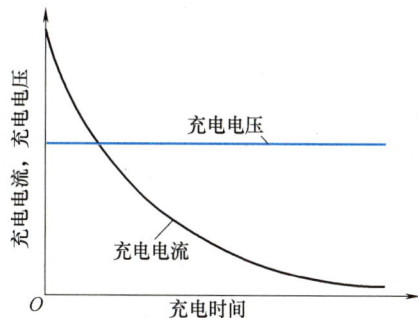

图 3-40　恒压充电法的充电曲线

3. 阶段充电法

恒流充电和恒压充电各有优势，在实际应用中，人们常根据充电初期、充电中期和充电末期的特征，采用两者组合的方式进行充电，这种充电方式被称为阶段充电法，具体分为二阶段充电法、三阶段充电法和多阶段充电法。

二阶段充电法又称恒流恒压法，其充电曲线如图 3-41 所示，充电开始时，先以恒定电流充电至预设电压值，再以恒压方式充电。这种充电方式的特点是：恒流充电阶段可以缩短充电时间，恒压充电阶段可以保证电池完全充满。

在电池放电深度较大的情况下，如果直接采用二阶段充电法进行充电，初期充电电流较大，会损坏电池。为此，常在二阶段充电的基础上加入预充电环节，即三阶段充电法，其充电曲线如图 3-42 所示。预充电阶段采用涓流充电方式将电池电压充至预设值，这可以有效防止充电初期的大电流对电池极板造成损伤；涓流充电后，转入常规恒流充电，此时充电电流较大，能够对电池进行快速充电；当电压上升至充电终止电压时，电池转入恒压充电状态，在保护电池的同时，可有效保证电池充满。目前，三阶段充电法在实际中得到了广泛应用。

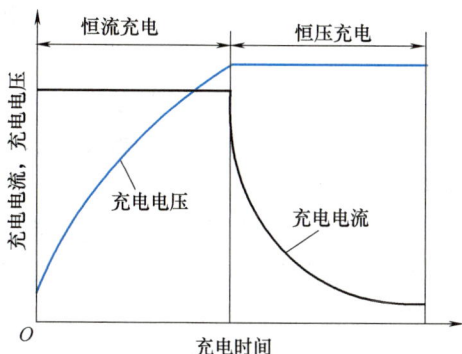

图 3-41　二阶段充电法的充电曲线

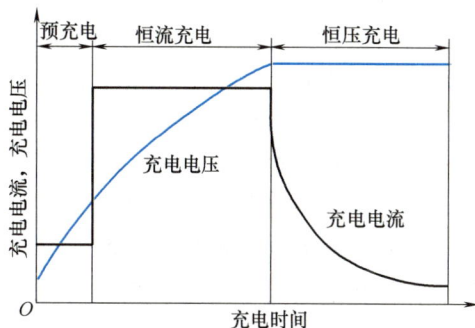

图 3-42　三阶段充电法的充电曲线

多阶段充电法仅用恒流充电方法进行充电，通过设定相应的电压或 SOC 阈值来不断调节充电电流的大小。图 3-43a 所示为基于电压阈值的多阶段充电曲线，整个过程由若干个恒流充电阶段组成。当一个阶段的电池电压达到设定阈值时，就减小相应的充电电流，并进入下一个充电阶段。当电池电压接近充电截止电压时，电流减小为 0A。这种方式可有效兼顾充电速度和充电安全的要求，如何划分阶段及确定各阶段充电电流的大小是该方案的关键。图 3-43b 所示为基于 SOC 阈值的多阶段充电曲线，其工作原理与基于电压阈值的多阶段充电法类似，区别在于充电过程的控制变量不同。

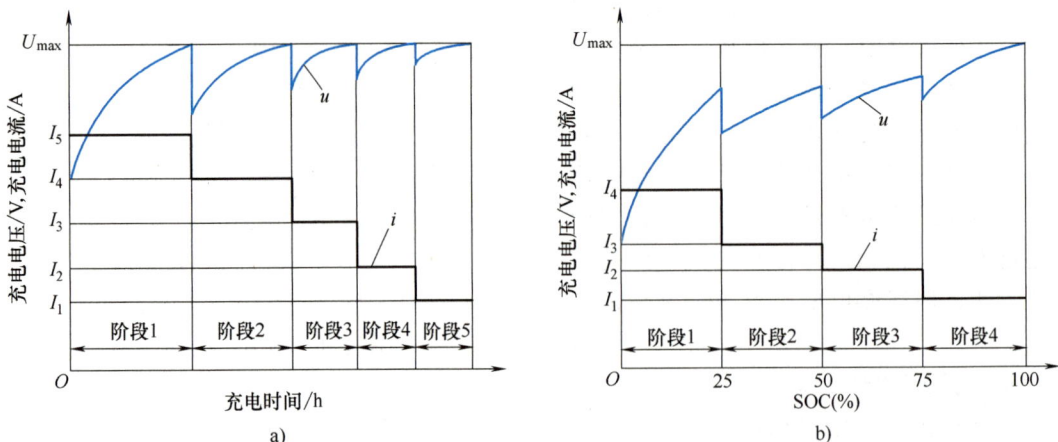

图 3-43 多阶段充电法的充电曲线

a）基于电压阈值的充电曲线 b）基于 SOC 阈值的充电曲线

与恒流充电和恒压充电相比，阶段充电的析气量少，充电效率和充电时间均有所改善；但其充电电路比较复杂，充电时不易控制，且不能消除电池极化效应的影响。

4. 脉冲充电法

脉冲充电最早应用在铅酸蓄电池中，是通过调节脉冲电流的幅值或占空比来对其进行间歇充电的，以消除充电过程中生成的气体。该方法在镍氢和锂离子等蓄电池中也有所应用。

脉冲充电方法主要有周期性静置法、周期性减小充电电流法、周期性施加反向电流法三种。

周期性静置式充电法的原理如图 3-44a 所示。该方法先使用脉冲电流对电池进行充电，然后搁置一段时间，再使用脉冲电流对电池进行充电，如此循环往复，直到电池充满。该方法的优点有：可以消除或降低极化效应的影响，使电池下一个周期充入更多的电量；充电过程中，析气量少，温度变化小且充电时间短。

周期性减小充电电流法的原理如图 3-44b 所示。该方法先使用脉冲电流对电池进行充电，再以小电流进行脉冲充电，如此循环往复，直到电池电量充满。与周期性静置式充电相比，这种方式在消除极化反应影响的同时，还可有效缩短充电时间。

周期性施加反向电流法的原理如图 3-44c 所示。该方法先使用脉冲电流对电池进行充电，然后对电池进行反向瞬间放电，如此循环往复，直到电池充满。该充电方法可以很好地消除电池极化效应，加快充电速度，但是反向放电会缩短电池寿命。

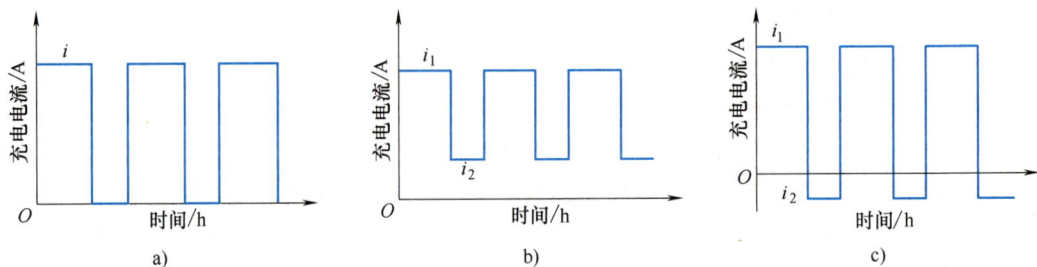

图 3-44 脉冲充电方法原理图

a）周期性静置 b）周期性减小充电电流 c）周期性施加反向电流

脉冲充电方法的缺点有：能量转换率较低，容易造成极板活性物质脱落，缩短电池寿命；需要使用具有限流功能的电源，因此会增加充电成本。

5. 间歇充电法

间歇充电法可分为变电流间歇充电法和变电压间歇充电法。

（1）变电流间歇充电法 变电流间歇充电法是基于分阶段恒流充电和脉冲充电开发的一种充电方法，图 3-45 所示为变电流间歇充电法的充电曲线。初始阶段用大电流给电池充电，电池电压会快速上升，当电压上升到预设值时，停止初始阶段充电；将电池静置一段时间后，根据电池状态减小充电电流，直到电压再次达到预设值；如此反复多次，直到充电电流减小到预设值，最后使用恒压充电法将电池完全充满。该方法初期使用大电流充电，可迅速为电池充入电量，缩短充电时间；后续充电电流逐级减小，使充电电流始终在可接受的最大值附近，充电速度较快，且兼顾了充电安全，但存在硬件设计复杂，不易控制等缺点。

（2）变电压间歇充电法 变电压间歇充电法是基于分阶段恒压充电和脉冲充电开发的一种充电方法，图 3-46 所示为变电压间歇充电法的充电曲线。初始阶段以较大电压为电池充电，充电电流会以指数形式下降，当充电电流下降到预设值时，停止初始阶段充电；将电池静置一段时间后，根据电池状态减小充电电流，直到电流再次达到预设值；如此反复多次，直到充电电压减小到预设值，慢慢减小充电电流，使电池完全充满。这种充电方式更符合电池的最佳充电曲线，但存在硬件设计困难、控制复杂等问题。

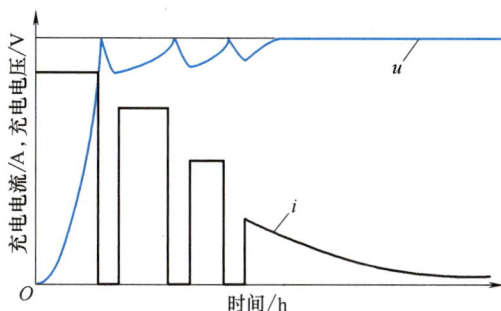

图 3-45 变电流间歇充电法的充电曲线

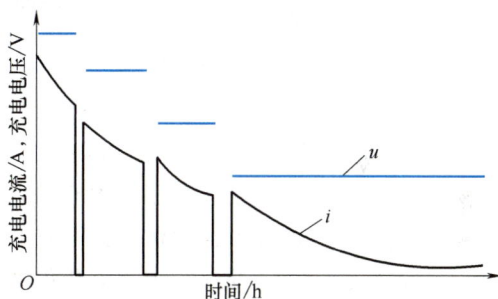

图 3-46 变电压间歇充电法的充电曲线

3.7.2 充电方式

新能源汽车的电能补充有充电和换电两种方式。充电是一种通过外部电源给动力蓄电池补能的方式，在充电过程中，电池被固定在汽车上。换电是将电量不足的电池包直接更换成电量充足的电池包，进而实现电能补充的一种方式。新能源汽车的充电方式又包括交流慢充（常规式充电/慢充）、直流快充（快充）、高压充电、换电、无线充电和移动式充电等。

1. 交流慢充技术

交流慢充系统的工作原理如图 3-47 所示。交流慢充系统主要由交流充电桩、慢充接口、慢充线束、车载充电机以及高压配电盒等组成。交流充电桩是车载充电机与电网的接口，用于通过车载慢充接口和慢充线束给车载充电机提供交流电。车载充电机用于将充电桩提供的单相 220V 或三相 380V 交流电转换为直流电，以实现动力蓄电池的电能补给。为保证电池完全充满，且兼顾充电安全，这种充电方式常与以恒流恒压充电为基础的充电方法配合使用。对于单相 220V 的交流慢充系统，充电电流推荐使用 10A、16A、32A；对于三相 380V 的交流慢充系统，充电电流推荐使用 16A、32A、63A。交流慢充充电时间较长，但具有技术相对成熟，充电过程安全，可保证电池完全充满的优点，这种充电方式主要用于家庭充电。

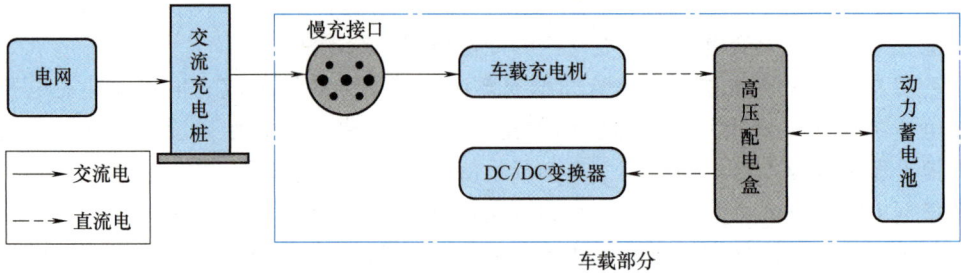

图 3-47　交流慢充系统的工作原理

2. 直流快充技术

直流快充系统的工作原理如图 3-48 所示。直流快充系统由直流充电桩、快充接口、快充线束及高压配电盒等组成。直流充电桩与电网和车载快充接口连接，直流充电桩可通过整流设备将电网交流电整流为直流电，再将直流电通过车辆快充接口输入到动力蓄电池中。直流快充充电采用三相四线制 380V 供电，充电电流为

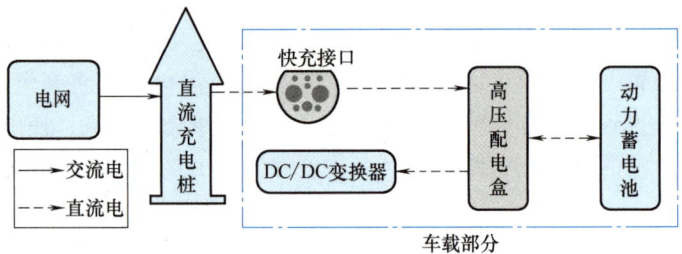

图 3-48　直流快充系统的工作原理

150～400A，充电机功率一般大于 30kW，且随着电动汽车对续驶里程和充电效率要求的提高，电池高压化和直流快充高压化均已成为进一步发展的趋势。直流快充方案常采用脉冲充电方法，它具有充电速度快的优点；但充电电流较大，会在充电过程中产生大量热量，进而带来安全隐患，同时会使锂离子蓄电池负极析出锂的可能性增大。这种充电方式需要占用较大的空间，主要用于充电站。

3. 高压充电技术

高压充电技术是动力蓄电池在充电电流不变的前提下，提高充电电压，以获得高充电功率，进而提升充电效率的充电方式。目前，纯电动汽车多采用 400V 高压充电系统，但已不能满足人们对快速充电的需求，800V 高压充电技术成为研究热点。要实现电动汽车 800V 高压充电系统，需要综合考虑电网、充电桩、电芯、功率器件、高压部件、绝缘材料等部件的合理设计。当前，电网和充电桩的技术已可以实现电动汽车 800V 高压需求，电动汽车的动力蓄电池和高压部件的具体发展趋势如下：一是电芯向高功率密度发展，使电芯具备高压充电的能力；二是电池系统功率器件要能达到高压耐压等级，如车载充电机、DC/DC 变换器等高压部件中的功率器件，要由原来的硅基 IGBT 替换成碳化硅 MOSFET，相比硅基 IGBT，碳化硅材料功率器件在 800V 高压充电系统下的耐高压、耐高温、导热率、开关频率及损耗等性能均优于硅基 IGBT。

4. 换电技术

换电技术是一种通过车载蓄电池更换，来满足整车续驶里程要求的补能方式。按照电池更换的自动化程度可分为手动更换、半自动更换和全自动更换；按照更换电池的对象可分为

整包换电和分箱换电。换电技术不仅能满足用户对快速补电的要求，还有利于废旧电池的统一回收管理。换电技术未来的发展方向是自动化、智能化、共享化、网络化和互动性，但目前主要存在标准不统一、运作成本高等问题。

5. 无线充电技术

电动汽车无线充电是一种通过耦合电磁场对电池进行补能的新型充电方式，主流的无线充电技术可分为电磁感应式和磁耦合谐振式两种类型。

（1）**电磁感应式无线充电** 电磁感应式无线充电的工作原理如图 3-49 所示。无线充电机安装在汽车底盘上，主要由受电线圈、整流器和定位装置组成。无线充电桩安装在地面上，主要由供电线圈和定位装置组成。当汽车行驶到供电线圈正上方时，给供电线圈接通交流电，产生交变磁场；受电线圈在交变磁场中的磁通量会随供电线圈电流发生变化，从而产生感应交流电；受电线圈产生的感应交流电通过整流器转换为直流电，从而给动力蓄电池充电。电磁感应无线充电方案具有结构简单、传输功率大、成本低等优点，但应用中需要保证两级线圈准确对齐，否则充电效率会大幅降低。

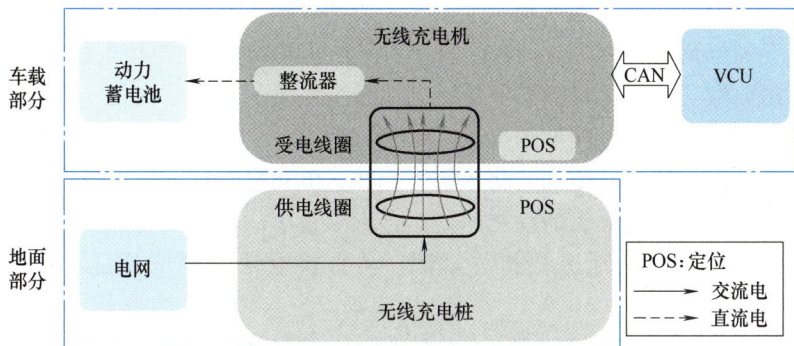

图 3-49 电磁感应式无线充电的工作原理

（2）**磁耦合谐振式无线充电** 磁耦合谐振式无线充电由能量发射端和能量接收端两部分组成。其中，能量发射端包括能量发射线圈和高频率电源，能量接收端包括接收线圈和谐振电路等。其工作原理是：发射线圈与谐振电容组成谐振体，谐振体所携带的能量在空间中以自谐振频率振动，产生以发射线圈为原点、以空气为媒介的电磁场；能量接收端与谐振电容组成谐振体，其谐振频率与能量发送端的频率相同；两个谐振体在同一个电磁场中以相同的频率振动，从而实现能量的传递。这种充电方式具有无须将两级线圈完全对齐就能充电的优势，但是充电效率较低。

6. 移动充电技术

移动充电方式是指汽车在行驶过程中完成补能的充电方式。移动式充电主要分为接触式和感应式两种。接触式移动充电需在车体底部安装接触拱，通过与嵌在路面上的充电元件接触，接触拱可得到电流，经功率转换器为动力蓄电池充电，类似的还有在车顶采用电弓取电的方案。感应式移动充电方案用感应线圈代替接触拱，同时用电磁线圈取代嵌在路面的元器件，其充电原理与无线充电类似。移动充电对基础设施有特殊要求，目前只适用于固定区域内。

3.7.3 充电基础设施

充电基础设施建设是新能源汽车大规模合理应用的关键，涉及充电设施布局、智能充电、充电安全、云平台大数据等技术的综合运用。充电设施布局涉及交通设施建设、电网设施建设及城市规划建设等，需要统筹规划车辆充电、交通及电网设施、城市规划等需求，以便科学合理地布局充电设施。

1）智能充电技术指汽车充电要合理兼顾电网的输出条件和车辆的充电需求，在满足用户出行的同时，在合理的时间，给电动汽车充电，充分利用电网的"谷电"。

2）充电安全技术主要涉及充电设施防护等级及充电过程安全防护措施。

3）云平台大数据技术可实现充电桩与用户之间的信息互动，包括充电桩位置、电价等，使用户主动参与用电管理，提高能源利用率。

3.8 动力蓄电池的测试评价

动力蓄电池的测试评价是保证动力蓄电池性能和安全应用的关键，相关的测试评价主要涉及关键材料、单体电池和电池系统三个层次。关键材料主要从化学组成、结构特性、物理特性、热稳定性和电化学性能等方面进行测试评价；单体电池主要从电性能、环境适用性、安全性和循环耐久性等方面进行测试评价；电池系统主要从循环耐久性、安全可靠性及动力蓄电池全生命周期等方面进行测试评价。

单体电池的出厂一致性、温度特性、倍率特性、恒功率特性、脉冲功率特性、循环寿命特性等性能，直接决定了电池组的性能，进而会影响整车的动力性、经济性及安全性等相关性能，因此，需要对单体电池进行相关测试。动力蓄电池的测试项目、内容及评价指标见表3-3。

表3-3　动力蓄电池的测试项目、内容和评价指标

测试项目	测试内容	测试指标
出厂一致性	统计分析出厂质量	质量的平均值、极差、标准差
	统计分析满电态交流内阻	交流内阻的平均值、极差、标准差
	统计分析满电态开路电压（OCV）	OCV的平均值、极差、标准差
温度特性	分析高、低温充电特性	—
	分析高、低温放电特性	—
倍率特性	分析不同倍率充电特性（含快速充电）	电压、容量、能量、温度系数、体积能量密度、质量能量密度
	分析不同倍率放电特性	
恒功率特性	分析恒功率放电特性	放电能量
脉冲功率特性	分析高、低温脉冲功率特性	内阻、功率、可用能量
	分析高、低温能量效率	
能量效率	分析高、低温能量效率	能量效率
	分析不同倍率的能量效率	
开路电压	获取SOC-OCV曲线	—
热特性	分析不同温度下的产热特性	产热量、瞬时产热功率、平均产热功率、体积/质量产热功率密度、比容量瞬时产热功率密度
	分析不同倍率下的产热特性	
循环寿命特性	分析循环寿命、日历寿命	循环寿命、日历寿命

3.9　动力蓄电池的梯次利用和回收技术

动力蓄电池在充放电循环过程中，当电池容量衰减至原始容量的 80% 以下时，电池内部会出现正负极活性物质损失过多，电解液参与化学反应产生的气体造成电芯卷心压力变形，锂离子蓄电池负极析出锂等问题。如果动力蓄电池出现上述情况，就认为其不能满足新能源汽车的性能要求，应该进行更换。但是如果将其直接报废，又会造成严重的资源浪费。将其应用到对电池性能要求较低的场合后，再进行报废或回收，这就是电池的梯次利用，能有效降低相关的成本。我国新能源汽车经过十多年的发展，动力蓄电池将迎来规模化退役期，梯次利用和回收的问题日益紧迫。

3.9.1　动力蓄电池梯次利用的相关政策

动力蓄电池梯次利用和回收的相关政策如图 3-50 所示。

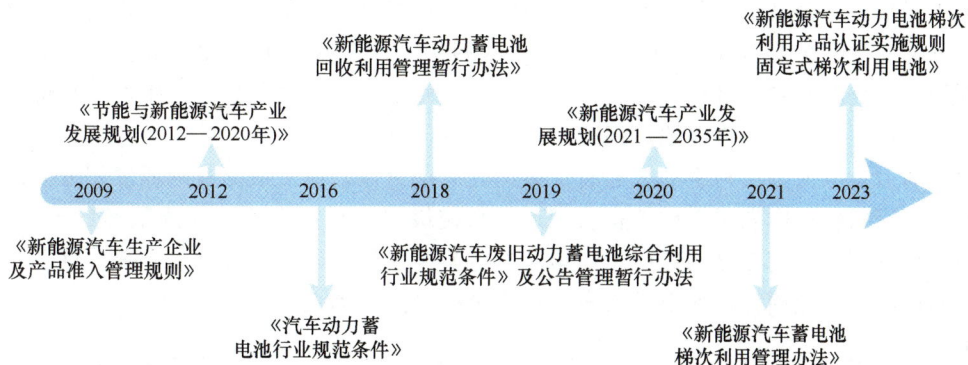

图 3-50　动力蓄电池梯次利用和回收的相关政策

从节约资源与保护环境的角度，国家高度重视废旧动力蓄电池的梯次利用和回收。早在 2009 年，工信部颁布的《新能源汽车生产企业及产品准入管理规则》，就对新能源汽车企业提出了废旧动力蓄电池回收的要求。2012 年，国务院颁布的《节能与新能源汽车产业发展规划（2012—2020 年）》，提出要制定动力蓄电池回收利用管理办法。2014 年后，新能源汽车市场开始蓬勃发展，工信部、科技部、交通运输部等有关部门发布了一系列的政策来布局和筹划废旧动力蓄电池的回收工作。2016 年，工信部颁布的《汽车动力蓄电池行业规范条件》，鼓励废旧电池回收企业同整车企业研究制定回收再利用方案。2018 年，工信部颁布了《新能源汽车动力蓄电池回收利用管理暂行办法》，同时成立了新能源汽车国家监测与动力蓄电池回收利用综合管理平台，旨在使新能源汽车动力蓄电池来源可查、去向可追、节点可控、责任可究。2019 年，工信部颁布了《新能源汽车废旧动力蓄电池综合利用行业规范条件》及公告管理暂行办法，进一步加强了新能源汽车废旧动力蓄电池综合利用的行业管理规范。2020 年，国务院颁布的《新能源汽车产业发展规划（2021—2035 年）》，提出建设动力蓄电池高效循环利用体系，支持动力蓄电池梯次产品在储能、备能、充换电等领域的创新应用，加强余能检测、残值评估、重组利用、安全管理等技术的研发，明确指出落实生产者责任延伸制度，明确动力蓄电池厂商有责任承担退役动力蓄电池梯次利用的问题。2021 年，工信部颁布《新能源汽车动力蓄电池梯次利用管理办法》，明确了新能源汽车动力蓄电池梯次产品生产、使用、回收全过程相关的要求，完善了梯次利用管理机制。2023 年，国家认监委制定了《新能源汽车动力电池梯次利用产品认证实施规则　固定式梯次利用电池》，明确了相关的认证模式、认证流程、认证依据标准与型式试验、认证单元划分、认证标识等内容，该规则自发布之日就开始实施。

3.9.2　动力蓄电池梯次利用的相关技术

退役蓄电池梯次利用指通过初检、拆解、测试、重组等工序恢复废旧动力蓄电池的部分功能，充分发挥其剩余价值。其中的关键在于对退役动力蓄电池进行一系列的检测和分析，合理地评估其可利用价值，从而判断退役动力蓄电池所符合的梯次等级和应用领域。梯次利用与翻新有着本质的区别，翻新不会进行检测、分析、评估及再设计等环节，而是仅通过特殊加工方式对其外表和部分性能进行修复。

图 3-51 所示为退役蓄电池梯次利用和回收利用的产业链。退役动力蓄电池主要来源于整车企业、汽车用户及汽车报废厂，汽车用户在汽车报废前会将废旧电池返回至汽车营销网点，在汽车报废后会将整车返回至汽车报废厂。营销网点、整车企业、汽车报废厂将废旧电池运送到电池生产企业/梯次利用企业进行梯次利用。再生利用企业会对报废的电池进行回收再利用，将提取的再生材料运送到电池生产企业和电池材料企业进行再生产。在退役蓄电池梯次利用过程中，动力蓄电池厂商应承担主要责任。

退役动力蓄电池梯次利用的核心在于检测其剩余价值，通常根据衰减程度划分为系统级梯次利用、模组级梯次利用、单体梯次利用。系统级梯次利用主要用作通信基站电源场景；模组级梯次利用主要用在电网储能、通信基站电源等场景；单体梯次利用需要把性能相近的单体重新成组，可应用在低速电动汽车、用户及微电网等场景。

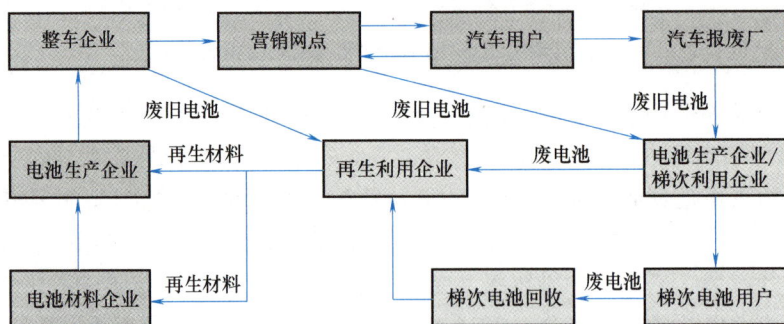

图 3-51　退役蓄电池梯次利用和回收利用产业链

退役动力蓄电池在梯次利用时，在寿命预测、电池重组、重组电池管理等方面均面临挑战。在动力蓄电池梯次利用之前，需要对电池剩余寿命及安全性进行评估，相应的难点在于动力蓄电池的衰减机理、活性物质损失量等不易检测。梯次利用时，首先要明确以何种级别对动力蓄电池进行重组：以模组级别重组时，动力蓄电池模组规格、厂商不同，要重点解决如何使各动力蓄电池模组高效运行的问题；尤其是在对单体进行重组时，各单体之间需要焊接，相应的拆解难度大，这会导致成本增加；同时，还要考虑单体的均匀一致性。然后当退役动力蓄电池重组完成后，应配置相应的电池管理系统，以实现相应的监控、预测、诊断、报警等功能。

目前，蓄电池的梯次利用面临着剩余价值评估技术匮乏、价值判断不统一等难题，需要根据应用场景建立统一的剩余价值评估体系。依据新能源汽车国家监测与动力蓄电池回收利用溯源综合管理平台，建立高效、高精准度的溯源系统，实现动力蓄电池的全生命周期监测。

3.9.3　动力蓄电池的回收技术

动力蓄电池的回收技术是将废旧动力蓄电池拆解，对电池内部金属及其他部件进行提取再利用的技术。目前，退役动力蓄电池回收分为火法回收和湿法回收两条技术路线。在工信部颁布的《新能源汽车废旧动力蓄电池综合利用行业规范条件》中规定，火法冶炼条件下，镍、稀土的综合回收率应不低于97%；湿法冶炼条件下，镍、钴、锰的综合回收率应不低于98%。

火法回收包括火法高温冶炼、低温碳热还原和直接修复再生等方法。火法冶炼是将报废动力蓄电池直接进行高温冶炼，通过燃烧将电池的隔膜、电解液、黏结剂及负极石墨等有机物脱除，实现毒害物质的集中无害化处置，该工艺基本成熟。低温碳热还原技术是将正极材料中的过渡金属还原成低价态，利用碳化分解或弱酸浸出法实现金属的选择性提取，该工艺尚处于实验室阶段。直接再生修复技术采用配锂烧结的方法恢复电极材料的电化学性能，但废旧动力蓄电池的废料来源广、杂质多，难以保证修复材料的一致性和安全性，该方法尚未产业化。

湿法回收主要包括预处理、浸出、净化分离和材料产品再生制备等步骤。其中预处理主要包括放电、破碎、分选、正极活性物质材料与集流体分离等。三元锂电池废料湿法回收形成的产品为过渡金属碳酸盐和硫酸盐，磷酸铁锂电池废料湿法回收形成的产品为碳酸锂和磷酸铁。相比于三元锂电池，磷酸铁锂蓄电池的废料价值低、回收成本高。目前，我国对废旧动力蓄电池的回收主要采用湿法回收。

火法回收和湿法回收将处于长期共存的状态，未来发展的重点是高效安全的破碎技术和低成本的物料精细分选技术。退役动力蓄电池在破碎过程中，存在物料易粘连、易燃易爆的问题，因此急需开发兼容多规格动力蓄电池的高效放电、安全破碎技术及成套装备，以缩短放电周期，降低破碎着火率，提高破碎效率。退役动力蓄电池物料分选精度低，破碎的电极粉中铜、铝、铁含量高，导致电极粉及铜铝回收率低，电极粉湿法浸出物料的除杂难度大、成本高。因此未来亟需开发低成本的物料精细分选装备，实现电极粉物料的高效富集和杂质控制，以便后续金属的提取。另外，废旧动力蓄电池回收还面临回收利用体系不健全且缺乏监管、回收利用各环节缺乏有效协同、回收处理技术滞后且成本高的问题。

3.10　动力蓄电池发展的技术路线

近年来，我国针对新能源汽车行业的发展需求，制定了动力蓄电池总体发展目标，同时确定了动力蓄电池关键材料、系统集成、制造技术、测试评价、梯次利用和回收利用及新体系动力蓄电池等研究的方向，如图3-52所示。

			2025年	2030年	2035年
总体目标	能量型蓄电池	普及型	质量能量密度>200W·h/kg 体积能量密度>400W·h/L 质量功率密度>1000W/kg 体积功率密度>2000W/L 寿命>3000次/12年 成本<0.35元/W·h	质量能量密度>250W·h/kg 体积能量密度>500W·h/L 质量功率密度>1200W/kg 体积功率密度>2400W/L 寿命>3000次/12年 成本<0.32元/W·h	质量能量密度>300W·h/kg 体积能量密度>600W·h/L 质量功率密度>1500W/kg 体积功率密度>3000W/L 寿命>3000次/12年 成本<0.30元/W·h
		商用型	质量能量密度>200W·h/kg 体积能量密度>400W·h/L 质量功率密度>1000W/kg 体积功率密度>2000W/L 寿命>6000次/8年 成本<0.45元/W·h	质量能量密度>225W·h/kg 体积能量密度>450W·h/L 质量功率密度>1200W/kg 体积功率密度>2400W/L 寿命>6000次/8年 成本<0.40元/W·h	质量能量密度>250W·h/kg 体积能量密度>500W·h/L 质量功率密度>1500W/kg 体积功率密度>3000W/L 寿命>6000次/8年 成本<0.35元/W·h
		高端型	质量能量密度>350W·h/kg 体积能量密度>700W·h/L 质量功率密度>1000W/kg 体积功率密度>2000W/L 寿命>1500次/12年 成本<0.50元/W·h	质量能量密度>400W·h/kg 体积能量密度>800W·h/L 质量功率密度>1200W/kg 体积功率密度>2400W/L 寿命>1500次/12年 成本<0.45元/W·h	质量能量密度>500W·h/kg 体积能量密度>1000W·h/L 质量功率密度>1500W/kg 体积功率密度>3000W/L 寿命>1500次/12年 成本<0.40元/W·h
	能量功率兼顾型蓄电池	兼顾型	质量能量密度>250W·h/kg 体积能量密度>500W·h/L 质量功率密度>1500W/kg 体积功率密度>3000W/L 寿命>5000次/12年 成本<0.60元/W·h	质量能量密度>300W·h/kg 体积能量密度>600W·h/L 质量功率密度>1600W/kg 体积功率密度>3200W/L 寿命>5000次/12年 成本<0.55元/W·h	质量能量密度>325W·h/kg 体积能量密度>650W·h/L 质量功率密度>1800W/kg 体积功率密度>3600W/L 寿命>5000次/12年 成本<0.50元/W·h
		快充型	质量能量密度>225W·h/kg 体积能量密度>450W·h/L 质量功率密度>2000W/kg 体积功率密度>4000W/L 寿命>3000次/10年 成本<0.70元/W·h 充电时间<15min	质量能量密度>250W·h/kg 体积能量密度>500W·h/L 质量功率密度>2500W/kg 体积功率密度>5000W/L 寿命>3000次/10年 成本<0.65元/W·h 充电时间<12min	质量能量密度>275W·h/kg 体积能量密度>550W·h/L 质量功率密度>3000W/kg 体积功率密度>6000W/L 寿命>3000次/10年 成本<0.60元/W·h 充电时间<10min
	功率型蓄电池	功率型	质量能量密度>80W·h/kg 体积能量密度>160W·h/L 质量功率密度>5000W/kg 体积功率密度>10000W/L 寿命>30万次/12年 成本<1.20元/W·h	质量能量密度>100W·h/kg 体积能量密度>200W·h/L 质量功率密度>6000W/kg 体积功率密度>12000W/L 寿命>30万次/12年 成本<1.00元/W·h	质量能量密度>120W·h/kg 体积能量密度>240W·h/L 质量功率密度>7000W/kg 体积功率密度>14000W/L 寿命>30万次/12年 成本<0.80元/W·h
系统集成	蓄电池管理系统、蓄电池系统技术		成组效率>70% 热扩散时间>90min 标准化比例>30%	成组效率>73% 不发生热扩散 标准化比例>60%	成组效率>75% 不发生热扩散 标准化比例>90%
材料体系	正极		橄榄石结构磷酸盐材料、层状结构高镍多元氧化物材料、富锂锰基材料、尖晶石结构氧化物材料和其他新型高电压、高比容量正极材料		
	负极		石墨类材料、软硬碳材料、硅等合金化负极材料、铌酸钛等高电压负极材料		
	电解液		LiPF$_6$、LiFSI、LiTFSI等电解质盐、酯类、醚类及氯代酯类、醚类溶剂，新型电解质盐、溶剂及功能添加剂，固体电解质等		
	隔膜		PE、PP及其复合膜、表面改性膜剂及新型耐高温隔膜等		
制造技术及关键装备	先进电芯制造/质量控制技术		智能化、无人化、洁净化，C_{pk}>2.0，材料利用率>98%，动力蓄电池新型工艺技术(如干电极、复合固体电解质电极等)，蓄电池、蓄电池模组及蓄电池系统实现规格化、标准化等		
测试评价	材料、单体、系统测试技术		新型分析和测试评价技术，尤其是全生命周期的安全性、可靠性和耐久性测试技术，关键材料和蓄电池的失效模式分析与验证技术等，实现测试评价技术的标准化、高效化、准确化和定量化		
梯次利用和回收利用	梯次利用		动力蓄电池剩余价值评价技术及方法，动力蓄电池剩余价值评估模型及残余价值评估体系，动力蓄电池高效无损分选和自动分类与归集，实现经济性的应用场景和商业模式		
	回收利用		构建退役动力蓄电池精细化、智能化、高值化清洁循环利用技术体系，实现经济性的绿色回收利用		
新体系动力蓄电池	固态蓄电池 锂硫蓄电池 其他新体系蓄电池		材料体系的构效关系与材料设计、电极/电解质固固两相界面调控与反应机制研究、固态体系中锂离子嵌脱过程引起的材料应力分布变化和对蓄电池性能的影响及调控；新型固态蓄电池结构设计和制造，硫正极稳定性提升和锂负极循环性能提升等		

图 3-52　动力蓄电池总技术路线

第4章

纯电动汽车

纯电动汽车完全取消了内燃机，电能是其唯一的能量源，是解决环境污染、能源短缺等问题的主流方案之一，其关键技术主要涉及整车构型分析、关键部件参数匹配及设计、整车控制系统、整车动力性/经济性评价、整车集成等方面。本章将围绕上述问题，重点介绍纯电动汽车的关键部件和工作原理、纯电动汽车的构型、纯电动汽车关键部件的匹配、纯电动汽车的动力性和经济性评价、整车控制系统、整车热管理系统、纯电动汽车技术路线等内容。

4.1　纯电动汽车的关键部件和工作原理

4.1.1　纯电动汽车的关键部件

纯电动汽车除了传统汽车的车身、底盘等部件外，主要由高压供电系统、电力驱动系统、整车控制及通信系统、低压电源系统、电动附件等部件组成，如图4-1所示。

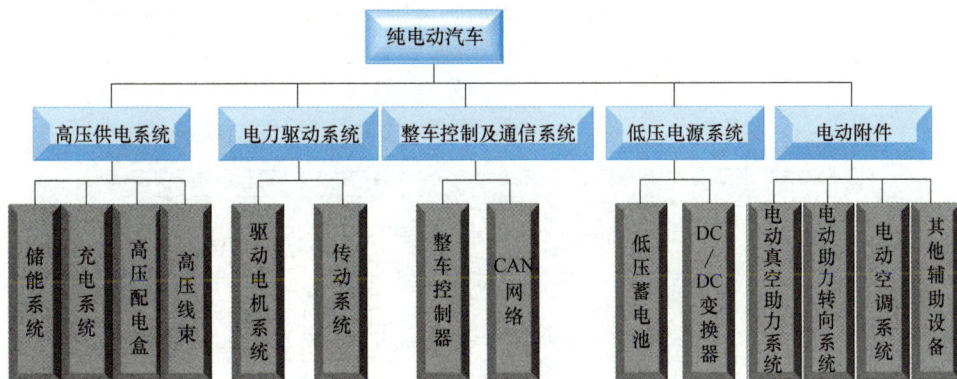

图4-1　纯电动汽车的关键部件

（1）高压供电系统　高压供电系统主要由储能系统、充电系统高压配电盒和高压线束等部件组成，用于给驱动电机和其他用电部件提供电能，并监控整车高压电的使用安全。

1）储能系统主要有蓄电池、超级电容器、复合电源等方案，其中蓄电池是主流方案。

2）充电系统包括充电接口和车载充电机。充电接口主要有交流慢充接口和直流快充接口两种。车载充电机固定在车身上，一般通过交流慢充接口与电网相连，以三相或单相交流电给电动汽车提供电能。直流快充接口则用来与固定在地面上的充电桩配合，可实现直流大电流充电，能有效缩短充电时间。

3）高压配电盒主要由壳体、铜排、连接器、高压直流接触器和熔断器等组成，其作用主要有两个：一是，在整车运行过程中，根据整车运行需求，在整车控制器或电池管理系统（BMS）的控制下，将储能系统的高压电合理分配给驱动电机、电动空调压缩机、PTC加热器、DC/DC变换器等高压用电设备；二是，在充电时，通过交流或直流充电接口，将电网电能传输给动力蓄电池，并配合BMS实时检测整个高压系统的绝缘故障、断路故障、接地故障及高压故障等。

（2）电力驱动系统 电力驱动系统主要包括驱动电机系统和传动系统，主要是将储能系统中的电能转化为车辆的动能，用于驱动车辆行驶。

（3）整车控制及通信系统 整车控制及通信系统主要由整车控制器和CAN网络两部分组成，整车控制器、电池管理系统、电机控制器、制动控制器、转向控制器、仪表等均是CAN网络的节点，多数整车设置有多个通信子网。

（4）低压电源系统 低压电源系统主要由低压蓄电池和DC/DC变换器组成。

1）低压蓄电池主要用于在整车关闭高压电时，给部分低压用电设备供电。

2）DC/DC变换器在整车高压上电完成后，给所有低压用电设备供电，且当低压蓄电池电量不足时，给其充电。

（5）电动附件 电动附件主要包括电动真空助力系统、电动助力转向系统、电动空调系统和其他辅助设备。

4.1.2 纯电动汽车的工作原理

纯电动汽车（battery electric vehicle，BEV）为驱动能量完全由电能提供且由电机驱动的汽车。图4-2为纯电动汽车的工作原理图，该车以交流电机为驱动电机，以蓄电池为能量源，与燃油汽车相比，主要区别在于图4-1所示的高压供电系统、电力驱动系统、整车控制及通信系统、低压电源系统、电动附件等部分。

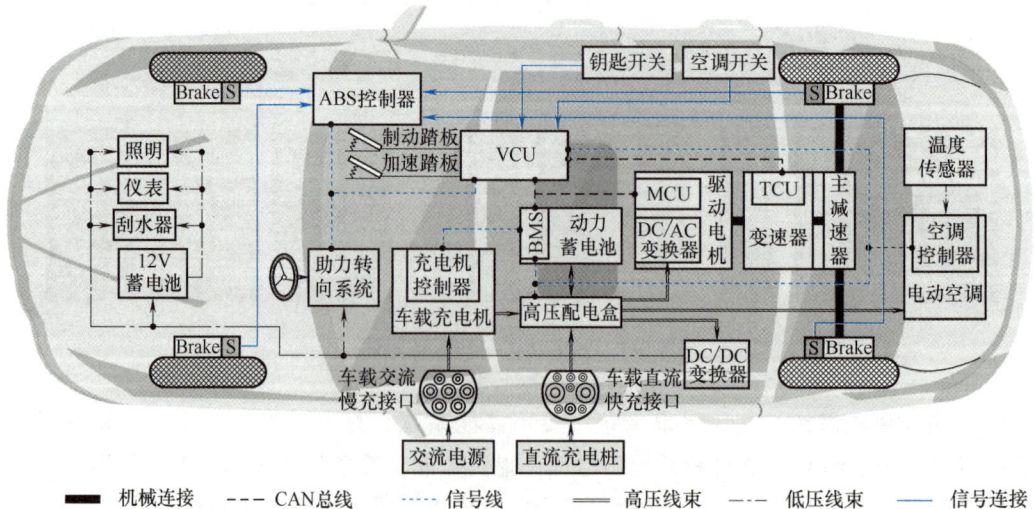

图 4-2 纯电动汽车的工作原理图

VCU—整车控制器　BMS—电池管理系统　MCU—驱动电机控制器　TCU—变速器控制器　Brake—制动器　S—轮速传感器

124

如图 4-2 所示，驱动电机与变速器、主减速器、半轴等构成了动力传动系统，它们之间均通过机械连接。动力蓄电池通过高压配电盒与驱动电机系统的 DC/AC 变换器、整车 DC/DC 变换器、车载充电机、直流快充接口相连。DC/DC 变换器与 12V 蓄电池之间通过低压线束相连；DC/DC 变换器、12V 蓄电池分别通过低压线束与 ABS 控制器、整车控制器、电机控制器、电池管理系统、电动助力转向系统、照明、仪表、轮速传感器、温度传感器、空调控制器和其他低压用电设备相连，为了便于表达，图中省略了各控制器、传感器与低压电源之间的低压线束连接。VCU、MCU、BMS、TCU、空调控制器、车身稳定控制系统（VSC）/ABS 控制器等通过 CAN 总线连接；起动开关，空调开关，制动踏板位移、加速踏板位移等传感器通过信号线与 VCU 连接；四个轮速传感器通过信号线与 ABS 控制器连接，相应的 ABS 控制器中通常集成制动能量回收功能，四个车轮的机械制动力由 ABS 控制器通过制动力调节装置独立控制，具备 VSC 控制功能的车型，由 VSC 控制器代替 ABS 控制器。另外，当网络中的控制器较多时，可设置多个 CAN 总线，通常由 VCU 充当网关的作用。

如图 4-3 所示，电动汽车工作时，相应能量流动有四种情况：

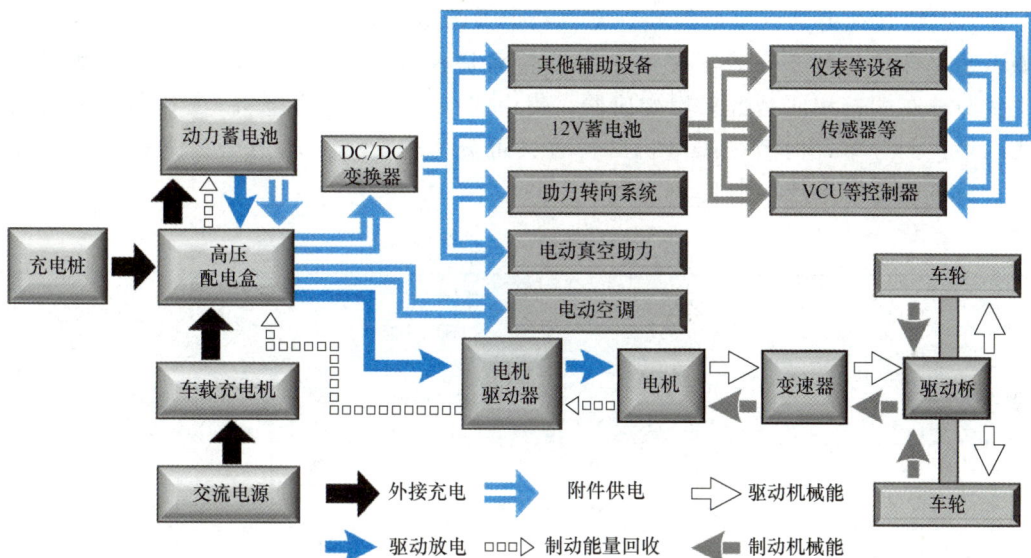

图 4-3　纯电动汽车的能量流示意图

（1）驱动放电　动力蓄电池中的电能经高压配电盒，传递给驱动电机系统，VCU 根据加速踏板的开度和车速等车辆状态信息，计算得到所需的电机驱动力矩，并通过 MCU 控制电机的输出转矩，依次经过变速器和主减速器传递至车轮，驱动车辆行驶。相应的能量流动路线为：

动力蓄电池—高压配电盒—电机驱动器—电机—变速器—驱动桥—车轮

（2）制动能量回收　VCU 根据制动踏板的开度和车速等车辆状态信息，计算得到所需的制动力矩和电机所能输出的制动力矩，通过制动能量回收控制算法，分别控制电机制动力矩和制动器制动力矩。制动能量回收的能量流动路线为：

车轮—驱动桥—变速器—电机—电机驱动器—高压配电盒—动力蓄电池

（3）外接充电　外接充电可分为直流快充和交流慢充。直流快充的能量流动路线为：

电网—直流充电桩—车载快充接口—高压配电盒—动力蓄电池

交流慢充的能量流动路线为：

电网—车载慢充接口—车载充电机—高压配电盒—动力蓄电池

（4）附件供电　动力蓄电池中的电能经高压配电盒后分为两条路线：一是传递给 DC/DC 变换器，为 12V 蓄电池、电动助力转向、电动真空助力、整车控制器、仪表、照明等系统供电；二是通过高压配电盒向电动空调等高压用电附件供电。在整车工作过程中，高压供电系统的 BMS 同时根据 VCU 控制信号和电池状态（如 SOC、SOH 等）对动力蓄电池的充放电进行控制，并实现电池均衡管理和故障报警等功能。

4.2　纯电动汽车的构型

4.2.1　构型分类

动力系统是纯电动汽车的核心，主要功能是将电能转化为整车的动能，其构型直接影响着整车性能与整车布置。按照轴间及轮间是否需要差速器，动力系统构型可分为集中式与分布式；按照是否采用变速器，集中式构型又可分为电机+变速器式和电机直驱式两种；而分布式构型按照电机的位置又可分为轴驱式、轮边电机式和轮毂电机式三种，具体的动力系统构型见表 4-1。

表 4-1　纯电动汽车构型对比表

类别		按照是否采用变速器				按照电机轴与车轴的位置关系			按照电机的位置		
		电机直接驱动	单档减速器	少档变速器	多档变速器	平行	同轴	垂直	轴驱式	轮边电机式	轮毂电机式
集中式驱动	构型 1				●			●			
	构型 2				●	●					
	构型 3	●						●			
	构型 4	●				●					
	构型 5			●				●			
	构型 6			●		●					
	构型 7		●					●			
	构型 8		●			●					
	构型 9			●			●				
	构型 10	●					●				
分布式驱动	构型 11	◎	◎	◎		◎	◎	◎	●		
	构型 12	◎	◎								●
	构型 13	●								●	
	构型 14		●							●	
	构型 15			●						●	

注：◎表示可选方案，●表示必选方案。

4.2.2　集中式驱动系统构型

在电动汽车发展初期，多数方案采用了图 4-4 所示的构型，其中变速器是与传统车类似的多档变速器，后驱车采用电机输出轴垂直于车轮输入轴的方案，如图 4-4a 所示；前驱车则采用电机输出轴平行于车轮输入轴的方案，如图 4-4b 所示。电机的输出转矩均经多档变速器传递至主减速器，然后通过差速器和半轴传递至两侧车轮。这种方案虽然可减小对电机性能的要求，但对电机的效率优化效果并不明显，且由于存在类似传统车的多档变速器，导致传动系统的体积和成本均大幅增加。

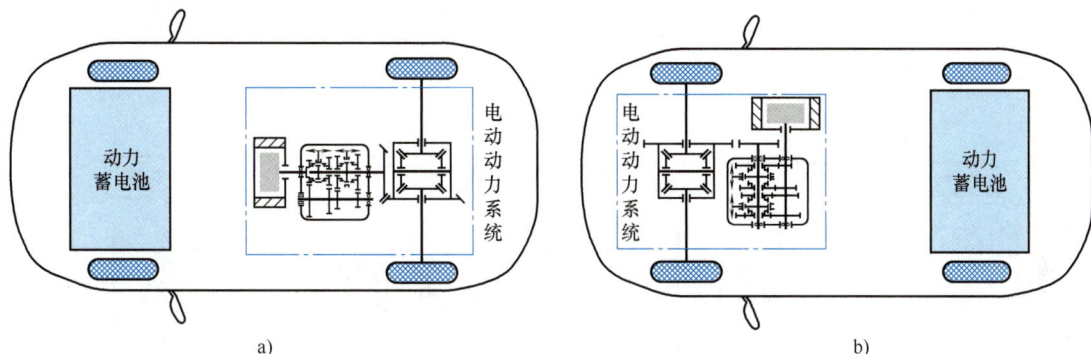

图 4-4　电机+多档变速器式构型的示意图
a）构型 1 的示意图　b）构型 2 的示意图

在电动汽车的发展初期，人们发现电动汽车对变速器的需求与传统车并不完全一致，将传统汽车的变速器直接用于电动汽车并不能有效提高整车性能，反而会增加整车成本。由于电机低速大转矩的输出特性为取消变速器提供了可能性，部分产品采用了取消变速器，直接把电机与主减速器相连的方案，根据主减速器齿轮的形式，这种方案有图 4-5 所示的两种布置方式。该方案对电机的转矩要求比较高，电机存在体积比较大的缺点。

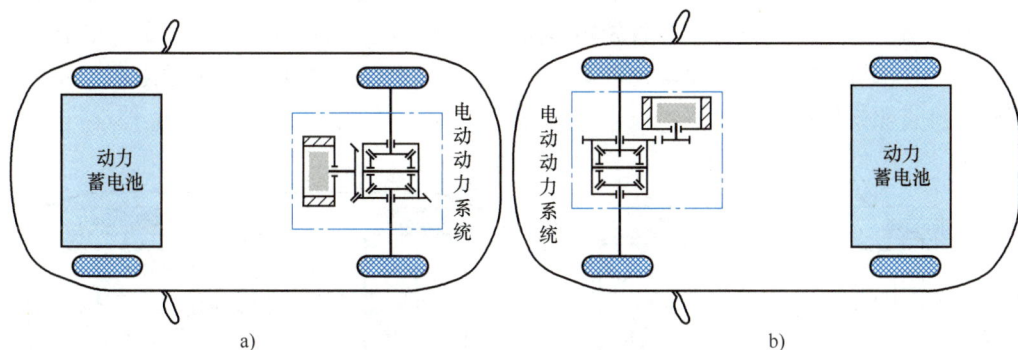

图 4-5　电机直驱式构型示意图
a）构型 3 的示意图　b）构型 4 的示意

针对上述两种方案的缺点，随着电动汽车各关键总成的不断成熟，电机+少档变速器的方案逐渐成为主流。采用少档变速器不仅可以有效减小对电机转矩的需求，同时也可以降低对电机最高转速的需求，另外，少档变速器的成本和体积也会比多档变速器大幅减小。图 4-6a 和 b 所示的两档变速器方案为常用方案。图 4-6c 和 d 所示的单档减速器方案属于少档方案的特殊形式，它主要用于减小整车对电机转矩的需求，进而可有效减小动力传动系统的体积；从控制角度，它与直驱方案类似，也可归结为直驱方案。

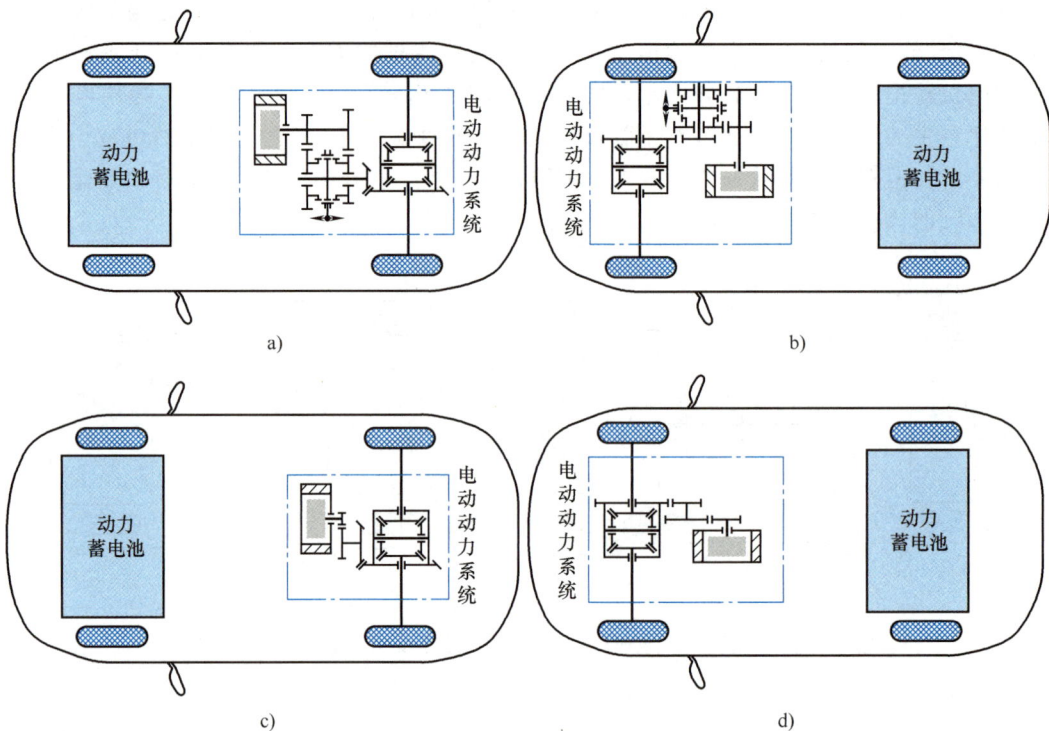

图 4-6　电机+少档变速器式构型的示意图

a）构型 5 的示意图　b）构型 6 的示意图　c）构型 7 的示意图　d）构型 8 的示意图

随着对整车总布置、总成模块化要求的提高，图 4-7 所示的同轴电机+少档变速器式构型，逐渐引起了人们的重视。该方案的电机输出轴与车轮输入轴同轴，电机输出转矩通过少档变速器传递至差速器，通过半轴将转矩传递至两侧车轮。该方案可作为总成，用于分布式轴驱构型。在部分对布置空间要求比较高的车型和分布式轴驱构型中，也常采用图 4-8 所示的同轴电机直驱式构型。

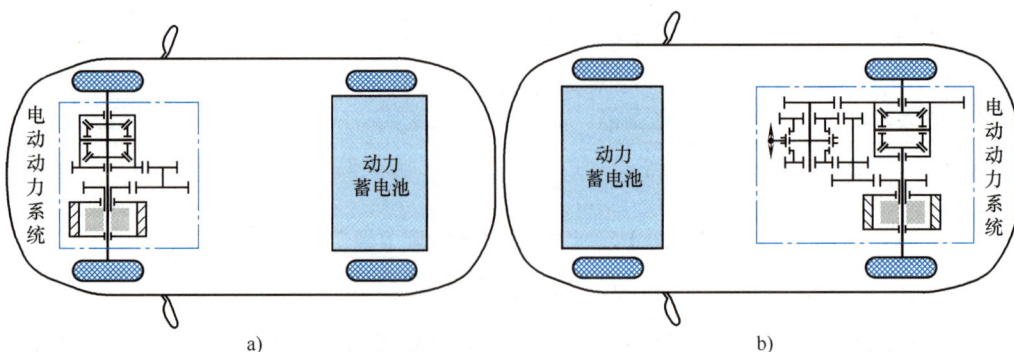

图 4-7　同轴电机+少档变速器式构型（构型 9）的示意图

a）示例 1　b）示例 2

4.2.3 分布式驱动系统构型

分布式驱动系统构型主要有轴驱分布式和轮驱分布式两种构型。轴驱分布式构型主要是由集中式驱动构型组合而成的多轴驱动构型，这种构型具有多个驱动电机，一般不采用多档变速器，且电机通常布置在车轴附近，如图4-9所示。与传统的多轴驱动车辆不同，它具有多个可独立工作的动力源，通过对前后轴动力总成的合理控制，可兼顾整车的经济性和动力性。

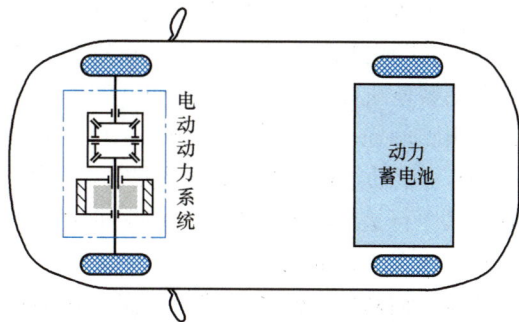

图 4-8 同轴电机直驱式构型
（构型 10）的示意图

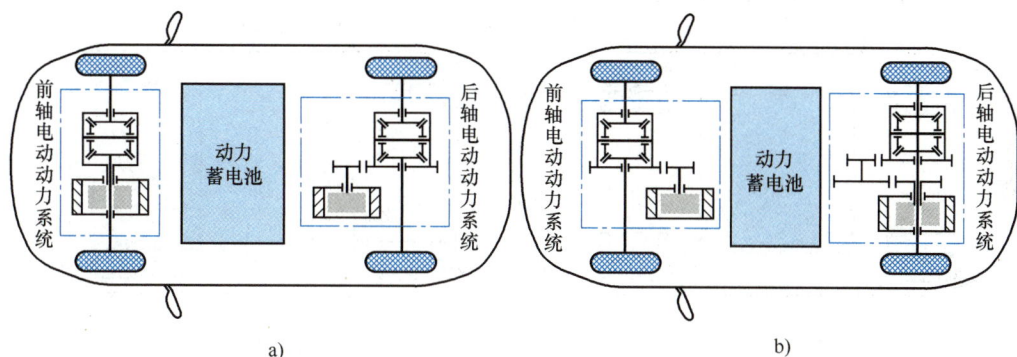

a)

b)

图 4-9 轴驱分布式构型（构型 11）示意图
a）示例 1　b）示例 2

轮驱分布式构型有轮毂电机式和轮边电机式两种。从结构方面，两者均省去了主减速器和差速器，具有传动系统结构紧凑、传动链短，传动效率高的优点，主要区别在于驱动总成的布置位置，轮毂电机总成（In-Wheel Motor，IWM）将电机、传动系统完全集成到轮毂中；从控制方面，两者均通过控制实现驱动轮的差速控制。轮毂电机根据电机的形式又可分为外转子式和内转子式，外转子轮毂电机的结构如图 4-10b 所示，电机转子位于电机外部，输出转矩较大，一般不需要减速机构，具有结构简单、可靠性高、调速范围宽、输出转矩大、传动效率高、轴向尺寸小、响应速度快等特点。内转子轮毂电机的结构如图 4-10c 所示，电机

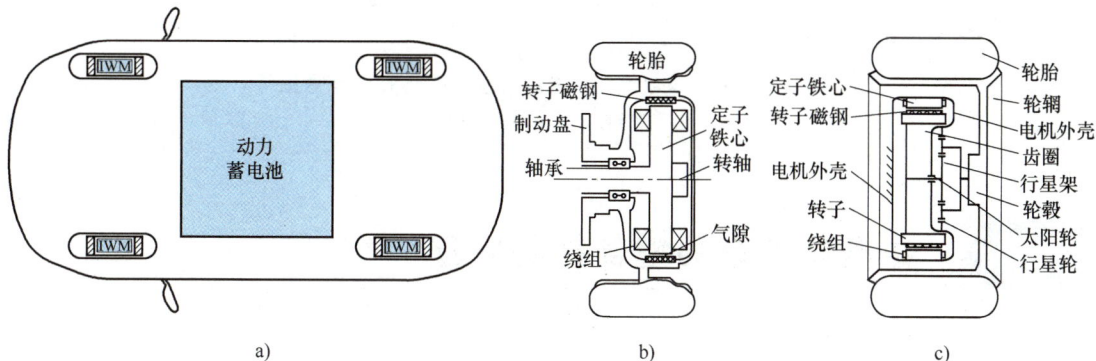

a)

b)

c)

图 4-10 轮毂电机式驱动系统构型（构型 12）示意图
a）整车构型　b）外转子轮毂电机　c）内转子轮毂电机

转子置于电机内部，输出转矩较小，具有体积小、质量轻等特点，这种构型通常需要配置减速机构。轮毂电机的零部件多集中在轮辋内部，普遍存在散热性差的问题。

与轮毂电机相比，轮边电机构型的动力传动系统一部分置于轮辋内部，一部分置于轮辋外部。典型的轮边电机构型有两种，一种采用图 4-11a 所示的电机直驱方案，一种采用图 4-11b 所示的电机+单档减速器方案。常用的减速器有传统齿轮减速器和行星齿轮减速器两种，其中行星齿轮减速器可以使电机轴与车轮中心重合，从而使结构紧凑，但存在结构复杂、相对成本较高的缺点。

随着人们对整车性能要求的提高，图 4-12 所示的轮边电机+两档变速器也成为一个可用方案。这种轮边电机方案从理论上可有效减小电机体积，且能兼顾整车的经济性和动力性，但存在行车换档同步难等问题，通常需要在停车状态下换档，可以用于重型商用车等空满载质量相差很大、轮辋内部空间较大的场合。

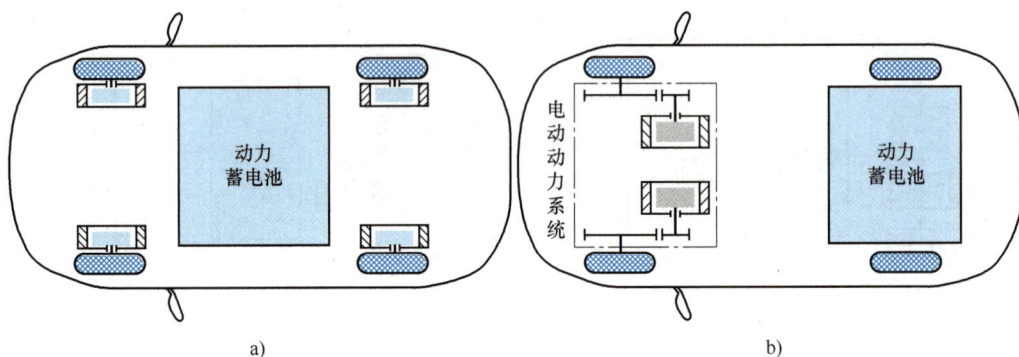

图 4-11 轮边电机式构型示意图

a）构型 13 的示意图　b）构型 14 的示意图

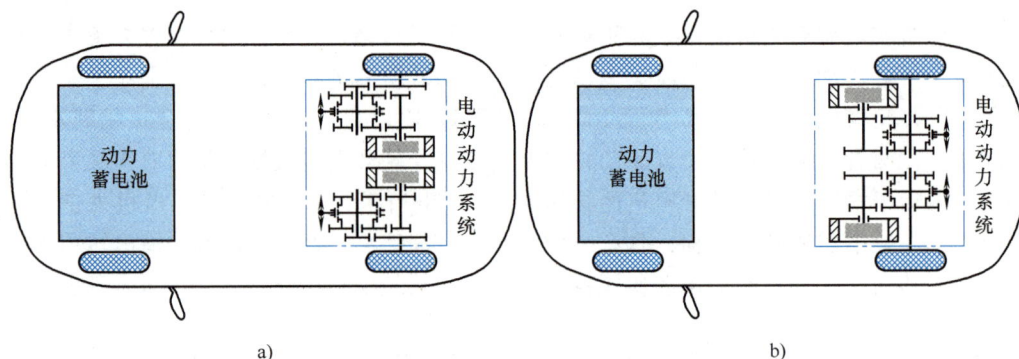

图 4-12 轮边电机式驱动系统构型（构型 15）示意图

a）同轴方案　b）平行轴方案

4.3 纯电动汽车关键部件的匹配

4.3.1 能量传递与损耗

能量流动过程是纯电动汽车关键部件匹配的基础。如图 4-13 所示，在电动汽车的工作过程中，能量的流动主要有充电、驱动、制动三种情况。

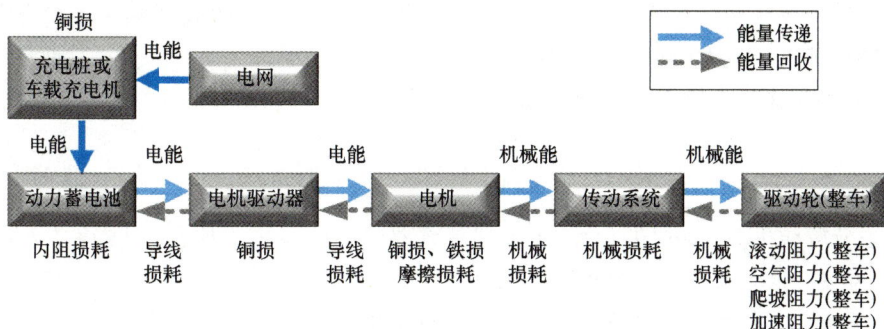

图 4-13 纯电动汽车的能量流动示意图

1. 充电过程

电能由电网充入动力蓄电池，需要经过两个环节：一是电能由电网传递至直流充电桩或车载充电机，二是电能经直流充电桩或车载充电机充入动力蓄电池中。第一个环节中，电能损耗主要来源于电网传输；第二个环节中，电能损耗主要包括直流充电桩或车载充电机的损耗，及动力蓄电池内阻带来的损耗两部分。在对电动汽车进行充电能耗分析时，设计人员需要重点关注第二个环节中的能量损耗。

2. 驱动过程

当驾驶员踩下加速踏板时，电动汽车工作在驱动模式，电能由动力蓄电池输出给电机驱动器，随后经电机转变为机械能，通过传动系统将动力传递至驱动轮。在上述能量传递的过程中，均会存在一定的能量损耗，电能经动力蓄电池传递至电机驱动器的过程中，能量损耗为动力蓄电池的内阻损耗；电能经电机驱动器传递给电机的过程中，能量损耗为电机驱动器的铜损耗；电机在运行过程中，存在铜损、铁损和摩擦损失，其中摩擦损失较小；电机输出的机械能经传动系统传递至驱动车轮时，能量损耗为机械损耗。在此过程中，传递到驱动轮上的驱动力必须克服整车的滚动阻力、空气阻力、爬坡阻力和加速阻力。

3. 制动过程

传统车的制动过程主要通过摩擦制动将整车的动能转换为热能耗散到空气中，新能源汽车的制动能量回收是其节能的重要手段，它可将整车的动能转换为电能存储到动力蓄电池中。因此，对新能源汽车制动过程的能耗分析，需重点分析其制动能量回收过程。在制动能量回收过程中，整车动能由驱动轮经传动系统传递至电机，经电机将机械能转化为电能，通过电机驱动器充入动力蓄电池。与驱动过程类似，在车辆动能经驱动轮、传动系统传递至电机的过程中，主要能量损耗为传动系统的机械损耗；电机此时工作在发电状态，主要能量损耗仍为铜损、铁损和摩擦损失；电机输出的电能经电机驱动器充入动力蓄电池中，在此过程中主要的能量损耗为电机驱动器的铜损和动力蓄电池的内阻损耗。电能传递过程中，由于导线内阻造成的能量损耗较小，可以忽略不计。

4.3.2 驱动电机的匹配

驱动电机的参数主要包括峰值功率、额定功率、峰值转矩、最高转速、额定转速、额定转矩等。由于电机+多档变速器式构型（见图4-4）的部件匹配可以涵盖其他纯电动构型的相关需求，为此，本文以该构型为例对相应的部件匹配进行说明。

1. 峰值功率

驱动电机是纯电动汽车唯一的动力源，其峰值功率的大小会直接影响整车动力性，一般由整车的最高车速、最大爬坡度和加速性能决定。

1）由最高车速决定的驱动电机峰值功率（kW）为

$$P_{m1} = \frac{u_{max}}{3600\eta_t}\left(mgf + \frac{C_D A u_{max}^2}{21.15}\right) \tag{4-1}$$

式中，u_{max} 为最高车速（km/h）；η_t 为传动系统效率；m 为整车质量（kg）；f 为滚动阻力系数；C_D 为空气阻力系数；A 为迎风面积（m^2）。

2）由最大爬坡性能决定的驱动电机峰值功率（kW）为

$$P_{m2} = \frac{u_p}{3600\eta_t}\left(mgf\cos\alpha_{max} + \frac{C_D A u_p^2}{21.15} + mg\sin\alpha_{max}\right) \tag{4-2}$$

式中，u_p 为爬坡车速（km/h），α_{max} 为最大坡度角（°）。

3）由加速性能决定的驱动电机峰值功率（kW）为

$$P_{m3} = \frac{u_a}{3600\eta_t}\left(mgf + \frac{C_D A u_a^2}{21.15} + \delta m\frac{du}{dt}\right) \tag{4-3}$$

还可根据加速时间和加速的目标车速求得驱动电机的峰值功率，即

$$P_{m3} = \frac{1}{3600 t_m \eta_t}\left[\delta m\frac{u_a^2}{2} + mgf\int_0^{t_m} u_a\left(\frac{t^{0.5}}{t_m^{0.5}}\right)dt + \frac{C_D A}{21.15}\int_0^{t_m} u_a^3\left(\frac{t^{1.5}}{t_m^{1.5}}\right)dt\right]$$

$$= \frac{1}{3600 t_m \eta_t}\left(\delta m\frac{u_a^2}{2} + mgf\frac{u_a}{1.5}t_m + \frac{C_D A u_a^3}{21.15 \times 2.5}t_m\right) \tag{4-4}$$

式中，u_a 为加速终了时的速度（km/h）；δ 为汽车的旋转质量换算系数；du/dt 为加速后期的加速度（m/s^2）；t_m 为加速时间（s）。

综上所述，驱动电机的峰值功率应满足以下条件：

$$P_{m\_max} \geq \max(P_{m1}, P_{m2}, P_{m3}) \tag{4-5}$$

式中，P_{m_max} 为驱动电机峰值功率（kW）。

2. 额定功率

电机的额定功率通常由最高车速下的稳定行驶功率确定，即

$$P_e = \frac{u_{max}}{3600\eta_t}\left(mgf + \frac{C_D A u_{max}^2}{21.15}\right) \tag{4-6}$$

另外，峰值功率与额定功率通常满足公式

$$P_e = \frac{P_{m\_max}}{\lambda} \tag{4-7}$$

式中，P_e 为驱动电机的额定功率（kW）；λ 为过载系数。

3. 峰值转矩

电机的峰值转矩通常由整车的爬坡、起步等需求确定，即

$$T_{m\_max1} = \frac{mgf\cos\alpha_{max} + mg\sin\alpha_{max} + \frac{C_D A u_a^2}{21.15}}{\eta_t i_0 i_{gmax}}r \tag{4-8}$$

$$T_{\text{m\_max2}} = \frac{r}{i_0 i_{\text{gmax}} \eta_{\text{t}}} \left(mgf + \delta m \frac{\mathrm{d}u_{\text{a}}}{\mathrm{d}t} + \frac{C_{\text{D}} A u_{\text{a}}^2}{21.15} \right) \tag{4-9}$$

$$T_{\text{m\_max}} \geqslant \max(T_{\text{m\_max1}}, T_{\text{m\_max2}}) \tag{4-10}$$

式中，$T_{\text{m\_max}}$ 为电机的峰值转矩（N·m）；i_0 为主减速器传动比；i_{gmax} 为变速器的最大传动比。

在确定电机峰值转矩时，通常需要综合考虑主减速器速比和变速器最大传动比，该过程是一个多次迭代的过程。

4. 最高转速

电机最高转速应能满足整车最高车速的要求，即

$$n_{\text{m\_max}} \geqslant \frac{u_{\text{max}} i_0 i_{\text{gmin}}}{0.377r} \tag{4-11}$$

式中，$n_{\text{m\_max}}$ 为驱动电机的最高转速（r/min）；i_0 为主减速器传动比；i_{gmin} 为变速器的最小传动比，即最高档传动比；r 为车轮半径（m）。

在确定电机的最高转速时，通常需要综合考虑主减速器传动比和变速器最小传动比，该过程是一个多次迭代的过程。

5. 额定转速

驱动电机额定转速可由式（4-12）初步确定，即

$$n_{\text{me}} = \frac{n_{\text{m\_max}}}{\beta} \tag{4-12}$$

式中，n_{me} 为驱动电机的额定转速（r/min）；β 为驱动电机的扩大恒功率区系数，β 通常取值为 2~4。

另外，考虑到电机的额定参数会影响电机系统效率区的分布，通常还需参考常用车速来确定电机的额定转速。

$$n_{\text{me}} = \frac{u_{\text{c}} i_0 i_{\text{gc}}}{0.377r} \tag{4-13}$$

式中，u_{c} 为常用车速（km/h），通常根据整车的用途和常用工况确定；i_{gc} 为常用档位的传动比。

6. 额定转矩

驱动电机的额定转矩可由式（4-14）确定，即

$$T_{\text{me}} = \frac{9549 P_{\text{me}}}{n_{\text{me}}} \tag{4-14}$$

式中，P_{me} 为额定功率（kW）；T_{me} 为额定转矩（N·m）；n_{me} 为额定转速（r/min）。

另外，峰值转矩与额定转矩之比通常称为过载系数，该系数与过载时间有关，也可根据峰值转矩和过载系数确定电机的额定转矩。

4.3.3 传动系统传动比的匹配

目标构型（见图4-4）的传动系统主要由主减速器和变速器组成，通常需要根据最高车速确定最小传动比，即

$$i_0 i_{\text{gmin}} \leqslant \frac{0.377 n_{\text{m\_max}} r}{u_{\text{max}}} \tag{4-15}$$

根据最大爬坡能力，确定最大传动比，即

$$i_0 i_{gmax} \geq \frac{mgf\cos\alpha_{max} + mg\sin\alpha_{max} + \frac{C_D A u_a^2}{21.15}}{\eta_t T_{m\_max}} r \tag{4-16}$$

在确定传动系统传动比的最大值和最小值后，需要结合主减速器的资源和等比级数原则确定变速器各档的速比，这也是一个多次迭代的过程。对于单档变速器方案，变速器速比需要同时满足式（4-15）和式（4-16）。

4.3.4 动力蓄电池的匹配

动力蓄电池是整车的能量来源，其参数直接决定了整车续驶里程和动力性等性能，相应参数主要包括电池组电压、电池组能量、电池组功率、电池组容量和电池组的单体数目等。

1. 电池组电压

由于整车的电压等级会影响整车效率，电压等级越高，能量传递过程中的损耗就越小，但对高压部件的要求也越高，通常需要根据电机系统的电压等级及是否使用升压装置，来确定电池系统的电压，目前整车电压等级有逐步升高的趋势。另外，由于电动真空泵、电动助力转向、电动空调等电动附件也会消耗一定的电能，所以电池组的总电压应大于电动机的额定电压。

2. 电池组能量

电池组的能量决定了整车的续驶里程，其计算公式为

$$W_{bat} = \frac{W_v}{DOD\eta_t\eta_m\eta_{bf}(1-\tau_a)} \tag{4-17}$$

式中，W_{bat} 为电池组的能量；W_v 为行驶过程中整车克服各种阻力所需的能量；η_t 为传动系统的效率；η_m 为电机系统的效率，电机系统主要包括电机本体和驱动器两部分；η_{bf} 为电池组的放电效率；τ_a 为整车电动附件能量消耗占电池能量消耗的比例系数；DOD 为电池组的放电深度。

在设计初期，也可用等速法进行简单分析，即

$$W_v = \frac{P_v S}{v_a} \tag{4-18}$$

式中，P_v 为汽车匀速行驶时需要克服的阻力功率；S 为该工况下的续驶里程；v_a 为该工况下的车速。

车速变化的工况可划分成多个片段进行求解，每个片段内的车速基本保持恒定，即

$$W_v = \sum \frac{P_{vi} S_i}{v_{ai}} \tag{4-19}$$

由式（4-19）可知，划分片段越小，计算误差越小，但计算量也越大，这种方法适用于车速变化比较规则的工况。当采用 CLTC 等随机工况时，划分片段要求往往较高，这就需要通过软件进行计算。

3. 电池组功率

为了保证整车的动力性，电池组的最大放电功率应能满足驱动电机和其他用电设备的峰值功率，即

$$P_{bat\_max} \geq \frac{P_{m\_max}}{\eta_{bf}\eta_m} + \frac{P_A}{\eta_a} \tag{4-20}$$

式中，P_{bat_max} 为电池的最大放电功率；P_{m_max} 为电机的最大功率；η_{bf} 为电池的放电效率；η_m 为电机系统的效率；P_A 为电动附件的工作效率；η_a 为电动附件的效率。

4. 电池组容量

容量是电池组的关键参数，在匹配时，需要兼顾能量和功率的需求。

1）基于能量约束的电池容量 C_E（A·h），其计算公式为

$$C_E = \frac{1000 W_{bat}}{U_{bat}} \tag{4-21}$$

式中，U_{bat} 为电池电压（V）；W_{bat} 为蓄电池组的能量（kW·h）。

2）基于功率约束的电池容量 C_P（A·h），其计算公式为

$$C_P = \frac{1000 P_{bat\_max}}{k U_{bat}} \tag{4-22}$$

式中，k 为电池的最大放电倍率。

电池的容量应该满足

$$C_{bat} \geqslant \max(C_E, C_P) \tag{4-23}$$

5. 电池组的单体数目

电池组是通过电池单体串、并联组成的，电池单体的串、并联数量分别由电池组的电压和容量决定，即

$$N_{bt} = \frac{U_{bat}}{U_{bs}} \tag{4-24}$$

$$N_{bp} = \frac{C_{bat}}{C_{bs}} \tag{4-25}$$

式中，N_{bt}、N_{bp} 分别为电池组单体的串联数量和并联数量；U_{bs}、C_{bs} 分别为单体电池的电压和容量。

4.4 纯电动汽车的动力性和经济性评价

动力性和经济性是纯电动汽车关键部件匹配/选型和整车性能开发/测试等工作的基础。由于能量源特性的不同，相关的性能指标和测试方法与传统汽车存在较大差异。

4.4.1 动力性评价

与传统汽车类似，纯电动汽车的动力性主要涉及最高车速、加速性能和爬坡性能三个方面。

1. 最高车速

与传统汽车不同，纯电动汽车的最高车速分为 1km 最高车速和 30min 最高车速。对于乘用车，一般 1km 最高车速和 30min 最高车速不同，1km 最高车速受电驱动系统峰值功率及电机最高转速的限制，30min 最高车速受额定功率的限制；对于商用车，大多数厂商规定的 1km 最高车速和 30min 最高车速相同，最高车速一般受限于额定功率和电机最高转速。

（1）30min 最高车速试验 30min 最高车速主要用来验证电动汽车的持续高速行驶性能，通常在环形跑道或底盘测功机上测试该性能，具体试验要求如下：使符合试验要求的试

验车辆以该车 30min 最高车速估计值±5%的车速行驶 30min；试验中车速如果有变化，可通过踩加速踏板来补偿，从而使车速符合 30min 最高车速估算值±5%的要求；如果试验中车速达不到 30min 最高车速估计值的 95%，试验应重做，制造厂可以重新估计 30min 最高车速。试验后，测量车辆行驶过的里程 s_1（单位：m），并按式（4-26）计算平均 30min 最高车速 v_{30}（单位：km/h）。

$$v_{30} = \frac{s_1}{500} \tag{4-26}$$

（2）1km 最高车速试验 1km 最高车速主要用来验证电动汽车的瞬时高速行驶性能，具体试验要求如下：在直线跑道或环形跑道上，使符合试验要求的试验车辆加速，在驶入测量区之前达到最高稳定车速，并以这个车速持续行驶 1km（测量区的长度），记录车辆持续行驶 1km 的时间 t_1；随即做一次反向的试验，并记录通过的时间 t_2，并按照式（4-27）计算 1km 最高车速 v_1（单位：km/h）

$$v_1 = \frac{3600}{t} \tag{4-27}$$

式中，t 为持续行驶 1km 两次试验所测得时间的算术平均值 $(t_1+t_2)/2$，单位为 s。

如果车辆不能在两个方向上达到最高车速，可在单一方向上进行试验，但需要注意满足试验标准要求，并考虑对风速进行修正。

2. 加速性能

加速能力是指纯电动汽车从某一车速加速到另一车速的最短时间。针对不同的车型，设置了不同的车速区间。例如，对于 M1、N1 类纯电动汽车，要求通过 0~50km/h 加速试验和 50~80km/h 加速试验验证纯电动汽车的加速性能。

（1）0~50km/h 加速试验 ①将试验车辆加载到试验质量，增加的载荷应合理分布；②将试验车辆停放在试验道路的起始位置，并起动车辆；③将加速踏板快速踩到底，使车辆加速到（50±1）km/h；④如果装有离合器和变速器，将变速器置入该车的起步档位，迅速起步，将加速踏板快速踩到底，换入适当档位，使车辆加速到（50±1）km/h；⑤记录从踩下加速踏板到车速达到（50±1）km/h 的时间；⑥以相反方向行驶，再做一次相同的试验，两次试验测得时间的算术平均值就是该车的 0~50km/h 加速时间。

（2）50~80km/h 加速试验 ①将试验车辆加载到试验质量，增加的载荷应合理分布；②将试验车辆停放在试验道路的起始位置；③将试验车辆加速到（50±1）km/h，并保持行驶 0.5km 以上；④将加速踏板快速踩到底，再将车辆加速到（80±1）km/h；⑤如果装有离合器和变速器，需要注意配合离合器和变速器的操作；⑥记录从踩下加速踏板到车速达到（80±1）km/h 的时间，如果最高车速小于 89km/h，应达到最高车速的 90%，并应记录最后的车速；⑦以相反的方向行驶，再做一次相同的试验，两次试验测得时间的算术平均值就是该车的 50~80km/h 加速时间。

实际应用中，对于最高车速大于 100km/h 的电动汽车，常考察 0~100km/h 的加速性能，对于最高车速大于 120km/h 的电动汽车，则还应考察 80~120km/h 的加速时间。

3. 爬坡性能

（1）爬坡车速试验 爬坡车速测试通常在测功机上进行，具体试验要求如下：①将试验车辆加载到最大设计总质量，并保证载荷合理分布；②将试验车辆置于测功机上，对测功机进行必要的调整，使其适合试验车辆最大设计总质量；③调整测功机使其增加一个相当于

4%坡度的附加载荷；④将加速踏板踩到底，通过加速或适当变速档位使车辆加速；⑤确定试验车辆能够达到并能持续行驶1km的最高稳定车速，同时记录持续行驶1km的时间 t；⑥试验完成后，停车检查各部位有无异常现象发生，并用式（4-28）计算实际爬坡最高车速

$$v_2 = \frac{3600}{t} \tag{4-28}$$

式中，v_2 为实际爬坡最高车速（km/h）；t 为持续行驶1km所测得的时间（s）。

除了4%的坡度外，通常还需测试12%坡度下的爬坡车速，其他坡度的情况，可根据厂家的要求测试，各坡度下的测试方法是相同的。

（2）坡道起步能力试验 坡道起步能力具体指电动汽车能在特定坡道上起步且1min内可至少行驶10m的最大坡度，具体试验要求如下：①将试验车辆加载到最大设计总质量；②选定的坡道应有10m的测量区，测量区应提供起步区域；③将试验车辆放置在起步区域；④选定的坡度角尽可能地近似于整车厂规定的最大爬坡度对应的角度 α_0；⑤以至少10m/min的速度通过测量区；⑥如果车辆装有离合器和变速器，应用最低档起动车辆并以至少10m/min的速度通过测量区。

当试验场地的坡度角 α_1 与 α_0 有差别时，可根据式（4-29）通过增减装载质量的方法进行修正：

$$\Delta m = m \frac{\sin\alpha_0 - \sin\alpha_1}{\sin\alpha_1 + R} \tag{4-29}$$

式中，m 为试验时的车辆最大设计总质量；R 为滚动阻尼系数，一般为0.01。

4.4.2 经济性评价

纯电动汽车的经济性是影响其普及应用的关键因素，常以目标行驶工况下的能量消耗率和续驶里程为评价指标。能量消耗率是指电动汽车经过规定的试验循环后对动力蓄电池重新充电至试验前的容量，用从电网上得到的电能除以行驶里程所得的值。续驶里程是指电动汽车在动力蓄电池完全充电状态下，在一定的行驶工况下，能连续行驶的最大距离，常用的续驶里程又分为标定续驶里程和实际续驶里程。

1. 行驶工况

行驶工况对汽车的开发至关重要，它是车辆能耗/排放测试方法和限值标准制定的依据，也是国家节能减排战略实现和企业技术路线选择的重要技术支撑，直接影响汽车在实际道路、环境条件下的能耗、舒适性和可靠性。合理的行驶工况可以为车型的开发提供基准，使型式认证的能耗/排放与中国车辆实际运行中的能耗/排放更加接近；有利于引导节能环保技术的导入和匹配优化，实现真正意义上的节能减排；有利于国家对车辆实际能耗排放进行合理有效地评估和监管。

我国常用的工况有新欧洲行驶工况（new european driving cycle，NEDC）、中国轻型汽车测试工况（China light test cycle，CLTC）、中国重型车商用车测试工况（China heavy-duty commercial vehicle test cycle，CHTC）、世界统一轻型车辆测试循环（world light vehicle test cycle，WLTC）等。

（1）NEDC工况 NEDC工况是欧洲的经济性测试标准工况，主要在欧洲、中国、澳大利亚使用。NEDC工况由市区工况（UDC）和市郊工况（EUDC）组成，工况总时间为1180s，0~800s为市区循环，800s之后为郊区循环，如图4-14所示。

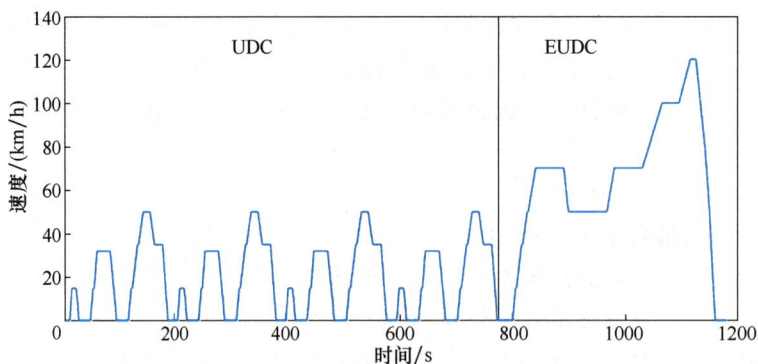

图 4-14　NEDC 工况

　　市区工况由四个欧洲经济委员会（ECE）循环单元组成，相应的最高车速为 50km/h，平均车速为 18.77km/h，每个 ECE 循环时间为 195s，共行驶 4.052km，相应的统计数据见表 4-2。市郊工况的平均车速为 62.6km/h，有效行驶时间为 400s，共行驶 6.956km，相应的统计数据见表 4-3。NEDC 工况是一种稳态工况，整车主要处于匀速、匀加速、匀减速和停车四种状态，这与实际工况有较大差距，基于 NEDC 工况测得的整车经济性往往要比实际情况好，这种现象在我国更明显。为此，我国在实车测试中逐步开发了与实际情况更接近的 CLTC 等工况，但是目前汽车能耗/排放测试的认证中，仍然采用了 NEDC 工况。

表 4-2　市区循环

运转次序	操作状态	工况序号	加速度 /(m/s²)	速度 /(km/h)	操作时间 /s	工况时间 /s	累计时间 /s
1	停车	1	0.00	0	11	11	11
2	加速	2	1.04	0~15	4	4	15
3	等速	3	0.00	15	8	8	23
4	减速	4	−0.83	15~0	5	5	28
5	停车	5	0.00	0	21	21	49
6	加速	6	0.69	0~15	6	12	55
7	加速		0.79	15~32	6		61
8	等速	7	0.00	32	24	24	85
9	减速	8	−0.81	32~0	11	11	96
10	停车	9	0.00	0	21	21	117
11	加速	10	0.69	0~15	6	26	123
12	加速		0.51	15~35	11		134
13	加速		0.46	35~50	9		143
14	等速	11	0.00	50	12	12	155
15	减速	12	−0.52	50~35	8	8	163
16	等速	13	0.00	35	15	15	178
17	减速	14	−0.97	35~0	10	10	188
18	停车	15	0.00	0	7	7	195

（续）

工况统计	数值	占总时间的百分比（%）
停车时间/s	60	30.77
加速时间/s	42	21.54
等速时间/s	59	30.26
减速时间/s	34	17.43
总时间/s	195	100.00
平均车速/（km/h）	18.77	—
一个基本城市循环的工作时间/s	195	—
一个城市循环的工作时间/s	780	—
一个基本城市循环的理论行驶距离/m	1017	—
一个城市循环的理论行驶距离/m	4067	—

表 4-3　市郊循环

运转次序	操作状态	工况序号	加速度/（m/s²）	速度/（km/h）	操作时间/s	工况时间/s	累计时间/s
1	停车	1	0.00	0	20	20	20
2	加速	2	0.69	0~15	6	41	26
3	加速		0.51	15~35	11		37
4	加速		0.42	35~50	10		47
5	加速		0.40	50~70	14		61
6	等速	3	0.00	70	50	50	111
7	减速	4	-0.69	70~50	8	8	119
8	等速	5	0.00	50	69	69	188
9	加速	6	0.43	50~70	13	13	201
10	等速	7	0.00	70	50	50	251
11	加速	8	0.24	70~100	35	35	286
12	等速	9	0.00	100	30	30	316
13	加速	10	0.28	100~120	20	20	336
14	等速	11	0.00	120	10	10	346
15	减速	12	-0.69	120~80	16	34	362
16	减速		-1.04	80~50	8		370
17	减速		-1.39	50~0	10		380
18	停车	13	0.00	0	20	20	400

工况统计	数值	占总时间的百分比（%）
停车时间/s	40	10.00
加速时间/s	109	27.25
等速时间/s	209	52.25
减速时间/s	42	10.50
总时间/s	400	100.00

（续）

工况统计	数值	占总时间的百分比（%）
平均车速/（km/h）	62.60	—
工作时间/s	400	—
理论行驶距离/m	6956	—
整个循环的平均速度/（km/h）	33.6	—

（2）WLTC工况　WLTC循环更接近于实际驾驶工况，它在欧洲、美国、日本、韩国和印度五个地区车辆的实际行驶工况的基础上，还考虑了M1、M2、N1类车辆在各种类型道路和不同驾驶条件下的大量数据。

与NEDC工况相比，WLTC标准的模拟场景更复杂，分为低速、中速、高速和超高速四种场景，最高速度分别为56.5km/h、76.6km/h、97.4km/h、131.3km/h，持续时间分别为589s、433s、455s、323s，如图4-15所示。由于相关速度的变化更接近实际情况，2020年WLTC工况已替代NEDC工况，成为欧洲主流的测试工况。

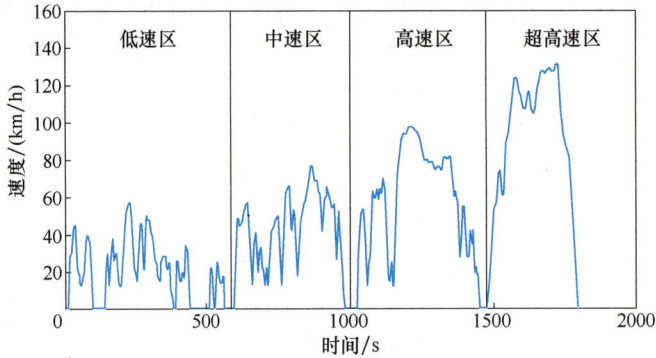

图 4-15　WLTC工况

（3）CLTC工况　CLTC工况是我国针对轻型汽车实际运行情况开发的测试工况，根据车型的不同又分为针对轻型乘用车的CLTC-P工况和针对轻型商用车的CLTC-C工况。

CLTC-P工况如图4-16所示，工况时长为1800s，工况里程为14.48km，最高车速为114.0km/h，平均车速为28.96km/h，按照速度最高区间主要分为1部、2部和3部三个区间，分别占比37.4%、38.5%和24.1%，最大加速度为1.47m/s²，最大减速度为-1.47m/s²，加速比例为28.61%，减速比例为26.44%，匀速比例为22.83%，怠速比例为22.1%。

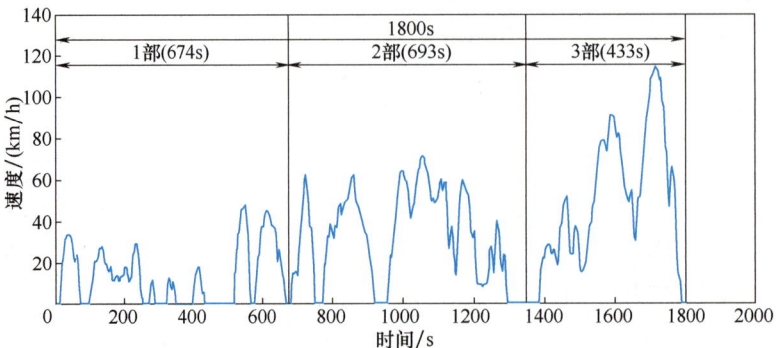

图 4-16　CLTC-P工况

CLTC-C 工况如图 4-17 所示，工况时长为 1800s，工况里程为 16.43km，最高车速为 92km/h，平均车速为 32.87km/h，按照区间最高车速主要分为 1 部、2 部、3 部三个速度区间，分别占比 40.8%、34.2% 和 25%，最大加速度为 1.36m/s^2，最大减速度为 −1.39m/s^2，加速比例为 23.28%，减速比例为 23.67%，匀速比例为 32.72%，怠速比例为 20.33%。

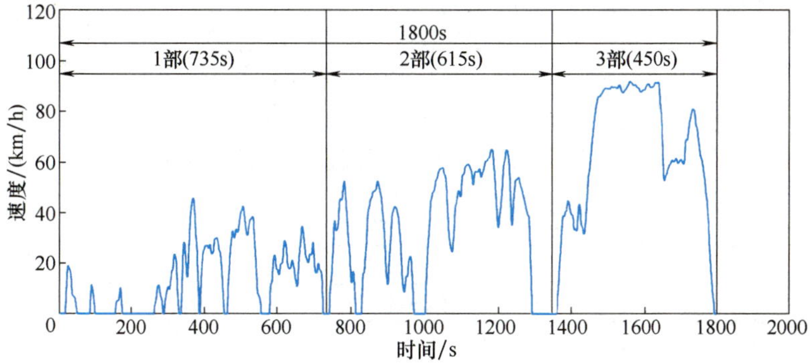

图 4-17　CLTC-C 工况

（4）CHTC 工况　近年来，商用车电动化成为商用车发展的一大趋势，对于不同的商用车，行驶工况差别较大。例如，城市客车与长途客车相比，平均车速和最高车速均明显要低；自卸车和半挂牵引车也存在类似的情况。如果不加区别地进行测试，会导致相应整车的开发和测试与实际情况不符。为此，我国针对不同的车型和应用场景制定了图 4-18 所示的 CHTC 工况，具体包括中国城市客车行驶工况 CHTC-B、中国普通客车行驶工况 CHTC-C、中国货车（车辆总质量 GVW≤5500kg）行驶工况 CHTC-LT、中国货车（GVW>5500kg）行驶工况 CHTC-HT、中国自卸汽车行驶工况 CHTC-D、中国半挂牵引车行驶工况 CHTC-TT，各工况的主要特征数据见表 4-4。

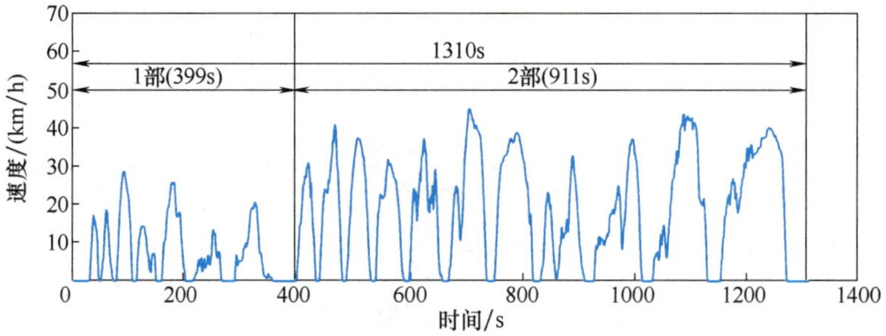

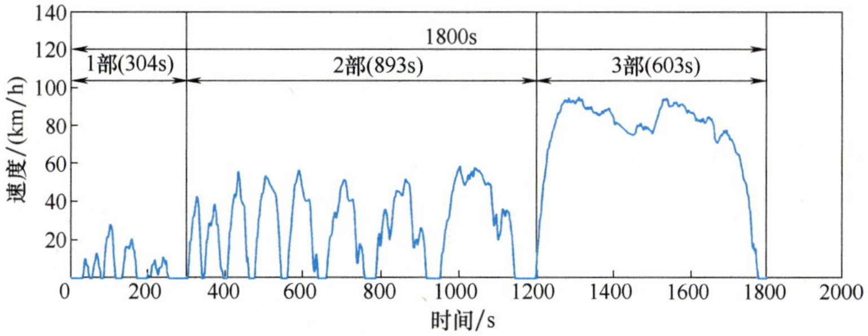

图 4-18　CHTC 工况

a）中国城市客车行驶工况（CHTC-B）　b）中国普通客车行驶工况（CHTC-C）

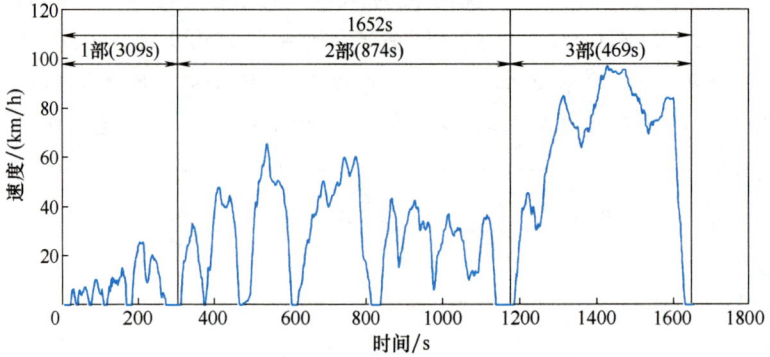

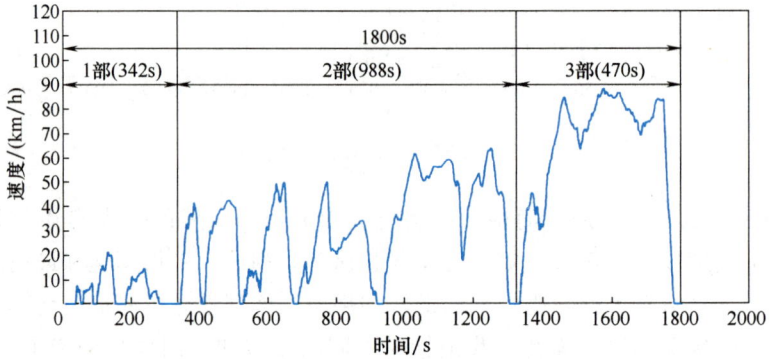

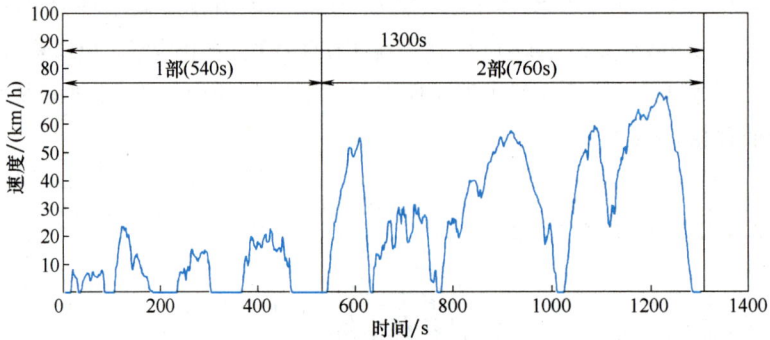

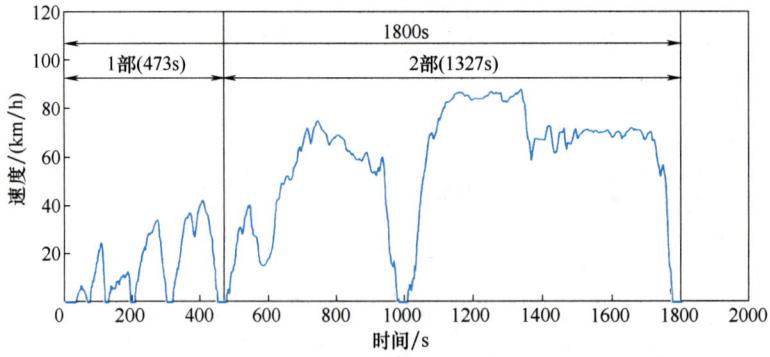

图 4-18　CHTC 工况（续）

c）中国货车（GVW≤5500kg）行驶工况（CHTC-LT）　d）中国货车（GVW>5500kg）行驶工况（CHTC-HT）

e）中国自卸汽车行驶工况（CHTC-D）　f）中国半挂牵引车列车行驶工况（CHTC-TT）

表 4-4　CHTC 工况的主要特征数据

工况类型	CHTC-B	CHTC-C	CHTC-LT	CHTC-HT	CHTC-D	CHTC-TT
工况时长/s	1310	1800	1652	1800	1300	1800
工况里程/km	5.49	19.62	15.88	17.33	8.37	23.22
最高车速/(km/h)	45.6	95.70	97.00	88.50	71.40	88.00
平均车速/(km/h)	15.08	39.24	34.62	34.65	23.19	46.44
最大加速度/(m/s^2)	1.26	1.25	1.14	1.14	1.24	0.81
最大减速度/(m/s^2)	-1.32	-1.28	-1.17	-1.21	-1.08	-1.04
加速比例(%)	29.16	26.22	27.78	24.22	24.00	17.44
减速比例(%)	25.88	22.56	23.55	18.06	22.08	15.78
匀速比例(%)	22.60	33.00	36.32	44.00	33.69	58.17
怠速比例(%)	22.37	18.22	12.35	13.72	20.23	8.61

（5）美国 EPA 工况　EPA 工况是美国用来衡量乘用车（不包括轻型卡车和重型车辆）尾气排放和燃油经济性的测试程序，由美国环保署（environmental protection agency，EPA）制定。EPA 工况主要包括：城市工况（FTP-75）、高速工况（HWFET）、激烈驾驶工况（SFTP US06）、空调使用工况（SFTP SC03）。通过五轮测试并计算平均值后，还需要考虑风阻等其他影响能耗的变量，再按 55% 的城市工况、45% 的高速工况加权，得出最终的结果。该工况的测试比较接近实际情况，相应的测试方法具有一定的借鉴意义。

1）城市工况。如图 4-19 所示，其速度曲线主要分为冷起动过渡阶段、稳态阶段和热起动过渡阶段。该工况的持续时间为 1877s，行驶距离为 17.77km，平均车速为 34.12km/h，最高车速为 91.25km/h。

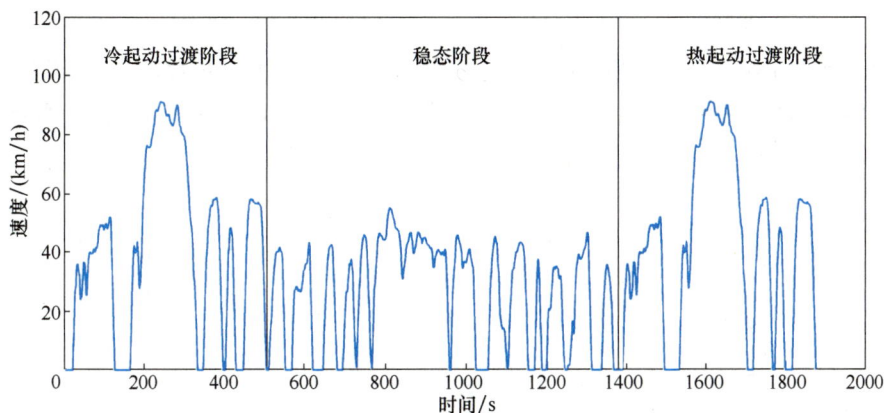

图 4-19　城市工况（FTP-75）

2）高速工况。如图 4-20 所示，该工况持续时间为 765s，总行驶距离为 16.45km，平均车速为 77.7km/h，最高车速为 96.4km/h。在测试时，要求高速工况测试运行两次，两次运行之间的最大间隔时间为 17s，第一次运行是车辆预处理，第二次运行是实际测试。

3）激烈驾驶工况。激烈驾驶工况是为了弥补 FTP-75 工况在激烈驾驶、高速行驶或者猛烈加速等方面的一些不足而设计的，如图 4-21 所示。该工况持续时间为 596s，总行驶距离为 12.8km，平均车速为 77.9km/h，最高车速为 129.2km/h。

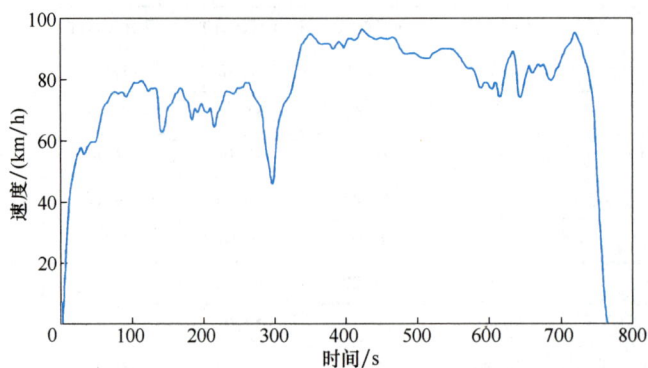

图 4-20　高速工况（HWFET）

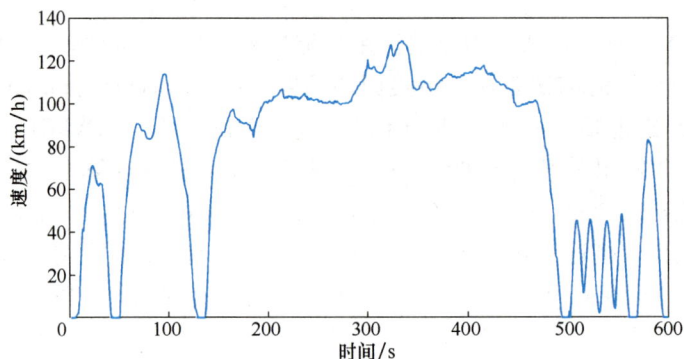

图 4-21　激烈驾驶工况（SFTP US06）

4）空调使用工况。空调使用工况是为了分析空调使用对整车排放的影响而设置的工况，如图 4-22 所示。该工况的持续时间为 596s，行驶距离为 5.8km，平均车速为 34.8km/h，最高车速为 88.2km/h。

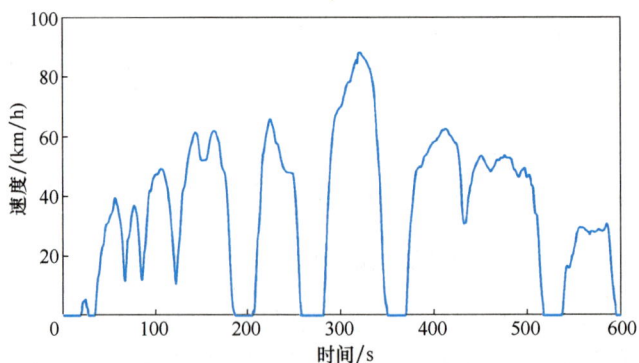

图 4-22　空调使用工况（SFTP SC03）

（6）工况的选用　乘用车 NEDC 工况、WLTC 工况、CLTC-P 工况的对比如图 4-23 所示，循环时间、平均车速等主要特征参数对比见表 4-5。

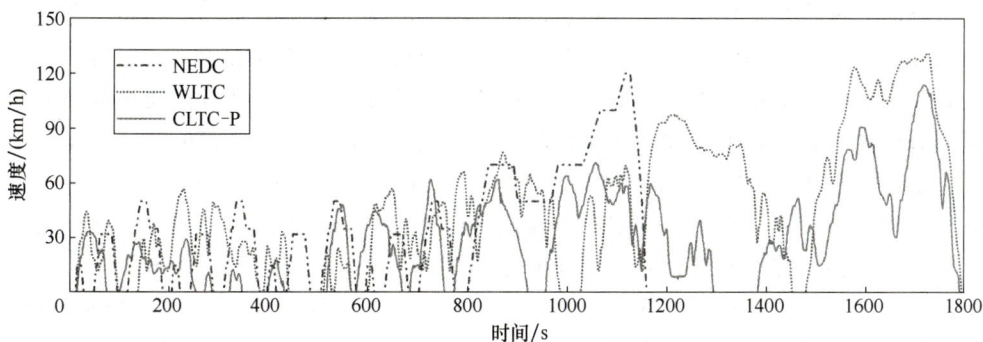

图 4-23 乘用车 NEDC 工况、WLTC 工况、CLTC-P 工况的对比图

表 4-5 乘用车 NEDC 工况、WLTC 工况、CLTC-P 工况的主要特征参数对比

工况类型	NEDC	WLTC	CLTC-P
单次循环时间/s	1120	1800	1800
单次循环距离/km	10.93	23.27	14.48
全程平均速度/(km/h)	33.2	46.5	28.9
行驶平均速度/(km/h)	44.3	53.5	37.7

在整车开发时，选用合适的工况至关重要，需要根据具体车型及实际应用情况进行选择。由表 4-6 可知，同一款乘用车在不同工况下的能量消耗和续驶里程差别较大，因此，在整车开发时，整车厂应根据目标车型的实际情况合理选择开发工况，甚至根据实际情况采集相关工况，以保证整车开发更有针对性。

表 4-6 同一款乘用车在不同工况下的经济性对比表

性能参数	数值
WLTC 工况续驶里程/km	436
NEDC 工况续驶里程/km	529
CLTC-P 工况续驶里程/km	562
WLTC 工况能量消耗率/(kW·h/100km)	16.5
NEDC 工况能量消耗率/(kW·h/100km)	13.6
CLTC-P 工况能量消耗率/(kW·h/100km)	12.8

2. 续驶里程

对于续驶里程的测试，不同的车型采用的工况和试验条件均不相同，而测试工况不同也会影响相应的测试流程。下面以 M1 类车辆在 NEDC 工况下的续驶里程测试为例进行说明。

在进行续驶里程测试前，首先要完成试验准备工作，具体包括确认整车的试验质量、车辆条件、环境温度、试验档位、电池充电状况等工作。例如，M1 类车辆的试验附加质量为 100kg；轮胎应选用原装配件，并按制造厂推荐的轮胎最大试验负荷和最高试验速度对应的充气压力进行充气；除驱动用途外，所有的储能系统应充至制造厂规定的最大值（电能、液压、气压等）；试验驾驶员应按照车辆制造厂推荐的操作程序使动力蓄电池在正常温度下工作；试验前，试验车辆应至少用安装在试验车辆上的动力蓄电池行驶 300km；进行室内试验时，温度需要控制在 20~30℃；试验时，如果厂家推荐的车辆驾驶模式能够与工况参考曲线相配合，则使用厂家推荐模式；如果厂家推荐模式不能满足工况参考曲线要求，则选用最高车速更高的模式；测试前，要按照车辆制造厂规定的充电规程，使蓄电池达到完全充电状态，在此之后需要放置 12h，才能开始进行试验，放置时温度保持在 20~30℃。

在测功机上按照 NEDC 工况规定的车速进行试验，当实际车速不能满足目标车速公差下限时，应停止试验。除非有其他规定，每 6 个工况试验循环允许停车（10±1）min，停车期间车辆起动开关应处于"OFF"状态，关闭发动机舱盖，关闭试验台风扇，释放制动踏板，不能使用外接电源充电。在试验循环工况结束，车辆停止时，记录试验车辆驶过的距离和所用时间。

基于工况法的续驶里程测试，实际车速与目标车速之间的误差大小，是影响其续驶里程测试的一个关键要素，为了便于后续的对比分析，通常需要记录试验期间车辆所能达到的最高车速、平均车速和行驶时间。

3. 能量消耗率

能量消耗率的计算是在续驶里程的基础上进行的，当车辆通过等速法或工况法测得续驶里程时，充电期间测量来自电网的电能与试验所测续驶里程的比值，即为能量消耗率，其计算公式为

$$C = \frac{E}{D} \tag{4-30}$$

式中，C 为能量消耗率（W·h/km）；E 为充电期间来自电网的能量（W·h）；D 为续驶里程（km）。

4.5 整车控制系统

4.5.1 整车控制系统概述

由电动汽车的工作原理可知，要保证其动力性、经济性、安全性、舒适性等性能，就需要通过整车控制器（vehicle control unit，VCU）合理协调动力系统、高压供电系统、充电系统、电动附件等部件的工作。通信网络是电动汽车整车控制系统的关键，典型的通信网络如图 4-24a 所示。VCU 通过 CAN 总线与电池管理系统（BMS）、电机控制器（MCU）、变速器控制器（TCU）、充电机控制器、ABS/ESP 控制器、电动助力转向控制器等相关的电动附件控制系统相连。除了通信网络的连接外，VCU 还通过信号线与制动踏板传感器、加速踏板传感器、钥匙开关、空调开关等相连。如图 4-24b 所示，VCU 以相关控制器和传感器输出的整车/总成状态信息为输入，经过整车控制算法的运算和决策，来控制相应执行机构的运行，同时监测其他各总成的运行状态，并对运行过程中发生的故障做出相应的处理，从而保证汽车安全、高效的运行。

整车控制器主要由硬件和软件组成。硬件包括壳体和硬件电路，壳体主要用于硬件电路的保护以及密封，要满足防水、防尘等清洁要求，也要满足避免跌落、振动等机械要求；硬件电路主要由主控芯片及相应的时钟电路、复位电路、电源模块组成，一般还配备数字信号

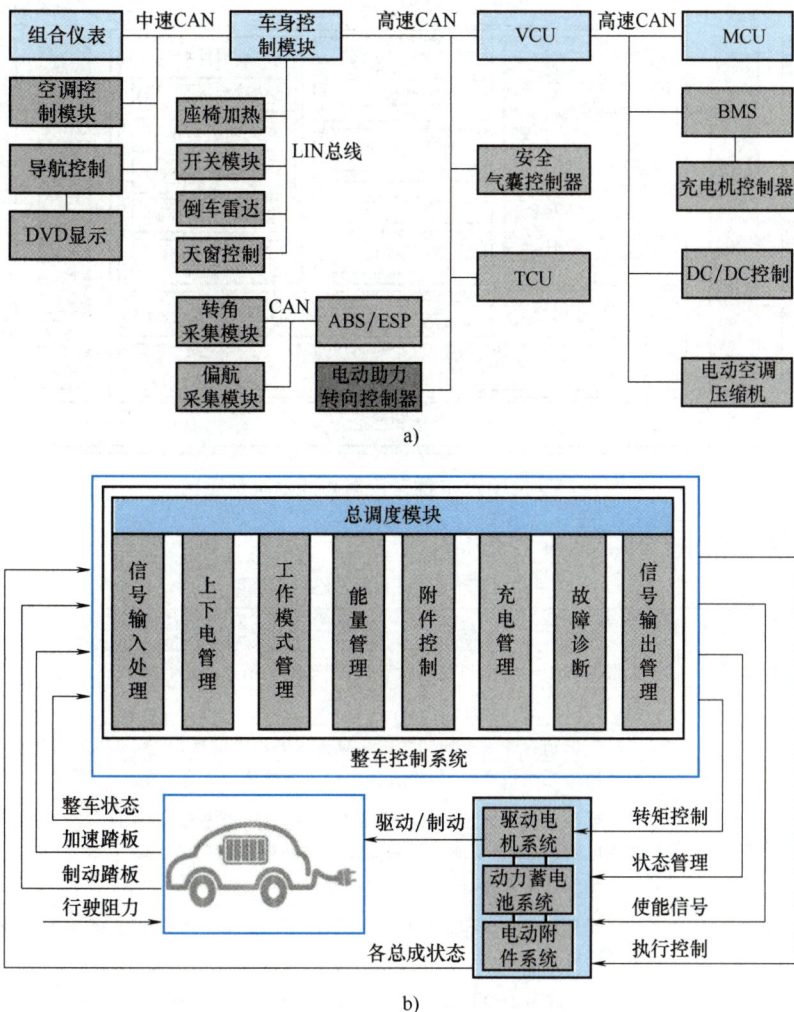

图 4-24 电动汽车整车控制系统示意图

a) 整车通信网络示例 b) 整车控制系统原理示意图

/模拟信号处理电路、频率信号处理电路和通信接口电路等。整车控制软件包括应用层软件和底层软件，两者一般由 C 语言编写。应用层软件是上层控制策略，主要负责根据车辆状态和驾驶员意图实时控制能量流向和分配比例。底层软件主要负责单片机初始化设置、CAN 总线信号的实时收发和输入、输出信号的实时处理与诊断。

4.5.2 整车控制软件

1. 整车控制软件架构

如图 4-25 所示，纯电动汽车整车控制系统的功能主要包括车辆运行模式管理、车辆转矩管理、电动附件控制、整车能量管理、档位管理、上下电控制、高压安全监控、故障诊断及故障处理、车辆防盗等。

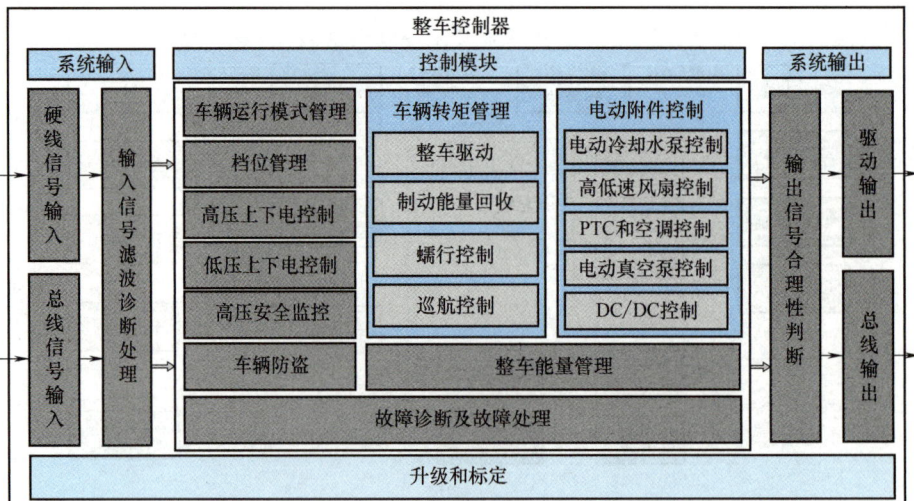

图 4-25　电动汽车整车控制功能模块示意图

整车控制系统的主要功能模块见表 4-7。

表 4-7　整车控制系统的主要功能

序号	功能	描述
1	车辆运行模式管理	根据驾驶人操作和整车状态,控制车辆在不同的运行模式下工作,包括怠速、蠕行、起步、加速、减速、滑行、制动等
2	档位管理	用于识别驾驶人由换档操纵装置输入的档位信息,并实现档位互锁功能,尤其在前进档和倒档之间切换时,需设置相应的防护措施
3	高压上下电控制	主要用于按照设定的上下电控制策略,直接或通过 CAN 报文间接控制与上下电相关的继电器,完成整车或部件的高压供电或断电,例如,起动车辆时,控制高压预充电;发生停车或行车致命故障时,合理切断整车高压电,以尽可能保证乘员和车辆安全
4	低压上下电控制	根据驾驶人操作和整车状态,按照设定的低压上下电策略,控制整车或部件的低压供电或断电
5	高压安全监控	在针对系统安全检测功能进行计算的基础上,监控整车高压系统的安全状态,当高压安全系统出现问题时,及时采取保护措施
6	充电监控	结合 BMS 对动力电池充电进行管理,监控充电过程,处理异常状况;充满电后 VCU、BMS 和充电机自动进入休眠状态;充电时,禁止 MCU 工作,充电监控包括交流充电监控和直流充电监控
7	整车驱动	根据驾驶人操作和整车状态获取驾驶人需求转矩,并协调整车其他转矩需求,最终经过转矩滤波之后输出;同时保证制动优先的原则,一旦检测到制动信号,则忽略加速踏板信号,整车进入制动模式
8	制动能量回收	在保障制动距离足够短和高压部件(包括动力蓄电池)安全的前提下,尽量多地回收制动能量,主要包括获取驾驶人需求制动力矩和机械制动与电动制动的合理分配控制
9	蠕行控制	根据驾驶人操作,通过控制电机输出转矩,将车速控制在一定范围内,用于实现整车低速行驶
10	巡航控制	通过巡航按钮设定目标车速,使车辆以恒定的速度行驶,并且按照一定的机制及时退出巡航模式
11	整车能量管理	根据驾驶人操作和整车/总成状态,协调电机驱动系统、储能系统及其他大功率用电装置(如空调、PTC 等),以有效优化整车的能量利用率,进而获得最大的续驶里程

（续）

序号	功能	描述
12	附件控制	根据驾驶人操作和整车/总成状态,合理控制电动真空泵、电动冷却水泵、DC/DC、高低速风扇、PTC、空调及其他车载附件的工作
13	整车状态监控和显示	通过传感器和CAN总线,检测车辆状态及各子系统的状态,通过显示仪表将状态信息和故障诊断信息显示给驾驶人
14	网络管理	接收、发送、转发各类报文,管理网络节点,监控网络状态
15	续驶里程计算	根据整车状态计算车辆的剩余续驶里程,并累计车辆总里程
16	故障诊断及故障处理	检测传感器、执行器和VCU功能等相关的故障;当有故障发生时,需将故障信息记录在非易失存储器中,并通过点亮故障指示灯、触发蜂鸣器等方式反馈给驾驶人;同时,需要设置合理的故障应对措施,包括降功率、跛行、切断高压供电等
17	输入/输出信号处理	对输入/输出信号进行数值转换、消抖、滤波等处理
18	升级和标定	支持基于CAN总线的bootloader更新应用程序以及CCP标定
19	其他功能	如防盗、防溜坡等功能

2. 车辆转矩管理模块

车辆转矩管理模块是电动汽车整车控制软件的核心,如图4-26所示,典型的转矩控制主要包括需求转矩分析、转矩协调控制、转矩限制控制、冗余转矩计算、转矩监控等环节。在需求转矩分析阶段,整车控制器根据加速踏板开度、制动踏板开度和电机转速等信号,结合电机效率图、驾驶模式等信息,通过计算得到相应的理想需求转矩;当处于巡航模式时,则根据设定车速和实际车速,计算得到理想需求转矩。

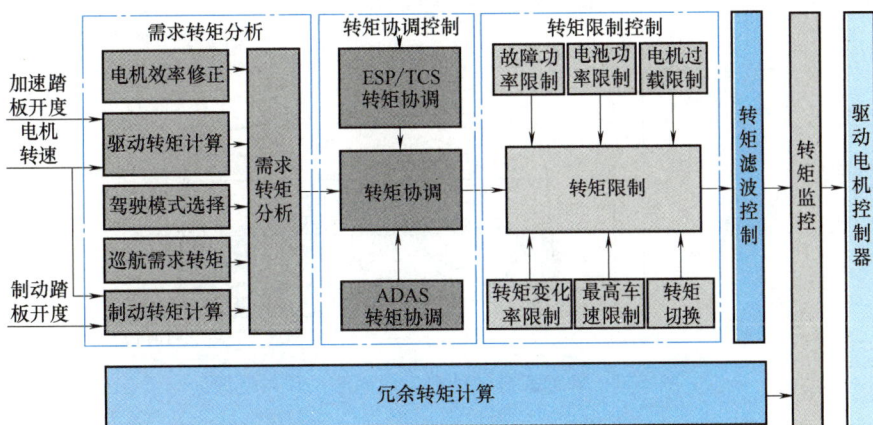

图 4-26 电动汽车转矩管理模块示意图

考虑到整车行驶的稳定性和安全性需求,上述转矩通常不能直接用于控制驱动电机转矩,而需要综合考虑车身稳定性控制（ESP）、牵引力控制（TCS）、自动驾驶、辅助驾驶等系统对驱动转矩的需求,对多个转矩需求进行协调分析,根据各个需求的优先级,输出目标转矩。为了保证总成/整车安全和舒适性等性能,相应的目标转矩值,还需要考虑相关因素对电机输出转矩的限制,如电池功率、电机过载、最高车速等因素,对电机输出转矩的限制；如果总成发生故障，相应的输出转矩也应被限制；为了保证整车的舒适性，需要对转矩变化率进行限制；当整车驱动模式发生切换时，也需要考虑转矩切换对整车舒适性的影响；由转矩限制模块输出的转矩将输入给转矩滤波控制模块。在实际应用中，整车转矩计算的准确性会直接影响整车的驾驶性，甚至行车安全，因此，通常设置冗余转矩计算模块，该模块的输入信号和计算流程与常规转矩控制模块相同，可通过冗余转矩计算模块输出转矩与常规转矩控制模块输出转矩的对比，来判断转矩计算是否正常，部分设有主副芯片的整车控制器，常将冗余转矩计算模块置于副芯片中，从而能进一步保证整车控制器软硬件的可靠性，相应的模块称为转矩监控模块。转矩监控模块输出的转矩信号将输入给驱动电机控制器，以控制驱动电机的转矩输出。

3. 制动能量回收模块

作为新能源汽车节能的主要手段，制动能量回收系统可把原本通过摩擦消耗掉的制动能量通过驱动电机回收利用，而这部分能量可占驱动整车所消耗能量的30%以上。目前，市场上的制动能量回收系统方案分为耦合式和解耦式两种。其中，耦合式制动能量回收系统（CRBS）因具有结构简单、实现容易、价格低的特点，而得到了广泛应用，但由于其施加给车辆的实际制动力大于驾驶员需求，而限制了所施加电机制动力的大小，这导致其制动能量回收效果有限，且制动感觉一致性不好；解耦式制动能量回收系统（URBS）则可通过电机制动力与机械制动力的耦合来准确满足驾驶员的制动需求，因此，该方案具有制动能量回收率高和制动感觉一致性好的优势，但需要在传统制动系统中增加解耦装置，并开发相应的控制策略，甚至重新设计制动系统，开发费用较高、难度较大。

解耦式制动能量回收系统的工作原理如图4-27所示，图中A线表示驾驶员松开加速踏板，B线表示驾驶员踩下制动踏板，C线表示车速，D线表示车辆制动减速度，E区域表示由电机提供的制动力矩，F线表示与制动踏板开度相对应的制动力矩需求，即驾驶员制动需求，G和H区域表示由传统制动系统提供的机械制动力矩。

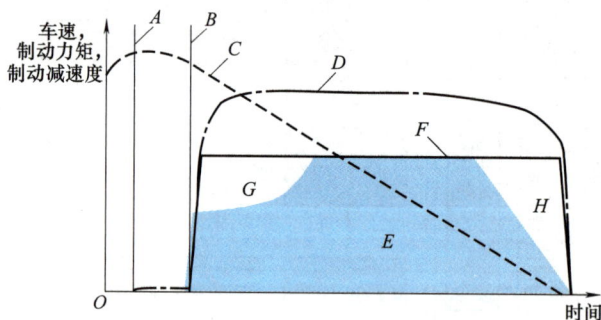

图 4-27 解耦式制动能量回收系统工作原理图

在制动开始阶段，电机所能提供的最大制动力矩不能完全满足驾驶员需求，此时电机输出最大制动力矩，不足部分由机械制动力矩提供，两者共同满足驾驶员的制动需求，属于互补关系；当电机可输出的制动力矩大于驾驶员需求时，制动力矩全部由电机提供，机械制动力矩为0；当车速较低时，电机的效率降低，此时电机制动力矩逐步减小，而机械制动力矩逐步增大，但两者之和一直等于驾驶员需求制动力矩，直到停车。总之，在整个解耦式制动能量回收过程中，施加到车轮上的实际制动力矩完全等于驾驶员需求力矩，制动能量回收系统可通过控制前后轴制动力的分配及驱动轴电机制动力与机械制动力的分配，实现制动能量回收。

要实现图 4-27 所示的解耦式制动能量回收功能，应在总体制动力满足驾驶员需求的前提下，实现机械制动力和电机制动力的合理分配，而系统硬件是实现制动力分配的基础。

图 4-28 以纯电动汽车为例，说明实现解耦式制动能量回收系统的硬件方案，其核心部件主要包括两部分：一是踏板感觉模拟器，用于在制动能量回收过程中为驾驶员提供与传统制动系统相同的踏板感觉，同时储存制动能量回收过程中因电机参与制动而产生的来自制动主缸的多余制动液；二是机械制动压力调节单元，用来实现对机械制动压力的主动调节，即增压、保压、减压。

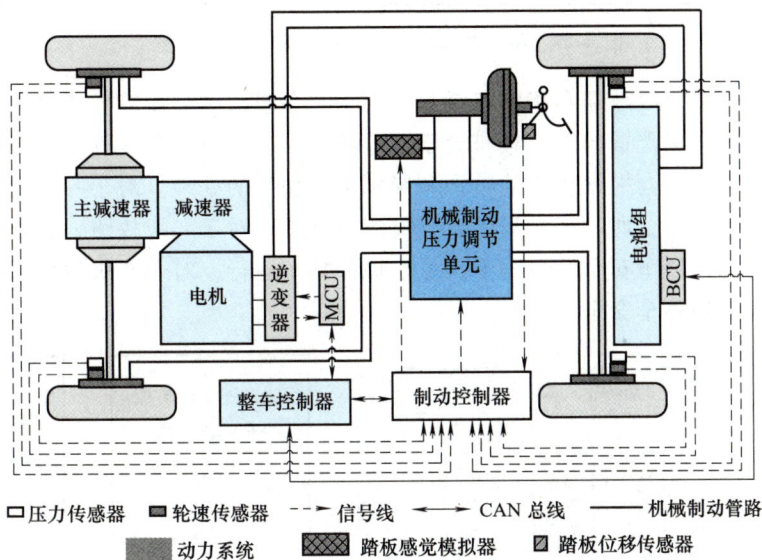

图 4-28 解耦式制动能量回收系统的硬件需求

目前，常用的方案多基于 ABS/ESP 系统实现制动压力的调节，相应的控制流程如图 4-29 所示。在此过程中，需要考虑两个方面：一是轴间制动力的分配，二是驱动轴上摩擦制动力和电机制动力的分配。两者直接影响到整车的制动性能及制动能量回收效果。

1）轴间制动力分配需要综合考虑的因素：①ECE R13 等制动法规对前后轴制动力分配的规定；②轴间及轮间制动力切换对制动平顺性的影响；③制动防抱死（ABS）对制动能量回收功能的限制。

2）驱动轴上摩擦制动力和电机制动力的分配需综合考虑的限制因素：①动力总成的能力限制，如电机所能提供最大制动力矩的限制；②能量存储系统的能力限制，如电池对最大充电电流的限制，即最大充电功率的限制；③制动能量回收效率的限制；④制动防抱死功能的限制。

4. 故障诊断及故障处理模块

故障诊断和故障处理是保障电动汽车安全运行的关键，整车控制器会根据整车运行状态、输入信号及各总成输出的故障信息进行综合分析判断，从而确定故障类别和故障等级。故障诊断及故障处理流程如图 4-30 所示。故障类别按照总成特点可分为低压系统故障、通信系统故障、高压系统故障和动力系统故障等；按照故障对整车安全行驶影响的严重程度，又可分为一级故障、二级故障、三级故障等，一级故障通常指整车或总成发生了轻微故障但

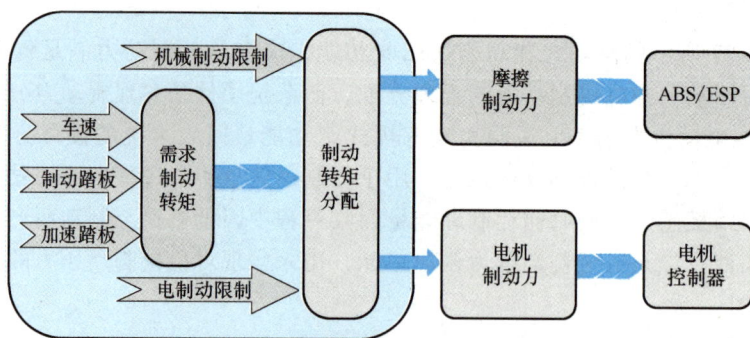

图 4-29　解耦式制动能量回收控制流程示意图

不影响正常行驶；二级故障通常指整车或总成发生了一般故障，影响整车性能；三级故障通常指整车或总成发生了严重故障，整车处于危险状态，会影响整车或驾驶安全。在完成了故障分类和分级后，整车会根据故障的类别和级别进行相应的处理。对于一级故障，通常不会影响整车的正常行驶，会通过声光报警装置提醒驾驶员；对于二级故障，通常选择对整车进行限功率运行，以在整车安全的情况下，尽量保证整车运行；对于三级故障，需要立即停止整车运行，以免影响整车安全。

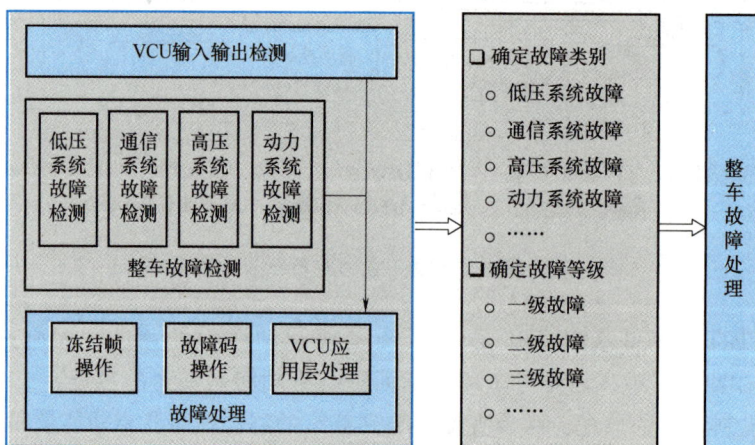

图 4-30　故障诊断及故障处理流程

4.5.3　整车控制系统的开发流程

1. V 流程开发模式

随着人们对电控系统开发效率/成本要求的提高和快速原型、硬件在环等手段的普及应用，V 流程开发模式（见图 4-31）已基本取代了传统"串行"开发模式（见图 4-32），成为控制系统开发的主流。该开发方法早期主要包括功能设计和离线仿真、快速原型开发、目标代码自动生成、硬件在环试验及系统标定和测试等环节。

（1）**功能设计和离线仿真**　功能设计和离线仿真是通过系统建模及仿真工具，将被控对象描述成计算机数学模型，建立逻辑驱动关系；利用仿真分析功能验证模型和算法的准确性，仿真模型的搭建也是整个 V 流程开发的基础。

（2）**快速原型开发**　快速原型开发是在开发初期阶段，快速地建立控制对象和控制器模

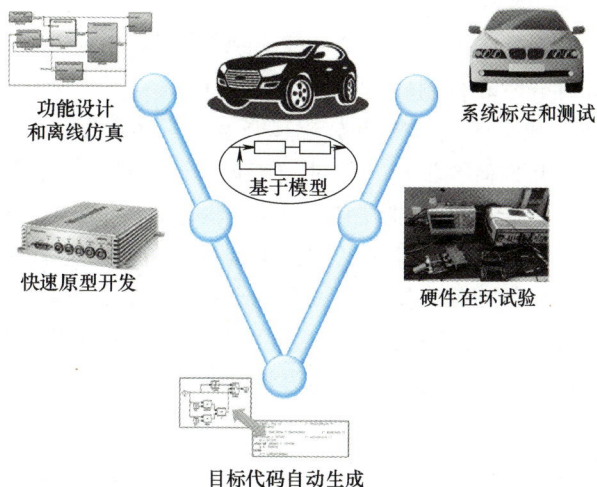

图 4-31 控制系统 V 流程开发模式示意图

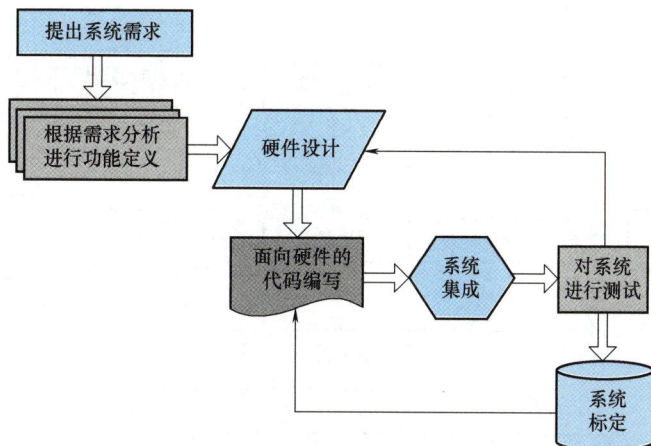

图 4-32 控制系统"串行"开发模式示意图

型，并通过对整个控制系统进行多次离线及在线测试，来验证控制系统软硬件方案的可行性。快速原型开发可在控制器设计之前检验算法的有效性，从而提高算法的开发速度。

（3）**目标代码自动生成** 目标代码自动生成是通过代码自动生成工具，将仿真模型自动转换为嵌入式 C 代码，并编译下载到微控制器中，从而实现系统设计和代码实现的统一。它的优点是可有效缩短开发周期，降低开发成本；相对于手工编程而言，自动生成的代码错误率低、效率高；与最初的软件设计具有较好的一致性。

（4）**硬件在环试验** 硬件在环试验又称为半实物混合仿真，它在离线仿真模型的基础上，用实物取代了部分仿真模型；与离线仿真相比，硬件在环试验由于采用了部分实物，系统的机械特性、液压特性及电器特性都能在仿真中得到体现，仿真结果更接近实际情况；与实车试验相比，硬件在环试验不受试验场地、人员、天气等因素的影响，试验安全、成本低且重复性好。尽管硬件在环试验的实时仿真模型经过了一定简化，无法完全与实际部件相符，不可能完全代替实车道路试验，但是硬件在环试验可以减少实车试验的次数，从而有效加快研发速度，降低研发成本。

2. V 流程开发模式的应用

近年来，随着相关开发技术的逐步深入，人们逐渐把 V 流程开发模式细化应用到了控制软件开发、控制器硬件开发和控制器结构开发等方面。

（1）控制软件开发 典型的控制软件 V 流程开发示意图如图 4-33 所示，具体的开发过程包括了软件需求分析、软件概要设计、软件详细设计、软件编码、代码测试、单元测试、系统集成测试等环节。其中，软件详细设计多采用模块设计的方案，在 V 流程开发中，通常与代码测试对应实施；软件概要设计包括软件架构设计和接口定义两项内容，通常与单元测试对应开展，相应的测试包括动态黑盒测试和动态白盒测试；软件需求分析需要完成设计失效模式（DFMEA）分析，主要与系统集成测试对应开展，系统集成测试主要包括动态功能测试和动态性能测试两项工作。另外，各项设计和测试之间并不是完全独立的，而是通过问题反馈相互联系的。

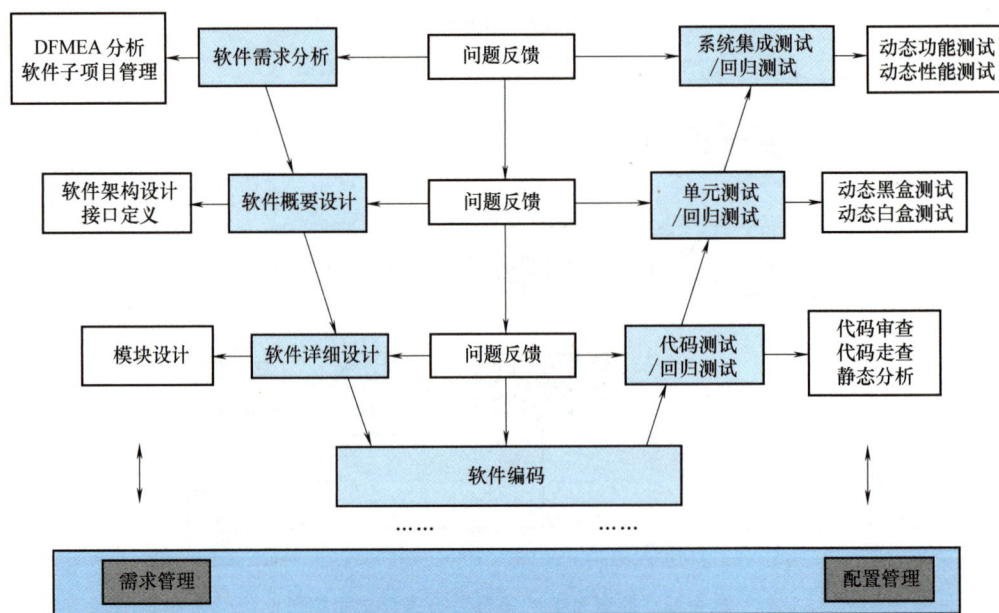

图 4-33　控制软件 V 流程开发示意图

（2）控制器硬件开发 典型的控制器硬件 V 流程开发如图 4-34 所示，具体的开发过程包括了硬件需求分析、硬件方案设计、硬件原理及 PCB 设计、样件试制和调试、板级测试、硬件功能测试、产品集成测试及设计验证（DV）实验等环节。其中，硬件原理及 PCB 设计主要包括原理图、接口定义、PCB 板图、物料认可等工作，通常与板级测试对应开展，板级测试主要涉及内部电路的性能测试，需要完成原理设计审查、电性能仿真分析、工艺审查、结构审查、电磁兼容性（EMC）审查、热分析和振动分析等工作；硬件方案设计与硬件功能测试对应开展，硬件功能测试主要完成外部接口及功能测试；硬件需求分析需要完成设计失效模式（DFMEA）分析，相关工作通常与产品集成测试及 DV 实验对应开展，需要完成 EMC 试验、环境试验和电性能试验；各设计和测试环节之间是相互联系的。

（3）控制器结构开发 典型的控制器结构 V 流程开发如图 4-35 所示，具体的开发过程包括了结构需求分析、结构方案设计、结构详细设计、样件试制、样件认可、模具认可、产品集成测试及 DV 实验等环节。结构需求分析需要完成设计失效模式（DFMEA）分析，结

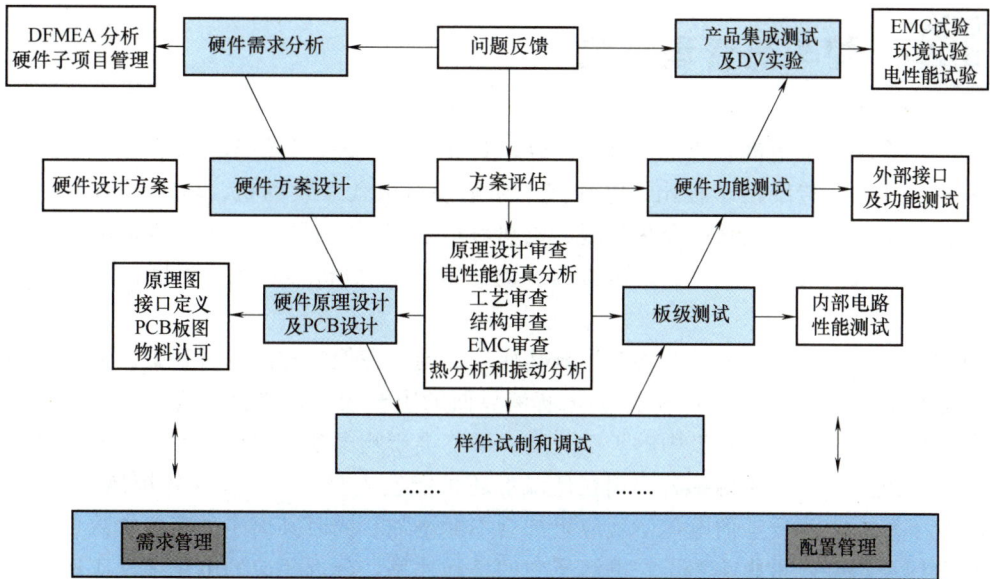

图 4-34　控制器硬件 V 流程开发示意图

构方案设计需要完成结构系统设计和结构 PCB 限位图，结构详细设计需要完成整体及部件的结构工艺设计和结构工程图纸，样件认可环节需要进行装配验证和外观验证，模具认可环节需要进行全尺寸测量、装配验证、外观验证、精度验证和生产过程验证，产品集成测试及设计验证（DV）实验需完成环境试验。在结构方案设计和模具认可阶段，均需完成理论计算、动力学分析、热分析、结构初步 CAE 分析等工作。在结构详细设计和样件认可阶段，均需完成强度分析、模态分析、寿命分析、跌落分析、振动 CAE 分析、尺寸链分析等工作。在产品集成测试及 DV 实验阶段，需要完成样件力学分析和运动学分析，如果存在问题则需修正结构需求分析。

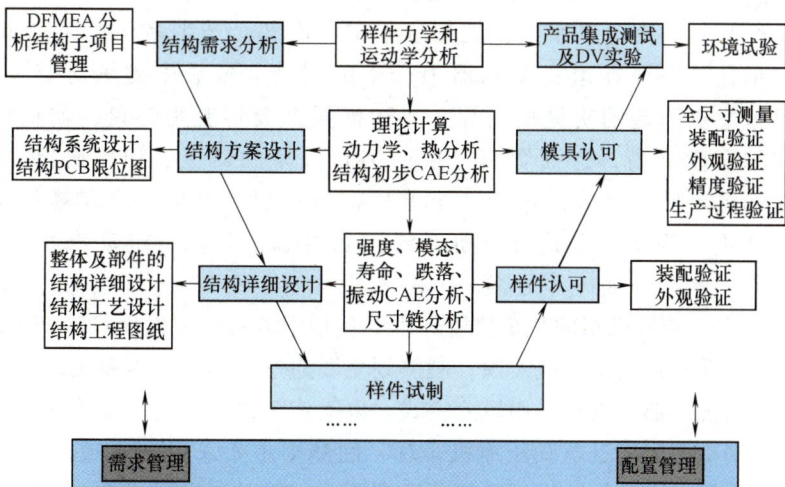

图 4-35　控制器结构 V 流程开发示意图

4.6 整车热管理系统

整车热管理系统是汽车的重要组成部分，其性能直接关系到整车的安全性、舒适性、经济性和耐久性。与传统汽车相比，电动汽车用电动机取代了发动机，增加了动力蓄电池系统。这给整车带来了无发动机余热采暖、电机/电池温控等问题。为此，整车热管理系统除了需要保证驾乘人员的舒适性，还需要调节动力蓄电池/电机等总成的温度，以保证其安全高效的工作。

锂离子电池温度过高或过低均会影响其使用性能。在低温充放电过程中，电解液的离子电导率较低、正极-电解液界面和负极-电解液界面的阻抗较高，这会影响正极与负极表面的电荷传递阻抗及锂离子在负极中的扩散速度，最终会影响电池倍率放电性能和充放电效率等关键指标；电池电解液中的部分溶剂在低温下还可能发生凝固，从而导致锂离子迁移困难；随着温度下降，电解质盐的电化学反应阻抗会不断增加，同时其离子的离解常数也会不断减小，这些因素都会严重影响离子在电解质中的移动速率，降低相应的电化学反应速率；在低温充电过程中，电池会因锂离子迁移困难，而使锂离子还原成金属锂枝晶，这会导致电解液分解，浓差极化增加，而且这种锂金属枝晶锐角锋利，容易刺穿电池内部隔膜，导致电池内部短路，进而引发安全事故。

高温会提高材料的电化学反应活性，提高离子扩散速率，加快锂离子的迁移，这有助于提高锂离子电池的充放电性能。但是，温度过高会加速 SEI 膜分解反应、嵌锂碳与电解液的反应、嵌锂碳与黏结剂的反应、电解液分解反应，以及正极材料的分解反应，这会严重影响电池使用寿命和使用性能。上述反应几乎都是不可逆的，当这些反应速率加快时，电池内部可用于可逆电化学反应的物质会迅速减少，从而使电池性能在短时间内衰退；当电池温度持续上升超过电池安全温度后，电池内部会自发发生电解液及电极的分解反应，这将在极短时间内产生大量热量，即导致电池热失效，这会彻底损坏电池。由于车载动力蓄电池箱的空间狭小，热量难以及时散出，短时间内会出现热量的迅速堆积，这极有可能导致电池热失效的迅速蔓延，甚至引发自燃、爆炸等安全事故。

与发动机类似，动力电机系统在工作过程中，内部会产生多种损耗，如电流在导体内产生的绕组损耗、电流在电机驱动器中产生的损耗、铁心中磁场交变引起的铁心损耗、通风和机械摩擦引起的机械损耗等。上述损耗都会转变为热量，向周围介质传播，使电机各部件的温度升高，进而影响电机的运行效率和转矩、功率输出能力。当温度超过绝缘允许的温度时，会导致绝缘乃至电机损坏；而当电机工作在峰值特性附近时，上述情况会更严重，为此，必须对电机系统进行冷却。目前，电动汽车电动机的冷却系统主要有风冷、水冷、油冷等方案。

如图 4-36 所示，传统汽车的整车热管理主要包括空调系统和发动机冷却系统两大部分：空调系统制冷由发动机带动压缩机实现，制热则主要通过发动机余热实现；发动机冷却通常具有独立的液冷系统，部分汽车采用风冷模式。电动汽车由于取消了发动机，空调系统需采用电动空调，其制冷主要通过电动压缩机实现，制热则主要采用 PTC 或热泵；动力系统除了需要对电池、电机、电控系统进行冷却，还需要对电池系统进行加热。由此可见，电动汽车的整车热管理系统涉及的部件更多，系统更复杂，电池、电机系统对温度更敏感，控制要求更复杂。

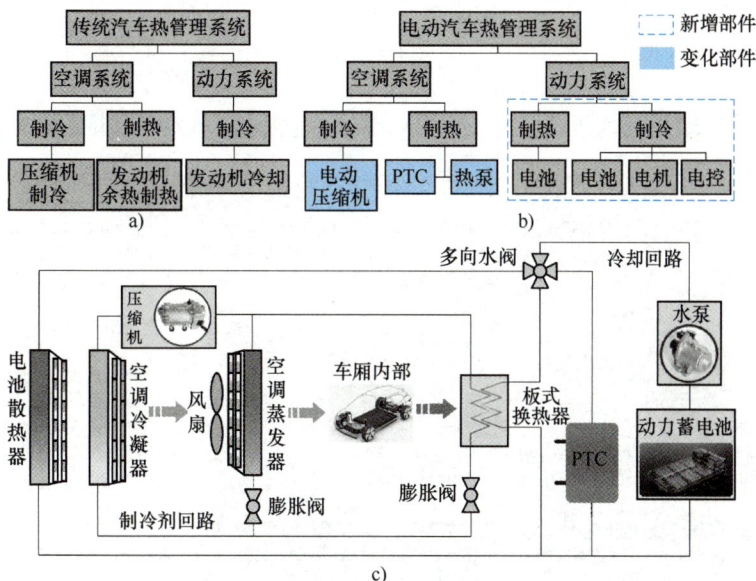

图 4-36　传统汽车和电动汽车整车热管理系统对比图

a）传统汽车整车热管理系统　b）电动汽车整车热管理系统　c）电动汽车整车热管理系统原理

　　电动汽车的整车热管理系统通常由电动水泵、压缩机、PTC 加热器或热泵、电子风扇、膨胀水壶、蒸发器、冷凝器等组成。电动水泵是用来输送液体或使液体增压的机械装置，它由电机驱动，通过控制水泵流量/流速，可有效控制冷却液带走的热量，进而调节目标部件的温度。压缩机通过推动和压缩制冷剂气体，用于将低压低温的制冷剂气体，转变为高温高压的气态制冷剂。冷凝器用于冷却高温制冷剂，以将由压缩机排出的制冷剂从气态变为液态。蒸发器的作用与冷凝器相反，它吸收空气中的热量，将热量传递给制冷剂，使其气化。电子风扇是由电机带动的冷却风扇，通常布置在散热器后方。PTC 加热器，指正温度系数热敏电阻电加热器，它是通过电阻的热效应生产热量的，自身就是热源；PTC 通电后会一直处于恒温发热状态，具有成本低、寿命长、安全的优势，缺点就是能耗较高；还有一种新型的陶瓷 PTC，其电阻会随着温度的上升而增大，当电阻增大到一定程度后电流会随之中断。热泵通过吸取车外空气中的热量，利用压缩机将其输送到车厢内，与 PTC 相比，热泵技术可明显增加电动车的冬季续驶里程，但在极端低温下，PTC 要比热泵更有效，目前，部分车型会同时装备 PTC 和热泵。

4.7　纯电动汽车的技术路线

　　针对我国纯电动汽车的发展现状及存在的主要问题，中国汽车工程学会制定了图 4-37 所示的纯电动汽车总体技术路线。计划到 2025 年，进一步提升纯电动汽车产品的整体性能，综合性能达到国际先进水平，动力蓄电池、驱动电机等关键零部件性能持续提升；到 2030 年，进一步完善新能源汽车的自主产业链，纯电动汽车产品的部分性能指标引领国际先进水平；到 2035 年，形成成熟、健康、绿色的新能源汽车自主产业链，其中，纯电动汽车占新能源汽车销量的 95% 以上，技术领先的 A 级纯电动乘用车 CLTC 工况电耗要小于 10kW·h/100km，我国纯电动汽车产品的综合性能指标保持国际领先水平。

	2025年	2030年	2035年
总体目标	形成自主可控完整的新能源汽车产业链	进一步完善新能源汽车自主产业链	形成成熟、健康、绿色的新能源汽车自主产业链
	BEV和PHEV年销量占汽车总销量的15%~25%；其中，BEV占新能源汽车销量的90%以上	BEV和PHEV年销量占汽车总销量的40%~50%；其中，BEV占新能源汽车销量的93%以上	BEV和PHEV年销量占汽车总销量的50%~60%；其中，BEV占新能源汽车销量的95%以上
应用领域	在中型以下乘用车应用、公务、租赁服务大批量应用在家用短途代步，出租车、网约车、市内物流、公交、环卫中大批量使用	在高端商务、专用场地、短途商用车上实现大批量应用	在新增乘用车中占据主流，市内公交及物流实现全覆盖；在特种商用车上大批量应用
关键指标	乘用车：技术领先的典型A级纯电动汽车；综合工况电耗小于11kW·h/100km(CLTC)	乘用车：技术领先的典型A级纯电动汽车：综合工况电耗小于10.5kW·h/100km(CLTC)	乘用车：技术领先的典型A级纯电动汽车；综合工况电耗小于10kW·h/100km(CLTC)
	公交客车：技术领先的典型纯电动客车(车长12m)综合工况电耗小于65kW·h/100km(CHTC)	公交客车：技术领先的典型纯电动客车(车长12m)综合工况电耗小于60kW·h/100km(CHTC)	公交客车：技术领先的典型纯电动客车(车长12m)综合工况电耗小于55kW·h/100km(CHTC)
典型车型	入门型乘用车：典型A00级车型，整备质量 <1000kg。续驶里程可选配且由市场决定，建议约200km，综合工况电耗小于9kW·h/100km，以铁锂-成本型蓄电池为主，单电机，动力需求一般	入门型乘用车：典型A00级车型，整备质量 <1000kg，续驶里程可选且由市场决定，建议约200km，综合工况电耗小于8.5kW·h/100km，慢充为主，L3/DA自动泊车等功能	入门型乘用车：典型A00级车型，整备质量 <1000kg，续驶里程可选且由市场决定，建议约200km，综合工况电耗小于8kW·h/100km，以铁锂蓄电池为主，单电机，安全可靠、成本低
	普及型乘用车：典型A级车型，整备质量约1600kg，续驶里程可选配且由市场决定，建议约300km，综合工况电耗小于11kW·h/100km，家用通勤场景，选用成本或寿命型蓄电池	普及型乘用车：典型A级车型，整备质量约1600kg，续驶里程可选配且由市场决定，建议约300km，综合工况电耗小于10.5kW·h/100km，出租车场景，可搭载换电技术，对动力性需求高	普及型乘用车：典型A级车型，整备质量约1600kg，续驶里程可选配且由市场决定，建议约300km，综合工况电耗小于10kW·h/100km，优选网约车，搭载双电机分布式驱动技术
	高端型乘用车：典型B级车型，整备质量约1800kg，建议综合工况续驶里程小于500km，法规工况电耗小于13kW·h/100km；以三元等性能型蓄电池为主，具备较好的加速性和良好的驾驶体验，L3级智能网联水平	高端型乘用车：典型B级车型，整备质量约1800kg，建议综合工况续驶里程不小于600km，法规工况电耗小于12.5kW·h/100km，具备快/慢、充换电技术，L4级智能网联水平	高端型乘用车：典型B级车型，整备质量约1800kg，建议综合工况续驶里程不小于650km，法规工况电耗小于12kW·h/100km；具备优异的加速性和良好的驾驶体验，追求性能，分布式驱动系统；具备L5级智能网联水平
关键技术提升	先进驱动方式(包括集中式和分布式驱动)；驱动电机功率密度达到5.0kW/kg；控制器功率密度达到40kW/L	高效、高性能的驱动方式；驱动电机功率密度达到6.0kW/kg，控制器功率密度达到50kW/L	持续优化的高效驱动方式；驱动电机功率密度达到7.0kW/kg，控制器功率密度达到70kW/L
	高比能、高安全、低成本的蓄电池系统，高精度的蓄电池管理系统；高端车型能量型动力蓄电池，单体能量密度800W·h/L，电压平台500~700V	新体系蓄电池系统；高端车型能量型动力蓄电池，单体能量密度900W·h/L，电压平台750~900V	新体系蓄电池系统；高端车型能量型动力蓄电池，单体能量密度900W·h/L，电压平台750~900V
	底盘电动化：电驱动与电制动系统集成	基于下一代动力系统的全新概念纯电动汽车底盘设计技术	
	到2025年，整车安全技术水平全面提升，达到ASIL-D水平，整车能效优化控制技术，轻量化技术		

图 4-37 纯电动汽车的总体技术路线图

第 5 章

混合动力电动汽车

混合动力电动汽车是解决环境污染、能源短缺和整车续驶里程等问题的主流方案之一，其关键技术主要涉及整车构型方案设计、动力总成参数匹配及设计、整车控制系统开发等。本章将围绕上述问题，重点介绍混合动力电动汽车定义与分类、混合动力电动汽车整车构型与工作模式、混合动力电动汽车性能评价指标与参数匹配、混合动力电动汽车整车控制系统和混合动力电动汽车关键总成等内容。

5.1 混合动力电动汽车概述

5.1.1 混合动力电动汽车的定义

根据 GB/T 19596—2017，混合动力电动汽车（hybrid electric vehicle，HEV）是指能够至少从两类车载储能装置中获得动力的汽车，两类车载能源一般指化石能源和电能，因此，车载储能装置一般是发动机燃料供给系统和电池。

5.1.2 混合动力电动汽车的发展历程

1. 混合动力电动汽车的萌芽阶段

1834 年，世界第一辆纯电动汽车诞生，但受制于电池技术，续驶里程无法满足人们的使用要求。内燃机汽车虽可有效解决该问题，但早期内燃机的比功率和热效率均较低，且需要配合变速器才能使用。另外，因没有同步器，此时的变速器还存在换档困难等问题。为了解决这些问题，1834~1914 年，人们对混合动力电动汽车进行了初步研究。例如，当时出现了通过内燃机驱动发电机发电，然后给轮毂电机提供电能的串联混合动力方案；同时，也对并联混合动力方案进行了应用。

1915~1969 年，内燃机和变速器技术均取得了较大进步，而电池、电机技术的发展则相对缓慢，混合动力电动汽车的发展基本停滞。这段时间内，内燃机的比功率和燃油经济性得到了有效提升；1928 年，同步器式变速器的推广应用，则使汽车换档更为平顺。上述技术的进步，使内燃机汽车获得了快速发展；而混合动力电动汽车，受限于当时的电池、电机和电控技术，相应的电机辅助驱动和制动能量回收等功能，均不能有效提高其整车性能，这导致整车经济性等性能均比内燃机汽车差，且成本较高。自此之后，混合动力电动汽车逐渐退出市场。

2. 混合动力电动汽车的发展阶段

20 世纪中后期，随着内燃机汽车保有量的增加，汽车尾气被大量排放到空气中，引起了雾霾和光化学烟雾等大气污染问题。为解决这些问题，美国于 1970 年成立了环境保护局（EPA），并制定了第一个联邦汽车排放标准。紧接着，石油危机于 1973 年爆发，内燃机汽车发展引起的能源和污染问题再次引起了人们的关注。与此同时，伴随集成电路的发明，汽车电控技术得到了快速发展，也为混合动力电动汽车部分关键技术的研究提供了条件，各种现代混合动力电动汽车的样车被研制出来，1975 年问世的并联式混合动力电动汽车 Buick Skylark 便是其中的典型代表。不过，电控技术的发展也促进了内燃机电喷技术的发展，增压小排量内燃机技术和汽车尾气催化转化技术也逐渐成熟。这些技术从一定程度上缓解了能源和环保方面的压力，混合动力电动汽车在 1970~1990 年间虽然取得了较大的技术进步，但并未得到市场推广，内燃机汽车仍是市场的主流。

1991 年，海湾战争爆发，引发了新一次石油危机，导致油价飞涨，各大汽车厂商开始注重汽车燃油经济性，耗油量高的内燃机汽车销量大幅降低，环境保护问题也渐渐得到了人们的重视。各大汽车厂商在 1991~1997 年间，均制定了不同的混合动力电动汽车技术路线。例如，日本部分厂商从本国资源现状出发，选用了以内燃机驱动为主、电能驱动为辅的方案；美国部分厂商则选择了以电能驱动为主、内燃机驱动为辅的方案；欧洲多数厂商则考虑到柴油机和自动变速器技术较为成熟，未针对混合动力电动汽车专用总成开展研究，而仅在已有的柴油机乘用车动力传动系架构上加入电机，形成了独特的附加式（Add-On）柴油混合动力系统；中国厂商在该阶段，由于内燃机和变速器等关键技术相对落后，仅针对各种技术路线，从理论角度展开了前期探索研究。日本丰田汽车公司于 1997 年推出了世界上第一款大规模量产的混联式混合动力电动汽车 Prius 并得到了消费者的普遍认可，混合动力电动汽车从此进入了发展的黄金时代。

3. 混合动力电动汽车的普及阶段

1997~2008 年，丰田 Prius 有力推动了消费者对混合动力技术在节能减排领域的认可，尤其是丰田在 2003 年推出了第二代 Prius，该车型仍然搭载 THS 混合动力系统，电动机功率比第一代更大，混合度更高，动力性和经济性也更好，2007 年该车型全球销量达 120 万辆，几乎是第一代 Prius 的 10 倍，这使混合动力技术获得了消费者的广泛认可。在这一阶段，欧美等汽车厂家也推出了相应的混合动力电动汽车，但是市场推广并不理想，如 2003 年通用汽车宣布与奔驰汽车、宝马汽车合作开发双模式（Two Mode）混合动力系统。中国则在"863 计划"的支持下，开始对各种构型的混合动力技术开展系统研究。

2009~2016 年，丰田汽车依靠第三代 Prius 仍占据着混合动力电动汽车市场的领导地位，经过多年的研发，申请了数百项专利，随着 Prius 的持续热销，许多汽车厂商也开始研发混合动力车型，并提出了各自的技术路线。例如，通用公司在 2010 年，针对插电式混合动力汽车，推出了第一代 Voltec 双模混合动力系统，但由于节能效果不佳，市场推广效果并不理想；本田于 2013 年推出了 i-MMD 系统，该系统经过多次改进，具有较好的动力性、经济性和驾驶舒适性，成为 Prius 在混合动力电动汽车市场上的强劲对手；欧洲汽车厂商则继续针对附加式（Add-On）混合动力系统开展研究，标致雪铁龙于 2011 年开发的 HYbrid4 系统是全球第一款基于柴油发动机的混合动力系统，采用了 P0+P2+P4 四驱架构，主要应用在中高端车型上；2011 年德国五大汽车品牌联合推出了 48V 系统；中国则继续在"863 计划"的支持下，针对混合动力电动汽车开展了更进一步的探索，尤其在客车领域进行了较大规模的示范运行，并取得了较大进展，在乘用车领域也提出了多种自主构型。

2016 年至今，中国、日本和欧美国家继续推出各自的混合动力产品，混合动力市场出现了多款经典产品。例如，丰田推出了第四代 Prius，其电机最高转速变大，峰值转矩变小，转矩密度更高，在不影响整车动力性的前提下，取消了第二排行星齿轮机构；2016 年，通用推出了第二代 Voltec 混合动力系统，既保留了功率分流模式，又加入了发动机直驱模式，从而避免了效率不高的串联模式，在各种工况下都能达到较好的动力性和经济性。2020 年后，我国自主混合动力技术/产品实现了突破和引领，形成了全新的竞争格局。例如，对串并联、多档化、双油冷、高速电机等技术进行了综合应用，在市场方面也取得了较大突破。

5.1.3 混合动力系统的分类

1. 按动力源或能量源划分

（1）机电混合动力系统 机电混合动力系统是将传统动力传动系统和电力驱动单元集成到一起，通过电力驱动单元来优化调整传统发动机的工作区间，进而提高整车驱动效率，减小整车排放，如图 5-1 所示。

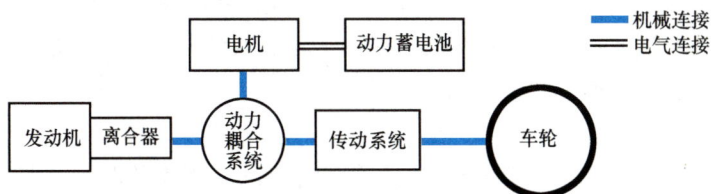

图 5-1 机电混合动力系统

（2）机液混合动力系统 机液混合动力系统与机电混合动力系统类似，如图 5-2 所示，它是传统动力传动系统和液压泵/马达等液压驱动单元的集成，通过液压驱动单元来优化调整传统发动机的工作区间，进而提高整车驱动效率，减小整车排放，受液压系统能量密度和功率密度的限制，这类混合动力系统多被用于一些特定车型。

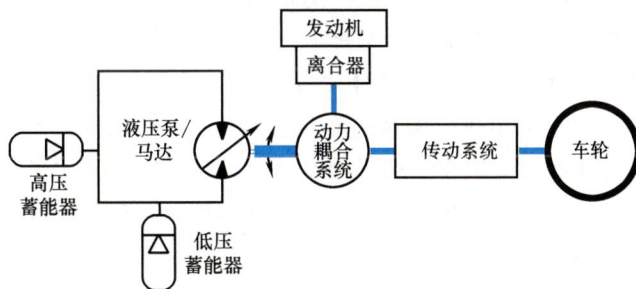

图 5-2 机液混合动力系统

2. 按电池-电机与内燃机的功率搭配比例划分

按照电池-电机功率与内燃机功率的搭配比例，混合动力系统可分为微混合动力系统、轻度混合动力系统、全混合动力系统。

（1）微混合动力系统 微混合动力系统也称为起-停混合（Start-Stop）动力系统，其装配的电池-电机功率比例很小，车辆的驱动功率主要由发动机提供；在微混合动力系统中，电机仅作为内燃机的起动机或发电机使用。当遇到红灯或交通阻塞等情况时，车辆需要短时停车的时间超过设定门限值时，发动机会自动熄火；而当车辆需要再次起动，驾驶员踩下加速踏板时，通过电机迅速重新起动发动机，这种系统可避免发动机长时间工作在怠速状态，从而可提高整车的燃油效率，并有效降低整车排放。

（2）轻度混合动力系统 与微混合动力系统相比，轻度混合动力车辆中的电池-电机功率比例增大，内燃机的功率比例相对减小。在车辆加速、爬坡等工况下，电机可向内燃机提供辅助的驱动力矩，但不能单独驱动车辆行驶，这种系统具有发动机起停、辅助驱动、制动能量回收等功能。目前，各个厂家对轻度混合动力系统的定义没有严格的标准，如美国的 Ricardo 将电机功率不超过发动机最大功率10%的混合动力系统定义为轻度混合动力系统。

（3）全混合动力系统 全混合动力系统又可称为深度混合动力系统，与轻度混合动力系统相比，驱动车辆的电池-电机功率比例更大，内燃机功率的比例更小，电机可以在低速、缓加速行驶（如交通堵塞、频繁起-停）、车辆起步行驶和倒车等情况下，独立驱动车辆行驶；急加速时，由电机和内燃机一起驱动车辆行驶；制动时，可实现制动能量回收功能。在不同试验工况下的节油效果可达30%~50%，但实际节油效果会随着车辆的结构设计、行驶工况、驾驶员操作等细节而变化。

3. 按照动力系统构型划分

（1）串联式混合动力系统 串联式混合动力电动汽车所需的驱动力只来源于电机，其发动机同驱动系统无直接机械连接，而电机作为动力源和传动系统直接相连，发动机的输出功率通过发电机转换为电能直接提供给电机或给动力蓄电池充电，驱动汽车的需求功率仅由电机提供。该系统结构简单，可使发动机始终工作在高效率区，但存在能量转换次数多，进而影响经济性的问题。这种构型在车速较低的场合节能效果显著。

（2）并联式混合动力系统 并联式混合动力电动汽车所需的驱动力可由电机及发动机同时或单独提供，发动机和电机均与传动系统通过机械结构直接相连，使得发动机和电机既可单独驱动汽车也可共同驱动汽车。该系统具有能量转换次数少、能量利用率高、结构相对紧凑的优点。这种构型在车速较高的场合节能效果较好。

（3）混联式混合动力系统 混联式混合动力电动汽车能同时实现串联驱动和并联驱动，它结合了串联式混合动力系统和并联式混合动力系统的优点；低速工况时，驱动系统以串联式工作方式为主；高速工况时，驱动系统以并联式工作方式为主，从而可以优化整体效率。混联式混合动力系统结构复杂，对机械装置和能量管理控制系统的要求均较高。

4. 按照能否外接电源充电划分

根据是否能够外接充电，混合动力电动汽车可分为非插电式混合动力汽车和插电式混合动力汽车（plug-in hybrid electric vehicle，PHEV）。

（1）非插电式混合动力系统 非插电式混合动力汽车是传统的混合动力汽车。

（2）插电式混合动力系统 PHEV 的电机功率可根据纯电动行驶模式的性能要求而定，确定方法与纯电动汽车类似。电池容量需保证必要的纯电动行驶里程，通常比全混合动力系统要大，比纯电动汽车要小。PHEV 由于可利用电网进行充电，大大减少了对石油的依赖，目前是混合动力汽车的重要发展方向。

5. 按照电机的数目和位置划分

根据电机的数目，混合动力系统可分为单电机方案和多电机方案；根据电机的安装位置，又可以分为 P0 方案、P1 方案、P2 方案、P2.5 方案、P3 方案、P4 方案等，具体如图 5-3 所示。

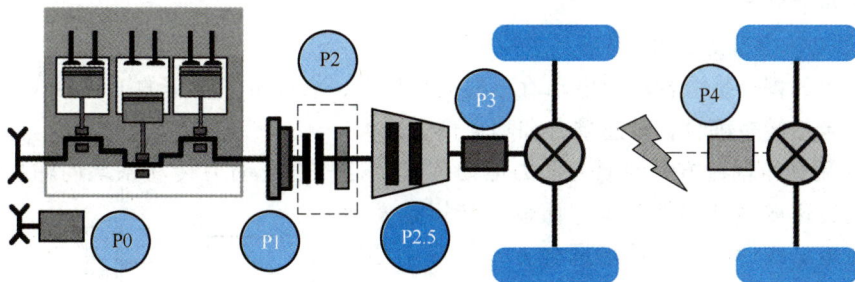

图 5-3　并联式混合动力电动汽车的构型方案示意图

（1）P0 方案　电机位于发动机前端，通过传动带与发动机曲轴相连，即给发动机增加一款小型发电机，通常称为传动带驱动启动发电机（belt-driven starter generator，BSG）。当发动机运转时，可由曲轴带动发电。48V 的 P0 方案是目前广泛应用的低成本混合动力电动汽车方案，BSG 电机可充当智能发电机、起动机，能够实现发动机起-停、工作点调节等功能。但受限于带传动的可靠性，BSG 电机的功率一般不宜过大。P0 方案的成本低廉、结构改动量小，容易实现模块化，但实现的功能和节能效果均有限。

（2）P1 方案　电机集成于发动机输出端，在发动机后，离合器前，即原来飞轮的位置，电机和曲轴转速相等。与 P0 方案类似，P1 方案同样支持发动机起-停、工作点调整等功能，但其电机与曲轴采用刚性连接，还可以辅助动力输出。P1 方案所选用的电机功率也可根据系统功能需求、整车性能需求和安装空间等参数确定。在性能方面，P1 方案通常比 P0 方案更好，但是 P1 方案对动力总成轴向尺寸的影响较大，这对于发动机横置前驱车型的布置较为不利，而且在性能上也不如 P2 方案，目前单独使用该方案的车型较少。

（3）P2 方案　电机布置在离合器之后、发动机与变速器之间。由于电机与发动机之间有离合器，因此电机可单独驱动车辆，也容易实现电机与现有变速器（AT、DCT）的集成；在制动能量回收时，可切断电机与发动机之间的机械连接，以提高制动能量回收率。目前，P2 方案是应用较多的单电机方案。

（4）P2.5 方案　从系统功能、性能和总成需求方面，P2.5 方案与 P2 方案并无太大差异，两者最大的区别在于：P2.5 方案的电机与发动机为平行轴布置，电机集成在变速器的某一轴上。这可使系统的轴向尺寸大为减小，同时也能使 P2.5 方案在发动机横置前驱车上的布置更容易。

（5）P3 方案　电机布置在变速器输出端，这带来了两个较为明显的优势：一是，电机到车轮端的传动链更短，可以提升纯电驱动、制动能量回收的效率；二是，在变速器换档过程中，电机可以对轮端输出转矩进行补偿，减小轮端转矩波动，提升整车舒适性和车辆动态响应特性。但是，P3 方案的电机必须与传动轴采用机械连接，因此在不加装离合器的情况下，电机无法用于起动发动机，电机也不易与变速器或发动机进行整合，而且需要占用额外的空间。

（6）P4 方案　电机布置在驱动桥或车轮上，可直接驱动车轮，这使整车容易实现前驱、后驱、四驱等多种不同的驱动模式，从而获得更好的加速性能和动态特性。

另外，按照电机位置，混合动力电动汽车的构型方案除了 P0、P1、P2、P2.5、P3、P4，还有多种组合方案，如 P02、P03、P04、P12、P13、P14、P23 方案，相关组合方案从功能上看多是混联方案。

6. 按动力耦合方式划分

各动力源的耦合是混合动力电动汽车的关键技术，它决定了整车的工作模式，现有的耦合方式主要包括转矩耦合、转速耦合和功率耦合三类。

（1）采用转矩耦合方式的混合动力电动汽车　这种汽车动力传动系统的输出转速与发动机及电机转速成固定比例关系，而输出转矩是发动机和电机转矩的线性组合。转矩耦合方式的特点是发动机的转矩可控，而发动机转速不可控。可通过调节电机转矩来调节发动机转矩，从而在当前转速下有效调节发动机的工作区间。转矩耦合方式具有结构简单、传动效率高的特点，按耦合机构类型可分为传动带耦合、齿轮耦合和同轴耦合。

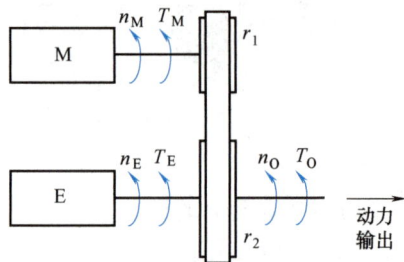

图 5-4　传动带耦合机构的原理示意图
M—电机　E—发动机

1）传动带耦合。图 5-4 所示为传动带耦合机构的原理示意图。在不考虑传动效率及打滑情况下，发动机与电机的转矩和转速关系如下：

$$\begin{cases} T_O = T_E + T_M i_{12} \\ n_O = n_E = \dfrac{n_M}{i_{12}} \\ i_{12} = \dfrac{r_2}{r_1} \end{cases} \tag{5-1}$$

式中，T_O 为输出转矩；n_O 为输出转速；T_E 为发动机转矩；n_E 为发动机转速；T_M 为电机转矩；n_M 为电机转速；i_{12} 为传动比；r_1 和 r_2 为带轮半径。

传动带耦合在工作一段时间后，会产生打滑，同时由于传动中存在效率因素，这会使转速和转矩的关系不能严格符合式（5-1），因此在现有产品中应用较少。

2）齿轮耦合。图 5-5 所示为齿轮耦合机构的原理示意图。发动机与电机的转矩和转速关系如下：

$$\begin{cases} T_O = T_E + T_M i_{12} \\ n_O = n_E = \dfrac{n_M}{i_{12}} \\ i_{12} = \dfrac{z_2}{z_1} \end{cases} \tag{5-2}$$

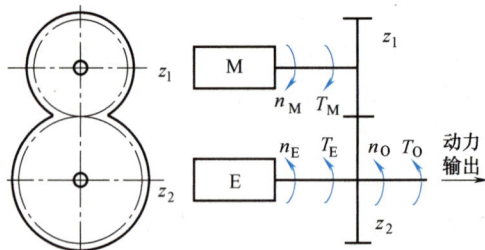

图 5-5　齿轮耦合机构的原理示意图
M—电机　E—发动机

式中，z_1 和 z_2 为齿轮齿数。

齿轮耦合机构是常用的耦合方式之一，它不存在带式耦合的打滑现象，在实际应用中，仍然需要考虑动力耦合过程中的效率损失。

3）同轴耦合。图 5-6 所示为同轴耦合机构的原理示意图。发动机与电机的转矩和转速关系如下：

$$\begin{cases} T_O = T_E + T_M \\ n_O = n_E = n_M \end{cases} \quad (5\text{-}3)$$

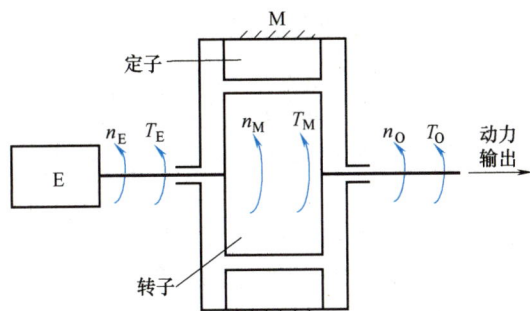

图 5-6 同轴耦合机构的原理示意图

M—电机 E—发动机

同轴耦合机构也是目前常用的耦合方式之一，它有效减小了动力传动装置的体积和动力耦合过程中的效率损失。

（2）采用转速耦合方式的混合动力电动汽车 这种汽车动力传动系统的输出转矩与发动机和电机转矩成比例关系，而输出转速是发动机转速和电机转速的线性组合；其特点是发动机的转矩不可控，而发动机的转速可控。可通过电机调节发动机转速，从而在当前转矩需求下，有效调节发动机的工作区间。行星齿轮机构是常用的转速耦合装置。

图 5-7 所示为行星齿轮机构的原理示意图，图中端口 S 与太阳轮相连，端口 R 与齿圈相连，端口 C 与行星架相连，相应的转矩和转速关系如下：

$$\begin{cases} T_C = -(k+1)T_S = -kT_R \quad T_S : T_C : T_R = 1 : -(1+k) : k \\ n_S = (k+1)n_C - kn_R \\ k = \dfrac{z_R}{z_S} \end{cases} \quad (5\text{-}4)$$

式中，T_C 为行星架转矩；n_C 为行星架转速；T_S 为太阳轮转矩；n_S 为太阳轮转速；T_R 为齿圈转矩；n_R 为齿圈转速；k 为特征参数；z_R 和 z_S 分别为齿圈和太阳轮的齿数。

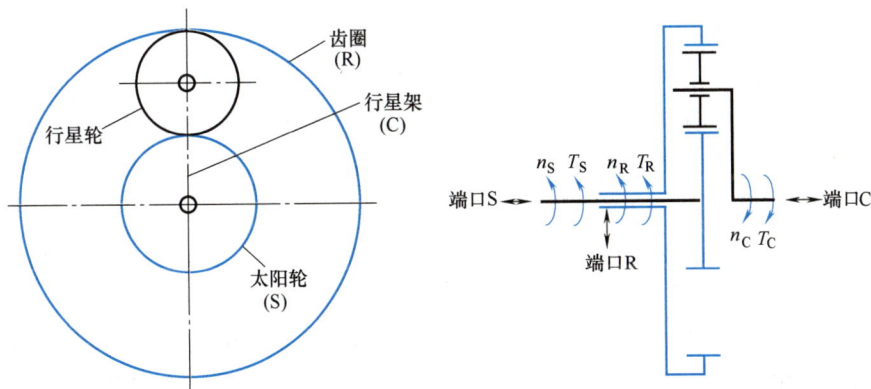

图 5-7 行星齿轮机构原理示意图

（3）采用功率耦合方式的混合动力电动汽车 功率耦合是转矩耦合和转速耦合的组合，其动力传动系统的输出转矩是发动机转矩和电机转矩的线性组合，输出转速是发动机转速和电机转速的线性组合。功率耦合方式的特点是发动机的转矩和转速都可控。常用的功率耦合机构主要有复合行星齿轮机构和双转子电机。

图 5-8 所示是一种基于拉维娜式复合行星齿轮机构的双模混合动力系统，发动机 E

通过离合器 CL 与单排行星齿轮机构的行星架 C_s 相连，发电机 G 与太阳轮 S_s 相连，齿圈 R_s 与复合行星齿轮机构的行星架 4 相连，驱动电机 M 与大太阳轮 2 相连，制动器 B1 和 B2 可分别制动小太阳轮 1 和齿圈 3。单排行星齿轮机构的功能是功率分流，即把来自发动机 E 的功率 P_E 分为两部分：一部分功率 P_D 通过行星架 C_s、行星轮 P_s 和齿圈 R_s 输入复合行星齿轮机

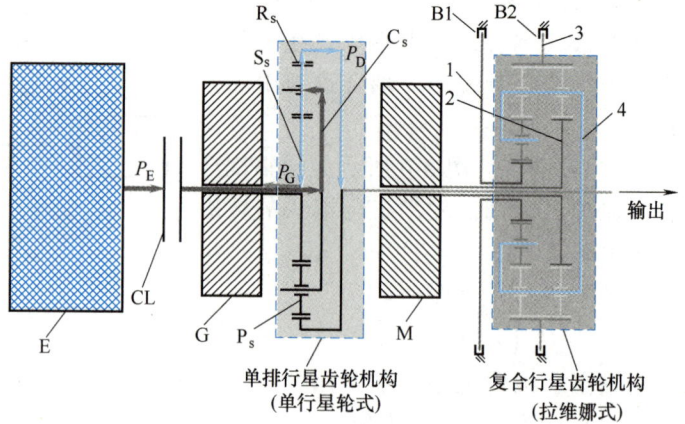

图 5-8　双模混合动力系统

构，另一部分功率 P_G 通过行星架 C_s、行星轮 P_s 和太阳轮 S_s 输入发电机 G，给电池充电。通过控制复合行星齿轮机构制动器 B1 和 B2 的状态，能够实现两档变速，即可实现传动比调整。

在复合行星齿轮机构中，小太阳轮 1、大太阳轮 2、齿圈 3 和行星架 4 的转速关系见式（5-5）和式（5-6），转矩关系见式（5-7）和式（5-8），两个特征系数的计算公式见式（5-9）和式（5-10）。

$$\omega_2 - \omega_6 = (\omega_6 - \omega_5) k_1 \qquad (5\text{-}5)$$

$$\omega_1 - \omega_6 = k_2 (\omega_2 - \omega_6) \qquad (5\text{-}6)$$

式中，ω_1、ω_2、ω_5、ω_6 分别为小太阳轮、大太阳轮、齿圈和行星架的转速；k_1、k_2 为特征系数。

$$T_2 : T_5 : T_6 = 1 : k_1 : -(1 + k_1) \qquad (5\text{-}7)$$

$$T_1 : T_5 : T_6 = 1 : -k_2 : -(1 + k_2) \qquad (5\text{-}8)$$

式中，T_1、T_2、T_5、T_6 分别为小太阳轮、大太阳轮、齿圈和行星架的转矩。

$$k_1 = \frac{z_5}{z_2} \qquad (5\text{-}9)$$

$$k_2 = \frac{z_1}{z_2} \qquad (5\text{-}10)$$

由式（5-5）和式（5-6）可知，小太阳轮、大太阳轮、齿圈和行星架四个构件的转速中有两个自由度；由式（5-7）和式（5-8）可知，小太阳轮、大太阳轮、齿圈和行星架四个构件的转矩中也有两个自由度。

通过控制制动器 B1 和 B2，便可获得两个档位：B1 松开，B2 锁止，小太阳轮 1 的转矩为 0，齿圈 5 的转速为 0，传动比 $i_{26} = k_1 + 1$；B1 锁止，B2 松开，小太阳轮 1 的转速为 0，齿圈 5 的转矩为 0，传动比 $i_{26} = k_2 + 1$。

综上所述，可以通过图 5-9 对混合动力电动汽车进行分类。这里需要注意，从理论角度还存在更多组合，图中给出的是存在实际应用的方案。

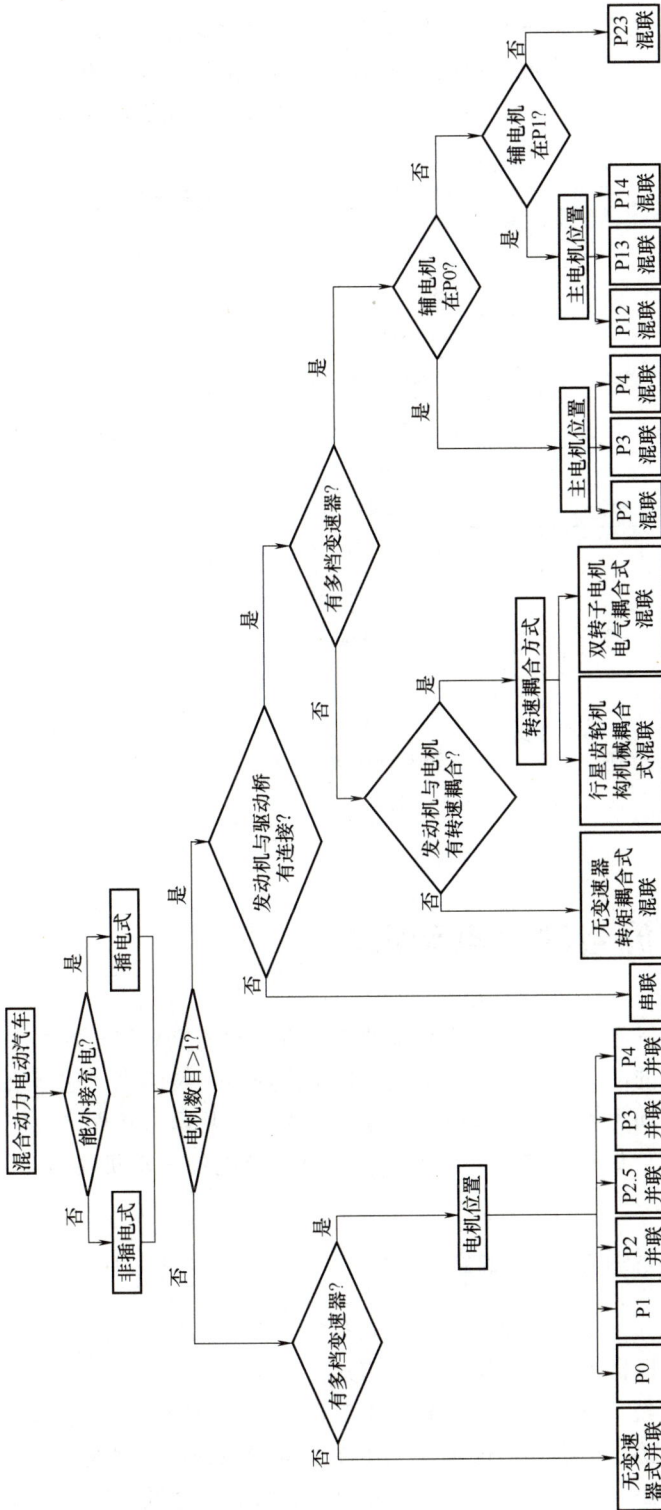

图 5-9　混合动力电动汽车的分类

5.1.4 混合动力电动汽车的主要性能指标

按照测试要求，混合动力电动汽车的工作模式可主要分为混合动力模式、热机模式和纯电动模式三种。其中，热机模式为汽车由内燃机单独驱动的工作模式，相应的动力性、经济性评价指标不作赘述。混合动力模式和纯电动模式下的动力性、经济性评价指标见表5-1。

表 5-1　混合动力电动汽车性能评价指标

性能	条件	指标	参考标准
动力性	混合动力模式	最高车速	GB/T 19752—2024《混合动力电动汽车　动力性　试验方法》
		30min 最高车速	
		0~50km/h 加速时间	
		0~100km/h 加速时间	
		坡道起步能力	
		爬坡车速	
		最大爬坡度	
	纯电动模式	最高车速	
		0~50km/h 加速时间	
		坡道起步能力	
		爬坡车速	
经济性	WLTC 试验循环	续驶里程	GB/T 19753—2021《轻型混合动力电动汽车能量消耗量试验方法》
		燃料消耗量	
		电量消耗量	

5.2 串联式混合动力电动汽车

串联式混合动力电动汽车是指驱动力全部来源于电机，发动机只用于发电的混合动力电动汽车；早期纯电动汽车的动力蓄电池能量密度远低于汽油机和柴油机，这导致其续驶里程远低于内燃机汽车；而且动力蓄电池的充电时间较长，无法满足紧急条件下的使用需求；针对上述问题，在纯电动汽车基础上增加了专为动力蓄电池充电的发动机-发电机系统，即串联式混合动力电动汽车。

5.2.1　串联式混合动力电动汽车整车构型

串联式混合动力电动汽车整车构型的拓扑结构如图5-10所示，它主要包括动力源及传动系统、能量源及高压电耦合系统和控制系统三部分。

（1）动力源及传动系统　在串联式混合动力电动汽车中，驱动电机 M 是唯一的动力源，既可以工作在电动状态驱动汽车行驶，也可以工作在发电状态回收制动能量。传动系统 FD 主要包括变速器、主减速器、差速器等系统，部分构型会取消变速器；传动系统主要用于将来自驱动电机 M 的动力传至车轮，驱动汽车行驶。制动器 B 主要用于给车轮提供机械制动力矩。发动机 E 与车轮之间无任何连接，仅通过机械连接与发电机 G 相连，它仅用于带动发电机发电，其转速和转矩均与整车需求驱动转矩无关，为此，发动机工作点完全不受整车需求的影响。

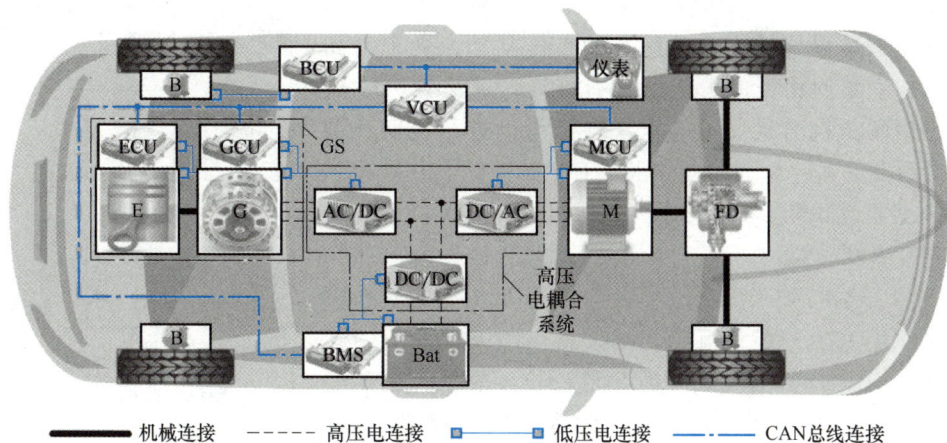

图 5-10 串联式混合动力电动汽车整车构型的拓扑结构

（2）能量源及高压耦合系统 能量源包括发动机-发电机系统和动力蓄电池 Bat。动力蓄电池的参数需要根据整车的工作模式确定，多数方案常通过动力蓄电池满足整车起步、低速巡航、缓加速等工况的电能需求，其他工况所需的电能则主要由发动机-发电机系统或发动机-发电机系统和动力蓄电池联合提供。发动机 E 和发电机 G 通过机械装置连接，发电机既可以在发动机的拖动下工作在发电状态，也可以工作在电动状态，用于起动发动机，起动时所需的电能由动力蓄电池 Bat 提供。高压电耦合系统包括发电机逆变器 AC/DC、驱动电机逆变器 DC/AC 和双向 DC/DC 变换器，三者之间通过高压电线连接，作用是实现发电机 G、驱动电机 M 和动力蓄电池 Bat 之间的高压电耦合。其中，发电机逆变器 AC/DC 通过高压电线与发电机 G 连接。由于发电机 G 既可以工作在发电状态也可以工作在电动状态，所以发电机逆变器 AC/DC 是双向的，即具有整流和逆变的功能。同时，发电机控制器 GCU 通过电气线路与发电机逆变器 AC/DC 连接，用以调节发电机 G 的转速和转矩。驱动电机逆变器 DC/AC 与发电机逆变器的原理类似，也是双向的，在驱动电机控制器 MCU 的控制下，用于调节驱动电机 M 的转速和转矩。双向 DC/DC 变换器与动力蓄电池 Bat 通过高压电线连接，用于在电池管理系统 BMS 的控制下，实现动力蓄电池 Bat 与电气负载的电压解耦。

（3）控制系统 控制系统包括整车控制器 VCU、发动机控制器 ECU、发电机控制器 GCU、驱动电机控制器 MCU、制动控制器 BCU 和电池管理系统 BMS，它们之间主要通过 CAN 总线连接。其中，整车控制器 VCU 采集加速踏板行程、制动踏板行程等相关的驾驶员意图信息，结合整车和总成状态，计算各能量源和动力源的需求功率，并将对各总成的需求发到 CAN 总线上。制动控制器 BCU 可单独设置，也可集成在 ABS/ESP 等控制器中。发动机控制器 ECU、发电机控制器 GCU、驱动电机控制器 MCU、制动控制器 BCU 和电池管理系统 BMS，一方面通过信号线和传感器获取各自控制对象的相关信息，另一方面通过 CAN 总线获取发动机 E、发电机 G、驱动电机 M、动力蓄电池 Bat、制动系统等总成的相关信息，从而根据各自的控制策略，控制各总成合理工作。例如，驱动电机控制器 MCU 一方面采集电机的转速、电流、电压等信息，另一方面将部分相关信息传递给整车控制器，并接收整车控制器 VCU 根据整车状态、电机状态、电池状态等信息计算得到的需求转矩等信息，进而控制电机的电流，最终调节电机的输出转矩。

5.2.2　串联式混合动力电动汽车工作模式

工作模式是混合动力电动汽车的工作基础，受车型和工况的影响，不同构型的工作模式不同。下面以图 5-11 所示的典型串联式混合动力电动汽车构型为例进行说明，图中，E 表示发动机，G 表示发电机，EC 表示高压电耦合系统，M 表示驱动电机，Bat 表示动力蓄电池，FD 表示传动系统，B 表示制动器。

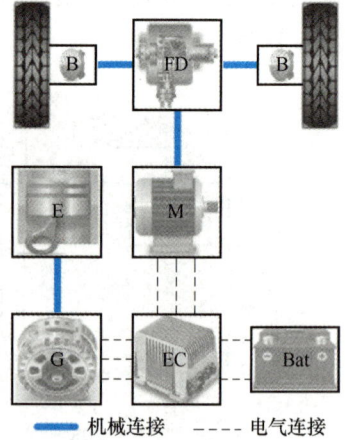

图 5-11　典型串联式混合动力电动汽车构型示意图

图 5-12 结合行驶工况给出了图 5-11 所示构型的工作模式及各工作模式下的能量流图，基于整车和关键总成的状态，可将该构型的工作模式分为 9 种：驻车模式、驻车起动发动机模式、驻车充电模式、电池提供驱动能量模式、行车起动发动机模式、发电机提供驱动能量模式、发电机提供驱动能量且为电池充电模式、发电机和电池共同提供驱动能量模式和制动能量回收模式。相应的，发动机 E、发电机 G、驱动电机 M 和动力蓄电池 Bat 的工作状态见表 5-2。

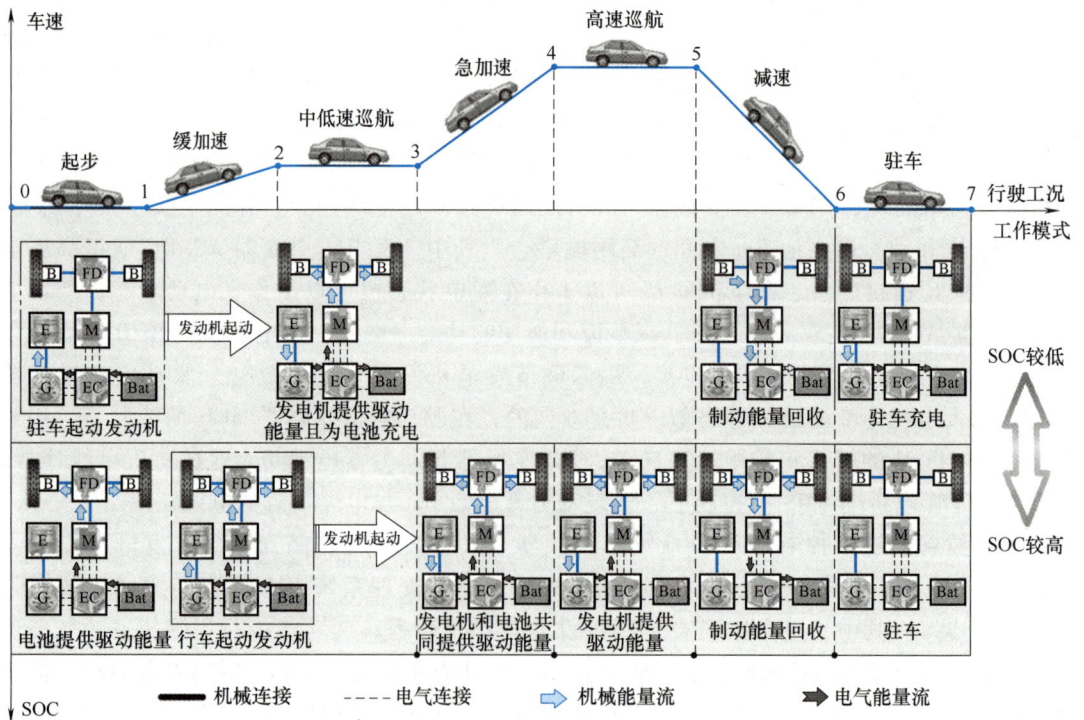

图 5-12　串联式混合动力电动汽车的工作模式

表 5-2　各部件的工作状态（1）

工作模式	部件			
	E	G	M	Bat
驻车	关闭	不工作	不工作	不工作

（续）

工作模式	部件			
	E	G	M	Bat
驻车起动发动机	起动	电动	不工作	放电
驻车充电	做功	发电	不工作	充电
电池提供驱动能量	关闭	不工作	电动	放电
行车起动发动机	起动	电动	电动	放电
发电机提供驱动能量	做功	发电	电动	不工作
发电机提供驱动能量且为电池充电	做功	发电	电动	充电
发电机和电池共同提供驱动能量	做功	发电	电动	放电
制动能量回收	关闭	不工作	发电	充电

除了相关总成的工作状态，各工作模式间的切换条件也是开发整车控制策略的关键，这往往决定了整车性能的好坏。另外，不同厂家对各模式之间切换条件的定义也有所不同，下面以一种常用的方案进行说明。

（1）驻车模式 当满足如下条件时，整车进入驻车模式：

1）车速为零。

2）档位为驻车档。

3）满足下述条件之一：①钥匙门处于 OFF 档；②钥匙门处于 ON 档且动力电池的 SOC 大于设定门限值。

汽车工作在驻车模式时，车速为零，驻车制动系统使汽车保持驻车状态，发动机 E 关闭，发电机 G、驱动电机 M 和动力蓄电池 Bat 均不工作，该模式下的整车传动系中无能量流动。

（2）驻车起动发动机模式 当满足如下条件时，整车进入驻车起动发动机模式：

1）车速为零。

2）档位为驻车档。

3）钥匙门处于 ON 档。

4）发动机未起动。

5）动力蓄电池 SOC 小于设定门限值。

驻车起动发动机模式的能量流如图 5-13 所示，此时，车速为零，驻车制动系统使汽车保持驻车状态，驱动电机 M 不工作，动力蓄电池 Bat 通过高压电耦合系统 EC 给发电机 G 供电，发电机 G 拖动发动机 E 进入起动状态。

（3）驻车充电模式 当满足如下条件时，整车进入驻车充电模式：

1）车速为零。

2）档位为驻车档。

3）加速踏板开度为零。

4）发动机处于起动状态。

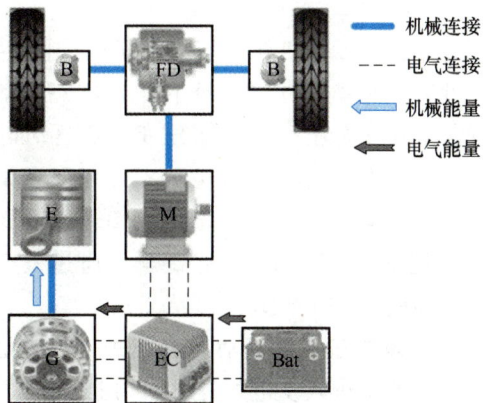

图 5-13 驻车起动发动机模式的能量流

5）动力蓄电池 SOC 小于设定门限值。

驻车充电模式的能量流如图 5-14 所示，此时，车速为零，驻车制动系统使汽车保持驻车状态，驱动电机 M 不工作，发电机 G 工作在发电状态，由发动机 E 拖动发电机 G 给动力蓄电池 Bat 充电。

（4）电池提供驱动能量模式 当满足如下条件时，整车进入电池提供驱动能量模式：

1）满足下述条件之一：①整车处于加速状态，车速小于设定门限值，且加速踏板开度小于设定门限值；②整车处于巡航状态，且车速小于设定门限值。

2）动力蓄电池 SOC 大于设定门限值。

电池提供驱动能量模式的能量流如图 5-15 所示，此时，发动机 E 关闭，发电机 G 不工作，驱动电机 M 工作在电动状态，动力蓄电池 Bat 通过高压电耦合系统 EC，给驱动电机 M 提供电能，由驱动电机 M 驱动汽车行驶。

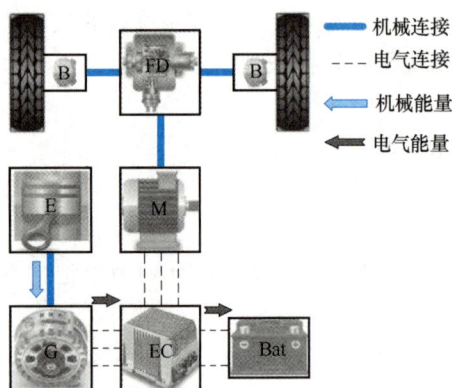

图 5-14　驻车充电模式的能量流

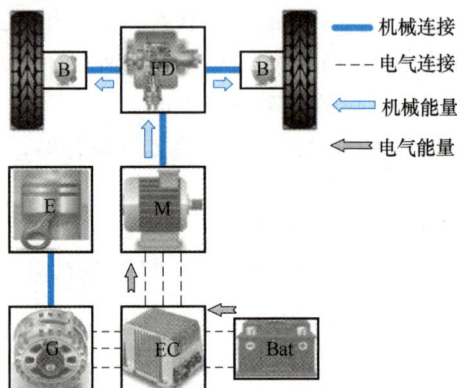

图 5-15　电池提供驱动能量模式的能量流

（5）行车起动发动机模式 当满足如下条件时，整车进入行车起动发动机模式：

1）车速大于零。

2）满足下述条件之一：①动力蓄电池 SOC 小于设定门限值；②动力蓄电池 SOC 大于设定门限值，且加速踏板开度变化率大于设定门限值；③动力蓄电池 SOC 大于设定门限值，车速大于设定门限值，且加速踏板开度大于设定门限值。

3）发动机未起动。

行车起动发动机模式下的能量流如图 5-16 所示，此时，驱动电机 M 工作在电动状态，动力蓄电池 Bat 通过高压电耦合系统 EC 给驱动电机 M 提供电能，由驱动电机 M 驱动汽车行驶；发电机 G 工作在电动状态，动力蓄电池 Bat 通过高压电耦合系统 EC，给发电机 G 供电，通过发电机 G 拖动发动机 E 完成起动。

（6）发电机提供驱动能量模式 当满足如下条件时，整车进入发电机提供驱动能量模式：

1）加速踏板开度小于设定门限值，且车速处于设定区间内。

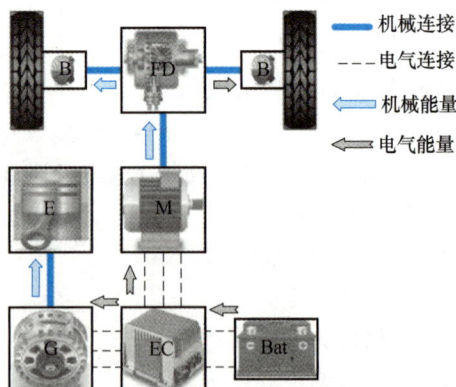

图 5-16　行车起动发动机模式下的能量流

2）动力蓄电池 SOC 处于设定区间内。

3）发动机处于起动状态。

发电机提供驱动能量模式的能量流如图 5-17 所示，此时，动力蓄电池 Bat 不工作，驱动电机 M 工作在电动状态，发电机 G 工作在发电状态，发动机 E 拖动发电机 G 发电，并通过高压电耦合系统 EC，直接给驱动电机 M 提供电能，从而驱动汽车行驶。

（7）发电机提供驱动能量且为电池充电模式 当满足如下条件时，整车进入发电机提供驱动能量且为电池充电模式：

1）加速踏板开度处于设定区间内。

2）动力蓄电池 SOC 小于设定门限值。

3）发动机处于起动状态。

发电机提供驱动能量且为电池充电模式的能量流如图 5-18 所示，此时，驱动电机 M 工作在电动状态，发电机 G 工作在发电状态，动力蓄电池 Bat 工作在充电模式，发动机 E 拖动发电机 G 发电，发出的电能被高压电耦合系统 EC 分为两部分，一部分直接提供给驱动电机 M 用于驱动车辆，另一部分则给动力蓄电池 Bat 充电。

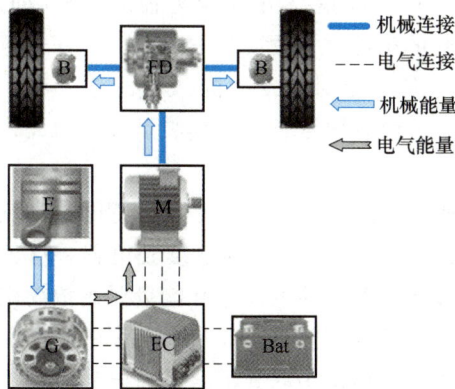

图 5-17 发电机提供驱动能量模式的能量流

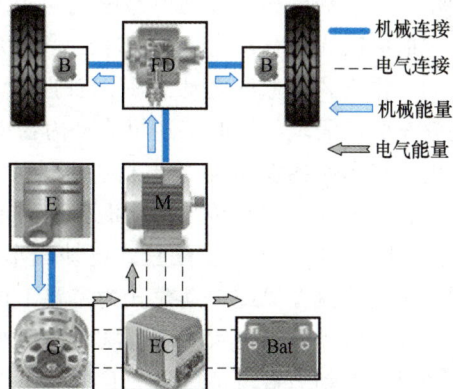

图 5-18 发电机提供驱动能量且为电池充电模式的能量流

（8）发电机和电池共同提供驱动能量模式 当满足如下条件时，整车进入发电机和电池共同提供驱动能量模式：

1）加速踏板开度变化率大于设定门限值。

2）动力蓄电池 SOC 大于设定门限值。

3）车速大于设定门限值，且加速踏板开度大于 0。

4）发动机处于起动状态。

发电机和电池共同提供驱动能量模式的能量流如图 5-19 所示，此时，驱动电机 M 工作在电动状态，发电机 G 工作在发电状态，动力蓄电池 Bat 工作在放电状态，发动机 E 拖动发电机 G 发电，发出的电能通过高压电耦合系统，与动力蓄电池 Bat 输出的电能，共同给驱动电机 M 供电，以驱动汽车行驶。

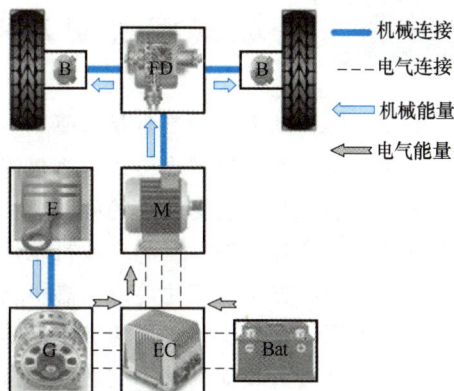

图 5-19 发电机和电池共同提供驱动能量模式的能量流

（9）制动能量回收模式 当满足如下条件时，整车进入制动能量回收模式：

1）制动踏板开度大于 0。

2）动力蓄电池 SOC 处于设定区间内。

3）车速大于设定门限值。

制动能量回收模式的能量流如图 5-20 所示，此时，驱动电机 M 工作在发电状态，动力蓄电池 Bat 工作在充电状态，发动机 E 与发电机 G 均不工作，驱动车轮通过传动系统 FD 拖动驱动电机 M 发电，所输出的电能通过高压电耦合系统给动力蓄电池 Bat 充电。当驱动电机 M 提供的制动转

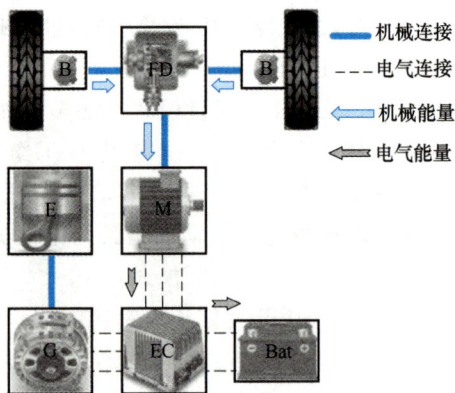

图 5-20 制动能量回收模式的能量流

矩无法满足整车制动需求时，由制动器 B 给整车提供机械制动力矩加以补偿。

5.2.3 增程式电动汽车

增程式电动汽车是以动力蓄电池为主要能量源，以发动机-发电机组为辅助能量源的一种特殊的串联式混合动力电动汽车。当动力蓄电池电量充足时，发动机不工作，增程式电动汽车的工作模式类似纯电动汽车；而当动力蓄电池电量不足时，发动机-发电机组工作，在满足整车驱动需求的同时，还可为动力蓄电池充电，从而有效延长整车续驶里程。为此，增程式电动汽车中的发动机-发电机组也被称为增程器。

增程式电动汽车与传统串联混合动力电动汽车相比，最大的区别在于动力蓄电池和发动机-发电机组的功率不同。增程式电动汽车的设计目标是增加整车的纯电续驶里程，这就要求增程式电动汽车以纯电动模式为主要工作模式，其动力蓄电池的功率和能量要比传统串联式混合动力电动汽车更大。增程式电动汽车不需要为了满足驾驶员对车速和功率的需求而起动发动机，在动力蓄电池电量充足的情况下，也不需要像传统串联式混合动力电动汽车那样转变为发电机供能模式。为此，增程器常选用功率较小的发动机，以达到减小增程器体积的目的。近年来，增程式电动汽车与串联式混合动力电动汽车的界线逐渐模糊，甚至超出了串联式方案的限制。

5.3 **并联式混合动力电动汽车**

并联式混合动力电动汽车是指驱动力可由发动机和电机单独或共同提供的混合动力电动汽车，这种构型可有效解决传统内燃机汽车在起步、缓加速和中低速巡航等工况下负荷率较低、燃油经济性和排放均较差的问题。针对传统内燃机汽车存在的问题，通过在传统内燃机汽车的基础上合理增加一台驱动电机及供能和整车控制系统，便可得到并联式混合动力电动汽车的整车构型方案。相比传统内燃机汽车，并联式混合动力电动汽车具有发动机和驱动电机两个动力源，在起步、缓加速和中低速巡航工况下可以关闭发动机，仅通过驱动电机驱动车辆行驶，这可有效提高整车的燃油经济性并降低排放；在高速巡航工况下，可仅用发动机驱动车辆，此时发动机负荷率较高，可工作于高效区，从而有效提高整车燃油经济性；在汽车减速制动时，可以通过驱动电机回收耗散在机械制动器上的整车性能，以进一步提高整车

经济性。另外，通过驱动电机也可有效降低发动机的功率，因此，也可以按照驱动电机功率占动力源总功率的比例（混合度）将并联式混合动力电动汽车分为微混、轻混、中混和强混等类型，不同混合度的汽车在整车构型和工作模式上存在较大差异。混合度越高，汽车的经济性越好，但结构和控制的复杂度也越高。近年来，随着电机系统和储能系统等关键技术的发展，并联式混合动力电动汽车的混合度逐步提高，且有向双电机混联式混合动力电动汽车发展的趋势。

5.3.1 并联式混合动力电动汽车整车构型

按照发动机和驱动电机驱动力的耦合方式，可将并联混合动力构型分为转矩耦合式和转速耦合式两种。

1. 转矩耦合式

图 5-21 所示为典型转矩耦合式并联混合动力电动汽车整车构型的拓扑结构。该构型有两个动力源：发动机 E 和驱动电机 M。其动力传动系统可看作是在传统汽车基础上增加电机驱动系统得到的。

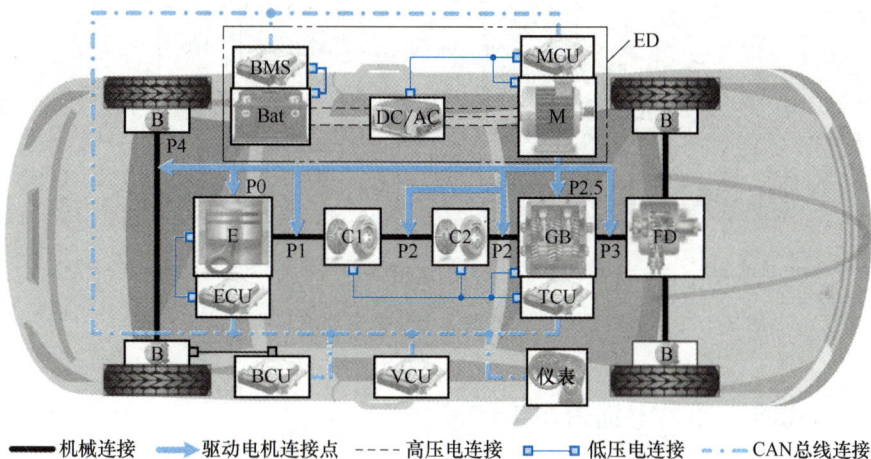

图 5-21 典型转矩耦合式并联混合动力电动汽车构型的拓扑结构

传统汽车的动力传动系统包括发动机 E、离合器（在此结构中包括离合器 C1 和 C2）、变速器 GB 及相应的控制器 ECU 和 TCU 等。电机驱动系统 ED 包括驱动电机 M、电机逆变器 DC/AC、动力蓄电池 Bat 以及电机控制器 MCU 和电池管理系统 BMS。当动力蓄电池电压远低于电机需求电压时，需要加装 DC/DC 变换器；而当动力蓄电池电压与电机需求电压接近时，可不装 DC/DC 变换器，以简化系统结构。按照驱动电机 M 在动力传动系统中的安装位置，并联式混合动力电动汽车（转矩耦合式）的构型方案又可细分为 P0、P1、P2、P2.5、P3 和 P4。在此需要注意，在 P0 和 P1 方案中，电机 M 主要用于起动发动机和发电，并不驱动汽车行驶，为此，部分厂家并不将其归类为并联式混合动力构型方案。转矩耦合式并联混合动力电动汽车的特点是：动力传动系统的输出转速与发动机转速及驱动电机转速成固定比例关系，输出转矩则是发动机转矩和驱动电机转矩的线性组合。

2. 转速耦合式

转速耦合式并联混合动力电动汽车构型，常以行星齿轮机构为耦合装置，其典型拓扑结构如图 5-22 所示。在该构型中，发动机 E 通过离合器 CL 与行星齿轮机构 PG 的行星架 C 机械相连，驱动电机 M 与行星齿轮机构 PG 的太阳轮 S 机械相连，行星齿轮机构 PG 的齿圈 R 与变速器 GB 输入轴机械相连。行星齿轮制动器 B1 和 B2 分别与行星齿轮机构 PG 的行星架 C 和齿圈 R 相连，用于混合动力电动汽车的工作模式切换。行星齿轮机构 PG 具有功率分流和无级变速的作用，发动机 E 输出的功率可被行星齿轮机构 PG 分为两部分：一部分通过齿圈 R 输出，用于驱动汽车行驶；另一部分通过太阳轮 S 带动驱动电机 M 发电，用于给蓄电池 Bat 充电。该构型在工作过程中，动力传动系统的输出转矩与发动机 E 和驱动电机 M 的转矩成固定比例关系，而输出转速是发动机 E 和驱动电机 M 转速的线性组合，因此，可通过调节驱动电机 M 的转速来实现发动机 E 的无级调速。

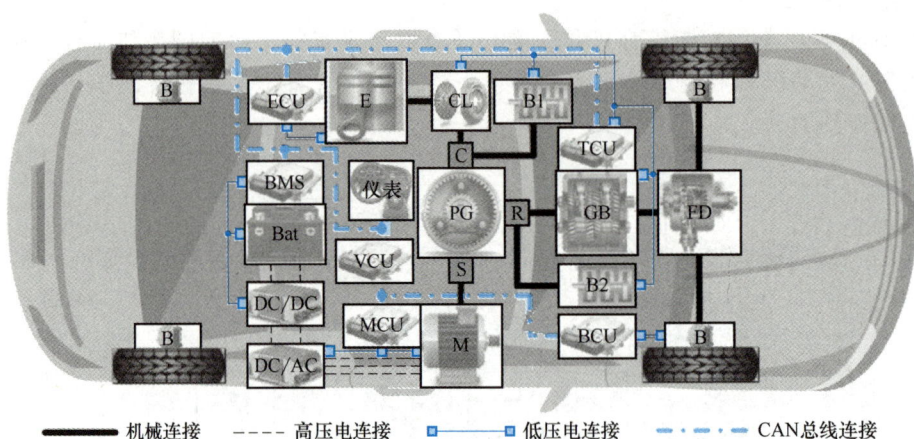

机械连接 ———— 高压电连接 ▫———▫ 低压电连接 ·—·—·CAN总线连接

图 5-22　典型转速耦合式并联混合动力电动汽车构型的拓扑结构

5.3.2　并联式混合动力电动汽车工作模式

1. 转矩耦合式

转矩耦合式并联混合动力电动汽车的构型较多，相同构型的工作模式受设计目标等因素的影响也不完全相同。下面以图 5-23 所示的典型转矩耦合式并联混合动力电动汽车构型为例进行说明，图中，E 表示发动机，C1 和 C2 表示离合器，M 表示驱动电机，AD 表示驱动电机逆变器，Bat 表示动力蓄电池，GB 表示多档变速器，FD 表示驱动桥，B 表示制动器。根据整车和关键总成的状态，可将该构型的工作模式分为 9 种：驻车模式、驻车起动发动机模式、驻车充电模式、纯电驱动模式、行车起动发动机模式、纯发动机驱动模式、发动机驱动且为电池充电模式、发动机和电机联合驱动模式、制动能量回收模式。

在图 5-24 所示的各种工作模式下，发动机 E、驱动电机 M、动力蓄电池 Bat、离合器 C1、离合器 C2 和多档变速器 GB 的工作状态见表 5-3，其中 C1、C2 为常开式离合器。

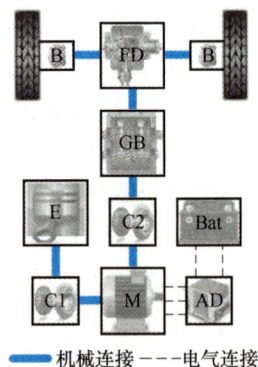

机械连接 ——— 电气连接

图 5-23　典型转矩耦合式并联混合动力电动汽车构型示意图

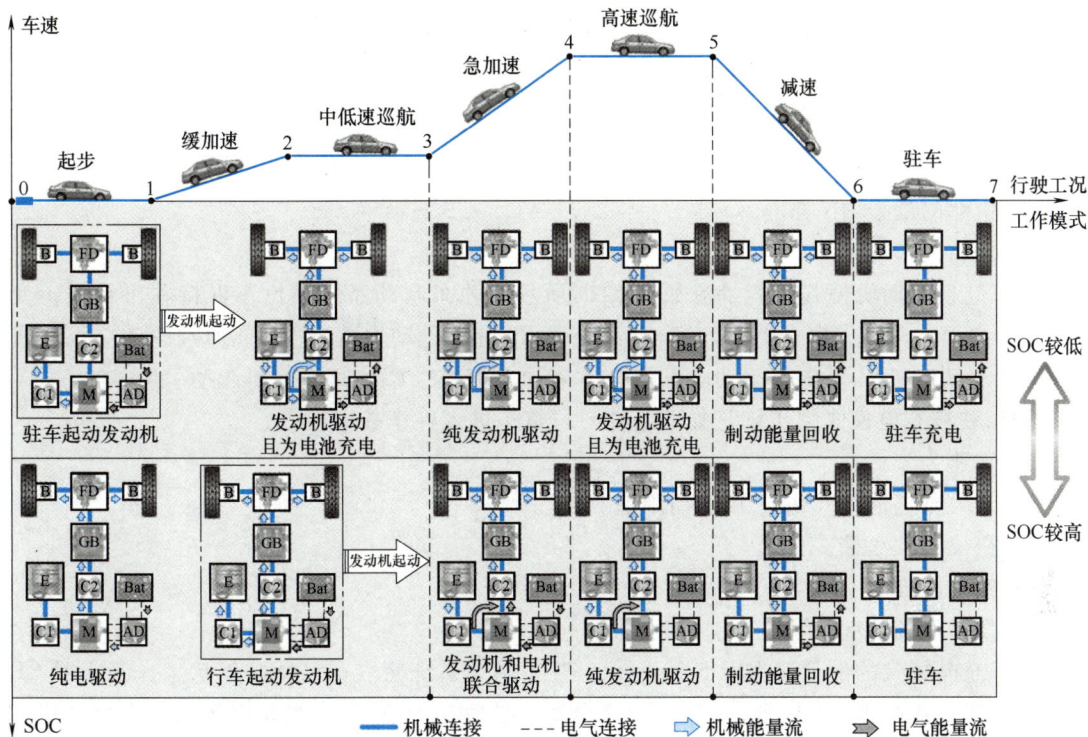

图 5-24 转矩耦合式并联混合动力电动汽车的工作模式

表 5-3 关键部件的工作状态（2）

工作模式	部件					
	E	M	Bat	C1	C2	GB
驻车	关闭	不工作	不工作	分离	分离	驻车档
驻车起动发动机	起动	电动	放电	接合	分离	驻车档
驻车充电	做功	发电	充电	接合	分离	驻车档
纯电驱动	关闭	电动	放电	分离	接合	前进档
行车起动发动机	起动	电动	放电	接合	接合	前进档
纯发动机驱动	做功	不工作	不工作	接合	接合	前进档
发动机驱动且为电池充电	做功	发电	充电	接合	接合	前进档
发动机和电机联合驱动	做功	电动	放电	接合	接合	前进档
制动能量回收	关闭	发电	充电	分离	接合	前进档

（1）驻车模式 当满足如下条件时，整车进入驻车模式：

1）车速为零。

2）档位为驻车档。

3）满足下述条件之一：①钥匙门处于 OFF 档；②钥匙门处于 ON 档，且动力蓄电池 SOC 大于设定门限值。

汽车工作在驻车模式时，车速为零，驻车制动系统使汽车保持驻车状态，发动机 E 关闭，驱动电机 M 和动力蓄电池 Bat 不工作，离合器 C1 和 C2 分离，变速器 GB 置于驻车档，整车传动系中无能量流动。

（2）驻车起动发动机模式　当满足如下条件时，整车进入驻车起动发动机模式：

1）车速为零。

2）动力蓄电池 SOC 小于设定门限值。

3）档位为驻车档。

4）钥匙门处于 ON 档。

5）发动机未起动。

驻车起动发动机模式的能量流如图 5-25 所示，驻车制动系统使汽车保持驻车状态，变速器 GB 位于驻车档，离合器 C1 接合，离合器 C2 分离，动力蓄电池 Bat 通过驱动电机逆变器 AD 给驱动电机 M 供电，驱动电机 M 工作在电动状态，以实现发动机起动。

（3）驻车充电模式　当满足如下条件时，整车进入驻车充电模式：

1）车速为零。

2）动力蓄电池 SOC 小于设定门限值。

3）档位为驻车档。

4）钥匙门处于 ON 档。

5）发动机处于起动状态。

驻车充电模式的能量流如图 5-26 所示，驻车制动系统使汽车保持驻车状态，变速器 GB 处于驻车档，离合器 C1 接合，离合器 C2 分离，驱动电机 M 工作在发电模式，由发动机 E 拖动，给动力蓄电池 Bat 充电。

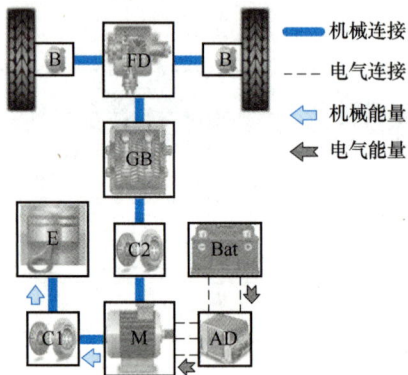

图 5-25　驻车起动发动机模式的能量流

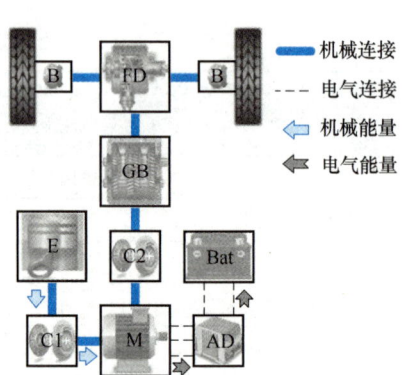

图 5-26　驻车充电模式的能量流

（4）纯电驱动模式　当满足如下条件时，整车进入纯电驱动模式：

1）满足下述条件之一：①车速和加速踏板开度均小于设定门限值；②车速和加速踏板开度变化率均小于设定门限值。

2）动力蓄电池 SOC 大于设定门限值。

纯电驱动模式的能量流如图 5-27 所示，变速器 GB 置于前进档，离合器 C1 分离，离合器 C2 接合，发动机 E 关闭，动力蓄电池 Bat 通过驱动电机逆变器 AD 给驱动电机 M 提供电能，驱动电机 M 工作于电动状态，以驱动汽车行驶。

（5）行车起动发动机模式　当满足如下条件时，整车进入行车起动发动机模式：

1）车速不为零。

2）满足下述条件之一：①动力蓄电池 SOC 小于设定门限值；②车速大于设定门限值；

③加速踏板开度变化率和车速均大于各自的设定门限值。

3）发动机未起动。

行车起动发动机模式的能量流如图 5-28 所示，变速器 GB 置于前进档，离合器 C1 和 C2 接合，动力蓄电池 Bat 通过驱动电机逆变器 AD 给驱动电机 M 供电，驱动电机 M 在驱动汽车行驶的同时，拖动发动机 E 完成起动。

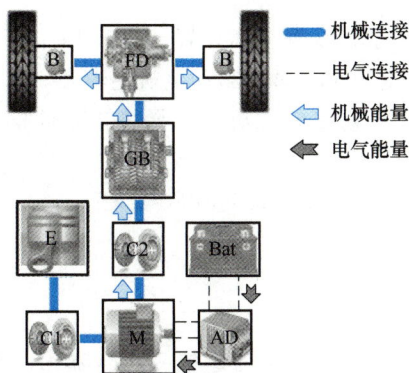

图 5-27　纯电驱动模式的能量流

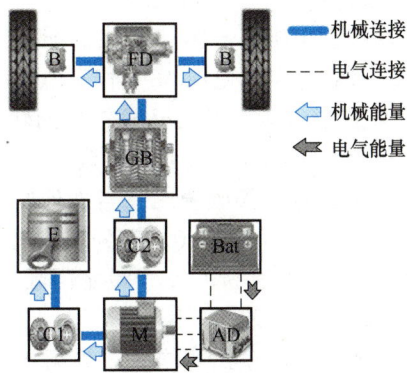

图 5-28　行车起动发动机模式的能量流

（6）纯发动机驱动模式　当满足如下条件时，整车进入纯发动机驱动模式：

1）满足下述条件之一：①动力蓄电池 SOC 小于设定门限值且加速踏板开度大于相应的设定门限值；②车速大于设定门限值。

2）发动机处于起动状态。

纯发动机驱动模式的能量流如图 5-29 所示，变速器 GB 置于前进档，离合器 C1 和 C2 接合，动力蓄电池 Bat 和驱动电机 M 不工作，整车由发动机 E 单独驱动。

（7）发动机驱动且为电池充电模式　当满足如下条件时，整车进入发动机驱动且为电池充电模式：

1）发动机工作点位于设定工作区内。

2）动力蓄电池 SOC 低于设定门限值。

3）发动机处于起动状态。

发动机驱动且为电池充电模式的能量流如图 5-30 所示，变速器 GB 置于前进档，离合器 C1 和 C2 接合，发动机 E 驱动汽车行驶，驱动电机 M 工作于发电状态，由发动机 E 拖动，并给动力蓄电池 Bat 充电。该模式可用来调节发动机的工作区间。

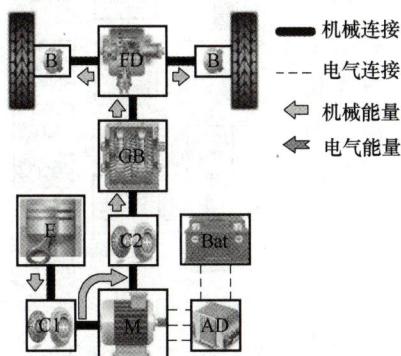

图 5-29　纯发动机驱动模式的能量流

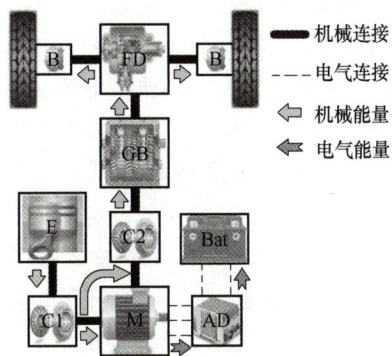

图 5-30　发动机驱动且为电池充电模式的能量流

（8）**发动机和电机联合驱动模式** 当满足如下条件时，整车进入发动机和电机联合驱动模式：

1）当前车速下的整车需求转矩大于设定门限值，该门限值通常以发动机外特性曲线为基准进行设定。

2）动力蓄电池 SOC 大于设定门限值。

3）发动机处于起动状态。

发动机和电机联合驱动模式的能量流如图 5-31 所示，变速器 GB 置于前进档，离合器 C1 和 C2 接合，驱动电机 M 工作于电动模式，动力蓄电池 Bat 通过驱动电机逆变器 AD 给驱动电机 M 提供电能，发动机 E 输出的转矩和驱动电机 M 输出的转矩，在驱动电机 M 的输出端通过耦合装置耦合，以共同驱动汽车行驶。

（9）**制动能量回收模式** 当满足如下条件时，整车进入制动能量回收模式：

1）加速踏板开度为 0，部分车型同时设置的制动踏板开度大于 0。

2）动力蓄电池 SOC 小于设定门限值。

3）车速大于设定门限值。

制动能量回收模式的能量流如图 5-32 所示，变速器 GB 置于前进档，离合器 C1 分离，离合器 C2 接合，驱动电机 M 工作在发电模式，由驱动轮通过传动系统带动发电，并通过驱动电机逆变器 AD 给动力蓄电池 Bat 充电。当驱动电机 M 提供的制动转矩无法满足制动需求时，由制动器 B 提供机械制动力矩加以补偿。制动能量回收力矩的大小需要综合根据车速、动力蓄电池 SOC 值、制动踏板开度等因素设定。

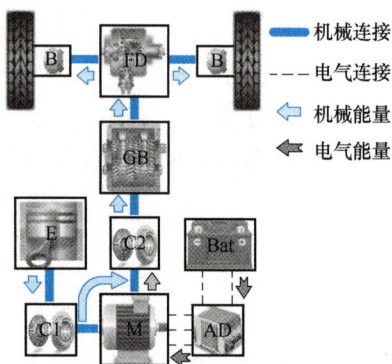

图 5-31 发动机和电机联合驱动模式的能量流

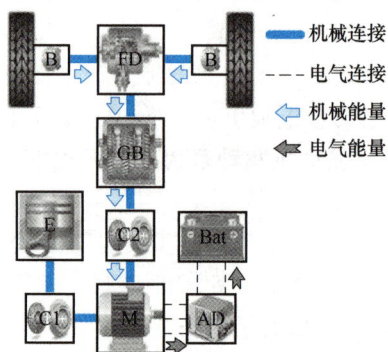

图 5-32 制动能量回收模式的能量流

2. 转速耦合式

转速耦合式并联混合动力电动汽车的构型也较多，相同构型的工作模式受设计目标等因素的影响也不完全相同。下面以图 5-33 所示的典型转速耦合式并联混合动力电动汽车构型为例进行说明，图中，E 表示发动机，C1 表示离合器，B1 和 B2 表示行星齿轮机构制动器，分别用于锁止行星架和齿圈，M 表示驱动电机，AD 表示驱动电机逆变器，DD 表示双向 DC/DC 变换器，可以通过总成参数的合理匹配省去 DD。Bat 表示动力蓄电池，PG 表示行星齿轮机构，S 表示太阳轮，C 表示行星架，R 表示齿圈，GB 表示多档变速器，FD 表示驱动桥，B 表示制动器。基于整车和关键总成的状态，可将该

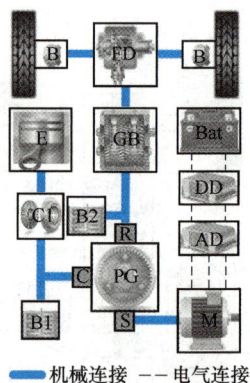

图 5-33 典型转速耦合式并联混合动力电动汽车构型

构型的工作模式分为6种：驻车模式、驻车起动发动机模式、驻车充电模式、纯电驱动模式、发动机驱动且为电池充电模式和制动能量回收模式。

在图5-34所示的工作模式下，E、M、Bat、C1、B1、B2和GB的工作状态见表5-4，其中C1为常开式离合器。

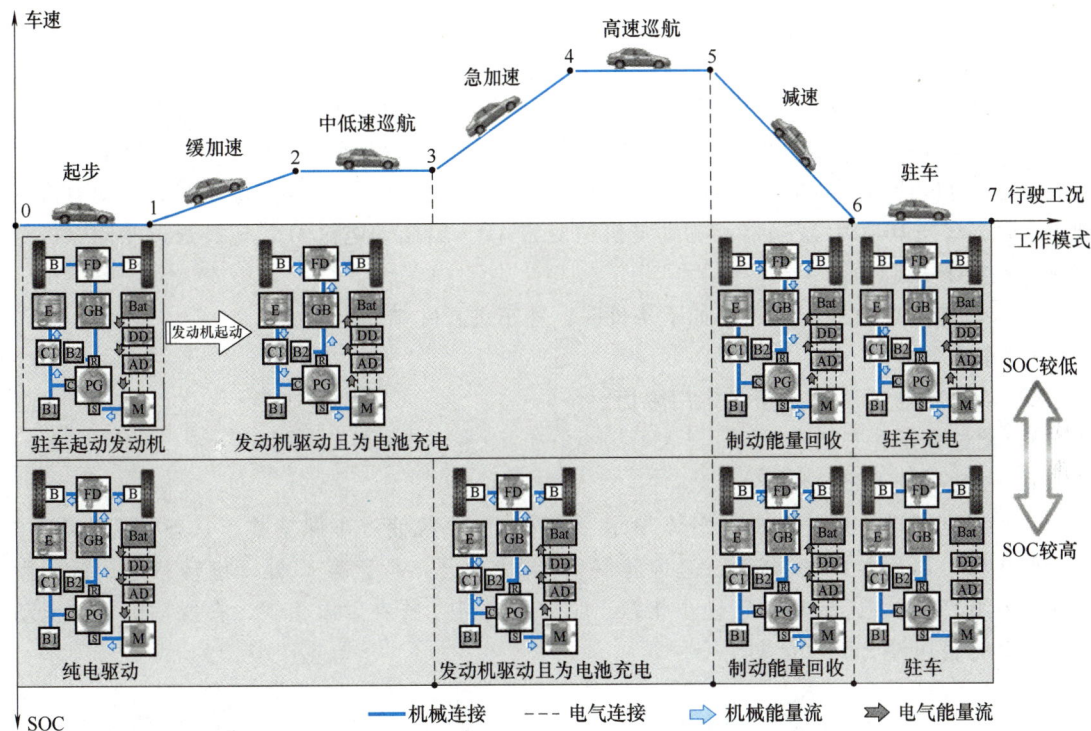

图5-34　转速耦合式并联混合动力电动汽车的工作模式

表5-4　关键部件的工作状态（3）

工作模式	部件						
	E	M	Bat	C1	B1	B2	GB
驻车	关闭	不工作	不工作	分离	松开	松开	驻车档
驻车起动发动机	起动	电动	放电	接合	松开	锁止	驻车档
驻车充电	做功	发电	充电	接合	松开	锁止	驻车档
纯电驱动	关闭	电动	放电	分离	锁止	松开	前进档
发动机驱动且为电池充电	做功	发电	充电	接合	松开	松开	前进档
制动能量回收	关闭	发电	充电	分离	锁止	松开	前进档

（1）驻车模式　当满足如下条件时，整车进入驻车模式：

1）车速为零。

2）档位为驻车档。

3）满足下述条件之一：①钥匙门处于OFF档；②钥匙门处于ON档，且动力蓄电池的SOC大于设定门限值。

工作在驻车模式时，车速为零，驻车制动系统使汽车保持驻车状态，变速器GB置于驻车档，离合器C1分离，行星齿轮机构制动器B1和B2均松开，发动机E关闭，驱动电机M和动力蓄电池Bat均不工作，整车传动系统中无能量流动。

（2）驻车起动发动机模式 当满足如下条件时，整车进入驻车起动发动机模式：

1）车速为零。

2）动力蓄电池 SOC 小于设定门限值。

3）档位处于驻车档。

4）钥匙门处于 ON 档。

5）发动机未起动。

驻车起动发动机模式的能量流如图 5-35 所示，车速为零，驻车制动系统使汽车保持驻车状态，变速器 GB 位于驻车档，离合器 C1 接合，行星齿轮制动器 B1 松开，行星架 C 处于旋转状态，制动器 B2 锁止，齿圈 R 处于固定状态，驱动电机 M 工作于电动状态，动力蓄电池 Bat 通过双向 DC/DC 变换器和驱动电机逆变器 AD，给驱动电机 M 供电，通过驱动电机 M 实现发动机 E 的起动。

（3）驻车充电模式 当满足如下条件时，整车进入驻车充电模式：

1）车速为零。

2）动力蓄电池 SOC 小于设定门限值。

3）档位处于驻车档。

4）发动机处于起动状态。

驻车充电模式的能量流如图 5-36 所示，驻车制动系统使汽车保持驻车状态，变速器 GB 处于驻车档，离合器 C1 接合，行星齿轮制动器 B1 松开，行星架 C 处于旋转状态，行星齿轮制动器 B2 锁止，齿圈 R 处于锁止状态，驱动电机 M 工作在发电模式，在发动机 E 的拖动下，给动力蓄电池 Bat 充电。

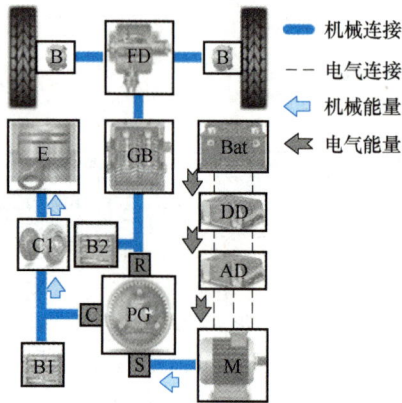

图 5-35　驻车起动发动机模式的能量流

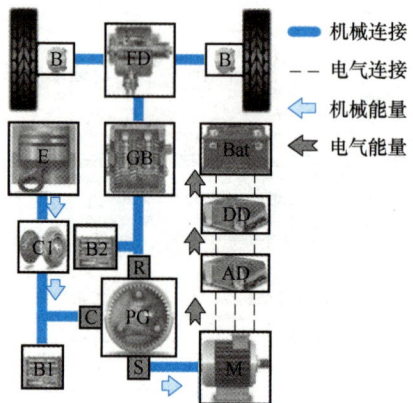

图 5-36　驻车充电模式的能量流

（4）纯电驱动模式 当满足如下条件时，整车进入纯电驱动模式：

1）满足下述条件之一：①加速踏板开度和车速均小于各自的设定门限值；②加速踏板开度变化率和车速均小于各自的设定门限值。

2）动力蓄电池的 SOC 大于设定门限值。

纯电驱动模式的能量流如图 5-37 所示，变速器 GB 档位为前进档，离合器 C1 分离，制动器 B1 锁止，行星架 C 锁止，制动器 B2 松开，齿圈 R 处于旋转状态，发动机 E 关闭，动力蓄电池 Bat 通过双向 DC/DC 变换器和驱动电机逆变器 AD，给驱动电机 M 供电，驱动电机 M 工作于电动状态，通过行星齿轮机构和传动系统驱动汽车行驶。

（5）发动机驱动且为电池充电模式　当满足如下条件时，整车进入发动机驱动且为电池充电模式：

1）发动机工作点位于设定区间内。

2）动力蓄电池 SOC 小于设定门限值。

3）发动机处于起动状态。

发动机驱动且为电池充电模式的能量流如图 5-38 所示，变速器 GB 位于前进档，离合器 C1 接合，行星齿轮机构的制动器 B1 和 B2 松开。在行星齿轮机构功率分流作用下，发动机 E 的一部分功率通过齿圈 R 输出，用于驱动汽车行驶；另一部分功率通过太阳轮 S 输出，用于带动处于发电状态的驱动电机 M 给动力蓄电池 Bat 充电。

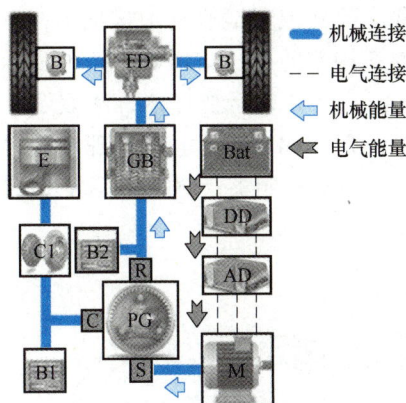

图 5-37　纯电驱动模式的能量流

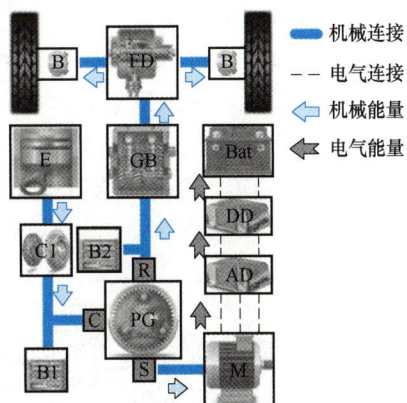

图 5-38　发动机驱动且为电池充电模式的能量流

（6）制动能量回收模式　当满足如下条件时，整车进入制动能量回收模式：

1）加速踏板开度为 0。

2）动力蓄电池的 SOC 小于设定门限值。

3）车速大于设定门限值。

制动能量回收模式的能量流如图 5-39 所示，变速器 GB 位于前进档，离合器 C1 分离，制动器 B1 锁止，B2 松开，发动机 E 关闭，驱动电机 M 工作在发电模式，由驱动轮通过传动系统和行星齿轮机构带动发电，并通过驱动电机逆变器 AD 和双向 DC/DC 变换器，给动力蓄电池 Bat 充电。当驱动电机 M 提供的制动转矩无法满足制动需求时，由制动器 B 提供机械制动力矩加以补偿。制动能量回收力矩的大小需要综合考虑车速、动力蓄电池 SOC、制动踏板开度等因素，且不是所有车型都在滑行工况下设置制动能量回收模式。

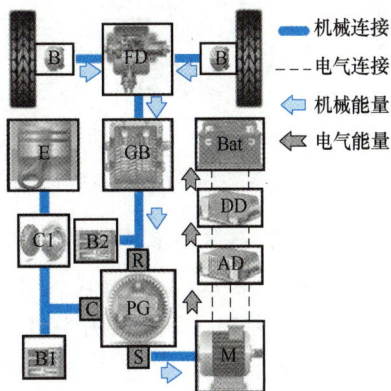

图 5-39　制动能量回收模式的能量流

5.4　混联式混合动力电动汽车

串联式混合动力电动汽车和并联式混合动力电动汽车各有特点，为了综合利用两种构型的优点，人们提出了混联式混合动力构型。混联式混合动力电动汽车通过设计合理的动力传动系统构型和相应的控制策略，能够实现串联式混合动力电动汽车和并联式混合动力电动汽车的大多数工作模式，从而有效提高整车的动力性、经济性，但也带来了动力传动系统构型和控制策略较复杂的问题。目前，混联式混合动力电动汽车主要分为"串联+并联"式混联混合动力构型和行星齿轮式混联混合动力构型两种。

5.4.1　"串联+并联"式混联混合动力电动汽车

1. "串联+并联"式混联混合动力电动汽车整车构型

"串联+并联"构型可看作串联构型与转矩耦合式并联构型的叠加，由于串联构型和转矩耦合式并联构型均存在较多方案，相应的"串联+并联"式混联混合动力构型也存在较多方案。典型"串联+并联"式混联混合动力电动汽车整车构型的拓扑结构如图5-40所示。图中，E表示发动机，G表示发电机，C1和C2表示离合器，GB表示变速器，M表示驱动电机，Bat表示动力蓄电池，FD表示驱动桥，B表示制动器，BMS表示电池管理系统，MCU表示电机控制器，GCU表示发电机控制器，ECU表示发动机控制器，TCU表示变速器控制器，DC/DC表示电压变换器，DC/AC表示电机逆变器。

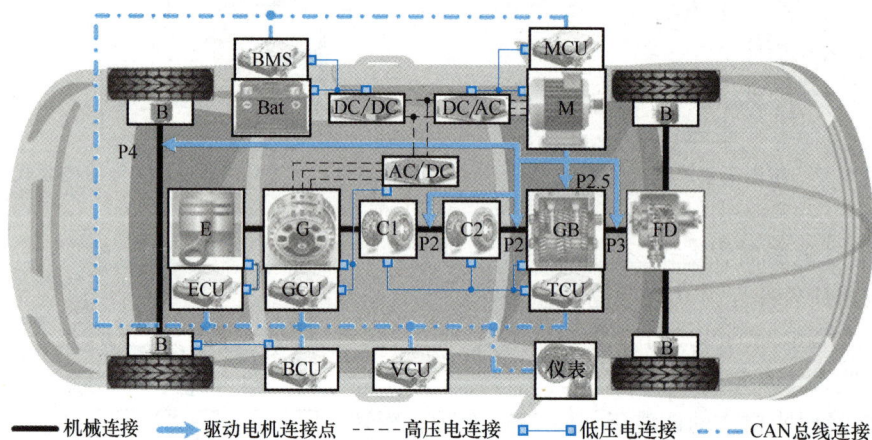

图 5-40　典型"串联+并联"式混联混合动力电动汽车整车构型的拓扑结构

2. "串联+并联"式混联混合动力电动汽车工作模式

即使构型相同，工作模式也会受设计目标等因素的影响而有所差别。下面以图5-41所示的典型"串联+并联"式混联混合动力电动汽车构型为例进行说明，基于整车和关键总成的状态，可将该车型的工作模式分为10种：驻车模式、驻车起动发动机模式、驻车充电模式、纯电驱动模式、行车起动发动机模式、纯发动机驱动模式、发动机驱动且发电机发电模式、并联驱动模式、串联驱动模式和制动能量回收模式。

在图5-42所示的各种工作模式下，E、G、M、Bat、C和GB的工作状态见表5-5，其中C为常开式离合器。

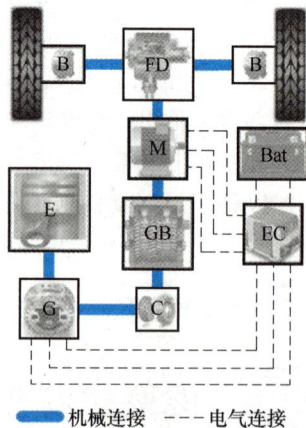

图 5-41　典型"串联+并联"式混联混合动力电动汽车构型

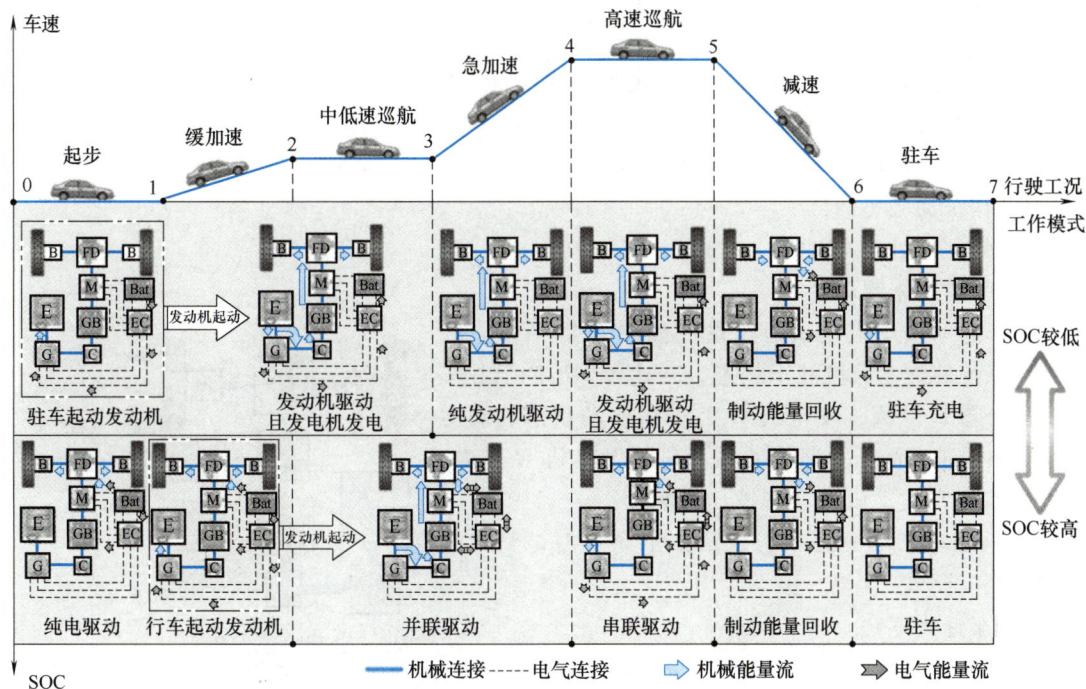

图 5-42　"串联+并联"混联式混合动力电动汽车工作模式

表 5-5　关键部件的工作状态（4）

工作模式	部件					
	E	G	M	Bat	C	GB
驻车	关闭	不工作	不工作	不工作	分离	驻车档
驻车起动发动机	起动	电动	不工作	放电	分离	驻车档
驻车充电	做功	发电	不工作	充电	分离	驻车档
纯电驱动	关闭	不工作	电动	放电	分离	空档
行车起动发动机	起动	电动	电动	放电	分离	空档
纯发动机驱动	做功	不工作	不工作	不工作	接合	前进档
发动机驱动且发电机发电	做功	发电	不工作	充电	接合	前进档
并联驱动	做功	不工作	电动/发电	放电/充电	接合	前进档
串联驱动	做功	发电	电动	放电/充电	分离	空档
制动能量回收	关闭	不工作	发电	充电	分离	空档

（1）驻车模式　当满足如下条件时，整车进入驻车模式：

1）车速为零。

2）档位为驻车档。

3）满足下述条件之一：①钥匙门处于 OFF 档；②钥匙门处于 ON 档，且动力蓄电池的 SOC 大于设定门限值。

汽车工作在驻车模式时，车速为零，驻车制动系统使汽车保持驻车状态，发动机 E 关闭，发电机 G、驱动电机 M 和动力蓄电池 Bat 均不工作，离合器 C 分离，变速器 GB 置于驻车档。

（2）驻车起动发动机模式　当满足如下条件时，整车进入驻车起动发动机模式：

1）车速为零。

2）动力蓄电池 SOC 小于设定门限值。

3）档位为驻车档。

4）钥匙门处于 ON 档。

5）发动机未起动。

驻车起动发动机模式的能量流如图 5-43 所示，驻车制动系统使汽车保持驻车状态，变速器 GB 位于驻车档，离合器 C 分离，发电机 G 工作在电动状态，动力蓄电池 Bat 通过高压电耦合系统 EC 给发电机 G 供电，发电机 G 拖动发动机 E 实现发动机起动。

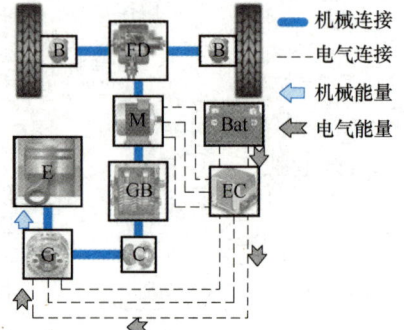

图 5-43　驻车起动发动机模式的能量流

（3）驻车充电模式　当满足如下条件时，整车进入驻车充电模式：

1）车速为零。

2）钥匙门处于 ON 档。

3）档位为驻车档。

4）动力蓄电池的 SOC 小于设定门限值。

5）发动机处于起动状态。

驻车充电模式的能量流如图 5-44 所示，驻车制动系统使汽车保持驻车状态，变速器 GB 处于驻车档，驱动电机 M 不工作，离合器 C 分离，发电机 G 工作在发电状态，由发动机 E 拖动，以给动力蓄电池 Bat 充电。

（4）纯电驱动模式　当满足如下条件时，整车进入纯电驱动模式：

1）满足下述条件之一：①加速踏板开度和车速均小于各自的设定门限值；②加速踏板开度变化率和车速均小于各自的设定门限值。

2）动力蓄电池的 SOC 大于设定门限值。

纯电驱动模式的能量流如图 5-45 所示，变速器 GB 置于空档，离合器 C 分离，发动机 E 关闭，发电机 G 不工作，驱动电机 M 工作在电动状态，动力蓄电池 Bat 给驱动电机 M 供电，由驱动电机 M 驱动汽车行驶。

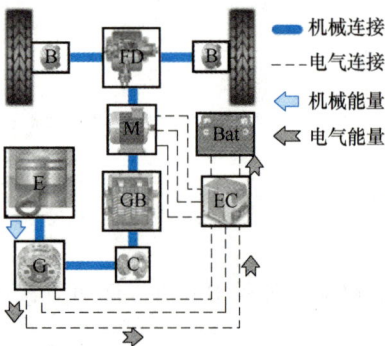

图 5-44　驻车充电模式的能量流

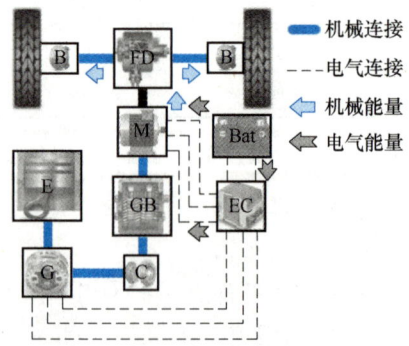

图 5-45　纯电驱动模式的能量流

（5）行车起动发动机模式 当满足如下条件时，整车进入行车起动发动机模式：

1）车速不为零。

2）满足下述条件之一：①动力蓄电池 SOC 小于设定门限值；②车速大于设定门限值；③加速踏板开度变化率及其车速均大于各自的设定门限值。

3）发动机未起动。

行车起动发动机模式的能量流如图 5-46 所示，变速器 GB 置于空档，离合器 C 分离，驱动电机 M 和发电机 G 均工作在电动状态，动力蓄电池 Bat 通过高压电耦合系统 EC 分别给发电机 G 和驱动电机 M 提供电能，在驱动电机 M 驱动整车行驶的同时，发电机 G 拖动发动机 E 完成起动。

（6）纯发动机驱动模式 当满足如下条件时，整车进入纯发动机驱动模式：

1）车速高于设定门限值。

2）发动机处于起动状态。

纯发动机驱动模式的能量流如图 5-47 所示，变速器 GB 位于前进档，离合器 C 接合，发电机 G、驱动电机 M 和动力蓄电池 Bat 均不工作，整车由发动机 E 单独驱动。

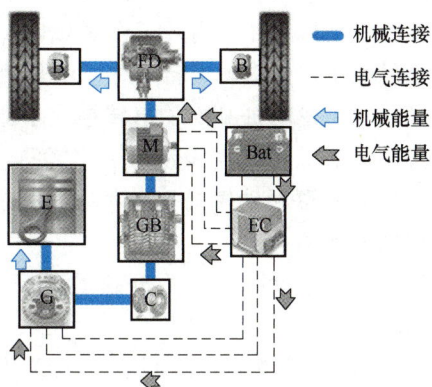

图 5-46 行车起动发动机模式的能量流

（7）发动机驱动且发电机发电模式 当满足如下条件时，整车进入发动机驱动且发电机发电模式：

1）当前车速下，驱动车辆所需的转矩小于理想发动机转矩。

2）动力蓄电池的 SOC 小于设定门限值。

3）发动机处于起动状态。

4）加速踏板开度大于零。

5）档位为前进档。

6）车速大于设定门限值。

发动机驱动且发电机发电模式的能量流如图 5-48 所示，变速器 GB 位于前进档，离合器 C 接合，驱动电机 M 不工作，发电机 G 工作在发电模式，发动机 E 在驱动汽车行驶的同时，拖动发电机 G 旋转，给动力蓄电池 Bat 充电。

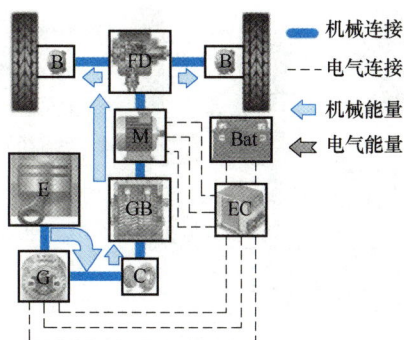

图 5-47 纯发动机驱动模式的能量流

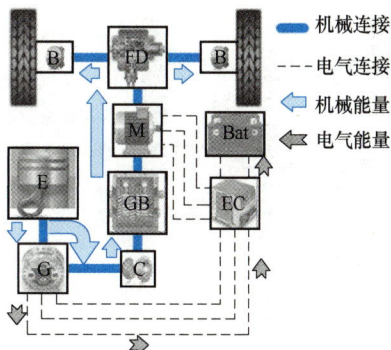

图 5-48 发动机驱动且发电机发电模式的能量流

（8）**并联驱动模式** 当满足如下条件时，整车进入并联驱动模式：

1）当前车速下的整车需求转矩大于设定门限值，该门限值通常以发动机外特性曲线为基准进行设定。

2）动力蓄电池的 SOC 高于设定门限值。

3）发动机处于起动状态。

并联驱动模式的能量流如图 5-49 所示，变速器 GB 位于前进档，离合器 C 接合，发电机 G 不工作，驱动电机 M 可工作在电动或发电模式，以保证发动机工作在高效工作区域内。当发动机 E 的输出转矩小于驱动需求转矩时，由驱动电机 M 补充不足部分；当发动机 E 的输出转矩大于驱动需求时，可通过驱动电机 M 调整发动机工作区间。

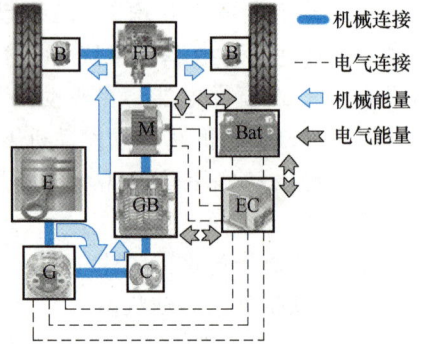

图 5-49　并联驱动模式的能量流

（9）**串联驱动模式** 当满足如下条件时，整车进入串联驱动模式：

1）车速和加速踏板开度均低于各自的设定门限值。

2）动力蓄电池的 SOC 小于设定门限值。

3）发动机处于起动状态。

串联驱动模式的能量流如图 5-50 所示，变速器 GB 位于空档，离合器 C 分离，驱动电机 M 工作在电动模式，用以驱动车辆行驶，发电机 G 工作于发电模式，由发动机 E 带动发电，控制发动机工作在高效区。所发出电能根据驱动电机的功率需求可分为两部分：一部分供给电动机，另一部分则给动力蓄电池 Bat 充电。

（10）**制动能量回收模式** 当满足如下条件时，整车进入制动能量回收模式：

1）加速踏板开度为零。

2）动力蓄电池的 SOC 小于设定门限值。

3）车速大于设定门限值。

制动能量回收模式的能量流如图 5-51 所示，变速器 GB 置于空档，离合器 C 分离，发电机 G 不工作，驱动电机 M 工作在发电模式，由驱动轮通过传动系统带动发电，通过高压电耦合系统给动力蓄电池 Bat 充电。当驱动电机 M 提供的制动转矩无法满足制动需求时，由制动器 B 提供机械制动力矩加以补偿。制动能量回收力矩的大小需要综合考虑车速、动力蓄电池 SOC、制动踏板开度等因素，且不是所有车型都在滑行工况下设置制动能量回收模式。

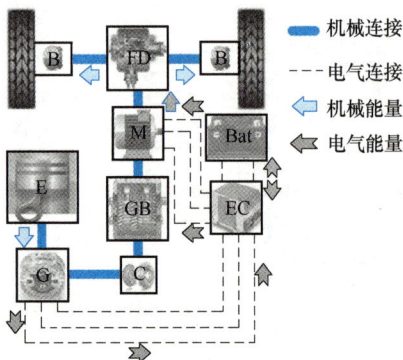

图 5-50　串联驱动模式的能量流

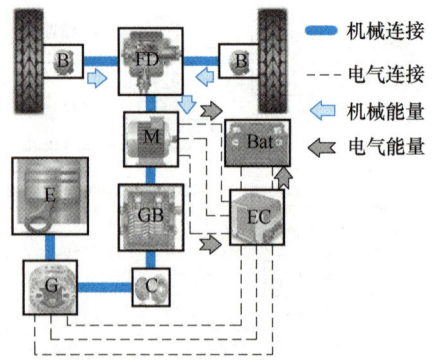

图 5-51　制动能量回收模式的能量流

5.4.2　行星齿轮式混联混合动力电动汽车

1. 行星齿轮式混联混合动力电动汽车整车构型

行星齿轮式混联混合动力电动汽车构型根据行星齿轮装置的数目、设置和各动力装置与行星齿轮机构的连接方式，可以分为多种方案，典型的拓扑结构如图 5-52 所示。该构型的主要部件包括发动机 E、驱动电动机 M、发电机 G、行星齿轮机构 PG、驱动桥 FD、动力蓄电池 Bat、高压电耦合系统、电池管理系统 BMS、整车控制器 VCU、变速器控制器 GCU、制动控制器 BCU 等。发动机 E 与行星齿轮机构 PG 的行星架 C 机械相连，发电机 G 与行星齿轮机构 PG 的太阳轮 S 机械相连，驱动电机 M 与行星齿轮机构 PG 的齿圈 R 机械相连。

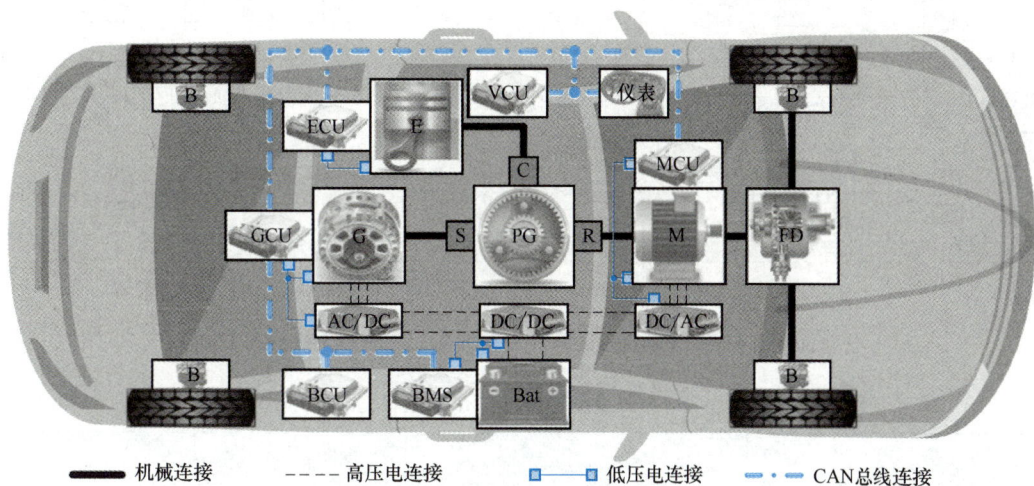

图 5-52　行星齿轮式混联混合动力电动汽车整车构型的拓扑结构

2. 行星齿轮式混联混合动力电动汽车工作模式

工作过程中，发动机 E 与发电机 G 的耦合方式是转速耦合，发动机 E 与驱动电机 M 的耦合方式是转矩耦合，因此可以通过发电机 G 实现发动机转速与车速之间的解耦，通过电动机 M 实现发动机转矩与整车需求转矩之间的解耦，即可使发动机 E 的转速和转矩均与路面解耦，这种既有转矩耦合又有转速耦合的动力耦合方式被称为功率耦合。相应的工作模式按整车和关键总成的状态可分为 7 种：驻车模式、驻车起动发动机模式、驻车充电模式、纯电驱动模式、行车起动发动机模式、功率分流模式和制动能量回收模式。典型行星齿轮式混联混合动力电动汽车构型示意图如图 5-53 所示。

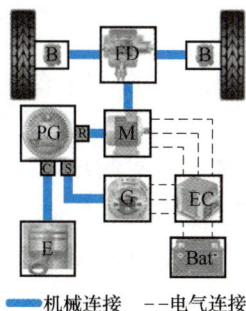

图 5-53　典型行星齿轮式混联混合动力电动汽车构型示意图

在图 5-54 所示的各种工作模式下，各关键部件的工作状态见表 5-6。

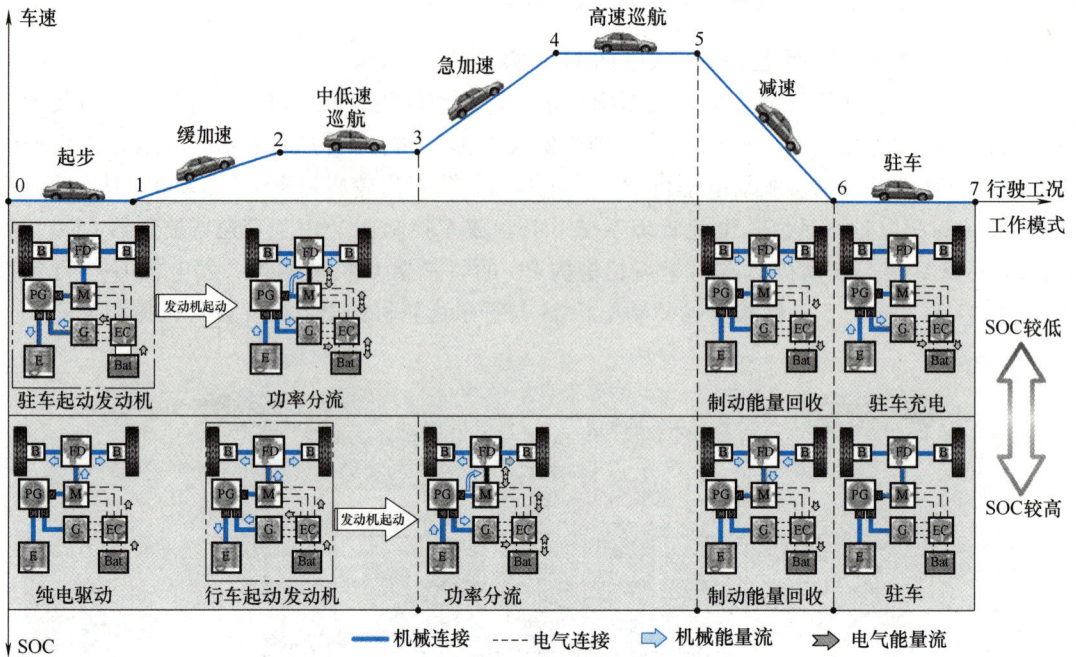

图 5-54　行星齿轮式混联混合动力电动汽车的工作模式

表 5-6　关键部件的工作状态（5）

工作模式	部件			
	E	G	M	Bat
驻车	关闭	不工作	不工作	不工作
驻车起动发动机	起动	电动	不工作	放电
驻车充电	做功	发电	不工作	充电
纯电驱动	关闭	不工作/发电	电动	放电
行车起动发动机	起动	电动	电动	放电
功率分流	做功	发电	电动/发电	放电/充电
制动能量回收	关闭	不工作/发电	发电	充电

（1）驻车模式　当满足如下条件时，整车进入驻车模式：

1）车速为零。

2）档位为驻车档。

3）满足下述条件之一：①钥匙门处于 OFF 档；②钥匙门处于 ON 档，且动力蓄电池的 SOC 大于设定门限值。

汽车工作在驻车模式时，车速为零，驻车制动系统使汽车保持驻车状态，发动机 E 关闭，发电机 G、驱动电机 M 和动力蓄电池 Bat 均不工作。

（2）驻车起动发动机模式　当满足如下条件时，整车进入驻车起动发动机模式：

1）车速为零。

2）动力蓄电池的 SOC 小于设定门限值。

3）档位为驻车档。

4）钥匙门处于 ON 档。

5）发动机未起动。

驻车起动发动机模式的能量流如图 5-55 所示，车速为零，驻车制动系统使汽车保持驻车状态，驱动电机 M 不工作，发电机 G 工作在电动状态，动力蓄电池 Bat 通过高压电耦合系统 EC 给发电机 G 供电，发电机 G 拖动发动机 E 以起动发动机。

（3）驻车充电模式　当满足如下条件时，整车进入驻车充电模式：

1）车速为零。

2）钥匙门处于 ON 档。

3）档位处于驻车档。

4）动力蓄电池的 SOC 小于设定门限值。

5）发动机处于起动状态。

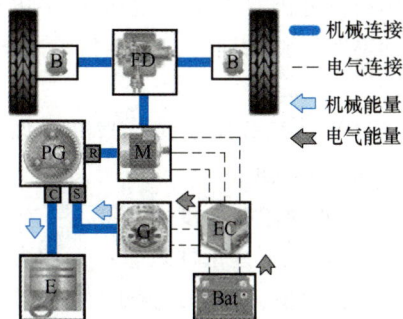

图 5-55　驻车起动发动机模式的能量流

驻车充电模式的能量流如图 5-56 所示，驻车制动系统使汽车保持驻车状态，档位处于驻车档，驱动电机 M 不工作，发电机 G 工作在发电状态，由发动机 E 拖动，通过高压电耦合系统 EC 给动力蓄电池 Bat 充电。

（4）纯电驱动模式　当满足如下条件时，整车进入纯电驱动模式：

1）满足下述条件之一：①加速踏板开度和车速均小于各自的设定门限值；②加速踏板开度变化率和车速均小于各自的设定门限值。

2）动力蓄电池 SOC 大于门限值。

纯电驱动模式的能量流如图 5-57 所示，发动机 E 关闭，档位位于前进档，驱动电机 M 工作在电动状态，动力蓄电池 Bat 给驱动电机 M 供电，由驱动电机 M 驱动汽车行驶；发电机 G 处于不工作状态，若在起动时，发电机 G 工作在发电状态，会产生功率循环，动力蓄电池边放电边充电。

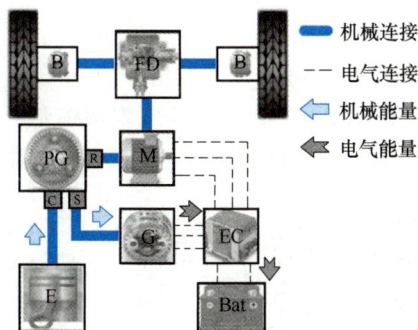

图 5-56　驻车充电模式的能量流

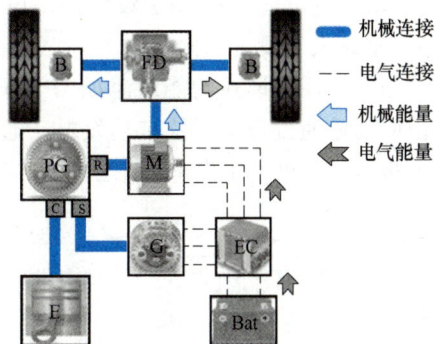

图 5-57　纯电驱动模式的能量流

（5）行车起动发动机模式　当满足如下条件时，整车进入行车起动发动机模式：

1）车速不为零。

2）满足下述条件之一：①动力蓄电池 SOC 小于设定门限值；②车速大于设定门限值；③加速踏板开度变化率和车速均大于各自的设定门限值。

3）发动机未起动。

行车起动发动机模式的能量流如图 5-58 所示，档位置于前进档，驱动电机 M 和发电机 G 均工作于电动模式，动力蓄电池 Bat 通过高压电耦合系统 EC 分别给发电机 G 和驱动电机 M 供电，在驱动电机 M 驱动整车行驶的同时，发电机 G 拖动发动机 E 完成起动。

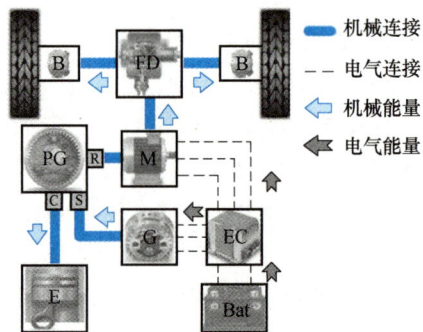

图 5-58　行车起动发动机模式的能量流

（6）功率分流模式　当满足如下条件时，整车进入功率分流模式：

1）加速踏板开度大于 0。

2）满足下述条件之一：①动力蓄电池的 SOC 小于设定门限值；②动力蓄电池的 SOC 大于设定门限值，且车速大于设定门限值；③动力蓄电池的 SOC 大于设定门限值，且加速踏板开度变化率大于设定门限值。

3）发动机处于起动状态。

功率分流模式的能量流如图 5-59 所示，发动机 E 的功率被行星齿轮机构 PG 分为两部分：一部分功率通过太阳轮 S 带动发电机 G 发电，另一部分功率通过齿圈 R 输出给驱动桥 FD，用以驱动汽车行驶。其中，可以通过发电机 G 调节发动机的转速，通过驱动电机 M 调节发动机的转矩，使发动机工作在高效区内。当发动机输出转矩大于整车需求驱动转矩时，为平衡发动机的输出转矩，驱动电机 M 提供负转矩，工作在发电状态，给动力蓄电池 Bat 充电；当发动机输出转矩小于整车需求驱动转矩时，为补充发动机输出的转矩，驱动电机 M 提供正转矩，工作在电动状态，且优先消耗发电机 G 发出的电能。如果发电机 G 发出的电能不能满足驱动电机 M 的需求，则由动力蓄电池 Bat 补偿；如果发电机 G 发出的电能大于驱动电机 M 的需求，则将多余的电能充入动力蓄电池 Bat。

（7）制动能量回收模式　当满足如下条件时，整车进入制动能量回收模式：

1）加速踏板开度为 0。

2）动力蓄电池 SOC 小于设定门限值。

3）车速大于设定门限值。

制动能量回收模式的能量流如图 5-60 所示，发动机 E 关闭，驱动电机 M 工作在发电模式，由驱动轮通过传动系统带动发电，通过高压电耦合系统 EC 给动力蓄电池 Bat 充电；对于发电机 G，可以处于发电或不工作状态，具体由动力蓄电池的 SOC 值确定。当驱动电机

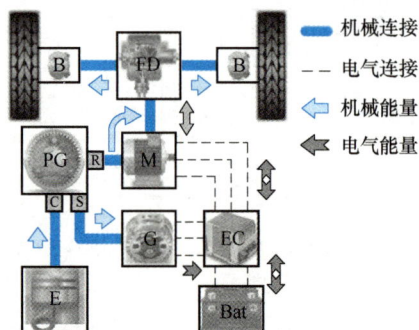

图 5-59　功率分流模式的能量流

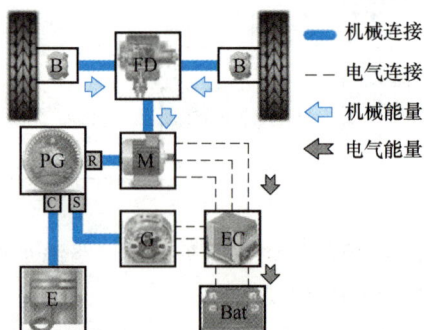

图 5-60　制动能量回收模式的能量流

M 提供的制动转矩无法满足制动需求时，由制动器 B 提供机械制动力矩加以补偿。制动能量回收力矩的大小需要综合考虑车速、动力蓄电池 SOC、制动踏板开度等因素，且不是所有车型都在滑行工况下设置制动能量回收模式。

5.5　插电式混合动力汽车

5.5.1　插电式混合动力汽车整车构型

插电式混合动力汽车（plug-in hybrid electric vehicle，PHEV）是指具有可外接充电功能，且有一定纯电续驶里程的混合动力电动汽车。如图 5-61 所示，PHEV 与纯电动汽车（BEV）相比，电池容量较小，但是增加了发动机系统；而与传统混合动力电动汽车（HEV）相比，PHEV 电池容量加大，且增设了一套外接充电装置。在前述三类混合动力电动汽车构型的基础上均可得到相应的插电式混合动力构型，如图 5-62 所示。

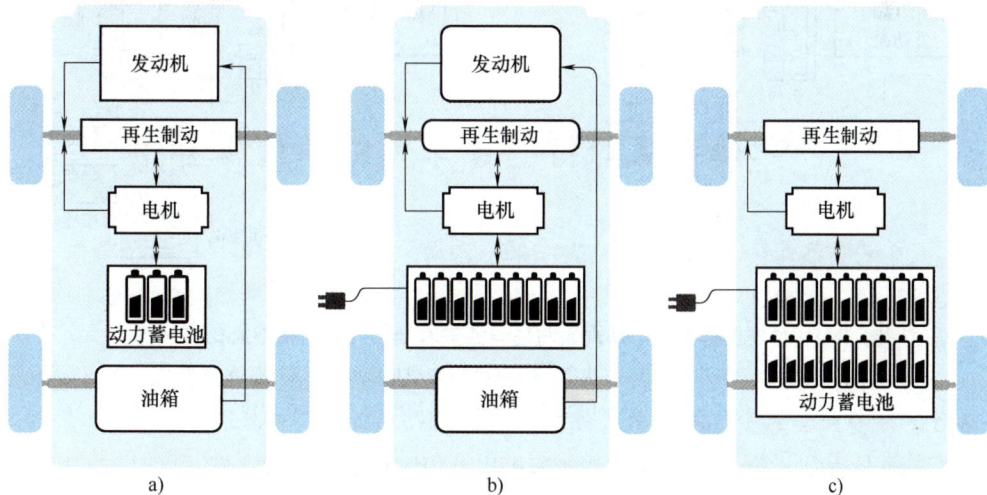

图 5-61　HEV、PHEV 与 BEV 构型图

a）HEV　b）PHEV　c）BEV

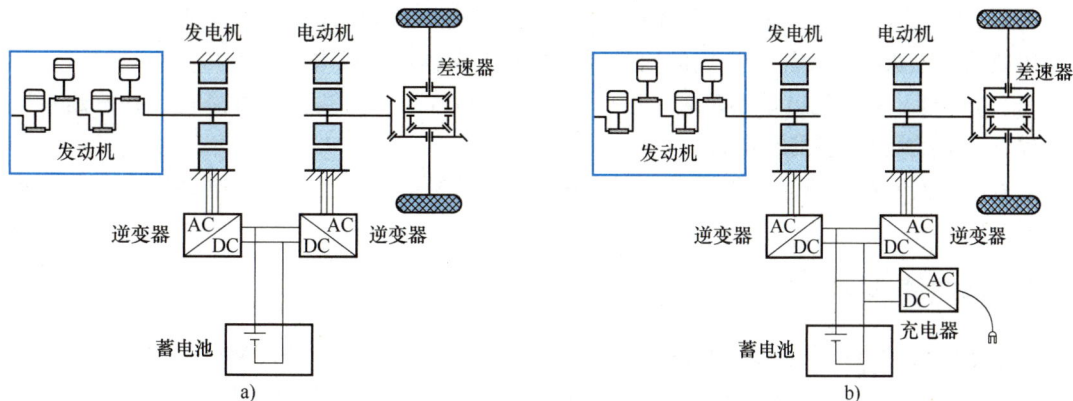

图 5-62　传统混合动力电动汽车与插电式混合动力汽车的构型对比图

a）典型传统串联式 HEV 构型　b）与 a）构型相应的串联式 PHEV 构型

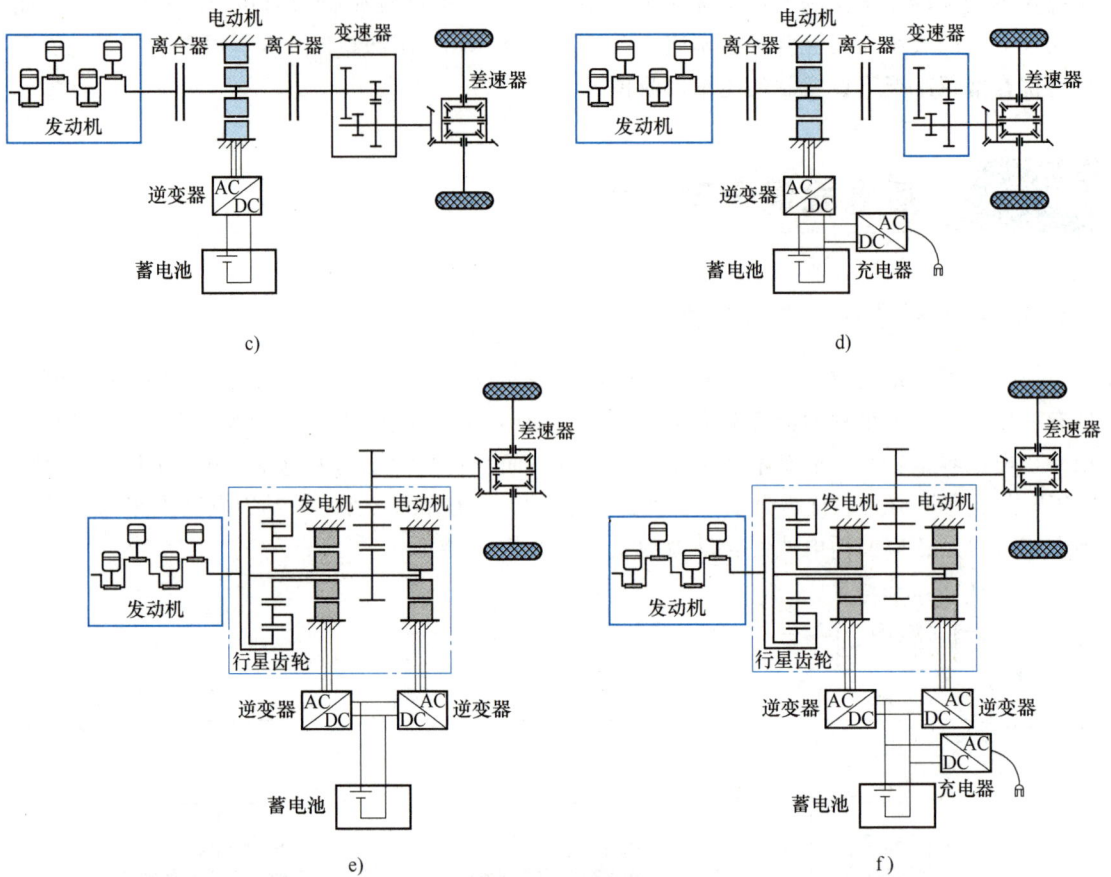

图 5-62　传统混合动力电动汽车与插电式混合动力汽车的构型对比图（续）

c）典型传统并联式 HEV 构型　d）与 c）构型相应的并联式 PHEV 构型

e）典型传统混联式 HEV 构型　f）与 e）构型相应的混联式 PHEV 构型

与传统混合动力电动汽车和纯电动汽车相比，PHEV 的主要特点有：

1）与传统混合动力电动汽车相比，PHEV 可利用电网低谷电给电池充电，从而有效改善电厂发电效率，节省能源，减少温室气体和各种有害物的排放。

2）PHEV 能够实现较长的纯电续驶里程，纯电驱动可满足日常的市区通勤需求，不需要使用燃油，在大幅减少尾气排放的同时，有效降低车辆使用成本。

3）当 PHEV 的电池电量不足时，可以工作在发动机为主的混合动力模式，有效延长续驶里程，从而满足长途行驶需求。

随着国家对新能源汽车节能要求的逐步提高，PHEV 已成为混合动力电动汽车的一个重要的研究方向。

5.5.2　插电式混合动力汽车工作模式

插电式混合动力汽车是基于传统混合动力电动汽车衍生出的一种构型，该构型可以直接接入电网进行充电，纯电动续驶里程更长，通过选择合理的工作模式，可以提高车辆的燃油经济性和排放性能，已经成为新能源汽车领域的研发重点之一。

如图 5-63 所示，PHEV 的工作模式主要包括纯电动模式、混合动力模式以及充电模式。

车辆在行驶过程中，优先选用纯电动模式驱动车辆行驶，电池 SOC 逐渐降低，即电量被不断消耗，当电池 SOC 降到某一门限值后（图 5-63 中为 $a\%$），为延长续驶里程，PHEV 进入混合动力模式，使电池 SOC 值保持在设定值附近，到达目的地后，PHEV 进入充电模式，通过电网为电池补充电能。

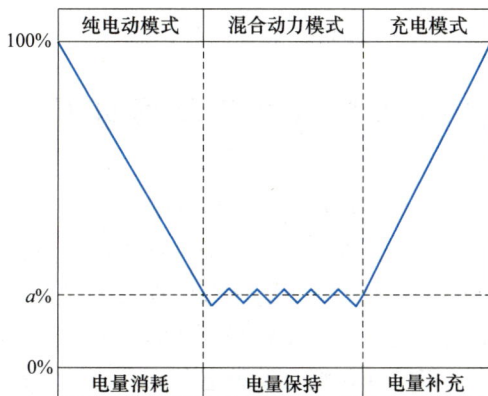

图 5-63　PHEV 在不同模式下的 SOC 变化曲线图

5.6　混合动力电动汽车节能机理及优势

（1）节能机理　与传统内燃机汽车相比，混合动力电动汽车的节能机理如下：

1）由于驱动电机可以辅助驱动车辆，因此混合动力电动汽车可以选用比传统内燃机汽车功率更小的发动机，这可有效增大发动机的工作负荷率，且电机的工作效率要远高于内燃机，从而可有效提高整车的驱动效率。

2）混合动力电动汽车可以通过电机优化发动机的工作区间，使发动机尽量工作在高效区，从而有效提高整车的燃油经济性。例如，可通过电机驱动整车起步，从而避免发动机工作在低速区；在行驶过程中，当发动机负荷率较低时，可通过控制电机工作在发电状态，以调整发动机的工作区间；需要起动发动机时，也可以通过驱动电机或发电机迅速将发动机转速拖动到怠速以上。

3）可有效取消发动机怠速，当发动机长时间怠速停车时，可通过控制系统关闭发动机，以避免其怠速运转导致的能耗增加。

4）混合动力电动汽车在制动时，可以使驱动电机工作在发电模式，以回收部分或全部制动能量。在传统内燃机汽车中，这部分能量是以热的形式损失掉的。

（2）优势　混合动力电动汽车在降低整车排放方面还具有如下优势：

1）对于具有纯电动模式的混合动力电动汽车，在市区行驶时，可以纯电动方式行驶，实现车辆行驶过程中的"零排放"。

2）多数混合动力电动汽车，可以通过纯电动起步，当车速达到预定值或汽车负荷达到预定水平时才起动发动机，使发动机有效避开高排放区域。

3）部分混合动力电动汽车可采用比传统内燃机汽车功率更小的发动机，在常用行驶工况下，其负荷率更高、排放更少。

4）混合动力电动汽车通过发电机或电动机实现发动机起动，可使其转速迅速达到怠速以上，从而有效减少发动机起动过程中的排放，冷起动工况下，效果会更明显。

5）混合动力电动汽车还可以在停车、滑行、低负荷、制动或蓄电池 SOC 达到最大值时关闭发动机，而当需要发动机工作时，再快速起动。这样可以有效减小发动机在高排放区工作的时间，进而降低相应的排放。

5.7　混合动力电动汽车关键总成匹配

混合动力电动汽车至少具有两套车载储能装置和能量转换元件，这使得混合动力电动汽车的性能评价指标不同于传统内燃机汽车。而要满足这些量化的性能评价指标，需要对动力总成的参数进行匹配。合理的关键总成参数是充分发挥各种混合动力电动汽车节能减排优势的前提，也是混合动力电动汽车构型设计和整车设计的前提。对于不同的整车构型，各部件所发挥的作用也不相同。本节以串联式混合动力电动汽车、转矩耦合式并联混合动力电动汽车和行星齿轮式混联混合动力电动汽车为例，对各自关键总成的匹配进行说明。

5.7.1　串联式混合动力电动汽车关键总成匹配

在串联式混合动力电动汽车中，动力源是驱动电机，对应的能量源是油箱（发动机-发电机组）和动力蓄电池。传动系统主要包括变速器和主减速器，其中变速器多用少档变速器或直接用减速器代替。因此，串联式混合动力汽车需要匹配的关键总成主要有驱动电机、传动系统、发动机-发电机组和动力蓄电池。其中，驱动电机和传动系统的匹配与纯电动汽车部分相同。下面以图 5-11 所示的串联式混合动力电动汽车构型为例，介绍发动机-发电机组和动力蓄电池的匹配。

1. 发动机-发电机组匹配

发动机-发电机组是串联式混合动力电动汽车的主要能量源，包括发动机和发电机两大总成，其功能是为驱动电机提供驱动所需的部分或全部电能，并可为动力蓄电池充电。

（1）发动机参数匹配　在串联式混合动力电动汽车中，发动机不被用作动力源，且发动机与动力传动系之间不存在机械连接。这使其转速和转矩均可不受工况影响，能独立调节，可以一直工作在高效区内，即转速和转矩与路面是解耦的。因此，发动机需要匹配的参数主要是功率。大多数串联式混合动力电动汽车是靠发动机发电来满足最高车速需求的，可以根据该要求匹配发动机最大功率；而有些串联式混合动力电动汽车（如增程式），发动机发电只是为了延长续驶里程，发动机只需满足整车在设定巡航车速时的功率需求。

1）最大功率。

① 最大功率会影响串联式混合动力电动汽车的最高车速，由此可根据串联式混合动力电动汽车的最高车速 u_{a1}（km/h）确定峰值功率 P_{emax1}（kW），即

$$P_{emax1} = \frac{1}{\eta_e \eta_g \eta_{g\text{-}m} \eta_m \eta_{m\text{-}w}} \left(\frac{mgf}{3600} u_{a1} + \frac{C_D A}{76140} u_{a1}^3 \right) \qquad (5\text{-}11)$$

式中，η_e 为发动机的效率；η_g 为发电机的效率；$\eta_{g\text{-}m}$ 为发电机到驱动电机的效率；η_m 为驱动电机的效率；$\eta_{m\text{-}w}$ 为驱动电机输出轴到车轮的传动效率；m 为汽车总质量（kg）；g 为重力加速度；f 为滚动阻力系数；C_D 为空气阻力系数；A 为迎风面积（m^2）。

② 最大功率还会影响串联式混合动力电动汽车的爬坡能力，由此可根据串联式混合动力电动汽车最大爬坡性能确定发动机的最大功率 P_{emax2}（kW），即

$$P_{emax2} = \frac{1}{\eta_e \eta_g \eta_{g\text{-}m} \eta_m \eta_{m\text{-}w}} \left(\frac{mgf\cos\alpha_{max}}{3600} u_{a3} + \frac{C_D A}{76140} u_{a3}^3 + \frac{mg\sin\alpha_{max}}{3600} u_{a3} \right) \tag{5-12}$$

式中，α_{max} 为最大坡道角（°）；u_{a3} 为爬坡车速（km/h）。

串联式混合动力电动汽车的加速性能通常由发动机和电池同时提供，因此，发动机最大功率 P_{emax} 应满足：

$$P_{emax} \geqslant \max\{P_{emax1}, P_{emax2}\} \tag{5-13}$$

如果设计时，整车的加速性能也由发动机单独满足，则相应的匹配与纯电动汽车峰值功率的匹配类似，不同之处在于两者的效率损失。

2）发动机巡航功率。发动机巡航功率即发动机满足巡航车速的功率，这一功率应位于发动机高效工作区内，由此可根据巡航车速 u_{a4} 确定发动机巡航功率 P_{ecru}，即

$$P_{ecru} = \frac{1}{\eta_e \eta_g \eta_{g\text{-}m} \eta_m \eta_{m\text{-}w}} \left(\frac{mgf}{3600} u_{a4} + \frac{C_D A}{76140} u_{a4}^3 \right) \tag{5-14}$$

（2）发电机参数匹配　在串联式混合动力电动汽车中，发电机的主要作用有两个：一是将发动机输出的机械能转化为电能，二是实现发动机的快速起动。因此，发电机需要匹配的参数主要有峰值功率、额定功率和峰值转矩。

1）峰值功率。根据发动机的最大功率 P_{emax} 确定发电机的峰值功率 P_{gmax}，即

$$P_{gmax} \geqslant P_{emax} \eta_e \tag{5-15}$$

式中，η_e 为发动机的效率。

2）额定功率。根据发动机巡航功率 P_{ecru} 确定发电机的额定功率 P_{gr}，即

$$P_{gr} \geqslant P_{ecru} \eta_e \tag{5-16}$$

3）峰值转矩。可根据发动机的目标起动转速 n_i（r/min）和发电机拖动发动机到目标起动转速所用的时间 t_s（s），确定发电机的峰值转矩 T_{gmax}（N·m），即

$$T_{gmax} \geqslant \frac{2\pi (I_e + I_g + I_c) n_i}{60 t_s} = \frac{\pi (I_e + I_g + I_c) n_i}{30 t_s} \tag{5-17}$$

式中，I_e 为发动机的转动惯量（kg·m^2）；I_g 为发电机的转动惯量（kg·m^2）；I_c 为发动机和发电机连接装置的转动惯量（kg·m^2）。

由于发电机和相关连接装置的转动惯量通常较小，所以可以忽略。

2. 动力蓄电池匹配

动力蓄电池是串联式混合动力电动汽车的辅助能量源，主要有三种功能：一是，为发动机起动提供所需的电能；二是，储存驱动电机回收的制动能量或储存发电机输出的多余电能；三是，为驱动电机提供电能，以调节发动机工作区间。动力蓄电池需要匹配的参数主要有功率、额定电压、容量和单体数量。

（1）功率　动力蓄电池是辅助能量源，通常可根据驱动电机的峰值功率 P_{mmax} 和发电机的峰值功率 P_{gmax} 确定动力蓄电池输出功率 P_b，即

$$P_b \geqslant \frac{P_{mmax}}{\eta_m} - P_{gmax} \eta_g \tag{5-18}$$

式中，η_m 为驱动电机的效率；η_g 为发电机的效率。

控制需求会影响蓄电池功率的匹配。例如，有些应用会根据纯电动模式的性能进行匹

配，有些应用则还会考虑制动能量回收的需求。

（2）额定电压 参考 GB/T 31466—2015《电动汽车高压系统电压等级》，混合动力电动汽车动力蓄电池额定电压可采用 144V、288V、320V、346V、400V、576V 等多个等级，实际应用中，电压等级并不限于上述选择。

（3）容量 动力蓄电池的容量应满足纯电驱动行驶下的最大续驶里程，同时需要考虑爬坡和加速工况的用电需求，即

$$C \geqslant \frac{\max(E_i, E_a, E_s)}{(\mathrm{SOC_H - SOC_L})U_b \eta_b \eta_m \eta_{m\text{-}w}} \tag{5-19}$$

式中，E_i、E_a、E_s 分别为纯电行驶、连续加速、持续爬坡过程中所需的电能，相关数值与整车工作模式相关；$\mathrm{SOC_H}$ 和 $\mathrm{SOC_L}$ 分别为动力蓄电池容量的上限和下限；U_b 为动力蓄电池的工作电压；η_b 为动力蓄电池的工作效率；η_m 为驱动电机的效率；$\eta_{m\text{-}w}$ 为驱动电机输出轴到车轮的传动效率。

（4）单体数量 动力蓄电池组可由若干单体电池先串联后并联组成。

1）串联电路各支路的电压相等，由此可根据电池组额定电压 U_b 和电池单体额定电压 U_{bs} 确定串联电池单体的数量 n_s，即

$$n_s \geqslant \frac{U_b}{U_{bs}} \tag{5-20}$$

2）并联电路各支路的电流相等，由此可根据电池组容量 C_b 和电池单体容量 C_{bp} 确定电池单体的并联组数 n_p，即

$$n_p \geqslant \frac{C_b}{C_{bp}} \tag{5-21}$$

综上所述，组成电池组的电池单体数量 n_b 应满足

$$n_b \geqslant n_s n_p \tag{5-22}$$

5.7.2 并联式混合动力电动汽车关键总成匹配

在转矩耦合式并联混合动力电动汽车中，动力源是发动机和驱动电机，对应的能量源分别是燃油和动力蓄电池，传动系统一般包括动力耦合装置、变速器和主减速器。因此，并联式混合动力电动汽车需要匹配的关键总成主要有发动机、驱动电机、传动系统和动力蓄电池。下面以图 5-23 所示的构型为例介绍相应总成的匹配。在匹配时需要注意：各总成的参数与整车工作模式（即发动机和电机的作用）密切相关；即使构型相同，如果设置的工作模式不同，总成参数也不相同，下述匹配是其中的一个例子。

1. 动力源总功率匹配

并联式混合动力电动汽车具有发动机和驱动电机两个动力源，实际应用中，常用两个动力源满足整车的动力性需求，因此需要先对动力源的总功率进行匹配。

1）动力源总功率决定了整车的最高车速，由此可根据目标车型的最高车速 u_{a1}（km/h）确定动力源总功率 P_{max1}（kW），即

$$P_{max1} = \frac{1}{\eta_T}\left(\frac{mgf}{3600}u_{a1} + \frac{C_DA}{76140}u_{a1}^3\right) \tag{5-23}$$

式中，η_T 为传动效率；m 为汽车总质量（kg）；g 为重力加速度（m/s²）；f 为滚动阻力系

数；C_D 为空气阻力系数；A 为迎风面积（m^2）。

2）动力源总功率会决定整车的加速能力，由此可根据并联式混合动力电动汽车的加速时间 t（s）确定动力源总功率 P_{max2}（kW），即

$$P_{max2} = \frac{1}{\eta_T}\left(\frac{mgf}{3600}u_{a2} + \frac{C_D A}{76140}u_{a2}^3 + \frac{\delta m u_{a2}}{3600}\frac{du}{dt}\right) \tag{5-24}$$

式中，u_{a2} 为加速过程的目标车速（km/h）；δ 为汽车旋转质量换算系数；$\frac{du}{dt}$ 为加速度（m/s^2）。

实际应用中，由于变速器的存在，并联混合动力电动汽车的加速过程往往不是一个匀速过程，通常可以根据加速过程的目标车速和加速时间求得动力源总功率，具体可参考纯电动汽车的电机功率匹配部分。

3）动力源总功率会决定整车的爬坡能力，由此可根据整车能爬上的最大坡道角 α_{max}（°）确定动力源的总功率 P_{max3}（kW），即

$$P_{max3} = \frac{1}{\eta_T}\left(\frac{mgf\cos\alpha_{max}}{3600}u_{a3} + \frac{C_D A}{76140}u_{a3}^3 + \frac{mg\sin\alpha_{max}}{3600}u_{a3}\right) \tag{5-25}$$

式中，α_{max} 为最大坡道角；u_{a3} 为爬坡车速（km/h）。

综上所述，动力源总功率 P_{max} 应满足：

$$P_{max} \geq \max\{P_{max1}, P_{max2}, P_{max3}\} \tag{5-26}$$

2. 发动机参数匹配

发动机是并联式混合动力电动汽车的主要动力源，需要匹配的参数主要有最大功率、最大转矩和最高转速。

（1）最大功率　发动机最大功率会影响并联式混合动力电动汽车的最高车速和爬坡能力，因此其最大功率 P_{emax} 应满足：

$$P_{emax} \geq \max\{P_{max1}, P_{max3}\} \tag{5-27}$$

（2）最大转矩　发动机最大转矩会影响纯发动机驱动时的爬坡能力，因此，通常根据并联式混合动力电动汽车的最大坡道角 α_{max} 来确定发动机的最大转矩 T_{emax}，即

$$T_{emax} \geq \frac{mgr(f\cos\alpha_{max} + \sin\alpha_{max})}{i_0 i_{g1}\eta_{e-w}} \tag{5-28}$$

式中，i_{g1} 为变速器最低档的速比；i_0 为主减速比；m 为汽车总质量；g 为重力加速度；r 为车轮滚动半径；f 为滚动阻力系数；α_{max} 为最大坡道角；η_{e-w} 为发动机到驱动车轮的传动效率。

当动力蓄电池没有电时，也需要用发动机起步，因此，整车起步能力也常被用作匹配发动机最大转矩的参考，有些车型此时的起步能力会减弱。

（3）最高转速　发动机最高转速会决定并联式混合动力电动汽车的最高车速，由此通常根据并联式混合动力电动汽车的最高车速 u_{a1}（km/h）确定发动机最高转速 n_{emax}（r/min），即

$$n_{emax} \geq \frac{u_{a1} i_0 i_{gmin}}{0.377r} \tag{5-29}$$

式中，i_{gmin} 为变速器最高档速比。

3. 驱动电机参数匹配

驱动电机是并联式混合动力电动汽车的辅助动力源，需要确定的参数主要有峰值功率、

峰值转矩、最高转速、额定功率、额定转速和额定转矩。

（1）峰值功率

1）峰值功率会影响并联式混合动力电动汽车纯电行驶时的最高车速，由此可根据并联式混合动力电动汽车纯电行驶时的最高车速 u_{ae1}（km/h）确定驱动电机的峰值功率 P_{mmax1}（kW），即

$$P_{mmax1} = \frac{1}{\eta_m \eta_{m\text{-}w}}\left(\frac{mgf}{3600}u_{ae1} + \frac{C_DA}{76140}u_{ae1}^3\right) \tag{5-30}$$

式中，η_m 为驱动电机的效率；$\eta_{m\text{-}w}$ 为电机输出轴到驱动车轮的传动效率；m 为汽车总质量（kg）；g 为重力加速度（m/s²）；f 为滚动阻力系数；C_D 为空气阻力系数；A 为迎风面积（m²）。

2）电动机的峰值功率还会影响并联式混合动力电动汽车纯电行驶时的爬坡能力，因此，可根据并联式混合动力电动汽车的纯电最大爬坡角 $\alpha_{max\text{-}1}$ 确定驱动电机的峰值功率 P_{mmax2}（kW），即

$$P_{mmax2} = \frac{1}{\eta_m \eta_{m\text{-}w}}\left(\frac{mgf\cos\alpha_{max\text{-}1}}{3600}u_{a3} + \frac{C_DA}{76140}u_{a3}^3 + \frac{mg\sin\alpha_{max\text{-}1}}{3600}u_{a3}\right) \tag{5-31}$$

式中，$\alpha_{max\text{-}1}$ 为最大坡道角（°）；u_{a3} 为爬坡车速（km/h）。

3）驱动电机是辅助动力源，可用于补充急加速等工况的整车功率需求，由此可根据动力源总功率需求 P_d 和发动机功率 P_e 差值的最大值，确定驱动电机峰值功率 P_{mmax3}，即

$$P_{mmax3} = \max[P_d(t) - P_e(t)] \tag{5-32}$$

综上所述，驱动电机的峰值功率 P_{mmax} 应满足：

$$P_{mmax} \geq \max\{P_{mmax1}, P_{mmax2}, P_{mmax3}\} \tag{5-33}$$

（2）峰值转矩

1）峰值转矩会影响并联式混合动力电动汽车纯电行驶时的爬坡能力，由此可根据纯电行驶时的最大爬坡角 $\alpha_{max\text{-}1}$（°），确定驱动电机的峰值转矩 T_{mmax1}（N·m），即

$$T_{mmax1} \geq \frac{mgr(f\cos\alpha_{max\text{-}1} + \sin\alpha_{max\text{-}1})}{i_0 i_{gmax}\eta_{m\text{-}w}} \tag{5-34}$$

式中，i_{gmax} 为变速器最低档的速比；i_0 为主减速比；m 为汽车总质量（kg）；g 为重力加速度（m/s²）；r 为车轮滚动半径（m）；f 为滚动阻力系数；$\eta_{m\text{-}w}$ 为电机输出轴到驱动车轮的传动效率。

2）峰值转矩还会影响电机起动发动机的能力，由此可根据发动机的目标起动转速 n_{qd}（r/min）和驱动电机拖动发动机到目标转速所用的时间 t_s（s），确定驱动电机的峰值转矩 T_{mmax2}（N·m），即

$$T_{mmax2} \geq \frac{2\pi(I_e + I_m + I_c)n_{qd}}{60t_s} = \frac{\pi(I_e + I_m + I_c)n_{qd}}{30t_s} \tag{5-35}$$

式中，I_e 为发动机的转动惯量（kg·m²）；I_m 为电动机的转动惯量（kg·m²）；I_c 为传动装置的转动惯量（kg·m²）。

综上所述，驱动电机的峰值转矩 T_{mmax} 应满足：

$$T_{mmax} \geq \max\{T_{mmax1}, T_{mmax2}\} \tag{5-36}$$

（3）最高转速 驱动电机的最高转速需要满足最高车速的需求，由此可根据并联式混

合动力电动汽车的最高车速 u_{a1}（km/h）确定驱动电机的最高转速 n_{mmax}（r/min），即

$$n_{mmax} \geq \frac{u_{a1} i_0 i_{gmin}}{0.377r} \tag{5-37}$$

式中，i_{gmin} 为变速器最高档的速比；i_0 为主减速比；r 为车轮滚动半径（m）。

（4）额定功率　驱动电机的额定功率可根据纯电续驶里程来进行匹配，当纯电续驶里程较短时，可不考虑驱动电机的额定功率；当纯电续驶里程较长时，驱动电机的额定功率 P_{mr}（kW）需要满足纯电行驶最高车速 u_{ae1}（km/h）的需求，即

$$P_{mr} \geq \frac{1}{\eta_m \eta_{m-w}} \left(\frac{mgf}{3600} u_{ae1} + \frac{C_D A}{76140} u_{ae1}^3 \right) \tag{5-38}$$

（5）额定转速　得到驱动电机的最高转速 n_{mmax} 后，可根据扩大恒功率区系数 β 确定额定转速 n_{mr}，即

$$n_{mr} = \frac{n_{mmax}}{\beta} \tag{5-39}$$

式中，β 为电动机扩大恒功率区系数，通常取值范围为 2~4。

另外，β 是一个可调参数，在选择时需要注意额定转速与电机高效区是密切相关的。

（6）额定转矩　得到驱动电机的额定功率 P_{mr}（kW）和额定转速 n_{mr}（r/min）后，可确定额定转矩 T_{mr}（N·m），即

$$T_{mr} = 9550 \frac{P_{mr}}{n_{mr}} \tag{5-40}$$

4. 传动系统参数匹配

传动系统通常包括转矩耦合装置、多档变速器和主减速器，需要匹配的参数主要有传动系统速比、变速器速比、主减速器速比和耦合装置速比。传动系统速比需要根据传动系统的结构确定。本例中的构型为电机、发动机同轴方案，耦合装置传动比为1，因此，传动系统速比是主减速器速比和变速器速比的乘积。在有些构型中，耦合装置的速比不为1，这时需要注意该速比对电机性能的影响。

（1）传动系统最小速比　速比会影响并联式混合动力电动汽车的最高车速，可根据整车构型、驱动电机最高转速、发动机最高转速和最高车速 u_{a1}（km/h），来确定传动系统的最小速比 $(i_g i_0)_u$，即

$$(i_g i_0)_u \leq \frac{0.377 n_{mmax} r}{u_{a1}} \tag{5-41}$$

式中，r 为车轮滚动半径（m）。

（2）传动系统最大速比

1）速比会影响并联式混合动力电动汽车的爬坡能力，可根据并联式混合动力电动汽车能爬上的最大坡道角 α_{max}、发动机转矩 T_e 与驱动电机转矩 T_m 和的最大值，来确定传动系统的最大速比 $(i_g i_0)_{d1}$，即

$$(i_g i_0)_{d1} \geq \frac{mgr(f\cos\alpha_{max} + \sin\alpha_{max})}{\eta_T \max(T_e + T_m)} \tag{5-42}$$

式中，η_T 为传动效率；m 为汽车总质量（kg）；g 为重力加速度（m/s²）；r 为车轮滚动半径（m）。

这里需要注意，当前转速下，发动机转矩 T_e 与驱动电机转矩 T_m 和的最大值，并不一定

等于发动机最大转矩 T_{emax} 与驱动电机峰值转矩 T_{mmax} 的和。

2）速比也会影响并联式混合动力电动汽车纯电行驶时的爬坡能力，可根据并联式混合动力电动汽车纯电行驶时的最大爬坡角 α_{max-1} 和驱动电机峰值转矩 T_{mmax}，确定传动系统的最大速比 $(i_g i_0)_{d2}$，即

$$(i_g i_0)_{d2} \geq \frac{mgr(f\cos\alpha_{max-1}+\sin\alpha_{max-1})}{\eta_{m-w}T_{mmax}} \tag{5-43}$$

式中，η_{m-w} 为电机输出轴到驱动车轮的传动效率。

3）速比还会影响并联式混合动力电动汽车纯发动机行驶时的爬坡能力，可根据其纯发动机爬坡时的最大坡道角 α_{max-2} 和发动机最大转矩 T_{emax}，来确定传动系统最大速比 $(i_g i_0)_{d3}$，即

$$(i_g i_0)_{d3} \geq \frac{mgr(f\cos\alpha_{max-2}+\sin\alpha_{max-2})}{\eta_{e-w}T_{emax}} \tag{5-44}$$

式中，η_{e-w} 为发动机到驱动车轮的传动效率。

综上所述，传动系统的最大速比 $(i_g i_0)_d$ 应满足：

$$(i_g i_0)_d \geq \max\{(i_g i_0)_{d1},(i_g i_0)_{d2},(i_g i_0)_{d3}\} \tag{5-45}$$

（3）分配变速器各档位速比 匹配完 $i_g i_0$ 后，可根据主减速比 i_0 的范围和等比级数等原则分配变速器各档位速比 i_{gn}（n 为档位数），即

$$\frac{i_{g1}}{i_{g2}} \geq \frac{i_{g2}}{i_{g3}} \geq \frac{i_{g3}}{i_{g4}} \geq \cdots \tag{5-46}$$

5. 动力蓄电池匹配

动力蓄电池的功率 P_b 可根据驱动电机的峰值功率 P_{mmax} 来确定，即

$$P_b \geq \frac{P_{mmax}}{\eta_b \eta_m} \tag{5-47}$$

式中，η_b 为动力蓄电池的工作效率；η_m 为驱动电机的效率。

动力蓄电池的其他参数可参考式（5-19）~式（5-22）进行匹配。

5.7.3　混联式混合动力电动汽车关键总成匹配

混联式混合动力电动汽车主要包括两种，其中"串联+并联"式混联混合动力电动汽车相关总成的匹配，与串联混合动力电动汽车和并联混合动力电动汽车类似。为此，本节以图5-53 所示的行星齿轮式混联混合动力电动汽车构型为例进行说明。从功率分流的角度，发动机对应的能量源是燃油，而驱动电机对应的能量源有发动机-发电机组和动力蓄电池，传动系统主要包括行星齿轮机构和减速机构。因此，混联式混合动力电动汽车需要匹配的关键总成主要有发动机、发电机、驱动电机、传动系统和动力蓄电池。

1. 动力源总功率匹配

目标混联式混合动力电动汽车具有发动机和驱动电机两个动力源，动力源总功率是决定整车动力性能的关键，因此需要首先匹配动力源总功率。

1）动力源总功率会影响混联式混合动力电动汽车的最高车速，可根据混联式混合动力电动汽车的最高车速 u_{a1}（km/h）确定动力源总功率 P_{max1}（kW），即

$$P_{max1} = \frac{1}{\eta_T}\left(\frac{mgf}{3600}u_{a1}+\frac{C_D A}{76140}u_{a1}^3\right) \tag{5-48}$$

式中，η_T 为传动效率；m 为汽车总质量（kg）；g 为重力加速度（m/s²）；f 为滚动阻力系数；C_D 为空气阻力系数；A 为迎风面积（m²）。

2）动力源总功率会影响混联式混合动力电动汽车的加速性能，由此，可根据整车加速能力确定动力源总功率 P_{max2}（kW），即

$$P_{max2} = \frac{1}{\eta_T}\left(\frac{mgf}{3600}u_{a2} + \frac{C_D A}{76140}u_{a2}^3 + \frac{\delta m u_{a2}}{3600}\frac{du}{dt}\right) \tag{5-49}$$

式中，u_{a2} 为加速过程的目标车速（km/h）；δ 为汽车旋转质量换算系数；$\dfrac{du}{dt}$ 为加速度（m/s²）。

实际应用中，混联式混合动力电动汽车的加速过程往往不是一个匀速过程，通常可根据加速过程的目标车速和加速时间求得动力源总功率，具体可参考纯电动汽车的电机功率匹配部分。

3）动力源总功率会影响混联式混合动力电动汽车的爬坡能力，可根据整车能爬上的最大坡道角 α_{max}（°）确定动力源总功率 P_{max3}（kW），即

$$P_{max3} = \frac{1}{\eta_T}\left(\frac{mgf\cos\alpha_{max}}{3600}u_{a3} + \frac{C_D A}{76140}u_{a3}^3 + \frac{mg\sin\alpha_{max}}{3600}u_{a3}\right) \tag{5-50}$$

式中，u_{a3} 为爬坡车速（km/h）。

综上所述，动力源总功率 P_{max} 应满足：

$$P_{max} \geq \max\{P_{max1}, P_{max2}, P_{max3}\} \tag{5-51}$$

2. 发动机参数匹配

发动机需要匹配的参数主要包括最大功率、发动机巡航功率和最高转速。

1）发动机最大功率会直接影响混联式混合动力电动汽车的最高车速，可根据最高车速 u_{a1}（km/h）确定发动机最大功率 P_{emax1}（kW），即

$$P_{emax1} = \frac{1}{\eta_e \eta_{scr} \eta_{scr-w}}\left(\frac{mgf}{3600}u_{a1} + \frac{C_D A}{76140}u_{a1}^3\right) \tag{5-52}$$

式中，η_e 为发动机的效率；η_{scr} 为行星齿轮机构的传动效率；η_{scr-w} 为行星齿轮机构到驱动车轮的传动效率；m 为汽车总质量（kg）；g 为重力加速度（m/s²）；f 为滚动阻力系数；C_D 为空气阻力系数；A 为迎风面积（m²）。

2）发动机巡航功率即发动机满足巡航车速的功率，该功率应位于发动机高效工作区内，可根据巡航车速 u_{a4}（km/h）确定发动机巡航功率 P_{ecru}（kW），即

$$P_{ecru} = \frac{1}{\eta_e \eta_{scr} \eta_{scr-w}}\left(\frac{mgf}{3600}u_{a4} + \frac{C_D A}{76140}u_{a4}^3\right) \tag{5-53}$$

发动机巡航功率通常是发动机最优燃油经济性曲线上的一个或多个点，混联式混合动力电动汽车的工作点可以沿着最优燃油经济性曲线调节。因此，没有定速巡航功能的汽车，也可以不考虑该功率参数。

3）根据整车最高车速 u_{a1}（km/h）可确定发动机最高转速 n_{emax}（r/min），即

$$n_{emax} \geq \frac{1}{k+1}\left(\frac{u_{a1}i_{m-w}k}{0.377r} + n_{gmax}\right) \tag{5-54}$$

$$k = \frac{z_R}{z_S} \tag{5-55}$$

式中，k 为行星齿轮机构的特征参数；$i_{\text{m-w}}$ 为电机输出轴与驱动轮之间的传动比；r 为车轮滚动半径（m）；z_R 为齿圈齿数；z_S 为太阳轮齿数；n_{gmax} 为发电机的最高转速（r/min）。

这里需要注意，发动机最高转速与发电机最高转速存在耦合，需要综合考虑总成资源、构型、整车最高车速等参数。

3. 驱动电机参数匹配

驱动电机需要确定的参数主要有峰值功率、峰值转矩、最高转速、额定功率、额定转速、额定转矩。在图 5-53 所示的构型中，驱动电机主要用来实现纯电驱动、发动机转矩调节、制动能量回收等功能，相关参数的匹配如下：

（1）峰值功率

1）驱动电机的峰值功率会影响混联式混合动力电动汽车纯电行驶的最高车速，可根据纯电行驶的最高车速 u_{ae1}（km/h）确定驱动电机峰值功率 P_{mmax1}（kW），即

$$P_{\text{mmax1}} = \frac{1}{\eta_m \eta_{\text{scr-w}}}\left(\frac{mgf}{3600}u_{\text{ae1}} + \frac{C_D A}{76140}u_{\text{ae1}}^3\right) \tag{5-56}$$

式中，η_m 为驱动电机的效率；$\eta_{\text{scr-w}}$ 为行星齿轮机构到驱动车轮的传动效率；m 为汽车总质量（kg）；g 为重力加速度（m/s^2）；f 为滚动阻力系数；C_D 为空气阻力系数；A 为迎风面积（m^2）。

2）驱动电机的峰值功率还会影响混联式混合动力电动汽车纯电行驶的爬坡能力，可根据整车的纯电最大爬坡角 $\alpha_{\text{max-1}}$（°）确定驱动电机峰值功率 P_{mmax2}（kW），即

$$P_{\text{mmax2}} = \frac{1}{\eta_m \eta_{\text{scr-w}}}\left(\frac{mgf\cos\alpha_{\text{max-1}}}{3600}u_{\text{a3}} + \frac{C_D A}{76140}u_{\text{a3}}^3 + \frac{mg\sin\alpha_{\text{max-1}}}{3600}u_{\text{a3}}\right) \tag{5-57}$$

式中，u_{a3} 为爬坡车速（km/h）。

3）驱动电机作为辅助动力源，还应考虑动力源总功率需求 P_d 和发动机功率 P_e 差值的最大值，即

$$P_{\text{mmax3}} \geqslant \max\left[P_d(t) - P_e(t)\right] \tag{5-58}$$

综上所述，驱动电机的峰值功率 P_{mmax} 应满足：

$$P_{\text{mmax}} \geqslant \max\{P_{\text{mmax1}}, P_{\text{mmax2}}, P_{\text{mmax3}}\} \tag{5-59}$$

（2）峰值转矩

1）峰值转矩会影响混联式混合动力电动汽车纯电行驶的爬坡能力，可根据整车的纯电行驶最大爬坡角 $\alpha_{\text{max-1}}$ 确定驱动电机峰值转矩 T_{mmax1}，即

$$T_{\text{mmax1}} \geqslant \frac{mgr(f\cos\alpha_{\text{max-1}} + \sin\alpha_{\text{max-1}})}{\eta_{\text{scr-w}}i_0} \tag{5-60}$$

式中，$\eta_{\text{scr-w}}$ 为行星齿轮机构到驱动车轮的传动效率；i_0 为主减速比；m 为汽车总质量；g 为重力加速度；r 为车轮滚动半径；f 为滚动阻力系数。

2）峰值转矩会影响驱动电机对发动机转矩的调节，可根据混联式混合动力电动汽车整车需求转矩 T_r 确定驱动电机峰值转矩 T_{mmax2}，即

$$T_{\text{mmax2}} \geqslant \frac{T_r}{i_0} - \frac{k}{1+k}T_{\text{emax-1}} \tag{5-61}$$

式中，$T_{\text{emax-1}}$ 为当前车速下发动机在高效工作区所输出的最大转矩；i_0 为主减速比；k 为行星齿轮机构的特征参数。

综上所述，驱动电机的峰值转矩 T_{mmax} 应满足：

$$T_{mmax} \geq \max\{T_{mmax1}, T_{mmax2}\} \tag{5-62}$$

（3）最高转速 驱动电机的最高转速应满足最高车速的需求，可根据混联式混合动力电动汽车的最高车速 u_{a1}（km/h）确定驱动电机的最高转速 n_{mmax}（r/min），即

$$n_{mmax} \geq \frac{u_{a1} i_{m-w}}{0.377 r} \tag{5-63}$$

式中，i_{m-w} 为电机输出轴与驱动轮之间的传动比；r 为车轮滚动半径（m）。

（4）额定功率 驱动电机的额定功率匹配与整车的纯电续驶里程有关，当纯电续驶里程较短时，可不考虑驱动电机的额定功率，当纯电续驶里程较长时，驱动电机的额定功率 P_{mr}（kW）需要满足纯电行驶最高车速 u_{ae1}（km/h）的需求，即

$$P_{mr} \geq \frac{1}{\eta_m \eta_{m-w}} \left(\frac{mgf}{3600} u_{ae1} + \frac{C_D A}{76140} u_{ae1}^3 \right) \tag{5-64}$$

式中，η_m 为驱动电机的效率；η_{m-w} 为电机输出轴到驱动车轮的传动效率。

（5）额定转速 得到驱动电机的最高转速 n_{mmax} 后，可根据扩大恒功率区系数 β 确定额定转速 n_{mr}，即

$$n_{mr} = \frac{n_{mmax}}{\beta} \tag{5-65}$$

式中，β 为电动机扩大恒功率区系数，通常取值范围为 2~4。

（6）额定转矩 由驱动电机的额定功率 P_{mr}（kW）和额定转速 n_{mr}（r/min），可确定额定转矩 T_{mr}（N·m），即

$$T_{mr} = 9550 \frac{P_{mr}}{n_{mr}} \tag{5-66}$$

4. 发电机参数匹配

在该构型中，发电机主要用来实现发动机起动、发电、发动机转速调节三个功能，因此需要匹配的参数主要有峰值转矩、额定功率、最高转速等。

（1）峰值转矩 根据发动机起动的目标转速 n_i（r/min）和发电机拖动发动机到起动目标转速所用时间 t_s（s），确定发电机的峰值转矩 T_{gmax}（N·m），即

$$T_{gmax} \geq \frac{2\pi(I_e + I_d) n_i}{60 t_s (k+1)} = \frac{\pi(I_e + I_d) n_i}{30 t_s (k+1)} \tag{5-67}$$

式中，k 为行星齿轮机构的特征参数；I_e 为发动机的转动惯量（kg·m²）；I_d 为发电机及传动机构到发动机曲轴的当量转动惯量（kg·m²）。

（2）最高转速

1）车辆在驻车充电模式下，根据发动机最佳工作状态所对应的转速 n_{ec} 确定发电机最高转速 n_{gmax1}，即

$$n_{gmax1} \geq (1+k) n_{ec} \tag{5-68}$$

式中，k 为行星齿轮特征参数。

2）车辆在行驶过程中，根据发动机最高转速 n_{emax}（r/min）和最高车速 u_{a1}（km/h）确定发电机最高转速 n_{gmax2}（r/min），即

$$n_{gmax2} \geq (1+k) n_{emax} - k \frac{u_{a1} i_{m-w}}{0.377 r} \tag{5-69}$$

式中，k 为行星齿轮特征参数；i_{m-w} 为电机输出轴与驱动轮之间的传动比；r 为车轮滚动半径（m）。

综上所述，发电机最高转速 n_{gmax} 应满足：

$$n_{gmax} \geq \max\{n_{gmax1}, n_{gmax2}\} \tag{5-70}$$

在求取发动机最高转速和发电机最高转速时，需要综合考虑总成资源和行星机构的参数。

（3）额定功率 可根据发动机巡航功率 P_{ecru} 确定发电机的额定功率 P_{gr}，即

$$P_{gr} \geq \frac{P_{ecru}}{\eta_g} \tag{5-71}$$

式中，η_g 为发电机的效率。

另外，在设计混合动力电动汽车时，还需要注意发动机类型的选择。内燃机的循环方式主要有奥托循环、阿特金森循环和米勒循环三种。传统内燃机汽车大多采用奥托循环，这使其具有较好的动力性，但也带来了两个缺点：一是因为奥托循环的膨胀比和压缩比基本相同，且受爆燃的限制，传统汽油机的压缩比不能太大，这就限制了其热效率的提高；二是部分负荷下的燃油消耗率较高，在传统内燃机汽车中，为了保证整车动力性通常需要匹配大功率发动机，且发动机主要在部分负荷下工作，其负荷率通常较低，这就导致相应的燃油经济性和排放较差。目前，为了解决上述问题，传统意义上的奥托循环发动机已基本淘汰，大多数奥托循环发动机采用了可变气门正时系统，如丰田的 VVT、大众的 DVVT 等，但这并不能从根本上解决奥托循环的上述问题。阿特金森循环与米勒循环则能有效解决上述问题，两者通过增设机械结构或改变气门正时的方式有效提高膨胀比。即使其做功行程比压缩行程长，这可有效提高发动机的热效率。但阿特金森循环发动机也存在转矩密度和转矩响应能力较低的问题，这会使整车加速能力较差，因此阿特金森循环发动机并没有在传统内燃机乘用车上得到大规模应用。

混合动力技术为解决阿特金森发动机在整车应用中存在的动力性差问题提供了有效解决方案。混合动力电动汽车可在驱动电机的辅助下有效提高整车的动力性，而不需要匹配较大功率的发动机，如果采用阿特金森发动机，还能进一步提高整车的燃油经济性，且电机的低速大转矩输出能力和较快的转矩响应特性也弥补了阿特金森发动机加速能力不足的缺陷，使混合动力电动汽车在保持较高经济性的前提下，可获得良好的加速能力。

5. 动力蓄电池匹配

动力蓄电池的匹配主要包括容量、能量、电压和功率等参数，其能量需要满足纯电续驶里程、纯电爬坡和加速等性能需求，最大功率需要根据纯电最高车速、加速、爬坡等性能确定，同时需要验证其是否满足混合驱动工况的需求。动力蓄电池的参数可参考式（5-19）~式（5-22）和式（5-47）进行匹配。

动力蓄电池必须满足整车运行时的能量和功率需求，所以匹配动力蓄电池时，其最大输出功率需考虑驱动电机峰值功率和工作模式，且能量应满足电机单独驱动状态下的最大续驶里程，且不能小于爬坡和加速工况对能量的需求。

6. 传动系统参数匹配

需要匹配的传动系统参数主要有主减速比 i_0 和行星齿轮机构特征参数 k。

1）传动系统参数除了影响整车的最高车速，还决定了发动机转速、发电机转速、驱动电机转速、车速之间的耦合关系，可根据最高车速 u_{a1}（km/h）、发动机最高转速 n_{emax}（r/min）和驱动电机最高转速 n_{mmax}（r/min）确定传动系统参数 i_0，即

$$i_0 \leqslant \frac{0.377 n_{mmax} r}{u_{a1}} \qquad (5\text{-}72)$$

式中，r 为车轮滚动半径（m）。

2）传动系统参数还会影响混联式混合动力电动汽车的爬坡能力，可根据整车最大坡道角 α_{max}、发动机最大转矩 T_{emax} 和驱动电机峰值转矩 T_{mmax} 确定传动系统参数 i_0 和 k，即

$$i_0 \left(\frac{k T_{emax}}{1+k} + T_{mmax} \right) \geqslant \frac{mgr(f\cos\alpha_{max} + \sin\alpha_{max})}{\eta_T} \qquad (5\text{-}73)$$

式中，η_T 为传动效率；m 为汽车总质量；g 为重力加速度。

另外，对于混合动力电动汽车，变速器除了传统意义上的变速和变矩功能外，通常还具有耦合发动机和驱动电机输出的作用。目前，混合动力电动汽车使用的变速器主要分为两类：Add-on 式混合动力变速器（Add-on hybrid transmission，AHT）和混合动力专用变速器（Dedicated hybrid transmission，DHT）。

1）AHT 是在传统自动变速器的基础上附加电机所得到的附加式混合动力变速器，又称为 P 型混合动力变速器。AHT 可以根据电机的位置进一步分为 P0、P1、P2、P3 和 P4 五种方案，其中 P0 和 P4 所采用的电机和传统自动变速器没有直接的机械连接，但按照习惯也将其归入 P 型混合动力变速器的范畴。

2）DHT 是专门针对发动机、电机的转速和转矩特性，重新开发的新型混合动力变速器，其目的是深度耦合发动机与电机的动力。在结构上，DHT 大幅度减少了机械部件，提高了变速器的电气化程度。

5.8 混合动力电动汽车整车控制系统

混合动力系统至少具有两套车载储能装置和能量转换元件，能够实现多种工作模式，因此，需要对各总成间的能量流动及各总成的工作状态进行控制，这就对整车控制系统的设计提出了更高要求。由于混合动力电动汽车在运行过程中，需要合理协调各总成工作才能实现相关的功能，且各种混合动力电动汽车的整车控制系统具有一定的相似性，其中行星齿轮式混联混合动力电动汽车的整车控制系统最复杂，所以，这里以丰田 Prius 的整车控制系统为例进行说明，如图 5-64 所示。整车电子电气架构是整车控制的基础，相应的整车控制策略主要包括高压系统上下电控制、能量管理和附件控制三部分。

5.8.1 高压系统上下电控制

新能源汽车与传统汽车的主要区别是设有高压系统，而电机控制器等高压设备中往往设有大电容，这就需要注意高压电的上下电顺序。上电时需要先闭合预充继电器给电容进行预充电，断电时则需要先断开主正继电器，这是高压上下电控制的基础。电池管理系统通过控

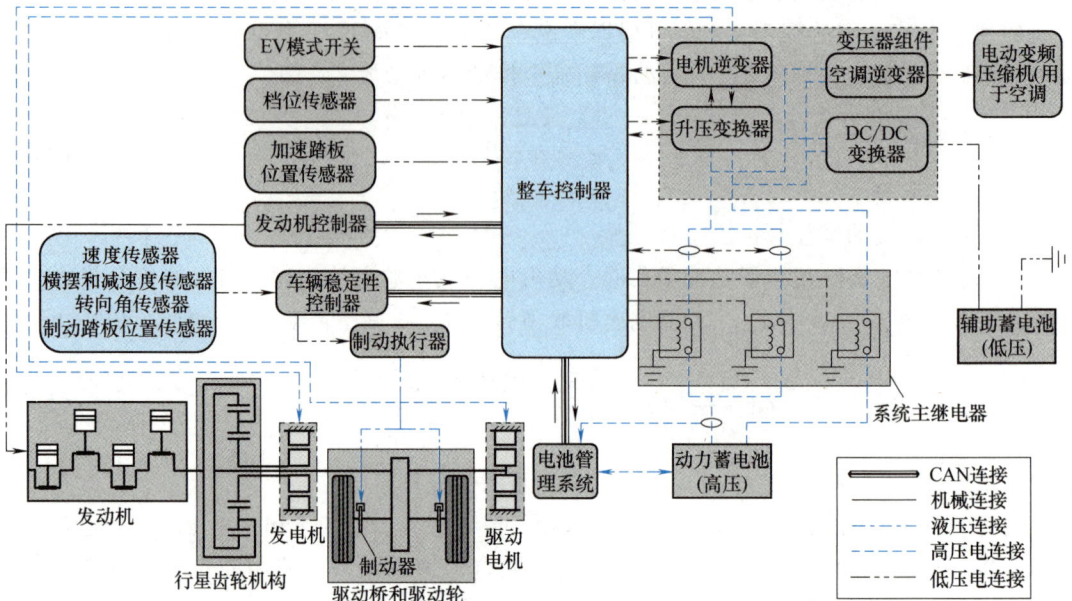

图 5-64　丰田 Prius 控制系统架构

制系统主继电器来控制高压系统的上下电。在系统主继电器的三个继电器中，预充继电器和主正继电器与动力蓄电池的正极相连，主负继电器与动力蓄电池的负极相连，如图 5-65 所示。

1. 上电流程

一般情况下，钥匙门处于 OFF 档后，整车控制系统将处于休眠模式。当 VCU 监测到钥匙门位置变化后，会根据钥匙门的位置，给 BMS 和 MCU 发送使能信号，BMS 和 MCU 相应地进行自检，并将自检状态反馈给 VCU。VCU 确认 BMS 和 MCU 自检无故障后，向 BMS 发送高压上电命令请求，BMS 会闭合预充继电器，以进行预充

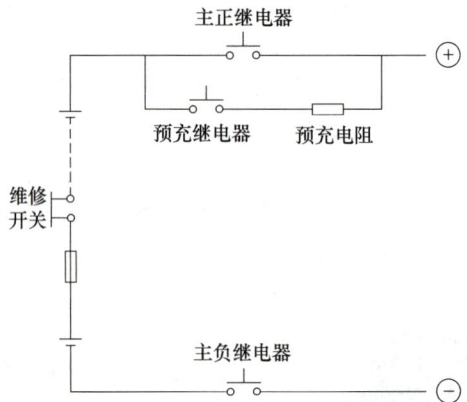

图 5-65　系统主继电器

电。预充完成后，将相关预充电完成信息反馈给 VCU。VCU 收到高压预充完成信息后，向 MCU 发送待机模式跳转指令，MCU 判断自身状态，同时对电机母线电压进行复检，确认无故障后，进入待机模式，主正继电器进入闭合状态。若以上信号均正常且 VCU 监测到制动踏板开度超过某设定值时，则 VCU 向 MCU 发送转矩模式，MCU 检测无故障后，响应转矩模式，整车进入 "READY" 模式。

2. 下电流程

当 VCU 检测到钥匙门处于 OFF 档后，VCU 向 MCU 发送待机模式跳转，MCU 判断电机转速小于 50r/min 后，由转矩模式退至待机模式，VCU 发送高压下电命令请求。VCU 发送主动放电命令请求，MCU 开始进行主动放电，当检测到母线电压小于 60V 后，上报主动放电成功，在此过程中，BMS 依次将主正继电器、预充电继电器、主负继电器断开。VCU 将关闭 MCU 使能信号并发送关机命令请求，MCU 储存相应故障后进入关机模式。

5.8.2 能量管理

能量管理是整车控制的核心，主要包括驾驶员需求转矩计算、动力总成模式管理、动力蓄电池 SOC 平衡管理、发动机起停控制、需求转矩分配等模块。

1. 驾驶员需求转矩计算

驾驶员需求转矩通常采用查表的方式获得。在整车控制器设计阶段，该模块以加速踏板开度和车速等信号作为输入信号，以驾驶员需求转矩作为输出信号，以 n 维数据表（MAP）的形式固化到整车控制器中，有的车辆会根据经济性驾驶、动力性驾驶等驾驶模式设置多个 MAP 表。在实际应用中，整车控制器通过 CAN 总线获取驾驶员的加速踏板开度和车速等信号，将它们输入转矩 MAP 中进行插值计算，实时获得驾驶员的需求转矩，有的车型也通过上述方式获取制动需求。

2. 动力总成模式管理

动力总成的模式管理是整车控制的核心，相应的模式和切换条件详见 5.4.2 节，在开发整车控制策略的过程中，通常需要绘制图 5-66 所示的流程图。图中，Ap 为加速踏板开度，Ap_s 为加速踏板开度门限值。

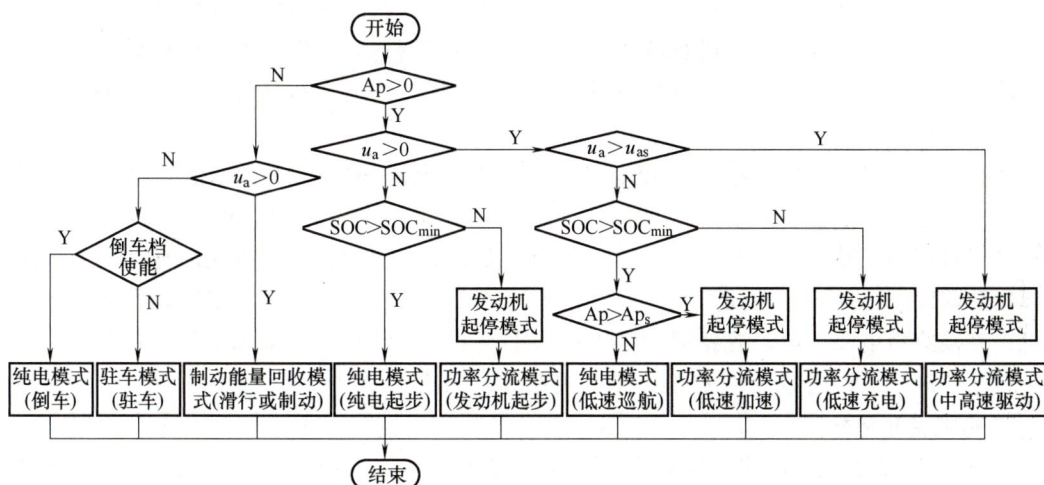

图 5-66 模式切换流程

3. 动力蓄电池 SOC 平衡管理

常规混合动力电动汽车的动力蓄电池容量较小且不能外接充电，为了保证所有功能正常，通常需要把动力蓄电池的 SOC 控制在目标值附近，并允许其上下波动。例如，图 5-67 所示的方案中，要求将 SOC 控制在 $b\%$ 左右，SOC 的波动范围为 $a\% \sim c\%$，当 SOC 高于 $b\%$ 时，会优先采用电机驱动；当 SOC 低于 $b\%$ 时，整车控制器会根据控制模式控制发电机或电动机给蓄电池充电。

4. 发动机起停控制

丰田 Prius 构型具有发电机和驱动电机两个电机。由于驱动电机可满足整车在中低速工况下的驱动功率需求，但随着车速和行驶阻力的增加，驱动电机将无法满足整车的驱动需求，且动力蓄电池也不能满足长时间纯电动行驶的能量需求，所以发动机就成为主要动力

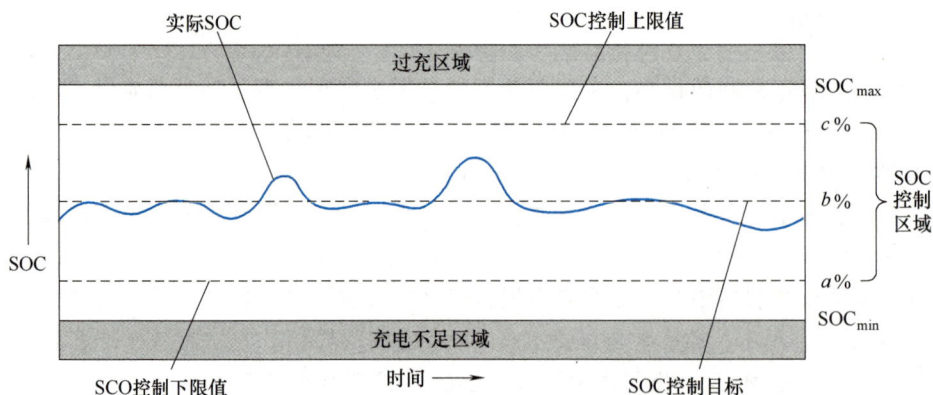

图 5-67　动力蓄电池 SOC 平衡管理

源，这就需要起动发动机。发动机的起动主要分为冷起动和热起动两类。

冷起动时，点火钥匙由 OFF 档打到 Start 档，动力蓄电池给发电机供电，发电机工作在电动状态，通过行星齿轮机构的太阳轮和行星架迅速将发动机拖到目标起动转速以上，发动机开始喷油点火。此时氧传感器、三元催化转化器还没有达到合适的工作温度，为了降低起动过程中的排放，发动机需要进行暖机，直至上述传感器达到工作温度。暖机后，检测动力蓄电池 SOC，如果低于目标值，则控制发动机增加功率，为动力蓄电池充电；如果高于目标值，则发动机熄火。

热起动时，发动机常采用 On/Off 策略：当动力蓄电池 SOC 高于目标值且整车功率需求低于某一特定值时，发动机熄火，此时整车需求功率由动力蓄电池提供；而当动力蓄电池 SOC 低于目标值或整车功率需求较大时，发动机需要重新起动，发电机立即拖动发动机到目标起动转速以上，并开始喷油点火，此时，由于传感器已经工作在适当温度，发动机不需要暖机，直接给蓄电池充电。有些混合动力车型由于电池容量较小，常选用机械式空调，此时如果打开空调，无论电池 SOC 高低，均需要起动发动机。

5. 需求转矩分配

转矩分配是混合动力电动汽车能量管理/整车控制的核心，合理的转矩分配会直接影响整车的动力性和经济性。根据整车开发目标的侧重点不同，相应的转矩分配方案也会有多种，需求转矩分配是在 5.4 节所述工作模式的基础上，以整车经济性为目标，确定各个总成的工作点。

例如，在行星齿轮式混联混合动力电动汽车构型方案的功率分流模式中，发动机、发电机和驱动电机都工作，基于行星齿轮机构的转速和转矩特性，发电机可以对发动机的转速进行调节，驱动电机可以对发动机的转矩进行调节，实现整车传动系统的无级变速。当发动机输出转矩大于整车需求转矩时，为平衡发动机输出的转矩，发动机输出到齿圈的转矩一部分驱动汽车行驶，另一部分则拖动驱动电机正向旋转，驱动电机工作在发电状态，为动力蓄电池充电。此时，发动机转矩由最佳燃油经济性曲线根据发动机当前转速查表确定，驱动电机的转矩则由发动机通过行星齿轮输出转矩和整车驱动需求转矩的差值确定，计算时需要考虑传动装置传功比的影响。而当发动机输出转矩小于整车需求转矩时，驱动电机工作在电动状态，对发动机输出的转矩进行补偿，此时，发动机的转矩仍由最佳燃油经济性曲线根据发动机当前转速查表确定，驱动电机的转矩则由整车驱动需求转矩和发动机通过行星齿轮输出转矩的差值确定，计算时需要考虑传动装置传功比的影响。

5.8.3　附件控制

附件控制主要包括电动真空助力制动系统控制、电动空调控制和电动助力转向控制。对于传统的混合动力电动汽车，这些附件常由发动机驱动，但是在 PHEV 方案中，这些附件通常由专门的电机驱动。相关系统的使能由整车控制器控制，具体的功能则由各系统独立实现，其中，电动真空助力制动系统、电动助力转向系统通常采用低压方案，电动空调系统采用高压方案。下面以电动真空助力制动系统为例进行说明。

传统制动的真空助力源来自发动机进气歧管，电动车和部分混合动力电动汽车取消发动机后，相应的真空源由图 5-68 所示的电动真空助力制动系统提供。该系统由真空助力器、真空储能罐、电动真空泵、电机等组成。真空助力器位于制动踏板与制动主缸之间，利用腔体两侧的压力差来达到制动助力的效果。真空储能罐则用来储存制动系统的真空度。真空助力器的腔体通常分为真空腔和大气腔，真空储能罐与真空助力器的真空腔连通，使得真空助力器的真空腔产生负压，真空助力器的大气腔与外界大气连接，当驾驶员踩下制动踏板时，外界大气进入真空助力器的大气腔内，在真空助力器腔体两侧压力差的作用下实现真空助力功能。实际应用中，VCU 会控制真空助力系统的上下电及使能，当驾驶员踩下制动踏板时，制动控制器会检测真空罐中的真空度，当真空度不符合要求时，控制电动真空泵工作，制动控制器同时会将真空助力系统的相关信息上传给 VCU，部分低成本的方案会将真空助力系统的相关功能集成到整车控制器中。

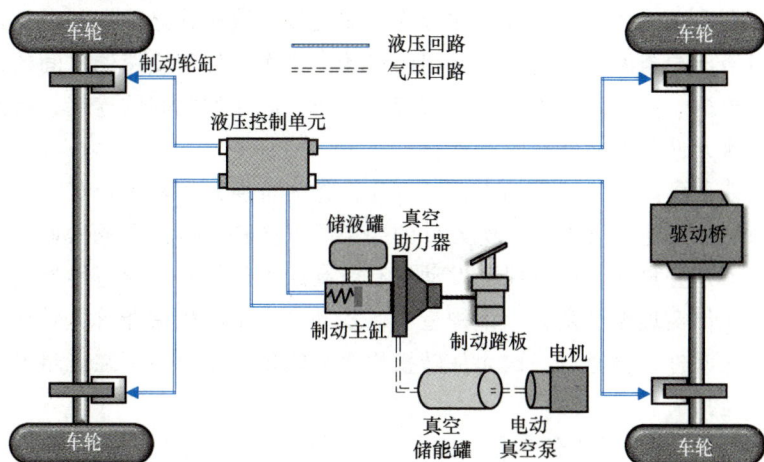

图 5-68　电动真空助力制动系统

5.9　新型混合动力系统

5.9.1　液压混合动力系统

1. 液压混合动力系统的分类

在液压混合动力系统中，液压能作为一种辅助能量源，在使用寿命、功率密度和成本等方面具有独特的优势。从能量转化角度看，其能量传递均属于物理变化。与油电混合动力系统类似，液压混合动力系统也可分为串联式、并联式和混联式三种。

（1）串联式液压混合动力系统

1）整体构型。如图 5-69 所示，串联式液压混合动力系统主要由发动机、高压蓄能器、低压蓄能器、液压泵、电磁阀、二次元件、变速器、离合器、驱动桥和整车控制器等部件组成，有的方案只采用单蓄能器。

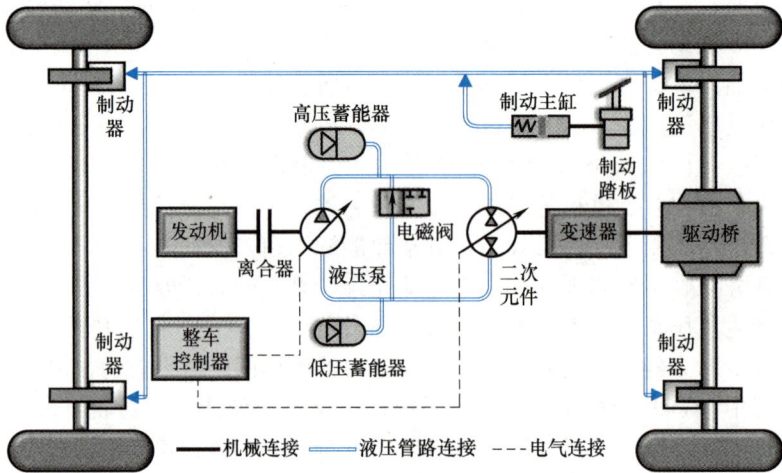

图 5-69　串联式液压混合动力系统的结构原理图

串联式液压混合动力系统的连接方式分为机械连接、液压管路连接和电气连接。机械连接主要有发动机输出端与液压泵输入端之间的连接、二次元件与变速器之间的连接、变速器与驱动桥之间的连接。液压管路连接主要有液压泵与二次元件之间的连接、蓄能器与液压泵之间的连接、二次元件与蓄能器之间的连接。

发动机和蓄能器可为车辆提供动力，二次元件作为可逆元件驱动负载工作，在制动时用作泵，在驱动时用作马达；另外，二次元件的四象限工作特性可使车辆快速前进和后退，且发动机和车辆负荷是分离的，可以保证发动机有较高的工作效率，而蓄能器也能够缓冲负载变化，通过二次元件实现无级调速。该构型中，发动机产生的机械能首先转换为液压能，经过管路输送到二次元件，再经过二次元件转换成机械能传给驱动桥，在能量的传递和转换过程中，会存在一定损失。

2）工作模式。依据发动机的工作状态及高、低压蓄能器的充、放能状态，串联式液压混合动力系统有 6 种工作模式，见表 5-7。

表 5-7　串联式液压混合动力系统工作模式

工作模式	发动机	高压蓄能器	低压蓄能器
蓄能器驱动	关闭	保压/放能	放能/保压
纯发动机驱动	开启	保压	保压
发动机驱动且蓄能器充能	开启	充能	充能
联合驱动	开启	放能/保压	保压/放能
制动能量回收	开启	充能	充能
停车充能	开启	充能	充能

串联式液压混合动力系统的能量流如图 5-70 所示。

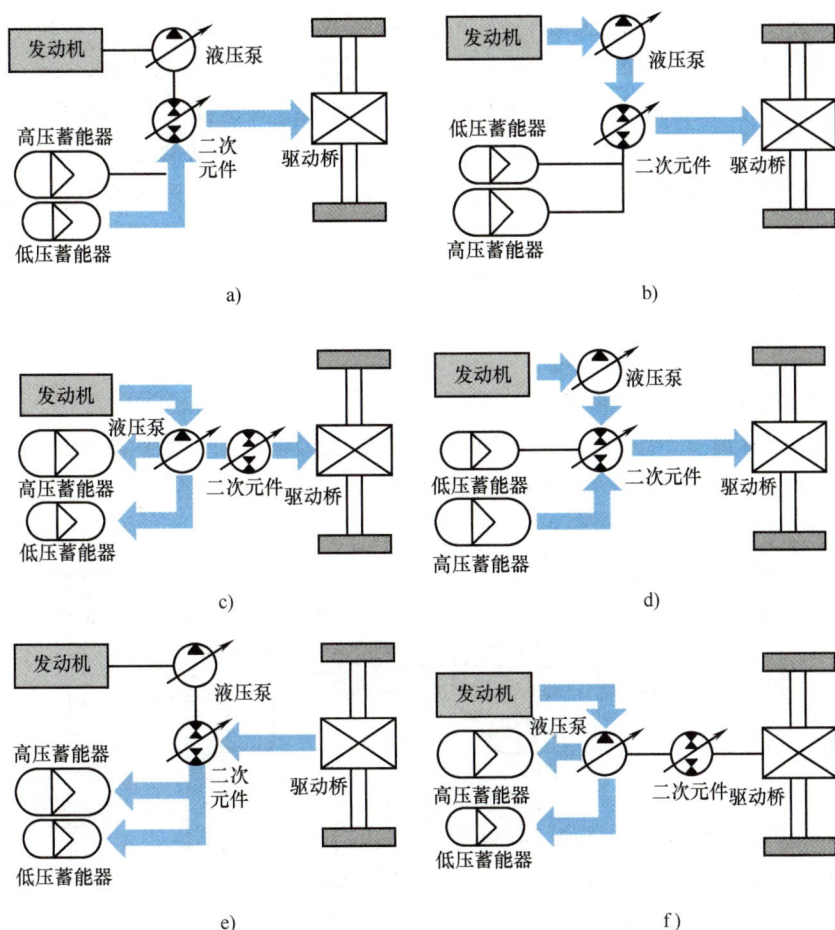

图 5-70　串联式液压混合动力系统的能量流

a）蓄能器驱动工作模式　b）纯发动机驱动工作模式　c）发动机驱动且蓄能器充能工作模式
d）联合驱动工作模式　e）制动能量回收工作模式　f）停车充能工作模式

1）蓄能器驱动工作模式的能量流如图 5-70a 所示。在该工作模式下，低压蓄能器具有较高的压力且输出功率满足整车的行驶功率需求，发动机处于关闭状态，离合器处于分离状态，低压蓄能器为放能状态，能量由低压蓄能器流向二次元件，通过驱动桥驱动车辆行驶。另外，当整车驱动力需求较大时，也可由高压蓄能器输出能量，驱动车辆行驶。

2）纯发动机驱动工作模式的能量流如图 5-70b 所示。在该工作模式下，蓄能器的压力值均在目标范围内，发动机输出整车需求功率，发动机处于开启状态，离合器处于接合状态，蓄能器处于保压状态，能量由发动机流向二次元件，通过驱动桥驱动车辆行驶。

3）发动机驱动且蓄能器充能工作模式的能量流如图 5-70c 所示。当发动机输出功率大于整车需求功率，且高、低压蓄能器的压力至少有一个未达到最大值时，为了将发动机工作点控制在高效区，其输出的能量分成两部分：一部分能量通过液压泵驱动车辆行驶，另一部分能量由液压泵给高压蓄能器和低压蓄能器充能。

4）联合驱动工作模式的能量流如图 5-70d 所示。当汽车加速或爬坡需要的功率超过了蓄能器的输出功率限制时，由发动机和蓄能器共同驱动车辆，发动机处于开启状态，离合器处于接合状态，蓄能器处于放能状态，能量由发动机、蓄能器共同流向二次元件，通过驱动桥驱动车辆行驶。此时，可以根据动力需求选择蓄能器。

5）制动能量回收工作模式的能量流如图 5-70e 所示。当驾驶员踩下制动踏板，且高、低压蓄能器的压力至少有一个未达到最大值时，控制离合器处于分离状态，二次元件由驱动桥带动旋转，能量由驱动桥流向二次元件，由二次元件给高、低压蓄能器充能。实际应用中，需要根据制动能量回收力矩的大小和各蓄能器的状态，选择充能蓄能器。

6）停车充能工作模式的能量流如图 5-70f 所示。当车辆处于停车状态，且高、低压蓄能器的压力均低于各自的设置门限值，为保证整车行驶的综合性能，需要对高、低压蓄能器进行停车充能。此时，发动机输出的功率全部用来为高、低压蓄能器充能，发动机处于开启状态，离合器处于接合状态，高、低压蓄能器处于充能状态，能量由发动机流向液压泵，经液压泵后分别流向高、低压蓄能器。

（2）并联式液压混合动力系统

1）整体构型。如图 5-71 所示，并联式液压混合动力系统主要包括发动机、离合器、变速器、二次元件、转矩耦合器、高压蓄能器、低压蓄能器、液压管路、整车控制器等部件。

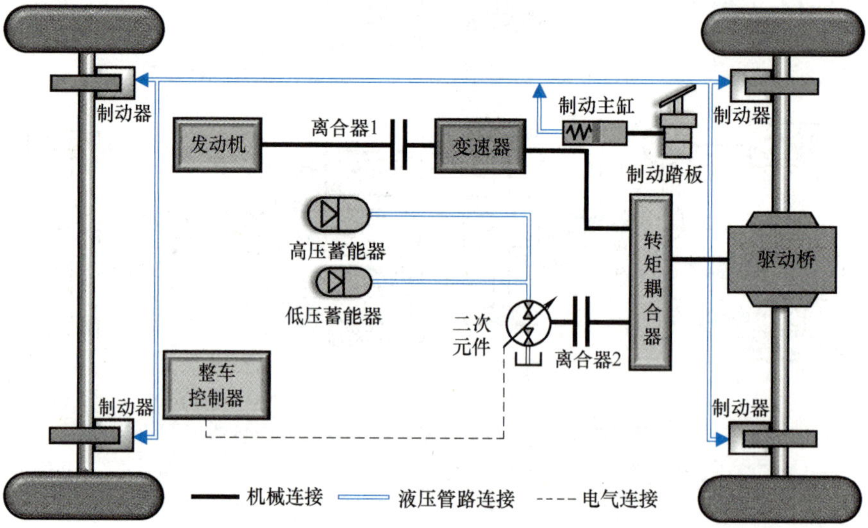

图 5-71　并联式液压混合动力系统的结构原理图

并联式液压混合动力系统的连接方式分为机械连接、液压管路连接和电气连接。发动机可将动力传递至变速器，转矩耦合器用于将来自发动机和蓄能器的动力进行耦合，两者输出的动力可联合或单独工作，通过合理分配转矩来协调工作，经驱动桥后将动力传递至车轮。

2）工作模式。依据发动机的工作状态及高、低压蓄能器的充、放能状态，并联式液压混合动力系统有 6 种工作模式，见表 5-8。

表 5-8　并联式液压混合动力系统工作模式

工作模式	发动机	高压蓄能器	低压蓄能器
蓄能器驱动	关闭	放能/放能/保压	保压/放能/放能
纯发动机驱动	开启	保压	保压
联合驱动	开启	放能/放能/保压	保压/放能/放能
发动机驱动且蓄能器充能	开启	充能	充能
制动能量回收	开启/关闭	充能	充能
停车充能	开启	充能	充能

并联式液压混合动力系统的能量流如图 5-72 所示。

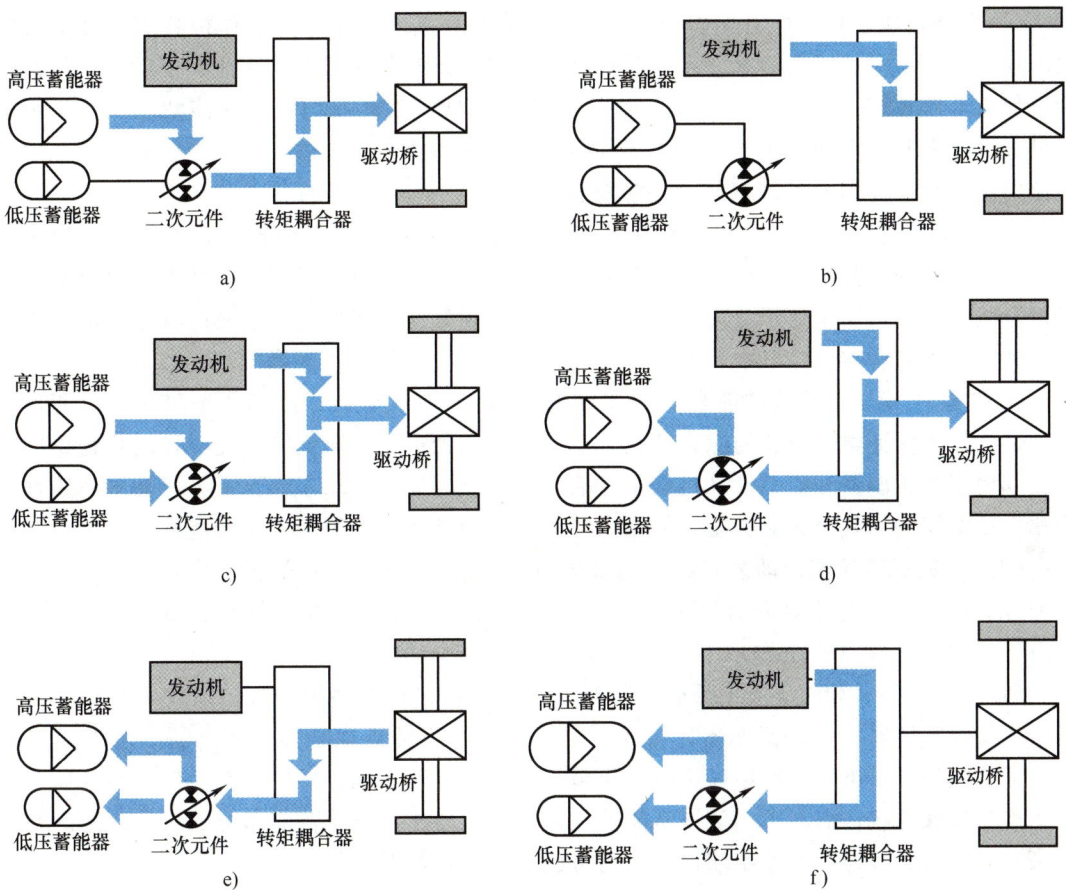

图 5-72　并联式液压混合动力系统的能量流
a）蓄能器驱动工作模式　b）纯发动机驱动工作模式　c）联合驱动工作模式　d）发动机驱动
且蓄能器充能工作模式　e）制动能量回收工作模式　f）停车充能工作模式

1）蓄能器驱动工作模式的能量流如图 5-72a 所示。高压蓄能器具有较高的压力且输出功率能满足整车行驶功率需求时，发动机处于关闭状态，离合器 2 处于接合状态，离合器 1 处于分离状态，高压蓄能器处于放能状态，低压蓄能器处于保压状态，能量由高压蓄能器流向二次元件，通过二次元件流至驱动桥，从而驱动车辆行驶；相应的，根据驱动需求，还有低压蓄能器驱动、高低压蓄能器联合驱动。

2）纯发动机驱动工作模式的能量流如图 5-72b 所示。此工作模式下，蓄能器的压力值在目标范围内，发动机输出功率能满足汽车行驶的功率需求，为提高并联混合动力系统的能量利用效率，采用纯发动机驱动工作模式，发动机处于开启状态，离合器 1 处于接合状态，离合器 2 处于分离状态，高压蓄能器和低压蓄能器均处于保压状态，能量由发动机经转矩耦合器流向驱动桥，从而驱动车辆。

3）联合驱动工作模式的能量流如图 5-72c 所示。此工作模式下，整车需求功率超过了发动机或蓄能器输出功率的限值，需要由发动机和蓄能器共同驱动车辆，发动机处于开启状态，离合器 1、2 均处于接合状态，高压、低压蓄能器其中之一或两者均可处于放能状态，能量由高压、低压蓄能器流向二次元件，经二次元件流至转矩耦合器，发动机的能量经变速器流至转矩耦合器，最终均流向驱动桥，从而联合驱动车辆。

4）发动机驱动且蓄能器充能模式的能量流如图 5-72d 所示。此工作模式下，发动机的输出功率远大于整车需求功率，在驱动车辆的同时可以对蓄能器进行充能，发动机处于开启状态，离合器 1、2 均处于接合状态，高压蓄能器和低压蓄能器均处于充能状态，能量由发动机分别流向驱动桥和二次元件，一部分能量通过驱动桥驱动车辆，另一部分能量经二次元件流向高压蓄能器和低压蓄能器，对蓄能器进行充能。

5）制动能量回收工作模式的能量流如图 5-72e 所示。此工作模式下，蓄能器压力未达到最大值，为提高整车经济性，对制动能量进行回收，发动机处于不工作状态，离合器 2 处于接合状态，离合器 1 处于分离状态，高压蓄能器和低压蓄能器均处于充能状态，能量由驱动桥流向转矩耦合器，经二次元件后分别流向高压蓄能器和低压蓄能器。

6）停车充能工作模式的能量流如图 5-72f 所示。当汽车处于停车状态时，若蓄能器的压力过低，为保证整车行驶的综合性能，需要对蓄能器进行停车充能，此时发动机输出的功率全部用于为蓄能器充能，发动机处于开启状态，离合器 1、2 均处于分离状态，高压蓄能器和低压蓄能器均处于充能状态，能量由发动机流向高压蓄能器和低压蓄能器。

（3）混联式液压混合动力系统 与油电混合动力类似，混联式液压混合动力汽车也有两种方案：方案 1 是串并联方案的组合，方案 2 则采用了行星齿轮机构，如图 5-73 所示。下面，以方案 2 为例进行说明。

1）整体构型。如图 5-73b 所示，方案 2 主要部件包括发动机、行星齿轮、变速器、液压泵、高压蓄能器、低压蓄能器、二次元件、离合器、转矩耦合器、驱动桥、整车控制器等。发动机与行星齿轮、行星齿轮与液压泵、变速器与转矩耦合器、二次元件与转矩耦合器之间均为机械连接；而高压、低压蓄能器与液压泵，高压、低压蓄能器与二次元件之间均为液压管路连接；各部件的控制端口通过信号线与整车控制器电气连接。

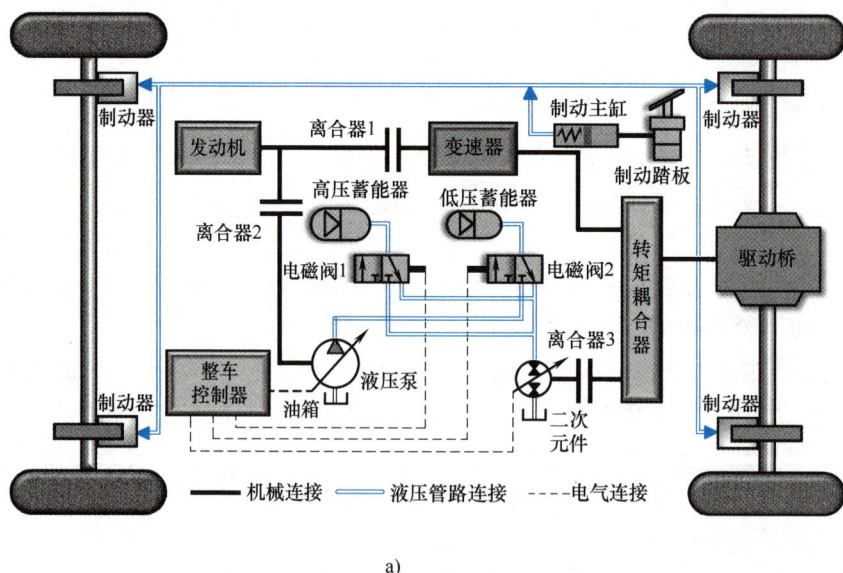

a)

图 5-73 混联式液压混合动力系统结构原理图

a）方案 1

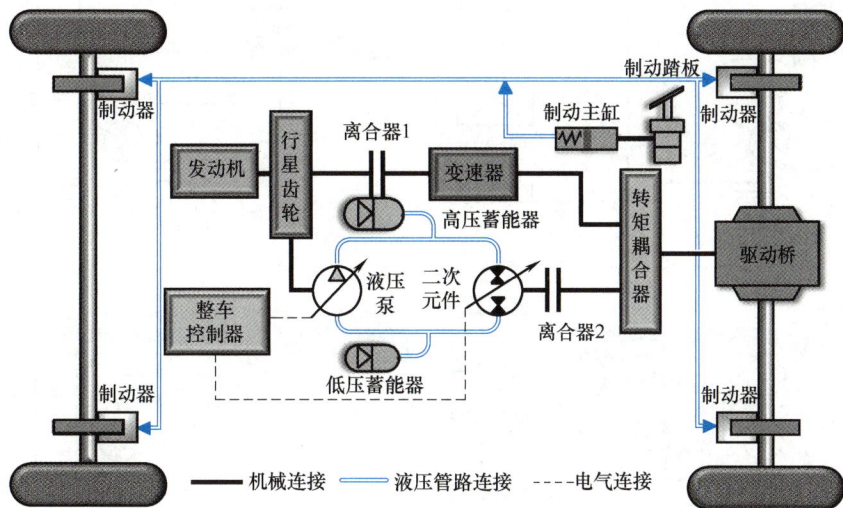

b)

图 5-73 混联式液压混合动力系统结构原理图（续）

b）方案 2

2）工作模式。依据发动机及高、低压蓄能器的工作状态，混联式液压混合动力系统存在 5 种行驶工况，且每一工况中可存在不同的工作模式，见表 5-9。这里需要注意，根据设计目标，可存在多种工作模式，表 5-9 中仅是其中一种可能方案。

表 5-9 混联式液压混合动力系统的工作模式

工况	工作模式	发动机	高压蓄能器	低压蓄能器
车辆起步	高压蓄能器驱动	关闭	放能	保压
	低压蓄能器驱动	关闭	保压	放能
	纯发动机驱动	开启	保压	保压
低、中速行驶	高压蓄能器驱动	关闭	放能	保压
	低压蓄能器驱动	关闭	保压	放能
	发动机驱动 且蓄能器充能	开启	充能	充能
加速行驶	高压蓄能器驱动	关闭	放能	保压
	联合驱动	开启	放能/保压	保压/放能
制动	高压蓄能器 制动能量回收	关闭/开启	充能	保压
	低压蓄能器 制动能量回收	关闭/开启	保压	充能
停车充能	高压蓄能器充能	开启	充能	保压
	低压蓄能器充能	开启	保压	充能

混联式液压混合动力系统的能量流如图 5-74 所示。

① 车辆起步工况。

（a）高压蓄能器驱动工作模式的能量流如图 5-74a 所示。低压蓄能器的压力小于整车需

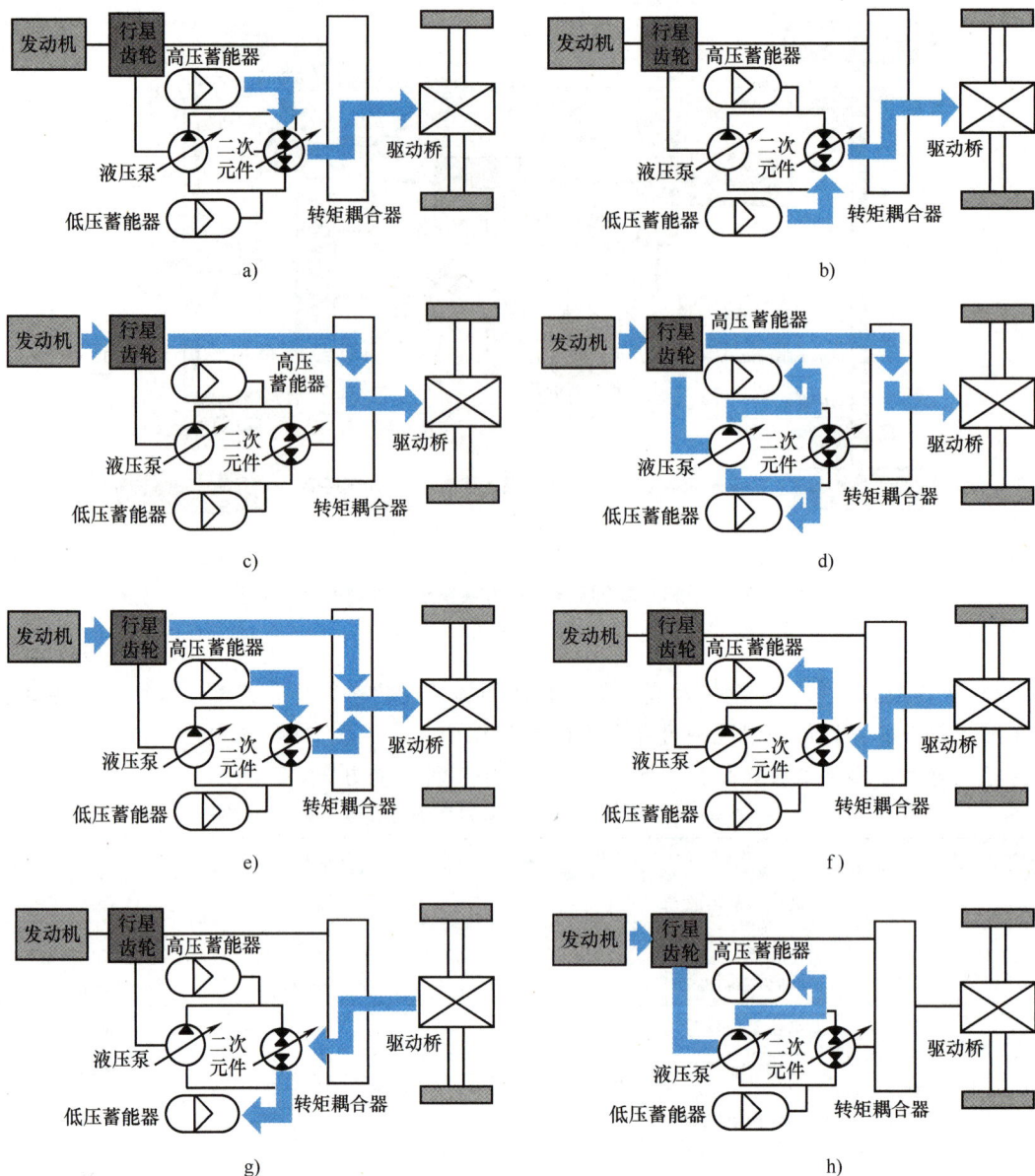

图 5-74　混联式液压混合动力系统能量流

a）高压蓄能器驱动工作模式　b）低压蓄能器驱动工作模式　c）纯发动机驱动工作模式
d）发动机驱动且蓄能器充能工作模式　e）联合驱动工作模式　f）高压蓄能器制动能量
回收工作模式　g）低压蓄能器制动能量回收工作模式　h）高压蓄能器充能工作模式

求压力，采用高压蓄能器驱动工作模式，发动机处于关闭状态，离合器 1 处于分离状态，离合器 2 处于接合状态，高压蓄能器处于放能状态，低压蓄能器处于保压状态，能量由高压蓄能器经二次元件、转矩耦合器传递至驱动桥，从而驱动车辆。

（b）低压蓄能器驱动工作模式的能量流如图 5-74b 所示。低压蓄能器压力大于整车需求压力，采用低压蓄能器驱动工作模式，发动机处于关闭状态，离合器 1 处于分离状态，离合器 2 处于接合状态，高压蓄能器处于保压状态，低压蓄能器处于放能状态，能量由低压蓄能器经二次元件、转矩耦合器传递至驱动桥，从而驱动车辆。

（c）纯发动机驱动工作模式的能量流如图 5-74c 所示。当高压蓄能器和低压蓄能器压力均小于正常工作压力时，采用纯发动机驱动工作模式，发动机处于开启状态，与液压泵连接的行星齿轮部件处于锁止状态，离合器 1 处于接合状态，离合器 2 处于分离状态，高压蓄能器处于保压状态，低压蓄能器处于保压状态，发动机是唯一动力源。有时，也可采用串联模式。

② 低、中速行驶工况。高压蓄能器驱动工作模式和低压蓄能器驱动工作模式的能量流与车辆起步工况一样。在此重点说明发动机驱动且蓄能器充能模式的能量流，如图 5-74d 所示。发动机的功率远大于整车需求功率，发动机作为唯一动力源，在驱动车辆的同时，还对高压、低压蓄能器进行充能，发动机处于开启状态，离合器 1 处于接合状态，离合器 2 处于分离状态，高压、低压蓄能器均处于充能状态，能量由发动机经行星齿轮分为两部分：一部分流经转矩耦合器传递至驱动桥，用于驱动车辆；另一部分流入液压泵输入端，通过液压管路，能量分别流入高压蓄能器和低压蓄能器，对高压、低压蓄能器进行充能。

③ 加速行驶工况。高压蓄能器驱动工作模式的能量流如前文所述。在此重点说明联合驱动模式的能量流。如图 5-74e 所示，由于整车需求功率较大，为使发动机处于最佳工作区域，高压蓄能器参与工作，发动机处于开启状态，离合器 1 和离合器 2 处于接合状态，高压蓄能器处于放能状态，低压蓄能器处于保压状态，能量由高压蓄能器经二次元件输入转矩耦合器，与发动机的能量耦合后，经驱动桥驱动车辆行驶。

④ 制动工况。

（a）高压蓄能器制动能量回收模式的能量流如图 5-74f 所示。高压蓄能器压力未达到最大值，为提高整车经济性，对制动能量进行回收，离合器 1 处于分离状态，离合器 2 处于接合状态，高压蓄能器处于充能状态，低压蓄能器处于保压状态，能量由驱动桥经二次元件流向高压蓄能器，完成制动能量回收。

（b）低压蓄能器制动能量回收模式的能量流与高压蓄能器类似，如图 5-74g 所示。低压蓄能器处于充能状态，高压蓄能器处于保压状态，能量由驱动桥经二次元件流向低压蓄能器。

⑤ 停车充能工况。高压蓄能器充能工作模式的能量流如图 5-74h 所示。停车时，高压蓄能器的压力低于正常工作压力，为使高压蓄能器发挥作用，需要对其充能，此时发动机的输出功率全部用于为高压蓄能器充能，发动机处于开启状态，离合器 1 和离合器 2 处于分离状态，高压蓄能器处于充能状态，低压蓄能器处于保压状态，能量由发动机流向行星齿轮输入轴，经行星齿轮输出轴流向液压泵输入端口，通过液压管路流至高压蓄能器。相应的，还有低压蓄能器充能模式及高低压蓄能器同时充能模式，通常根据蓄能器的能量大小及发动机的工作点选择工作模式。

5.9.2　双转子电机混合动力系统

为了充分利用电机内部空间以提高电机的工作性能，双转子电机成为电机领域的一个重要研究对象。双转子电机具有转矩密度、功率密度、效率等性能明显高于同类传统电机的优势，主要应用于风力发电等领域，车用方面的关键技术还不成熟，但随着相关技术的逐步完善，双转子电机混合动力系统已成为提高新能源汽车节能效果的有效措施之一。目前，人们已针对双转子电机在无级变速（EVT）、电子差速、混合动力等方面的应用开展了大量研究工作。

图 5-75 所示为典型双转子电机的结构原理图。它具有两个机械端口和两个电气端口，

可以利用电磁场而非机械机构实现无级变速，因此也常被称为电气无级变速器。

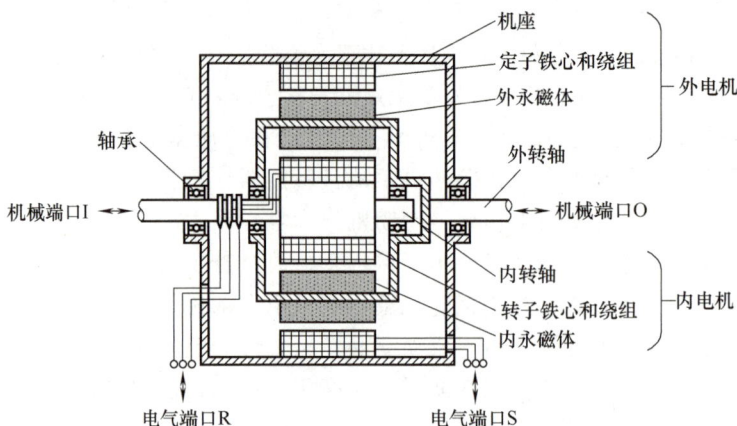

图 5-75　典型双转子电机的结构原理图

图 5-76 所示为基于 EVT 的混联式混合动力系统的拓扑结构，发动机 E 与 EVT 的机械端口 I 相连，驱动桥 FD 与 EVT 的机械端口 O 相连，EVT 的两个电气端口 R 和 S 都与电机逆变器相连。

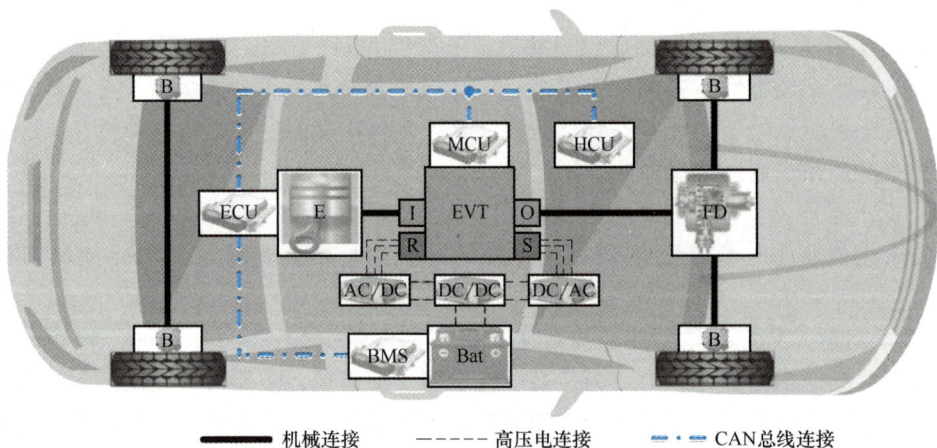

图 5-76　基于 EVT 的混联式混合动力系统的拓扑结构

图 5-77 所示为 EVT 的工作原理。发动机的功率通过机械端口 I 输入后发生功率分流，一部分功率通过内外转轴间的电磁场，直接由机械端口 O 输出；另一部分功率被内电机以电功率的形式，经电气端口 R 回收，用于给电池充电或由电气端口 S 输送给外电机，外电机再以机械功率的形式通过机械端口 O 输出。

图 5-77 中，P_{M_eng} 为发动机的机械功率，T_{M_eng} 为发动机的机械转矩，ω_{eng} 为发动机的转速，P_{M_in} 为机械端口 I 输入的机械功率，T_{M_in} 为机械端口 I 输入的机械转矩，ω_{in} 为内转轴转速，P_{M_in1} 为内转轴上用于发电的机械功率，P_{M_in2} 为内转轴上用于驱动外转轴的机械功率，P_{B_em1} 为内转轴用于驱动外转轴的电磁功率，T_{B_em1} 为内转轴用于驱动外转轴的电磁转矩，P_{E_em1} 为内电机的发电功率，P_{B_em2} 为定子用于驱动外转轴的电磁功率，T_{B_em2} 为定子用于驱动外转轴的电磁转矩，P_{M_em1} 为内电机作用于外转轴的机械功率，P_{M_em2} 为定子作用于外转轴的机械功率，T_{M_em1} 为内电机作用于外转轴的机械转矩，T_{M_em2} 为定子作用于外

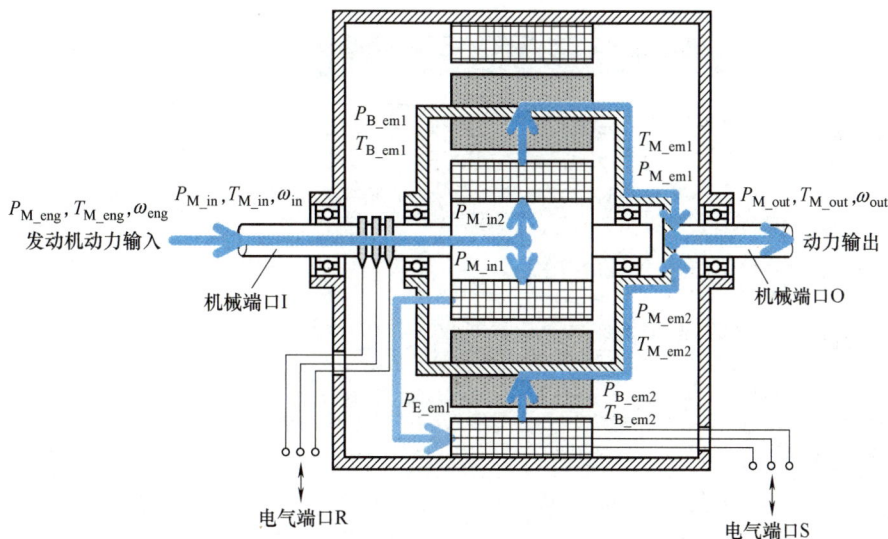

图 5-77　EVT 的工作原理

转轴的机械转矩，P_{M_out} 为机械端口 O 输出的机械功率，T_{M_out} 为机械端口 O 输出的机械转矩，ω_{out} 为外转轴的转速。

图 5-78 所示为 EVT 的无级变速过程。EVT 工作时，由于 EVT 内电机电磁转矩与发动机转矩相等，因此内电机采用转速控制，以弥补发动机与负载之间的转速差；由于外电机可以在外转轴上施加转矩，因而外电机应采用转矩控制，以弥补发动机与负载之间的转矩差。为此，EVT 混合动力系统可以采用发动机功率跟随负载功率的能量管理策略，在功率跟随的过程中实现无级变速，使发动机可以工作在最佳燃油经济曲线上。

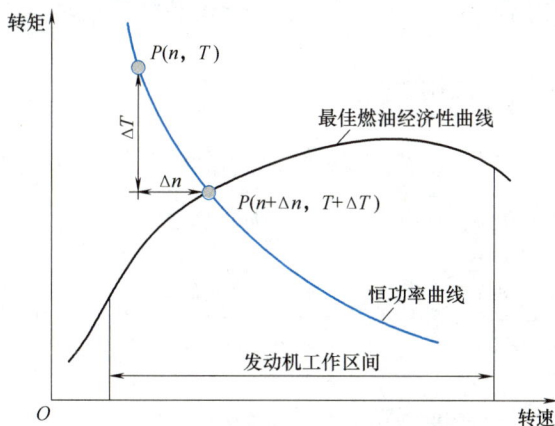

图 5-78　EVT 的无级变速过程

5.10　混合动力电动汽车的技术路线

混合动力电动汽车一直是我国新能源汽车重点支持的发展方向，2020 年，基本明确了未来 15 年整车和总成的发展方向和目标。插电式混合动力汽车的总体技术路线如图 5-79 所示，节能汽车的总体技术路线如图 5-80 所示。

新能源汽车技术

		2025年	2030年	2035年
总体目标	产业链	形成自主、可控、完整的新能源汽车产业链	进一步完善新能源汽车自主产业链	形成成熟、健康、绿色的新能源汽车自主产业链
	销量	BEV和PHEV年销量占汽车总销量的15%~25%	BEV和PHEV年销量占汽车总销量的30%~40%	BEV和PHEV年销量占汽车总销量的50%~60%
		BEV占新能源汽车销量的90%以上	BEV占新能源汽车销量的93%以上	BEV占新能源汽车销量的95%以上
安全及质量目标	安全目标	新能源汽车的自燃事故率小于0.5次/万辆	新能源汽车的自燃事故率小于0.1次/万辆	新能源汽车的自燃事故率小于0.01次/万辆
	质量目标	新能源新车购买一年内,行业百车故障率平均值降至小于140个	新能源新车购买一年内,行业百车故障率平均值降至小于120个	新能源新车购买一年内,行业百车故障率平均值降至小于100个
插电式混合动力汽车	应用领域	在A级以上私人乘用车、公务用车以及其他日均行程较短的细分市场,实现批量应用	在A级以上私人乘用车、公务用车以及其他日均行程适中的领域,实现批量应用	在A级以上私人乘用车、公务用车以及其他日均行程适中的领域,实现大量应用
	关键指标	技术领先的典型A级PHEV车型,在电量维持模式条件下,油耗不超过4.3L/100km,建议纯电续驶里程不超过80km	技术领先的典型A级PHEV车型,在电量维持模式条件下,油耗不超过4L/100km,建议纯电续驶里程不超过80km	技术领先的典型A级PHEV车型,在电量维持模式条件下,油耗不超过3.8L/100km,建议纯电续驶里程不超过80km
零部件技术		蓄电池、电机等关键零部件达到国际领先水平,批量出口,安全等级达ASIL-D水平		蓄电池、电机等关键零部件引领国际前沿、占据主导地位,保持ASIL-D安全水平

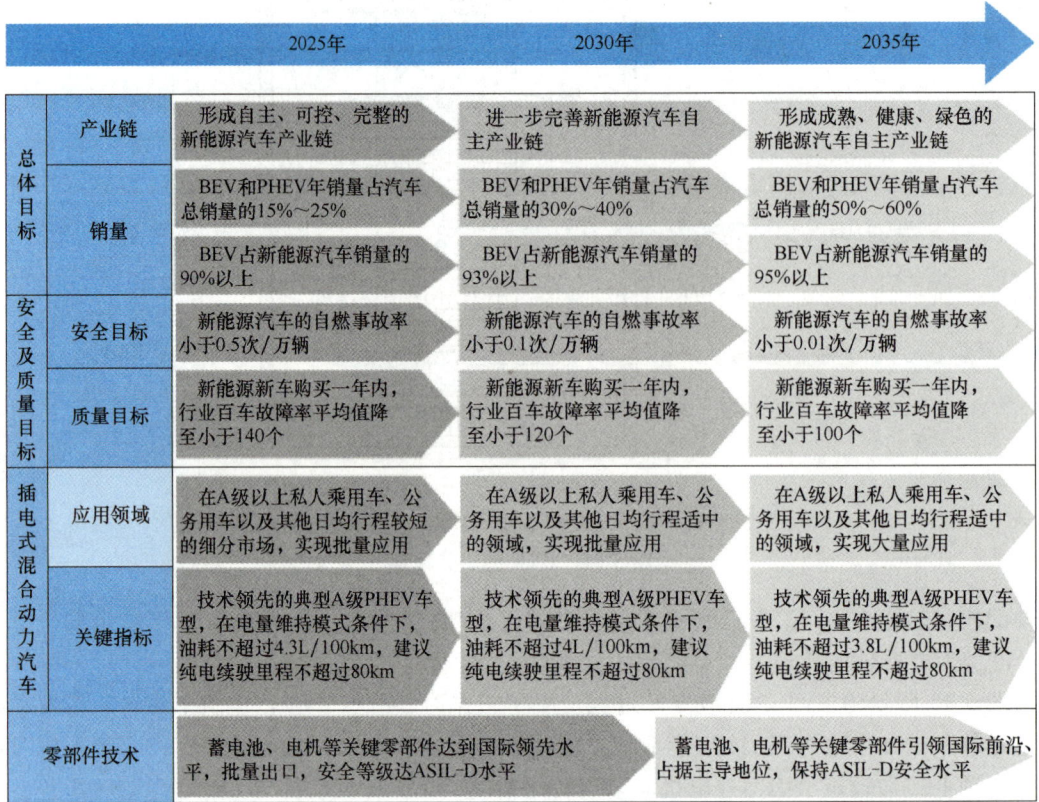

图 5-79　插电式混合动力汽车总体技术路线

			2025年	2030年	2035年
乘用车领域	总体目标		传统能源乘用车燃料消耗量达到5.6L/100km(WLTC)	传统能源乘用车燃料消耗量达到4.8L/100km(WLTC)	传统能源乘用车燃料消耗量达到4L/100km(WLTC)
			货车燃料消耗量较2019年降低8%~10%	货车燃料消耗量较2019年降低10%~15%	货车燃料消耗量较2019年降低15%~20%
			客车燃料消耗量较2019年降低10%~15%	客车燃料消耗量较2019年降低15%~20%	客车燃料消耗量较2019年降低20%~25%
	混合动力		混合动力乘用车燃料消耗量达到5.2L/100km(WLTC)	混合动力乘用车燃料消耗量达到4.5L/100km(WLTC)	混合动力乘用车燃料消耗量达到4L/100km(WLTC)
			混合动力新车占传统能源乘用车的50%~60%	混合动力新车占传统能源乘用车的75%~85%	混合动力新车占传统能源乘用车的100%
	非混合动力	非混合动力系统	非混合动力乘用车燃料消耗量达到6.2L/100km(WLTC)	非混合动力乘用车燃料消耗量达到5.7L/100km(WLTC)	
		替代燃料	替代燃料新车占传统乘用车的5%	替代燃料新车占传统乘用车的8%	替代燃料新车占传统乘用车的10%
		动力系统	成熟应用米勒循环或阿特金森循环、冷却废气再循环(EGR)技术	掌握并应用稀薄燃烧、快速燃烧技术	
		传动系统	掌握8AT,CVT承载能力达350N·m	研发9档以上AT及承载能力达400N·m的CVT	掌握9档以上AT,CVT速比宽度达7.5
		电子电器	掌握关键电子电器产品研制能力及系统集成能力,持续提升整车电动化水平,控制整车能量分布,持续降低车载设备用电消耗		

图 5-80　节能汽车总体技术路线

商用车领域	整车动力学	重型牵引半挂车风阻较2019年降低10%	重型牵引半挂车风阻较2019年降低15%	重型牵引半挂车风阻较2019年降低20%
		客车整车风阻较2019年降低8%～10%	客车整车风阻较2019年降低10%～15%	客车整车风阻较2019年降低15%～20%
	动力系统	轻型柴油机热效率达44%	轻型柴油机热效率达46%	轻型柴油机热效率达48%
		重型柴油机热效率达48%	重型柴油机热效率达50%	重型柴油机热效率达54%
	混合动力系统	搭载48V轻混系统的轻型商用车节油率达到8%并开始推广应用	重度混合动力轻型商用车逐步推广	48V轻混系统广泛应用于轻型商用车
		推进中重型商用车混合动力化，实现15%的节油率	串联式混合动力技术在重型商用车特定工况推广	并联及混联式混合动力技术广泛应用于中重型商用车
	传动系统	变速器综合传动效率较2019年提升0.5%	变速器综合传动效率较2019年提升1%	变速器综合传动效率较2019年提升2%
		总成转矩重量比较2019年提升3%	总成转矩重量比较2019年提升4%	总成转矩重量比较2019年提升5%
	电子电器	车联网、高精度地图技术的开发及普及		重型货车列队行驶
	热管理	逐步研发朗肯循环、动力涡轮、热电转换等余热回收技术，加大电控附件应用比例，持续研发车身保温技术		

图 5-80　节能汽车总体技术路线（续）

第 6 章

燃料电池电动汽车

6.1 燃料电池

6.1.1 燃料电池的工作原理

燃料电池（fuel cell）是将一种燃料和一种氧化剂的化学能直接转化为电能（直流电）、热和反应产物的电化学装置。常把氢气用作燃料，氧气用作氧化剂，通过氧化还原反应将氢气和氧气的化学能转换为电能。

如图 6-1 所示，燃料电池主要由阳极、阴极和电解质三部分组成。燃料与氧化剂分别通入燃料电池的阳极和阴极，并分别发生氧化和还原反应。电解质是离子传递（传导）的介质，起到传递（传导）离子的作用，阳离子通过电解质由阳极扩散到阴极。以质子交换膜燃料电池为例，燃料输送至阳极发生氧化反应生成阳离子并释放出电子，阳离子通过电解质运动到阴极，释放的电子经外电路流向阴极，阳离子、氧气和电子在阴极发生还原反应并生成水。

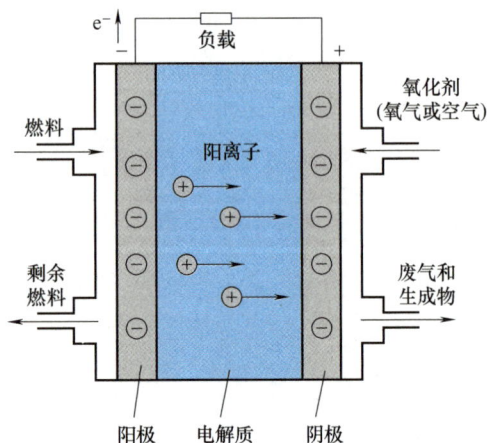

图 6-1 燃料电池的工作原理示意图

6.1.2 燃料电池的分类

燃料电池按电解质不同，可分为质子交换膜燃料电池（proton exchange membrance fuel cell，PEMFC）、固体氧化物燃料电池（solid oxide fuel cell，SOFC）、熔融碳酸盐燃料电池（molten carbonate fuel cell，MCFC）、磷酸燃料电池（phosphoric acid fuel cell，PAFC）和碱性燃料电池（alkaline fuel cell，AFC）五大类。质子交换膜燃料电池又可分为以氢气为燃料的质子交换膜燃料电池和以醇类物质（如甲醇、乙醇）为燃料的质子交换膜燃料电池。以醇类物质为燃料的质子交换膜燃料电池又可分为直接醇类燃料电池和醇类重整氢燃料电池。以氢气为燃料的质子交换膜燃料电池是目前车用燃料电池的主流方案，除非有特殊说明，下文提到的质子交换膜燃料电池均指以氢气为燃料的质子交换膜燃料电池。直接醇类燃料电池主要可分为直接甲醇燃料电池和直接乙醇燃料电池，它们的工作原理相似，下文将以直接甲醇燃料电池为例进行介绍。

1. 质子交换膜燃料电池

质子交换膜燃料电池主要由质子交换膜、催化剂层、气体扩散层和双极板组成，其中，阴极催化剂和阴极气体扩散层构成电池阴极，阳极催化剂和阳极气体扩散层构成电池阳极。质子交换膜燃料电池以能够传导氢离子（H^+）的聚合物（如全氟磺酸膜）作为电解质，通常使用型号为 Nafion-112 的全氟磺酸膜；以铂/碳、铂-钴/碳、铂-镍/碳等材料作为电催化剂，以氢气作为燃料，以空气或纯氧作为氧化剂。质子交换膜燃料电池是目前最适合车用的燃料电池，原因如下：①由于质子交换膜的工作温度一般以 70~90℃ 为宜，故质子交换膜燃料电池的工作温度通常控制在 70~90℃，其他燃料电池的工作温度则达到几百摄氏度，甚至上千摄氏度；②电解质采用全氟磺酸膜等聚合物，有优异的耐腐蚀性；③工作电流大，工作电流密度可达 3~4 A/cm^2（带端板的燃料电池堆）；④寿命长，可高达 30000h；⑤反应生成物只有水，没有任何污染；⑥具有较高的体积功率密度和质量功率密度。

如图 6-2 所示，氢气经阳极气体扩散层到达阳极催化层，在催化剂的作用下发生式（6-1）所示的电化学反应，阳极反应产生的电子经过外部电路到达阴极，氢离子则穿过质子交换膜到达阴极。氧气经阴极气体扩散层到达阴极催化层，在阴极催化剂的作用下，与氢离子和电子发生式（6-2）所示的电化学反应，最终生成反应产物——水。未反应的氢气经过氢气循环系统会重新进入质子交换膜燃料电池的氢气入口，未反应的氧气会被排放到空气中。相应的电化学反应如下：

图 6-2　质子交换膜燃料电池单体的工作原理图

1）阳极反应方程式为

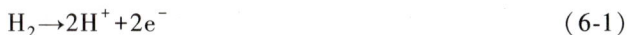

$$H_2 \rightarrow 2H^+ + 2e^- \tag{6-1}$$

2）阴极反应方程式为

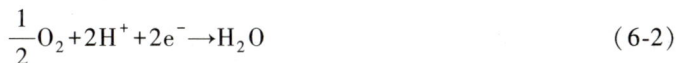

$$\frac{1}{2}O_2 + 2H^+ + 2e^- \rightarrow H_2O \tag{6-2}$$

3）总反应方程式为

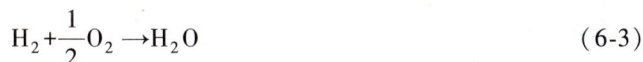

$$H_2 + \frac{1}{2}O_2 \rightarrow H_2O \tag{6-3}$$

2. 直接甲醇燃料电池

直接甲醇燃料电池（direct methanol fuel cell，DMFC）也主要由质子交换膜、催化剂层和扩散层组成。常用的阳极催化剂为铂钌/碳（PtRu/C）催化剂，阴极催化剂为碳载铂（Pt/C）催化剂，两者均含贵金属材料——铂。扩散层一般由导电的多孔材料制成，多为表面涂有炭粉的炭纸或炭布，主要作用是收集电流及传导反应物，兼有支撑催化层的作用。直接甲醇燃料电池与质子交换膜燃料电池所采用的质子交换膜有所不同，直接甲醇燃料电池要求具有低甲醇透过率和高质子通过率，为此，型号为 Nafion-117 的质子交换膜常被用于直接

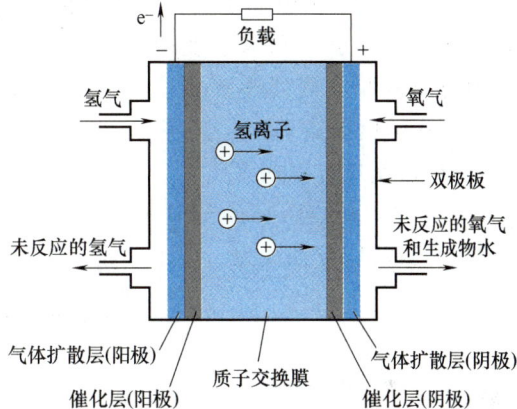

甲醇燃料电池；直接甲醇燃料电池通常直接以气态或液态甲醇作燃料，以空气或纯氧作氧化剂。直接甲醇燃料电池具有如下特点：①电解质采用全氟磺酸膜等聚合物，没有腐蚀性；②采用甲醇作为燃料，甲醇便于携带、无污染，且我国甲醇资源丰富，可有效保障我国的能源安全；③反应生成物只有水和CO_2；④具有较高的体积功率密度和比功率，且直接甲醇燃料电池的工作温度约为100℃，也比较适合车用。为此，直接甲醇燃料电池目前也是车用燃料电池的常用方案之一。

如图6-3所示，甲醇和水通过阳极扩散层到达阳极催化层，在催化剂的作用下发生式（6-4）所示的电化学反应，反应生成二氧化碳、氢离子和电子，二氧化碳通过阳极扩散层排出，产生的电子经外部电路到达阴极，氢离子则穿过质子交换膜到达阴极。氧气或空气经阴极扩散层到达阴极催化层，在阴极催化剂的作用下，与氢离子和电子发生式（6-5）所示的电化学反应，最终生产反应产物——水。相应的电化学反应如下：

图6-3　直接甲醇燃料电池单体的工作原理图

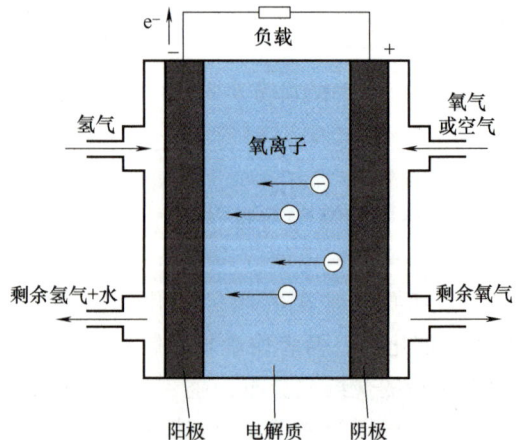

1）阳极反应方程式为

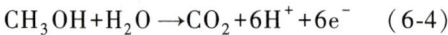

$$CH_3OH+H_2O \rightarrow CO_2+6H^++6e^- \quad (6-4)$$

2）阴极反应方程式为

$$\frac{3}{2}O_2+6H^++6e^- \rightarrow 3H_2O \quad (6-5)$$

3）总反应方程式为

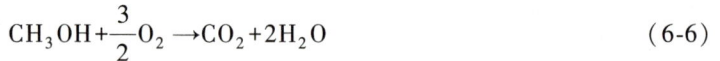

$$CH_3OH+\frac{3}{2}O_2 \rightarrow CO_2+2H_2O \quad (6-6)$$

3. 固体氧化物燃料电池

固体氧化物燃料电池也主要由阳极、阴极和电解质组成。阳极材料多为镍/氧化钇稳定氧化锆（Ni/YSZ）；阴极常采用多孔洞的导电性薄膜，材料多为铂、钯等贵金属，具有传递电子和扩散氧的作用；电解质的材料主要采用氧化钇稳定氧化锆（YSZ），这种材料在高温、氧化和还原环境中，具有良好的化学稳定性、氧离子传导性和高强度的力学性能，其主要功能是传递氧离子。固体氧化物燃料电池具有能量转换效率高，可达65%~80%；使用寿命长，可达60000h；但缺点是工作温度较高，一般为650~1000℃，且启动时间较长，至少需要10min。这种燃料电池不适合车用，目前主要用于热电厂。

固体氧化物燃料电池单体的工作原理如图6-4所示。氧气作为氧化剂，通过气路进入阴极，在阴极和电子发生式（6-8）所示的还原反应，生成氧离子。氧离子通过电解质

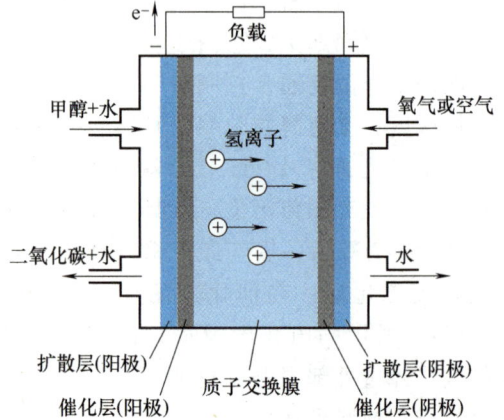

图6-4　固体氧化物燃料电池单体的工作原理图

中的氧空位迁移到阳极，与通入阳极的氢气发生式（6-7）所示的电化学反应，生成水和电子，电子通过外部电路到达阴极，参与阴极的电化学反应，生成物水以蒸气形式排出燃料电池。相应的电化学反应如下：

1）阳极反应方程式为

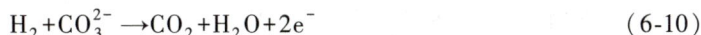

$$O^{2-}+H_2 \rightarrow H_2O+2e^- \tag{6-7}$$

2）阴极反应方程式为

$$O_2+4e^- \rightarrow 2O^{2-} \tag{6-8}$$

3）总反应方程式为

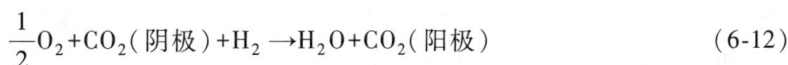

$$O_2+2H_2 \rightarrow 2H_2O \tag{6-9}$$

4. 熔融碳酸盐燃料电池

熔融碳酸盐燃料电池主要由阳极、阴极、电解质和金属板组成。阳极材料主要是多孔镍铝和镍铬合金，阴极材料多为锂化处理后的氧化镍（NiO）；电解质为熔融碱金属（锂、钠、钾）碳酸盐，当温度加热到650℃以上时，该电解质盐会熔化，产生碳酸根离子。熔融碳酸盐燃料电池具有如下特点：①热效率高，总的热效率可以达到80%；②使用非贵金属催化剂可有效降低成本，阳极采用镍铝和镍铬合金，阴极采用氧化镍作为催化剂；③电解液高温下具有腐蚀性；④工作温度过高，一般在600～700℃之间；⑤启动时间较长，至少需要10min才能完成启动。目前，这种燃料电池不适合车用，主要用于发电站。

熔融碳酸盐燃料电池单体的工作过程如图6-5所示。氧气和二氧化碳通过气路进入阴极，在阴极和电子发生式（6-11）所示的还原反应，生成碳酸根离子。碳酸根离子通过熔化的电解质迁移到阳极。氢气通过气路进入阳极，在阳极和碳酸根离子发生式（6-10）所示的氧化反应，生成二氧化碳、水和电子，电子通过外部电路到达阴极，参与阴极的电化学反应，阳极生成物水以蒸气形式排出燃料电池。相应的电化学反应方程式如下：

图 6-5 熔融碳酸盐燃料电池单体的工作原理图

1）阳极反应方程式为

$$H_2+CO_3^{2-} \rightarrow CO_2+H_2O+2e^- \tag{6-10}$$

2）阴极反应方程式为

$$\frac{1}{2}O_2+CO_2+2e^- \rightarrow CO_3^{2-} \tag{6-11}$$

3）总反应方程式为

$$\frac{1}{2}O_2+CO_2(阴极)+H_2 \rightarrow H_2O+CO_2(阳极) \tag{6-12}$$

5. 磷酸燃料电池

磷酸燃料电池也主要由阳极、阴极和电解质组成。磷酸燃料电池的电解质为液态磷酸；阳极的材料主要为碳载铂（Pt/C），阴极的材料也采用碳载铂（Pt/C），两者均以铂作催化

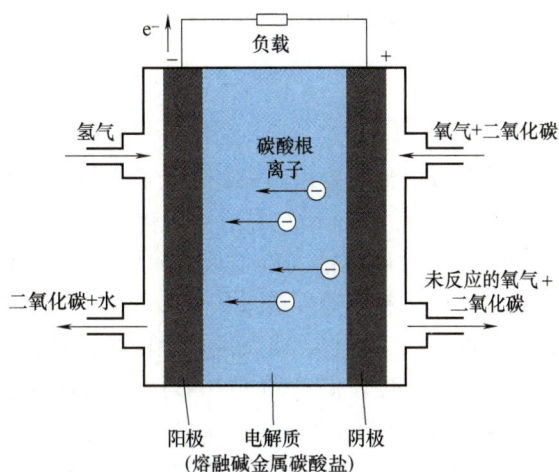

剂。磷酸燃料电池具有如下特点：①对二氧化碳耐受性强、稳定性好；②电解质挥发度低；③启动时间长（大于 10min）；④工作温度较高（150～220℃）。该电池目前主要用于发电站，不适合作为车用燃料电池。

磷酸燃料电池单体的工作原理如图 6-6 所示。氢气通过气路进入阳极，在阳极催化剂的作用下，发生式（6-13）所示的氧化反应，生成氢离子和电子。氢离子通过酸性电解液迁移到阴极，电子通过外部电路移动到阴极。氧气作为氧化剂通过气路进入阴极，在阴极催化剂的作用下，和氢离子、电子发生式（6-14）所示的还原反应，生成水。相应的电化学反应方程式如下：

图 6-6　磷酸燃料电池单体的工作原理图

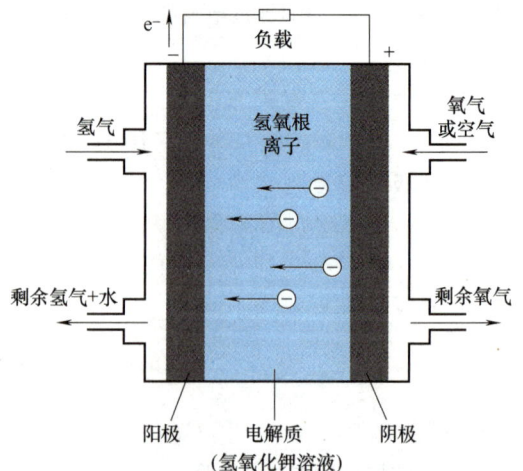

1）阳极反应方程式为

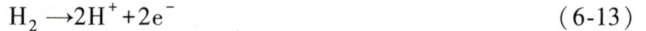

$$H_2 \rightarrow 2H^+ + 2e^- \tag{6-13}$$

2）阴极反应方程式为

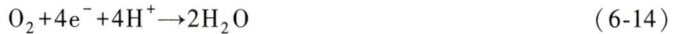

$$O_2 + 4e^- + 4H^+ \rightarrow 2H_2O \tag{6-14}$$

3）总反应方程式为

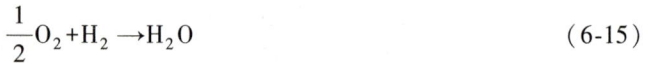

$$\frac{1}{2}O_2 + H_2 \rightarrow H_2O \tag{6-15}$$

6. 碱性燃料电池

碱性燃料电池主要由阳极、阴极和电解质等组成。阴极采用碳载铂（Pt/C）、银（Ag）、银-金（Ag-Au）、镍（Ni）等对氧电化学还原反应有良好催化活性的材料，阳极采用铂-钯/碳（Pt-Pd/C）、碳载铂（Pt/C）、镍（Ni）或硼化镍等对氢电化学氧化反应有良好催化活性的材料。碱性燃料电池一般采用氢氧化钾（KOH）溶液作电解质，用于实现离子在电极间的传递，以氢气为燃料，氧气或脱除微量二氧化碳的空气为氧化剂。碱性燃料电池具有如下特点：①工作温度较低（60～120℃）；②能量转换效率高，最高可达到70%；③电解质腐蚀性高、易受到二氧化碳毒化；④启动时间较长（大于 10min）。该电池目前主要用于发电站，不适合用作车用燃料电池。

碱性燃料电池单体的工作原理如图 6-7 所示。氧气或空气作为氧化剂，通过气路进入阴极，在阴极催化剂的作用下，和水、电子发生式（6-17）所示的电化学反应，生成氢氧根离子。氢氧根离子通过电解质移动到阳极。氢气通过气路通入阳极，与氢氧根离子在阳极上发生式（6-16）所示的氧化反应，生成水和电子，电子通过外部电路移动到阴极，参与阴极的电化学反应。相应的反应方程式如下：

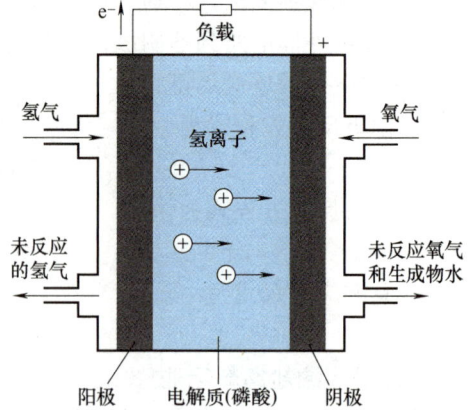

图 6-7　碱性燃料电池单体的工作原理图

1) 阳极反应方程式为

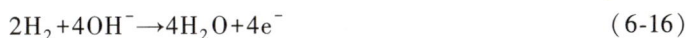

$$2H_2 + 4OH^- \rightarrow 4H_2O + 4e^- \tag{6-16}$$

2) 阴极反应方程式为

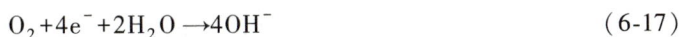

$$O_2 + 4e^- + 2H_2O \rightarrow 4OH^- \tag{6-17}$$

3) 总反应方程式为

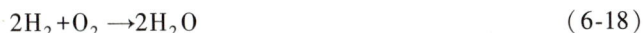

$$2H_2 + O_2 \rightarrow 2H_2O \tag{6-18}$$

以上六种燃料电池的主要性能对比见表6-1。从工作温度、寿命、质量功率密度、体积功率密度、启动时间等角度，质子交换膜燃料电池最适合车用需求。

表6-1 六种燃料电池的主要性能对比表

燃料电池类型	SOFC	DMFC	PAFC	PEMFC	AFC	MCFC
工作温度/℃	650~1000	约100	150~220	70~90	60~120	600~700
寿命/h	60000	30000	15000	100000	30000	13000
质量功率密度 /（W/kg）	15~20	1~10	100~220	300~1000	35~105	30~40
体积功率密度 /（kW/L）	250~350	300~1000	150~300	300~1000	150~400	150~300
启动时间/s	>600	>600	>600	<5	>600	>600

6.1.3 质子交换膜燃料电池

质子交换膜燃料电池结构如图6-8所示，其组成和基本原理已在上文进行了说明，下面重点介绍其催化剂和质子交换膜。

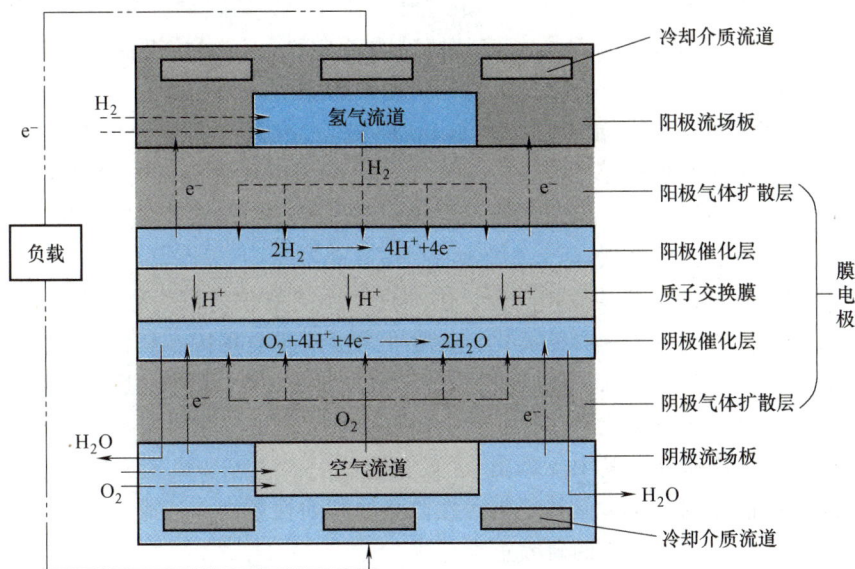

图6-8 质子交换膜燃料电池的结构示意图

1. 催化剂

质子交换膜燃料电池的催化剂可以显著降低化学反应的活化能，使反应更易发生，从而提高反应速率。如图 6-9 所示，质子交换膜燃料电池采用的催化剂主要有铂（Pt）催化剂、低铂（Pt）催化剂和非贵金属催化剂，其中低铂（Pt）催化剂分为铂-过渡金属（Pt-M）合金催化剂、铂核壳催化剂和铂单原子层催化剂。

（1）铂催化剂 铂催化剂是质子交换膜燃料电池常用的催化剂，其中碳载铂（Pt/C）的技术最为成熟。但在燃料电池运行过程中，其催化活性会逐渐衰

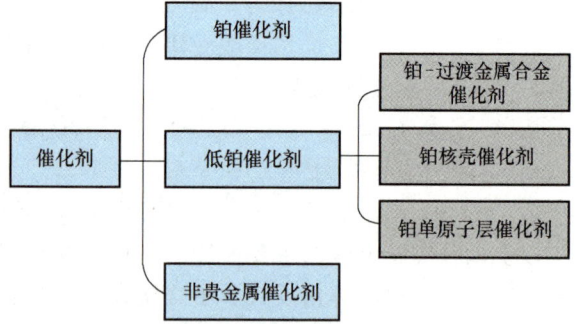

图 6-9　质子交换膜燃料电池催化剂的分类

减。因此，铂催化剂的耐久性是目前需要解决的关键技术问题之一。同时，铂的储量很少，相应的成本问题也是制约其大规模应用的重要因素。针对上述两个问题，高稳定、高活性的新型低铂或非铂催化剂是目前燃料电池催化剂研究的一个重要方向。

（2）铂-过渡金属合金催化剂 铂-过渡金属合金催化剂（Pt-M）基于过渡金属（如铁、钴、镍）对铂的电子效应与几何效应，可有效提高催化剂的稳定性，同时还可提高其质量比活性。这可有效减少铂的用量，从而大幅降低催化剂的成本。例如，铂-钴/碳（Pt-Co/C）、铂-铁/碳（Pt-Fe/C）、铂-镍/碳（Pt-Ni/C）等二元合金催化剂，均具有较好的活性与稳定性。但铂-过渡金属合金催化剂也存在过渡金属溶解的问题，这严重制约了它在燃料电池中的应用，金属溶解不但会降低催化剂活性，还会产生金属离子，导致膜降解。目前，提高铂-过渡金属合金催化剂的稳定性是该类催化剂研究的重点方向之一。

（3）铂核壳催化剂 铂核壳催化剂通过采用非铂材料为支撑核和贵金属为壳的结构，有效降低了铂用量。铂核壳催化剂的成分和结构可根据需求进行调节，这使其在提高催化活性和稳定性方面具备了较大潜力。例如，铂-过渡金属（镍、钴、铜）核壳催化剂和铂-贵金属（钯、金、银）核壳催化剂都具有较好的活性与稳定性。但铂核壳催化剂存在制作工艺复杂且制备成本较高的问题，这是限制其应用的重要因素。

（4）铂单原子层催化剂 铂单原子层催化剂可通过有效提高铂利用率来降低铂用量，同时能有效提高催化剂的氧还原反应性能。例如，以金属氮化物为核的铂单原子层催化剂，具有较高的稳定性及铂利用率。但铂单原子层催化剂也存在制作工艺复杂，制备成本高的问题，这是限制其应用的主要因素。

（5）非贵金属催化剂 不使用铂、金、银等贵金属的催化剂可统称为非贵金属催化剂。其中，过渡金属氧化物、硫化物和氮氧化合物等非贵金属催化剂因在碱性电解液中具有良好的催化活性而被广泛研究，目前需要解决它在高电位酸性环境中存在的腐蚀、溶解和催化稳定性降低等问题。过渡金属碳化物作为非贵金属催化剂，因其在酸性环境下具有良好的催化活性和稳定性而被广泛研究。其中，金属-氮-碳化合物（M-N-C）成为近年来最有发展前景的过渡金属碳化物催化剂之一。但其催化活性位点的确切性质尚未达成一致，进一步提高其催化活性和稳定性是该类催化剂的研究重点。

2. 质子交换膜

质子交换膜（proton exchange membrane，PEM）是一种厚度仅为几十微米的选择透过性薄膜片，它是质子交换膜燃料电池的核心部件。在燃料电池中，质子交换膜主要有两个功能：一是为氢离子（质子）从阳极到阴极的传输提供通道；二是将阳极与阴极之间的其他

物质隔开。质子交换膜性能的好坏会直接影响燃料电池的性能和寿命，以商业化的质子交换膜——全氟磺酸膜为例，其碳氟主链是疏水性的，而侧链部分的磺酸端基（—SO_3H）是亲水性的，故膜内会产生微相分离，当膜在润湿状态下，亲水相会相互聚集，并构成离子簇网络，从而可传导质子。质子交换膜具有化学稳定性好、质子传导率高等优点，但也存在磺化工艺复杂、成本高、对温度和含水量要求高等缺点。其最佳工作温度为 70~90℃，温度过低会导致其欧姆阻抗增大，燃料电池的性能降低；温度过高则会导致其含水量急剧降低，导电性迅速下降，反应速度难以提高，同时会影响其寿命，进而缩短燃料电池的寿命。

质子交换膜的性能优化一直是质子交换膜燃料电池的研究热点，主要涉及提高质子电导率（尤其是在低湿度条件下）、电化学稳定性、机械稳定性，以及热稳定性等方面。车用质子交换膜薄型化已成为相关研究的热点之一，这有助于缩短质子传输距离，降低质子传递阻抗，同时可缩短水传输距离，有助于实现自增湿，避免"膜干"现象，近年来其厚度逐渐从几十微米降至十几微米。另外，提高质子交换膜的工作温度可以降低对燃料电池水管理系统和氢气纯度的要求，所以高温质子交换膜成为一个研究重点。其中，聚苯并咪唑（PBI）基聚合物膜因具有良好的化学性能和热稳定性，而成为高温质子交换膜的研究热点。

3. 气体扩散层

气体扩散层（gas diffusion layer，GDL）主要由支撑层（gas diffusion backing，GDB）和微孔层（microporous layer，MPL）组成。

（1）支撑层　支撑层具有支撑微孔层和稳定膜电极的作用。炭纸因具有良好的导电性，而使其成为目前最常用的支撑层材料。它一般由碳纤维压制而成，同时还具有适当的孔隙率、良好的化学稳定性和热稳定性。适当的孔隙率有利于将氢气或氧气传输到催化层，良好的化学稳定性和热稳定性则有助于获得较长的使用寿命。

（2）微孔层　微孔层通常指支撑层上的炭粉层，厚度为 10~100μm，其主要作用是改善基底层的孔隙结构，以使反应气体可快速通过扩散层均匀分布到催化层表面；同时可降低支撑层和催化层之间的接触电阻，并及时排走反应生成的水，以防止大量的水聚集在催化层，进而避免降低催化层的活性。微孔层的气体扩散通道为经过憎水剂处理的憎水孔道，聚四氟乙烯（PTFE）是常用的憎水剂，而水的传递通道常为未经憎水剂处理的亲水孔道。

4. 双极板

双极板（bipolar plate，BP）的作用是传导电子、分隔反应气体并为排水提供通道，这就要求双极板材料是电与热的良导体、具有一定的强度以及气体致密性等。一般要求双极板在燃料电池工作环境下（pH = 2~3、电位约为 1.1V、温度约为 80℃），应具有较好的耐腐蚀性；同时要求双极板材料要易于加工且成本低廉。燃料电池常采用的双极板材料主要有石墨碳板、金属双极板和复合材料双极板三类。

1）石墨是出现最早也是最常用的双极板材料。石墨双极板虽然存在气密性差、脆性较大、难以加工成型和成本较高等缺点，但由于它具有耐腐蚀性强、导电导热良好等优点，是目前最常用的双极板，其制造工艺已基本成熟。

2）与石墨双极板相比，金属双极板具有更好的导电、导热和机械加工性能，以及更大的功率密度。但纯金属双极板存在易腐蚀的问题，这会严重影响燃料电池的输出功率和寿命。实际应用中，通常需要通过涂层实现金属板表面改性，从而有效提高金属双极板的导电性和耐腐蚀性，进而大幅提高燃料电池的使用寿命；但目前存在涂层制备工艺复杂和贵金属涂层材料（金、银或铂）成本较高的问题。因此，降低成本、简化工艺、提高涂层寿命是金属双极板需要解决的难题。

3）复合材料双极板具有可设计性强、性能稳定等优点，理论上可以解决石墨双极板存在的力学性能差、加工难、成本高等问题，同时也能解决金属双极板具有的耐蚀性差等问题，是目前质子交换膜燃料电池双极板的研究重点之一。复合材料双极板可分为聚合物/石墨导电填料复合双极板和聚合物/其他碳基导电填料（如炭黑、碳纤维、碳纳米管、石墨烯等材料）复合双极板。燃料电池复合材料双极板在国内还处于试验探索阶段。

6.1.4　甲醇燃料电池

我国能源结构具有"富煤、少气、贫油"的特点，从 2019 年开始，石油对外依存度超过 70%，这严重影响了国家的能源安全。在双碳目标下，能源变革已成为大势所趋。甲醇作为一种性价比高且清洁的燃料，因能显著降低碳排放，而成为实现碳中和的重要技术路径之一。我国作为全球最大的甲醇生产国和使用国，甲醇资源丰富，发展甲醇经济有助于推进能源结构变革和保障国家能源安全，甲醇燃料电池也因此成为燃料电池研究的重要方向之一。甲醇燃料电池可分为直接甲醇燃料电池和甲醇重整制氢燃料电池。

1. 直接甲醇燃料电池

直接甲醇燃料电池的组成和基本原理已在前文进行了说明，下面重点介绍其催化剂和质子交换膜。

（1）催化剂　与质子交换膜燃料电池类似，直接甲醇燃料电池的催化剂主要分为铂基催化剂和非铂基催化剂两大类。需要重点考虑如下两个问题：一是，直接甲醇燃料电池阳极生成的中间产物，对阳极催化剂的毒害作用；二是，透过质子交换膜渗透到阴极的甲醇，对阴极催化剂产生的影响。

1）铂基催化剂。铂基催化剂是对阳极甲醇氧化反应（methanol oxidation reaction，MOR）和阴极氧气还原反应（oxygen reduction reaction，ORR）最有效的催化剂。在直接甲醇燃料电池工作时，铂基催化剂容易中毒，这是因为甲醇在阳极氧化反应过程中，会生成一氧化碳、甲醛和甲酸等含碳的中间产物，这些中间产物会吸附在催化剂的表面而占据活性位点，从而使得催化反应难以进行，最终导致催化剂中毒。为了有效提高铂基催化剂的抗毒性能，可将其他金属掺杂到铂中，以制得铂基合金催化剂。其中，铂钌（PtRu）催化剂是目前催化活性最理想的二元铂基合金阳极催化剂。但钌是贵金属且储量比铂更少，这也限制了铂钌合金催化剂在直接甲醇燃料电池中的应用。目前，为了进一步提高催化剂的催化活性，并减少贵金属的用量，可在二元铂基催化剂的基础上添加其他金属，以得到三元合金催化剂。例如，铂钌铁合金催化剂可有效降低 CO 在铂上的吸附，从而提高铂的甲醇氧化反应催化效率。

商用的阴极催化剂为碳载铂（Pt/C），它对氧气还原反应有很好的催化活性，但也同时对甲醇的氧化反应有很好的催化活性。由于部分甲醇会从阳极透过质子交换膜进入阴极，这就会导致如下问题：一是，在碳载铂（Pt/C）催化剂的作用下，渗透到阴极的甲醇会发生氧化反应，从而在阴极产生质子和电子，形成混合电势；二是，渗透到阴极的甲醇会同时发生氧化反应，生成一氧化碳、甲醛和甲酸等含碳中间产物，从而毒化碳载铂（Pt/C）催化剂，导致氧气还原反应速率下降。上述两个问题均会导致燃料电池的反应效率和输出功率大幅降低。相应的，解决甲醇渗透影响的途径主要有两个：一是，使用抗甲醇氧化的高选择性催化剂，以防止甲醇在阴极发生氧化反应，但这种方式并不能彻底解决甲醇渗透到阴极的问题；二是，使用低甲醇透过率的质子交换膜。目前，在直接甲醇燃料电池阴极催化剂方面，开发载铂量更低、甲醇耐受性更好及抗甲醇氧化的高选择性铂基催化剂，是相关研究的重要方向。

2）非铂基催化剂。通过在铂上掺杂其他金属制成多元催化剂，虽可有效改善催化剂的活性和铂用量，但依然无法满足直接甲醇燃料电池商业化对降低燃料电池成本的要求，这促使非铂基催化剂成为甲醇氧化反应催化剂的研究重点之一。目前，非铂基阳极催化剂主要有非铂金属及其合金［如钯（Pd）基金属合金］、金属碳化物、钙钛矿类氧化物、金属有机骨架材料（MOF）及其衍生物等。

（2）质子交换膜 直接甲醇燃料电池用质子交换膜要求离子导电性高、甲醇透过性低。如果将 Nafion 系列的全氟磺酸膜直接用于直接甲醇燃料电池，会带来如下问题：甲醇会从膜的阳极侧迁移至阴极侧，在阴极发生甲醇的氧化反应，从而导致在阴极产生混合电势，这会直接降低直接甲醇燃料电池的开路电压，增加阴极极化和燃料的消耗，进而降低直接甲醇燃料电池的能量转换效率。通常，可以通过如下途径来改善 Nafion 膜的性能，以适应直接甲醇燃料电池的使用要求：一是，在 Nafion 膜的基础上掺杂修饰离子、修饰原子（如钯）；二是，通过覆盖其他膜制成复合膜，如磺化聚醚醚酮-Nafion 膜。目前，具有良好热稳定性、低甲醇渗透性、高质子传导性和低成本的阻醇膜成为直接甲醇燃料电池的研究热点之一。

2. 甲醇重整制氢燃料电池

甲醇重整制氢燃料电池是在质子交换膜燃料电池的基础上，集成重整制氢环节，从而得到的一种新型燃料电池。其发电部分与质子交换膜燃料电池相同，不同点主要在于甲醇重整制氢环节。甲醇重整制氢的方式主要有：甲醇水蒸气重整制氢、甲醇部分氧化重整制氢和甲醇自热重整制氢。与其他两种方式相比，甲醇水蒸气重整制氢具有氢气产量高、杂质气体少、成本低、工艺操作简单等优点，燃料电池汽车用的甲醇重整制氢多采用该种方案。

如图 6-10 所示，车用甲醇水蒸气重整制氢系统主要由重整室、燃烧室、蒸发器、压缩机、冷却系统、净化装置和储氢罐等部件构成。重整室是甲醇重整反应的场所；燃烧室用于为甲醇重整反应提供所需的热量；蒸发器用于将液态甲醇气化，形成一定比例的原料气；压缩机用于压缩氢气，以增大储氢罐的储氢量；冷却系统用于冷却压缩后的氢气，以保证装置的安全；储氢罐用于存储生成的氢气；净化装置用于降低气体中的一氧化碳含量，以防止燃料电池中毒。

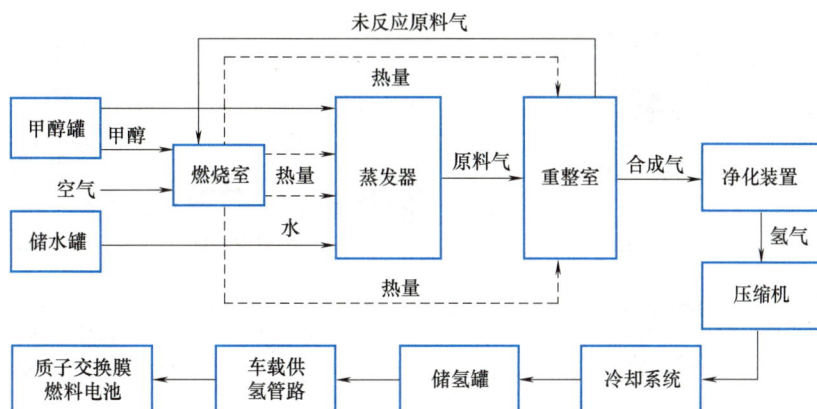

图 6-10 车用甲醇水蒸气重整制氢的工作原理图

车用甲醇水蒸气重整制氢过程：将甲醇罐中的一部分甲醇喷入燃烧室，在与空气混合后，通过点火燃烧产生热量；热量通过蒸气传递给蒸发器，以将来自甲醇罐的甲醇和来自储水罐的水气化，从而形成一定比例的原料气，并输入到重整室；进入重整室的原料气在一定温度（250~300℃）、压力和催化剂的作用下发生甲醇水蒸气重整反应，生成含有一氧化碳的富氢合成气；随后将合成气输入到净化装置中，去除其中的一氧化碳等有害气体，以防止一氧化碳毒害质子交换膜燃料电池的催化剂，最终得到满足国标（GB/T 37244—2018）要求的氢气；制得的氢气通过压缩机加压和冷却系统冷却后，输入到储氢罐中，储氢罐中的高压氢气经车载供氢管路供给质子交换膜燃料电池。

综上所述，甲醇重整制氢燃料电池因具有催化重整反应温度较低、甲醇能量密度较高、甲醇资源丰富、便于车载等优势，而成为目前车用燃料电池的主流方案之一。直接甲醇燃料电池则因存在常温下催化速率较慢、贵金属催化剂易被 CO 类中间产物毒化、电流密度低、甲醇从阳极到阴极的渗透率较高等问题，影响了它在燃料电池电动汽车中的应用。但从长远的发展来看，随着低甲醇渗透性、高质子传导性和低成本阻醇膜的不断发展，直接甲醇燃料电池也有可能成为理想的车用燃料电池。

6.1.5　燃料电池系统

与动力蓄电池类似，燃料电池单体在额定工作条件下的输出电压在 0.7V 左右，这是无法满足整车驱动需求的。因此在实际应用中，需要通过单体的串并联来组成燃料电池堆，以满足燃料电池电动汽车对功率和电压的需求。要保证燃料电池堆的正常工作，就必须使各电池单体的进气、排水、温度、湿度等性能参数满足前文所述的相关要求，因此需要设置氢气循环系统、空气循环系统、水/热管理系统和电控系统等装置。典型的燃料电池系统原理如图 6-11 所示。

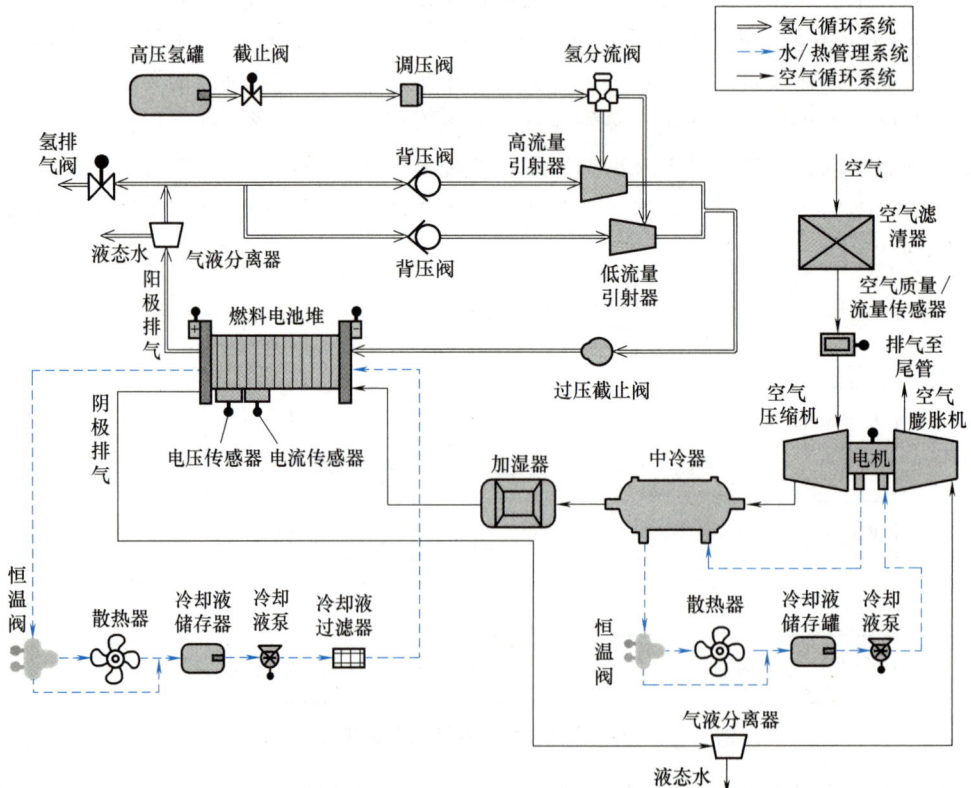

图 6-11　典型的燃料电池系统原理图

（1）**燃料电池堆** 燃料电池堆（又称电堆）是燃料电池系统（或燃料电池发动机）的核心部分。燃料电池单体主要由阳极板、阴极板和膜电极组成，如图6-12所示。膜电极位于阴极板和阳极板之间，主要包括质子交换膜、催化层和气体扩散层。阴极板朝向和背向膜电极的一侧分别设有氢气流道和冷却水流道，阳极板朝向膜电极的一侧设有氧气流道。燃料电池堆由多片电池单体叠压而成，在燃料电池堆的两端分别设有前端板和后端板，燃料电池堆最右端的阳极板与前端板之间设有前端集流板，燃料电池堆最左端的阴极板与后端板之间设有后端集流板。燃料电池堆工作时，氢气经燃料电池堆氢气主通道分配至各单体阴极板上的氢气流道，氧气则经燃料电池堆氧气主通道分配至各单体阳极板上的氧气通道，氢气和氧气在催化层的作用下发生电化学反应，产生电子，电子经前端集流板收集后，经外部电路迁移到后端集流板，从而为外部负载提供电流。

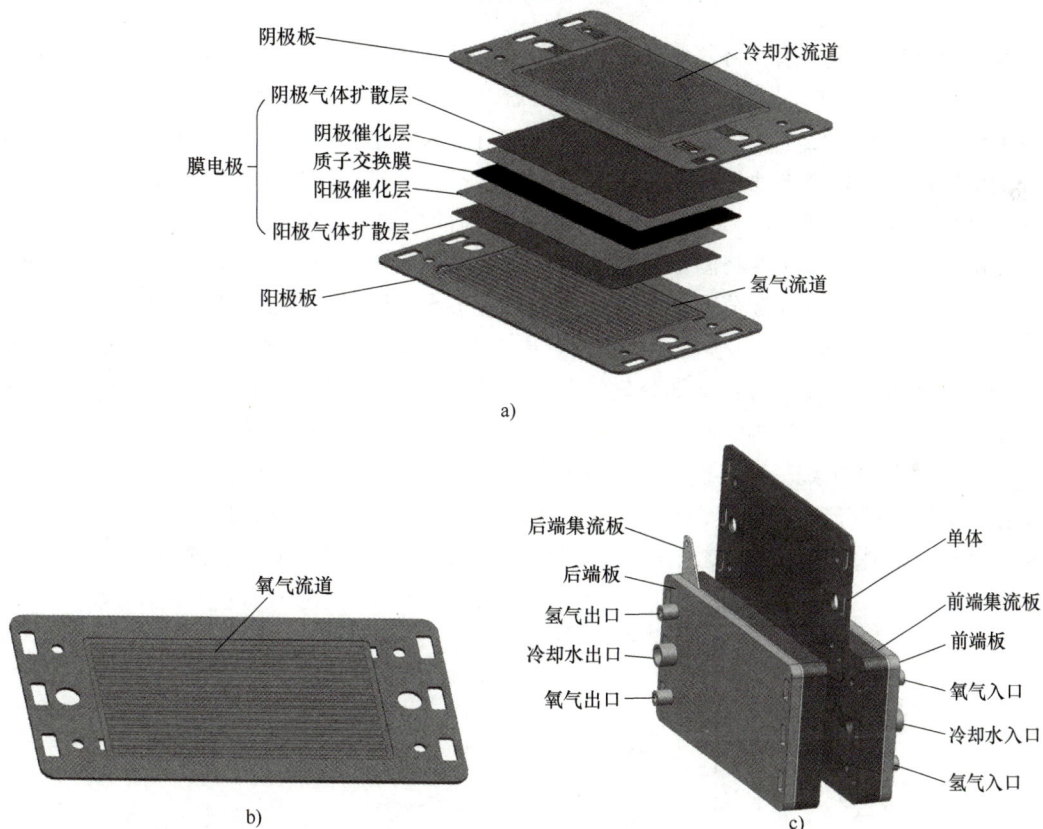

图 6-12 燃料电池堆结构
a）质子交换膜燃料电池单体爆炸图 b）阴极板朝向质子交换膜的一侧 c）电堆

（2）**氢气循环系统** 氢气循环系统工作原理如图6-13所示。氢气循环系统由高压氢罐、截止阀、调压阀、氢分流阀、高流量引射器、低流量引射器、气液分离器、背压阀、过压截止阀和氢排气阀等组成。

氢气循环系统的作用主要有两个：一是，根据燃料电池电动汽车的功率需求，通过调压阀、截止阀、气液分离器、背压阀和高/低流量引射器等装置，为燃料电池堆提供适量氢气；二是，将燃料电池堆内由阴极扩散到阳极的水及时排出，以保证质子交换膜的湿度，并防止阳极被水淹掉，从而保证燃料电池系统的稳定运行。氢气循环系统的工作过程为：高压氢罐

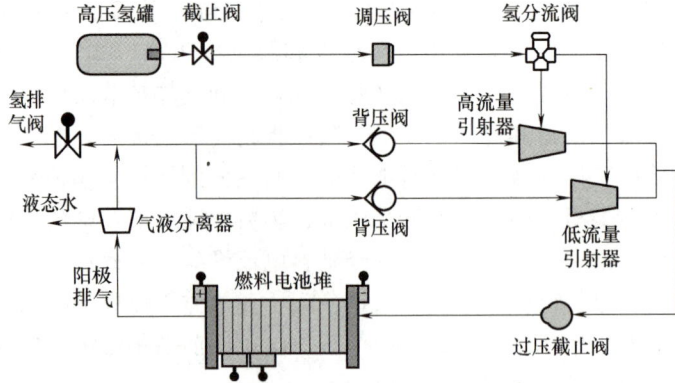

图 6-13 氢气循环系统工作原理图

中的高压氢气经过调压阀，将氢气压力减小到 1.0~1.5MPa，到达氢分流阀；控制系统根据燃料电池需求功率，控制氢分流阀的开度；当需求功率较高时，氢分流阀控制氢气流经高流量引射器，为燃料电池堆提供较大流量的氢气；当需求功率较低时，氢分流阀控制氢气流经低流量引射器，为燃料电池堆提供较小流量的氢气；为了避免因氢气压力过高而损坏质子交换膜等部件，在高/低流量引射器与燃料电池堆之间的气路上，设置过压截止阀，当氢气压力超过限值时，过压截止阀将阻断氢气流向燃料电池堆阳极。未参与反应的氢气通过阳极上的氢气流道排出，经过气液分离器除去排气中的液态水；同时，为提高氢气的利用率，在阳极排气管路与高/低流量氢引射器之间各设置一个背压阀；当排出的氢气压力超过背压阀阈值但未达到氢排气阀阈值时，这部分氢气会通过高/低流量氢引射器重新进入氢气循环系统；当排出的氢气压力高于氢排气阀的阈值时，氢气则经氢排气阀排到大气中。

（3）空气循环系统 空气循环系统的工作原理如图 6-14 所示。空气循环系统主要由空气滤清器、空气质量/流量传感器、空压机、中冷器、加湿器和气液分离器等组成，其主要作用是根据整车对燃料电池的功率需求为电堆提供适量的氧气/空气，并对空气进行润湿处理。

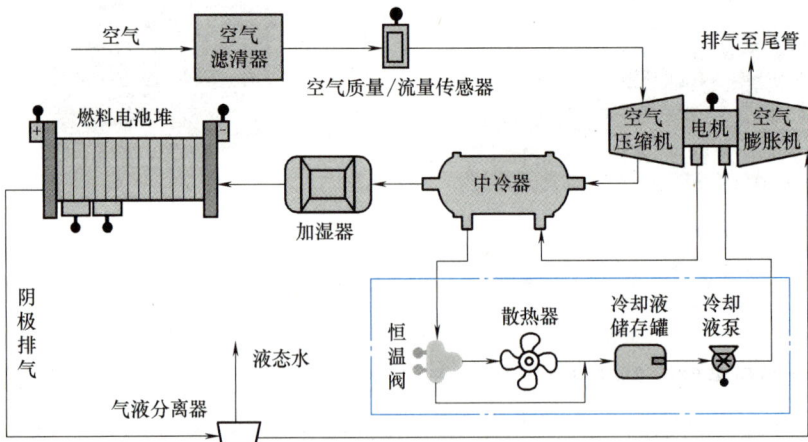

图 6-14 空气循环系统工作原理图

空气循环系统的工作过程为：空气首先进入空气滤清器，滤去其中的微小固态颗粒物（如 PM2.5）、杂质气体（如二氧化硫）等；然后经空气质量/流量传感器输入空气压缩机，空气质量/流量传感器用于测量空气的质量和流量，并将其传给燃料电池控制系统；空压机用于提高空气压力，以有效增大燃料电池的功率密度，空压机由空气压缩机和空气膨胀机组成，气体流向一路是，外界空气经空气质量/流量传感器、空气压缩机，输入到中冷器中，其主要作用是压缩空气；另一路是，未参与反应的空气经气液分离器、空气膨胀器排放到大气中；经空气压缩机加压后的空气温度会升高，为此需要将其输入到中冷器，以对压缩空气进行降温，提高燃料电池的安全性；经中冷器冷却后的空气，会被输入加湿器，经加湿后，最终输入燃料电池堆。加湿器用于对干燥空气进行加湿，以使质子交换膜含水率保持在最佳状态，这可有效提高燃料电池的性能。阴极排出的尾气通过气液分离器后，由空气膨胀机排出到尾管中；气液分离器的作用是分离阴极排气中的液态水，以避免堵塞空气膨胀机；由于阴极排气的压力一般比外界大气压力高，空气膨胀机可利用该压力差减少空气压缩机的能耗。目前，空压机主要有螺杆式空压机、涡轮式空压机和离心式空压机三种。其中，离心式空压机因在气体压缩密度、效率、噪声等方面的综合效果最好，而成为主流方案；螺杆式空压机的质量与噪声较大；涡轮式空压机的效率、密度均比离心式空压机低。

（4）水/热管理系统　膜干和水淹问题是影响质子交换膜燃料电池正常工作和寿命的两大关键因素，为此，燃料电池中必须设置水/热管理系统。水/热管理系统包括两个系统；一个是燃料电池堆的水/热管理系统，另一个是空气循环系统的水/热管理系统。燃料电池堆的水/热管理系统由恒温阀、散热器、冷却液储存罐、冷却液泵和冷却液过滤器等组成，如图6-15所示。

空气循环系统的水/热管理系统，由恒温阀、散热器、冷却液储存罐和冷却液泵等组成，如图6-14中点划线处。其主要作用是对通过中冷器的压缩空气进行降温。

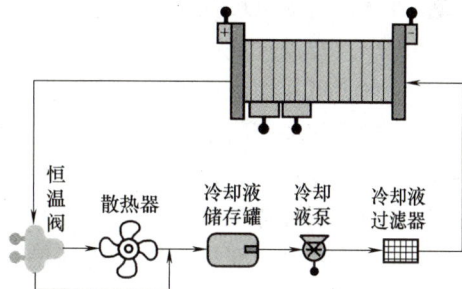

图6-15　燃料电池堆的水/热管理系统

燃料电池堆的水/热管理系统主要用于将燃料电池堆的工作温度维持在70~90℃；如果温度过高，质子交换膜会出现脱水现象，从而使其导电率下降，进而影响电堆的正常工作，同时也会影响电堆的使用寿命和系统安全性；而如果温度过低，则会导致电堆里面的催化剂失活。燃料电池堆的水/热管理系统包括两个循环：当燃料电池堆温度达到恒温阀的设定阈值时，冷却液会经散热器流至冷却液储存罐；散热器用于给电堆降温，这是因为燃料电池堆在工作过程中会产生大量热量，使燃料电池堆温度快速升高，为了避免温度过高对燃料电池堆的损害，需要使用散热器带走燃料电池堆的绝大部分热量，以使燃料电池堆温度维持在70~90℃。冷却液储存罐用于存储冷却液。冷却液泵用于将冷却液从冷却液储存罐中泵出，并驱动冷却液在水/热管理系统中流动；冷却液经过冷却液过滤器，会再次流至电堆，形成一个完整的循环。冷却液过滤器用于去除冷却液中的杂质，以避免堵塞水/热管理系统。当燃料电池堆温度未达到恒温阀设置的阈值时，冷却液则会直接经过冷却液罐、冷却液泵和冷却液过滤器，流至燃料电池堆。空气循环系统水/热管理系统的原理与燃料电池堆水/热管理系统的类似，其目的是对空气压缩机和压缩空气进行降温。

水管理对质子交换膜燃料电池至关重要，水管理不当会导致燃料电池发生膜干或水淹，进而引起燃料电池性能和耐久性的下降；水管理需要考虑电流密度、反应气湿度、反应气温度/流量和工作温度等因素，具体如下：

1）电流密度。当电流密度较小时，穿过膜的水净流量较小，膜易被加热后的反应气吹干。当电流密度增大后，燃料电池产水量增大，穿过膜的水净流量增加，电渗系数增大，水的迁移率增大；此时，若阴极侧排水不及时，则会导致阴极侧水淹问题。

2）反应气湿度。对于燃料电池阳极进气，进气湿度越小，阳极侧的水含量就越小，阳极侧膜会更易发生膜干现象。对于燃料电池阴极进气，当电流密度较小时，进气湿度越大，水的扩散效果越好，质子导电性越好，就越有利于提高燃料电池的性能；在电流密度较大时，由于阴极反应会产生水，这容易造成阴极含水量增加，甚至引起水淹，所以此时的进气湿度应小一些。

3）反应气温度和流量。反应气温度升高会导致燃料电池内部饱和蒸气压升高，这会促进水的汽化，影响水的扩散和补给；反应气温度升高或流量增大，电极入口处的膜就越容易被吹干，燃料电池的内阻会相应增大，进而导致燃料电池性能降低。

4）工作温度。工作温度升高会加快膜中水的蒸发速度。若阴极生成的水经过浓差扩散到阳极，它和阳极反应气湿度带来的水不足以补偿阳极缺水，则会造成阳极侧膜干，增大质子在膜中的传输阻力，降低燃料电池性能。

对于质子交换膜燃料电池，为了维持质子交换膜的含水量，可以通过气体增湿系统、流道优化设计、对膜电极优化设计等手段来实现这一目标。其中，气体增湿系统可根据燃料电池电动汽车运行需求控制加湿器，来获得所需气体的湿度。目前，广泛应用的流道为蛇形流道，其优点是可在电极中引起强烈对流，将反应气体带到催化层进行电化学反应，并从反应部位和电极中除去产物水；其缺点是反应物流路相对较长，大尺寸燃料电池能耗较大。为此可对其进行优化设计，最大限度地减少附加损失。在膜电极优化方面，质子交换膜的薄型化是近年来的发展趋势，薄型化可以缩短水从阴极扩散到阳极的距离，降低对阳极增湿的需求，还可以降低膜的欧姆损耗，提高燃料电池的工作性能；气体扩散层可使用聚四氟乙烯（疏水剂）处理，以改变其润湿特性，更好地排出水分；另外，还可在催化层和气体扩散层之间添加亚微孔层，以提高压力，通过压力将水从气体扩散层排出到阴极流道。

6.2 氢气的制备及储存

6.2.1 制氢

如图6-16所示，氢气的制备方法主要有化石能源制氢、工业副产气制氢和可再生能源制氢三种。其中，化石能源制氢主要有煤制氢、天然气制氢、石油制氢等；工业副产气制氢主要有氯碱工业副产气制氢、焦炉煤气副产气制氢、轻烃裂解副产气制氢等；可再生能源制氢主要有电解水制氢、醇类制氢、太阳能制氢等。

1. 化石能源制氢

目前，国内外的主流制氢方式均是化石能源制氢。国外以天然气制氢为主，约占75%；我国

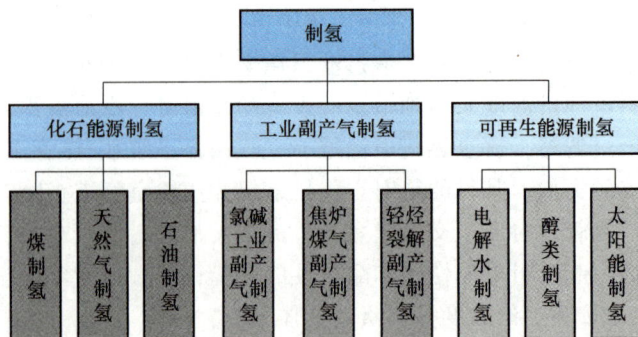

图6-16 氢气制备方法

以煤制氢为主，约占 60%，可再生能源制氢占比不足 1%。

（1）煤制氢　煤制氢是工业大规模制氢的主流方式之一，其具体流程如图 6-17 所示。首先煤炭经过高温气化得到以氢气和一氧化碳为主要成分的合成气；然后经过净化脱去合成气中的含硫气体，通过 CO 变换，使合成气中的一氧化碳与水蒸气反应生成氢气和二氧化碳；最后通过变压吸附技术对生成的氢气进行提纯。

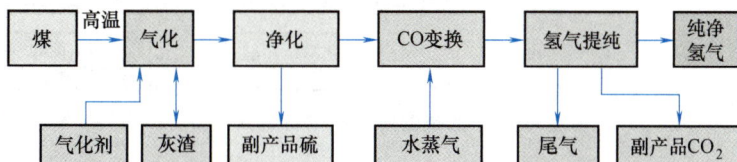

图 6-17　煤制氢的流程图

煤制氢具有技术路线成熟且成本低的优点，特别适合大规模制氢。我国煤制氢的成本远低于天然气和甲醇制氢，仅为 8 ~ 12 元/kg，但是煤制氢过程中会产生大量的二氧化碳，这会从一定程度上影响我国双碳目标的达成；并且由这种方法制得的氢气纯度较低，要用于燃料电池电动汽车需要进一步提纯。

（2）天然气制氢　天然气制氢也是一种适合工业大规模制氢的方式，按照原理可分为蒸气重整制氢、高温裂解制氢、部分氧化重整制氢和自热重整制氢。天然气蒸气重整制氢是其中最成熟的方式，被广泛用于氢气的工业生产，下面以这种方式为例介绍天然气制氢的流程。

天然气蒸气重整制氢的过程如图 6-18 所示。为避免腐蚀反应装置，首先通过增压、预热和脱硫操作，除去天然气中的含硫物质；然后将脱硫后的天然气通入蒸气转化装置，在镍催化剂的作用下，通过烃类物质与氧化剂水蒸气的化学反应，得到氢气和一氧化碳；随后将上述混合气体通入一氧化碳变换装置，在催化剂的作用下，反应生成二氧化碳和氢气；最终在氢气提纯装置中，通过变压吸附技术得到纯净的氢气。

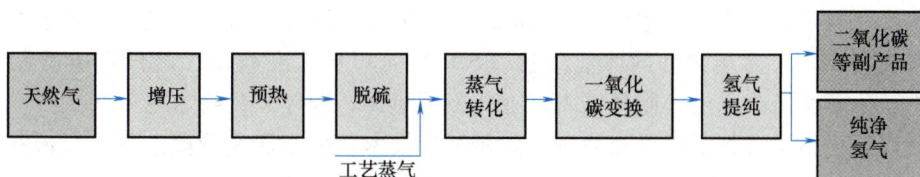

图 6-18　天然气蒸气重整制氢流程图

天然气制氢技术在国外得到了大规模应用，相关技术已经成熟，但是天然气的原料成本达到了总成本的 70% 以上，我国应用较少。

2. 工业副产气制氢

与其他制氢方式相比，工业副产气制氢在制氢成本和减排方面有显著优势，这也是我国氢气的另一重要来源。目前，用于制氢的工业副产气主要有氯碱工业副产气和焦炉煤气副产气。

（1）氯碱工业副产气制氢　氯碱工业副产气制氢是以卤水为原料，采用离子膜或者石棉隔膜电解槽生产烧碱和氯气，同时得到氢气（副产品）的工艺方法。氯碱工业副产气制氢工艺流程如图 6-19 所示，首先对卤水进行除杂处理，除杂的目的是除去钙镁离子、天然有机物及水不溶物等杂质，得到饱和食盐水；随后通入电解槽，在直流电的作用下，食盐水发生电解反应，在阳极生成氯气，阴极产生氢气和氢氧化钠；最后通过变压吸附工艺对氢气进行提纯，再经过干燥处理，最终可得到纯度大于等于99%的氢气。

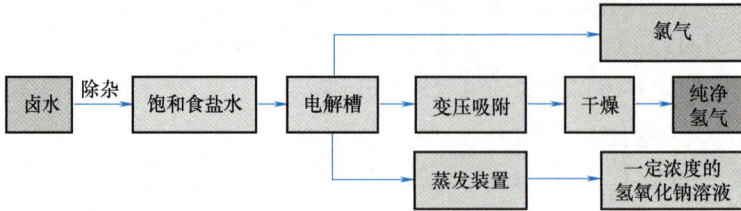

图 6-19　氯碱工业副产气制氢流程图

（2）焦炉煤气副产气制氢　焦炉煤气副产气中的氢气含量占 50%～80%，焦炉煤气副产气制氢工艺流程如图 6-20 所示。首先对焦炉煤气进行脱萘、压缩、预净化处理。其中，脱萘用于将焦炉煤气中大部分的萘、硫、氨及焦油脱除，以保证压缩操作可以正常进行；压缩和预净化用于进一步脱除其中的烷烃、芳烃、硫化物、氮化物、氨、焦油等，以得到符合变温吸附和变压吸附要求的原料气。然后通入变温吸附装置，除去其中的烃类及高沸点的气体杂质。随后通过变压吸附装置除去氧气以外的所有杂质。最后通过脱氧干燥工艺除去氧气，最终可得到纯度大于等于 99.999% 的高纯度氢气。目前，焦炉煤气制氢已得到推广，大规模的氢气提纯成本约 3～5 元/kg，总成本为 8～14 元/kg，该方法在价格方面比较有优势。

图 6-20　焦炉煤气副产气制氢工艺流程图

3. 可再生能源制氢

（1）电解水制氢　在通电条件下，水可分解为氢气和氧气，相应的化学反应方程式为

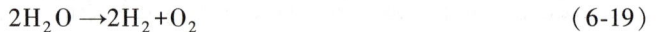

$$2H_2O \rightarrow 2H_2 + O_2 \tag{6-19}$$

电解水制氢主要分为碱性水电解（AWE）、质子交换膜（PEM）水电解、固体聚合物阴离子交换膜（AEM）水电解和固体氧化物（SOE）水电解。在我国，碱性水电解制氢技术较为成熟，质子交换膜水电解制氢技术产业化发展迅速，固体氧化物水电解制氢技术处于初期示范阶段，固体聚合物阴离子交换膜水电解制氢技术还处于研究阶段。下面以碱性水电解（AWE）制氢和质子交换膜（PEM）水电解制氢为例，对其工作原理和特点进行介绍。

1）碱性水电解制氢。碱性水电解制氢的工作原理是：通过电极将电流通入盛有碱性电解质的电解槽中，使水和电子在阴极发生式（6-20）所示的还原反应，产生氢气和氢氧根离子，其中的电子由阳极反应产生，并通过外部电路移动到阴极；同时，氢氧根离子会通过碱性水溶液移动到阳极，并发生式（6-21）所示的氧化反应，生成电子、氧气和水。目前，常用氢氧化钾作电解质，以石棉为隔膜，以镍-钴（Ni-Co）等合金材料作电极。隔膜主要用来防止阴阳极导通，同时用于隔开生成的气体；电极是电化学反应的场所，镍-钴（Ni-Co）等合金材料同时可起催化作用。碱性水电解制氢的效率通常为 70%～80%，是目前应用最广泛的电解制氢技术。碱性水电解制氢相应的化学反应式如下：

阴极反应方程式为

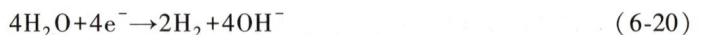

$$4H_2O + 4e^- \rightarrow 2H_2 + 4OH^- \tag{6-20}$$

阳极反应方程式为

$$4OH^- \rightarrow O_2 + 2H_2O + 4e^- \tag{6-21}$$

碱性水电解制氢具有技术成熟、耐用和成本低等优点，但也存在如下缺点：电解质为强碱溶液，生产或使用过程中若发生泄露，容易污染环境；隔膜由具有致癌风险的石棉材料制成；制得的氢气必须进行脱碱处理；无法快速调节制氢速度。

2）质子交换膜水电解制氢。从电化学反应的角度，质子交换膜水电解制氢相当于质子交换膜燃料电池的逆过程，其工作原理为：将电流通过电极通入质子交换膜电解槽，使水在阳极催化剂的作用下发生式（6-22）所示的析氧反应，生成电子、氧气和氢离子（质子）；氢离子穿过质子交换膜到达阴极，并和电子在阴极催化剂的作用下发生式（6-23）所示的析氢反应，以得到氢气。质子交换膜的作用是将氢离子从阳极传递到阴极，并隔绝质子交换膜两侧的气体。电极为电化学反应提供反应场所，包括阳极电极和阴极电极，阴极电极主要采用铂基催化剂，阳极电极主要采用铱或钌基催化剂。质子交换膜水电解制氢相应的化学反应式如下：

阳极反应方程式为

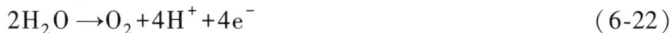

$$2H_2O \rightarrow O_2 + 4H^+ + 4e^- \tag{6-22}$$

阴极反应方程式为

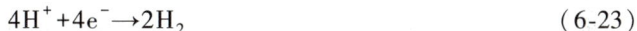

$$4H^+ + 4e^- \rightarrow 2H_2 \tag{6-23}$$

质子交换膜水电解制氢具有效率高（可达到85%）、产物纯度高（大于99.99%）和对功率波动响应速度快等优点，但其电极上的催化剂需要使用贵金属（如铂）材料，这导致质子交换膜电解槽成本较高。

（2）醇类制氢 醇类制氢按照制氢原料的不同可分为甲醇制氢和乙醇制氢，两者原理相同，且乙醇制氢是在甲醇制氢基础上发展而来的，下面以甲醇制氢为例介绍相应的制氢过程。甲醇制氢主要有甲醇裂解制氢和甲醇水蒸气重整制氢两种方式。

1）甲醇裂解制氢。甲醇裂解制氢是在一定温度、压力和催化剂的作用下，使甲醇和水发生裂解反应，生成氢气、二氧化碳等产物的过程，其流程如图6-21所示。首先将甲醇和脱盐水通入气化加热器生成气态原料气；气态原料气被送至转换器中，在一定温度、压力和催化剂的作用下，发生气相催化裂解反应，生成含有氢气和二氧化碳的转化气；转化气经过换热器和冷凝器后恢复常温，使未转化的甲醇和水蒸气恢复液态；恢复液态的甲醇和水经净化塔返回气化加热器，随后对净化后的转化气进行变压吸附操作，最终得到纯净氢气。

甲醇裂解制氢具有工艺简单、制得氢气纯度高等优点，但缺点是裂解反应要求的温度较高（大于800℃），耗能较大。

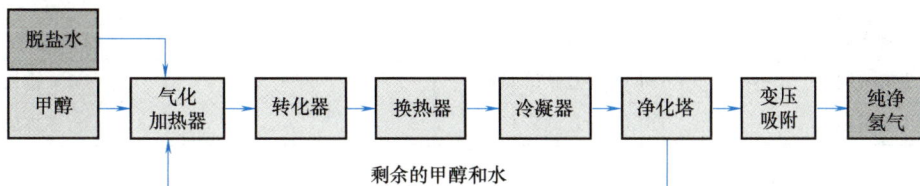

图 6-21 甲醇裂解制氢的流程图

2）甲醇水蒸气重整制氢。甲醇水蒸气重整制氢是在一定温度、压力和催化剂作用下，通过使甲醇发生蒸气重整反应来制取氢气的过程，常用催化剂主要有铜系、铬-锌系和贵金属系（主要是钯和铂）催化剂，相应的流程如图6-22所示。首先把甲醇和脱盐水按一定比例在进料罐内均匀混合，经进料泵加压到一定压力后送入换热器进行预热；然后将预热到一定温度的甲醇水溶液送至气化器，气化后的原料气被送入反应器，并使其在催化剂的作用下发生催化裂解和变换反应，生成含氢气、一氧化碳、二氧化碳等成分的转化气；转化气依次经过换热器、冷凝器两次冷却后进入净化塔，转化气中的甲醇和水经冷却重新变为液态并返回进料罐；随后对净化后的转化气进行变压吸附操作，最终得到纯净氢气。

与甲醇裂解制氢相比，甲醇水蒸气重整制氢的工艺更简单、耗能更低，其工作温度为250~300℃，相关技术更成熟。

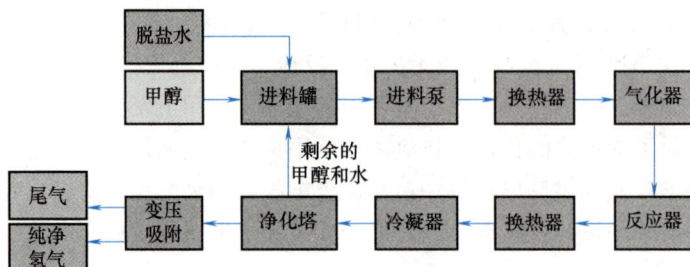

图 6-22　甲醇水蒸气重整制氢的流程图

4. 制氢方式的对比

实际应用中，通常从技术成熟度（technology readiness level，TRL）、成本经济性、环保等方面，对制氢技术进行评价，各种制氢技术的对比见表6-2。从碳排放角度，光解水制氢、生物质制氢、电解水制氢（弃风/弃光/弃水）、天然气制氢+CCS、煤制氢+CCS、天然气制氢、煤制氢、电解水制氢依次增加，而弃风、弃光、弃水受外界因素影响比较大，大范围应用受限；从成本角度，化石燃料制氢小于可再生能源水电解制氢。

表 6-2　各种制氢方式对比

制氢技术	技术成熟度	成本经济性（元/kg）	低碳环保性（$kgCO_2e/kgH_2$）
煤制氢	TRL9（成熟）	6~10	11~25
天然气制氢	TRL9（成熟）	9~18	8~16
煤制氢+CCS	TRL5~7（示范论证）	12~16	2~7
天然气制氢+CCS	TRL5~7（示范论证）		1~6
工业副产气制氢	TRL9（成熟）	10~16	
电解水制氢（弃风/弃光/弃水）	TRL9（成熟）	18~23	1~3
电解水制氢	TRL9（成熟）		约45
光解水制氢	TRL1~3（基础研究）		近零排放
生物质制氢	TRL1~3（基础研究）		近零排放

5. 我国的制氢技术路线

我国的制氢技术路线如图6-23所示。近期（2025年左右）主要以化石燃料制氢为主，其中化石燃料制氢约占67%，工业副产气制氢约占30%，可再生能源制氢仅占3%；中期（2035年左右）主要增大可再生能源制氢的比例，其中化石燃料制氢降至58%左右，可再生能源制氢增至20%左右，工业副产气制氢约占20%，生物质制氢占2%左右；长期（2050年以后），以可再生能源制氢为主，其中可再生能源制氢增至60%，化石燃料制氢降至28%左右，工业副产气制氢降至7%左右，生物质制氢增至5%左右。

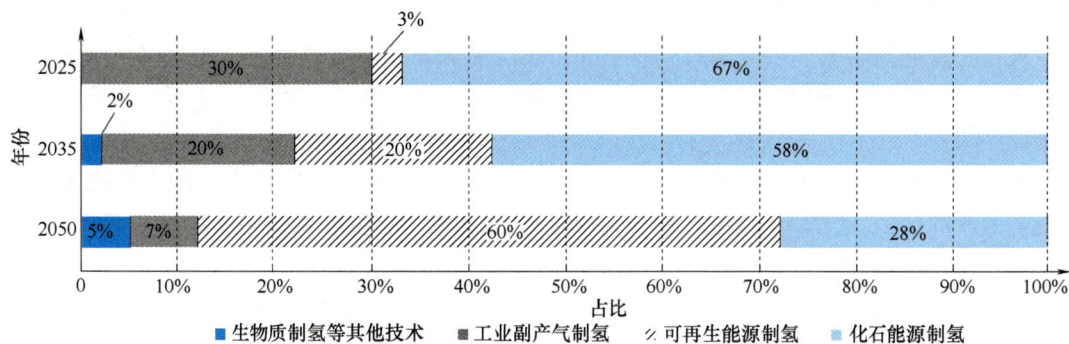

图 6-23 我国的制氢技术路线

6.2.2 氢气提纯技术

1. 燃料电池电动汽车用氢气标准

氢气中的杂质可能会毒化催化剂，进而严重影响燃料电池的性能，因此质子交换膜燃料电池对氢气的纯度及其中的杂质含量提出了严格要求，具体指标见表 6-3。一氧化碳是造成燃料电池催化剂中毒的主要杂质之一，一氧化碳在铂（Pt）表面的吸附系数远大于氢气，它比氢气更易吸附在铂表面的催化活性点上，这会导致氢气在催化剂上的吸附能力大大降低。少量的二氧化碳对燃料电池影响不大，主要影响是会稀释氢气浓度，但当其含量较高时，就会使燃料电池催化剂表面的氢气供应严重不足，进而导致燃料电池出现反极和碳蚀现象，最终导致 Pt/C 催化剂中的碳载体含量减少。硫化氢（H_2S）和二氧化硫（SO_2）等含硫化合物会吸附在铂（Pt）催化剂表面，影响催化剂对氢气的吸附，这会增大燃料电池电化学反应的电荷转移阻抗，进而影响燃料电池的性能，而且含硫化合物对电池性能的损害是逐渐积累且不可逆的。氦（He）、氮（N_2）和氩（Ar）等惰性气体会稀释氢气的浓度，进而导致燃料电池的性能降低。其他杂质一般含量较少，且对燃料电池性能的影响不大。

表 6-3 质子交换膜燃料电池用氢气的技术指标

项目名称		指标
氢气纯度（摩尔分数）		>99.97%
非氢气气体总量		800μmol/mol
单类杂质的最大浓度	水（H_2O）	5μmol/mol
	总烃（按甲烷计）	2μmol/mol
	氧（O_2）	5μmol/mol
	氦（He）	300μmol/mol
	总氮（N_2）和氩（Ar）	100μmol/mol
	二氧化碳（CO_2）	2μmol/mol
	一氧化碳（CO）	0.2μmol/mol
	总硫（按 H_2S 计）	0.004μmol/mol
	甲醛（HCHO）	0.01μmol/mol
	甲酸（HCOOH）	0.2μmol/mol
	氨（NH_3）	0.1μmol/mol
	总卤化合物（按卤离子计）	300μmol/mol
	最大颗粒物浓度	1mg/kg

2. 氢气提纯方法

通过化石能源制氢、工业副产气制氢和可再生能源制氢等方式所制得的氢气中均含有一些杂质，均需要对其进行分离提纯，当前主要的提纯方法有深冷分离法、变压吸附法和膜分离法。

（1）深冷分离法 深冷分离法的原理是利用原料气中各组分的沸点不同，实现氢气的提纯。氢气的沸点为 $-252.75℃$，而氮、氩、甲烷的沸点分别为 $-195.62℃$、$-185.71℃$、$-161.3℃$，因此采用冷凝的办法可将氢气从这些混合气体中分离出来。此外，氢气的相对挥发度要高于烃类物质，通过深冷分离法也可以实现氢气与烃类物质的有效分离。由深冷分离法得到的氢气纯度可达 95% 以上，氢气回收率为 92%～97%，这种方法适用于含氢量低于30% 的原料气。

（2）变压吸附法 变压吸附法主要基于固体吸附剂对不同气体的选择性吸附特性和同一气体在吸附剂上的吸附量会随压力变化的特性，来实现氢气的分离。变压吸附工艺通常包括高压吸附、低压脱附和升压复原三个步骤：首先，使杂质气体在高压下被吸附剂吸附；然后，使杂质气体在低压下脱附；最后，通过高压恢复吸附剂的吸附能力。由于选用的吸附剂对氢气的吸附容量极小，需要不断重复这三个步骤，才可有效去除氢气中的杂质。变压吸附技术对原料气中的杂质要求不严格，一般不需要对其进行预处理；当原料气中的氢含量较低时，该方法的优势更明显。由变压吸附法提纯得到的氢气纯度可高达 99.999%。该方法是工业中应用最多、技术较为成熟的一种氢气分离方法，适用于大、中、小各种生产规模的氢气提纯，其缺点是氢的回收率低，仅有 60%～80%。

（3）膜分离法 如图 6-24 所示，选择性透过膜对各种气体的渗透性能和扩散性能是不同的，为此可以通过选择性透过膜实现气体的分离和提纯，

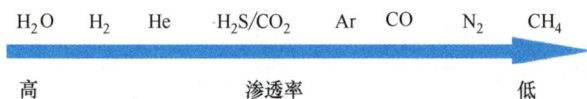

| H_2O | H_2 | He | H_2S/CO_2 | Ar | CO | N_2 | CH_4 |

高　　　　　　　　渗透率　　　　　　　　低

图 6-24　选择性透过膜对各种气体的渗透率

这种提纯方法称为膜分离法。膜两侧的压力差是促使气体穿过膜的动力，渗透率较高的气体可在膜的渗透侧富集，渗透率低的气体则在未渗透侧富集，从而可实现混合气体分离。膜分离法适合分离氢气含量高于 30% 且压力较高的混合气，该法具有能耗较低、成本较小、装置和操作简单，以及可与其他分离工艺配合使用的优点。

6.2.3　车载储氢技术

不利于存储、液化成本高等难题限制了氢气的远距离输送，相应的加氢站储氢和车载储氢也成为影响燃料电池电动汽车普及应用的另一项关键技术，目前主要的储氢方法有高压气态储氢、低温液态储氢、金属氢化物储氢、碳基材料储氢以及化学储氢等。

氢气常温下的密度较小且化学性质不稳定，而用于储氢的车载空间十分有限，所以，常温常压下的储氢方式是不能满足车用需求的。目前，车载储氢主要有高压气态储氢、低温液态储氢和金属氢化物储氢。

（1）高压气态储氢 气态储氢是一种成熟的储氢技术，也是目前应用最广泛的车载储氢方式，其原理是在高压下将氢气压缩，使氢气以高密度形式存储于特制容器中。这种方法具有可在常温下储存、储氢能耗低和充放气速度快等优点，但存在体积储氢密度低、压缩耗能较大、存在高压安全隐患等缺点。高压气态储氢容器主要有纯钢制金属瓶（Ⅰ型）、钢制内胆纤维缠绕瓶（Ⅱ型）、铝内胆纤维缠绕瓶（Ⅲ型）及塑料内胆纤维缠绕瓶（Ⅳ型）。目

前，车用储氢气瓶主要为Ⅲ型瓶和Ⅳ型瓶，相应的储氢压力主要有 35MPa 和 70MPa 两种。国外燃料电池电动汽车主要采用 70MPa 的Ⅳ型瓶；我国主要采用 35MPa 的Ⅲ型瓶，70MPa 的Ⅳ型瓶尚处于示范阶段。

（2）低温液态储氢　液态储氢是将氢气压缩后，深冷至 $-252.65℃$ 以下，使之液化，然后储存到绝热真空容器中的一种方法。液氢是一种高能、低温的液态燃料，沸点为 $-252.65℃$、体积储氢密度达 70g/L，密度是气态氢的 845 倍。储氢容器是这种方式的关键，传统液氢储存容器的材料主要有奥氏体不锈钢和铝合金等金属材料，而从轻量化等车载应用的需求出发，采用复合材料取代传统的金属材料逐渐成为趋势，这些复合材料具有低密度、高强度、低热导率和低比热容的特点，常用的复合材料有玻璃强化塑料（GFRP）和碳纤维强化塑料（CFRP）等。

与高压气态储氢相比，低温液态储氢的质量储氢密度、体积储氢密度均有大幅提高。如果仅从质量储氢密度、体积储氢密度的角度，低温液态储氢是理想的储氢技术。但液态储氢目前存在两大技术难点：一是，必须使用特殊的超低温绝热容器；二是，氢气液化成本高、能耗大，耗能约为 12kW·h/kg，这相当于液氢质量能量的 30%。

（3）金属氢化物储氢　在不同的温度和压力下，某些金属（合金）具有可吸收/释放氢气的特性，实际应用中则可以基于该特性实现氢气的储存和应用，相应金属和氢的化合物统称为金属氢化物，这种储氢方式称为金属氢化物储氢。其工作原理是：在一定温度和压力下，氢分子可在金属（合金）表面分解为氢原子并扩散到金属（合金）的原子间隙中，与金属（合金）结合生成金属氢化物；而将这些金属氢化物加热后，氢原子会结合成氢分子释放出来。金属氢化物储氢可分为金属单质储氢和合金储氢，其中，以镍化二镁（Mg_2Ni）为代表的镁系合金被认为是实用价值较高的轻型高能储氢材料。

金属氢化物储氢具有体积储氢密度高、储氢安全性好等优点，但存在金属氢化物粉末导热性差、氢气吸放速度慢、吸氢后金属氢化物体积膨胀易导致储氢装置变形、金属氢化物粉末易流动等问题。

6.2.4　氢气运输

氢气运输是影响燃料电池电动汽车普及应用的重要环节，相应的运输成本直接决定了燃料电池电动汽车的使用成本。目前，氢气的运输方式主要有：高压气氢长管拖车运输、气氢管道运输和液氢槽车运输。

（1）高压气氢长管拖车运输　目前，通过拖车运输气态氢是最成熟的运输方式。如图 6-25 所示，集装管束运输拖车的容器主体由 6~10 只大容积无缝钢瓶组成，钢瓶由瓶体两端的支持物固定在框架中。考虑到运输成本，高压气氢长管拖车运输主要用于近距离运输。它的运输流程是：氢气由压缩机压缩并加压至 20MPa，通过装气柱装入集装管束运输拖车，集装管束运输拖车到达加氢站后，通过卸气柱将

图 6-25　集装管束运输拖车

管束中的氢储存到加氢站的储氢罐中，卸气终止气压通常小于等于 0.6MPa。

（2）气氢管道运输　低压管道运氢适合大规模、长距离的运氢方式。由于氢气需在低

压状态（工作压力1~4MPa）下运输，因此能耗比高压运氢方式要低，但管道建设的初始投资较大。我国已布局氢气管网，且还有较大的提升空间；美国和欧洲是世界上最早发展氢气管网的地区，已有70年历史。

（3）液氢槽车运输　液氢槽车运输的优势是运送量大，可有效降低车辆运输的频次，提高加氢站的供应能力；缺点是氢气的液化耗能很大，可达到所运输氢气热值的1/3，这导致液氢运输成本很高。液氢槽车运输适用于距离长、输运量大的情况。

在用量小、用户分散的情况下，气氢通常通过气氢长管拖车运输，用量大时一般采用管道输送。目前，在0~500km范围内，管道运输的成本最低；运输距离小于250km时，长管拖车的成本要低于液氢槽车；大于250km时，液氢槽车运输则具有一定的成本优势。各种运输方式的对比见表6-4。

表6-4　氢气的运输方式

运氢方式		运输量	应用情况	优缺点
气态	集装格	5~10kg/格	广泛用于商品氢运输	技术成熟、运输量小,适用于短距离运输
	长管拖车	250~460kg/车	广泛用于商品氢运输	技术成熟、运输量小,适用于短距离运输
	管道	310~8900kg/h	国外处于小规模发展阶段,国内尚未普及	一次性投资高、运输效率高,适合长距离运输,需要注意氢脆现象
液态	槽车	360~4300kg/车	国外应用较为广泛,国内目前仅用于航天及军事领域	液化能耗和成本高,设备要求高,适合中远距离运输
	有机载体	2600kg/车	试验阶段,少量应用	加氢及脱氢处理使得氢气的高,纯度难以保证
固态	储氢金属	24000kg/车	试验阶段,用于燃料电池	运输容易,不存在逃逸问题,运输的能量密度低

6.2.5　加氢站

加氢站作为氢能供应和应用的连接节点，是氢能在交通领域进行大规模应用的重要基础设施。按照制氢地点的不同，加氢站可分为站外制氢加氢站和站内制氢加氢站。目前，我国的加氢站以站外制氢、长管拖车运氢为主。

1. 站外制氢加氢站

站外制氢加氢站内部没有氢气制取装置，需要通过高压气态长管拖车、管道输运以及液氢槽车的方式，将氢气运输至加氢站。高压气态长管拖车是目前应用最广泛的运氢方式。

（1）站外高压气态长管拖车或管道输送加氢站　站外高压气态长管拖车或管道输送加氢站的工作流程如图6-26所示，氢气由长管拖车或管道运输至加氢站，经压缩机加压后，将其储存到站内的高压储氢瓶组中；当需要给燃料电池电动汽车加注氢气时，首先通过换热器对高压储氢瓶组中流出的氢气进行预冷，以防止加氢过程中因氢气温度过高而引发安全事故，然后通过加氢机将经过预冷的氢气加注到车载储氢系统中。

（2）站外液氢槽车供氢加氢站　站外液氢槽车供氢加氢站的工作流程如图6-27所示，由液氢槽车运输的液氢分为两部分：大部分保持在液体状态，小部分则在液氢罐中发生了气

246

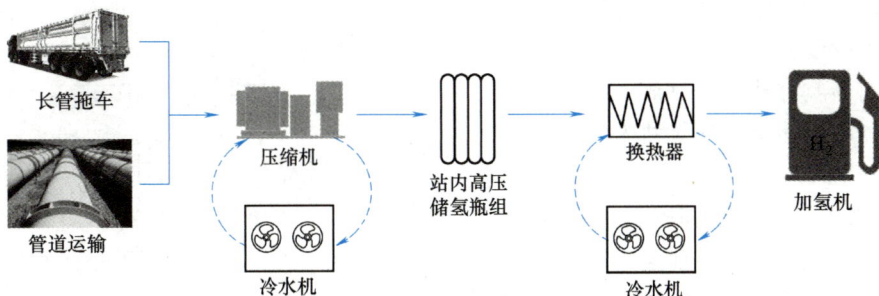

图 6-26 站外高压气态长管拖车或管道输送加氢站的工作流程

化。气化的氢气经过换热器预冷后，通过压缩机直接输送至站内高压储氢瓶组中储存。液态氢则由液氢泵从液氢罐中泵出，经蒸发器将其气化后，存入站内高压储氢瓶组中。由站内高压储氢瓶组给燃料电池电动汽车加注氢气的流程与站外高压气态长管拖车加氢站相同。

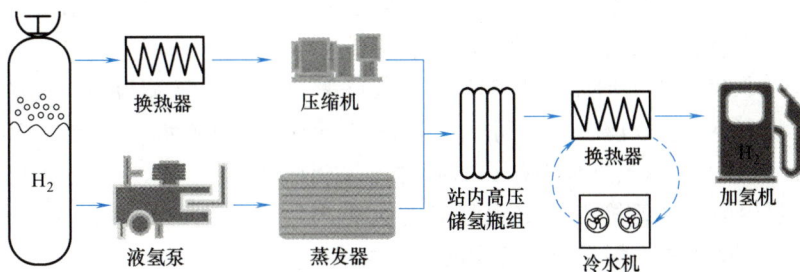

图 6-27 液氢槽车供氢加氢站的工作流程

2. 站内制氢加氢站

站内制氢加氢站是在站内建有完整的制氢系统，并可将制得的氢气压缩后加以储存的加氢站。站内制氢加氢站通常采用电解水制氢和天然气重整制氢，具有节省氢气运输成本、减小站内储氢罐容积的优势。

（1）站内电解水制氢加氢站 站内电解水制氢加氢站的工作流程如图 6-28 所示。首先由水电解装置得到氢气和氧气，氢气通过气水分离器进行干燥，干燥后的氢气由氢气纯化器进行提纯，以达到燃料电池汽车的使用要求；提纯后的氢气经缓冲罐，由压缩机压缩后存入站内高压储氢瓶组中，由高压储氢瓶组给燃料电池汽车加注氢气的流程与站外制氢加氢站相同。

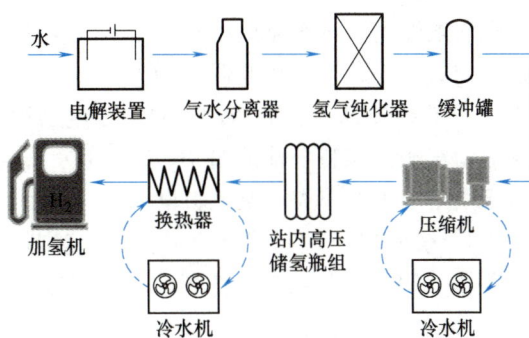

图 6-28 站内电解水制氢加氢站的工作流程

（2）站内天然气重整制氢加氢站 站内天然气重整制氢加氢站的工作流程如图 6-29 所示。首先在高温、催化剂的条件下，使天然气和水蒸气在重整装置中反应生成氢气、一氧化碳以及二氧化碳等混合气，随后通过变压吸附装置将氢气分离出来，分离得到的氢经氢气纯化器提纯，纯化后的氢气通过缓冲罐后，经压缩机压缩，存入站内高压储氢瓶组中，由高压储氢瓶组给燃料电池电动汽车加注氢气的流程与站外制氢加氢站相同。

压缩机、储氢罐和加氢机是加氢站的核心设备。压缩机的作用是将氢气压缩加压后储存到储氢容器中，目前，我国普遍采用的是隔膜压缩机。加氢站内的储氢罐通常由低压（20～30MPa）、中压（30～40MPa）、高压（40～75 MPa）三级压力储氢罐组成。加氢机是实现氢气加注的设备，加氢机首先从低压储氢罐中取气，对车载储氢瓶进行加注；当低压储氢罐中的氢气压力与车载储氢瓶中的压力相等时，

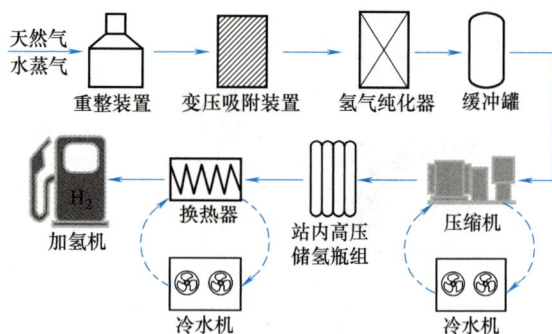

图 6-29　站内天然气重整制氢加氢站的工作流程

从中压储氢罐中取气；当中压储氢罐中的氢气压力与车载储氢瓶中的压力相等时，从高压储氢罐中取气；当高压储氢罐的压力无法将车载储氢瓶加注至设定压力时，则起动压缩机进行加注。加注完成后，压缩机按照高、中、低压的次序，依次给三级储氢罐补充氢气，以为后续加注作准备，分级加注可有效减少压缩机的能耗。

以加注能力 500kg/天、加注压力 35MPa、负荷率 80% 的加氢站为例，预计到 2035 年，加氢站的可降成本空间在 50% 左右，可由目前的 16 元/kg 降至 8 元/kg，至 2050 年可降至 6 元/kg。另外，针对上述运氢过程中存在的问题，氢能产业具有向绿氨、绿色甲醇方向发展的趋势，即通过甲醇、液氨等方式实现氢能的远距离运输，这也是目前相关研究的热点，"氢经济"与"甲醇经济"将是能源革命的重要组成部分。

6.3　燃料电池电动汽车

6.3.1　燃料电池电动汽车的工作原理

燃料电池电动汽车是以燃料电池系统作能量源或主能量源，主要由电机系统、燃料电池系统、储氢系统、整车控制器（VCU）、燃料电池控制器（FC-ECU）、储能装置等组成的电动汽车。图 6-30 所示为典型的燃料电池电动汽车构型。电机通过传动系统与车轮机械连接，用于驱动车辆；燃料电池通过 DC/DC 变换器与储能装置并联，用于给电机系统提供电能；储氢罐用于根据整车需求给燃料电池系统提供氢气；电机控制器（MCU）、储能装置控制器（ESCU）、燃料电池控制器（FC-ECU）分别用于控制电机、储能装置、燃料电池工作；整车控制器（VCU）与纯电动汽车的 VCU 类似。

6.3.2　燃料电池电动汽车构型设计流程

燃料电池电动汽车的构型设计流程如图 6-31 所示。首先，根据燃料电池电动汽车的整车性能指标，对关键部件进行调研，结合调研结果和相关燃料电池发动机的特点和工作特性，初步确定合适的动力系统构型；其次，根据关键总成的技术现状，细化包括动力性、经济性、前后轴最大允许轴荷在内的燃料电池电动汽车性能指标；基于整车性能指标，通过计算初步确定关键部件参数，并根据相应参数及可用资源选择部件；确定关键部件后，基于选定的电机、电池、燃料电池等资源进行总布置设计，以确定总布置的合理性，此时需要重点

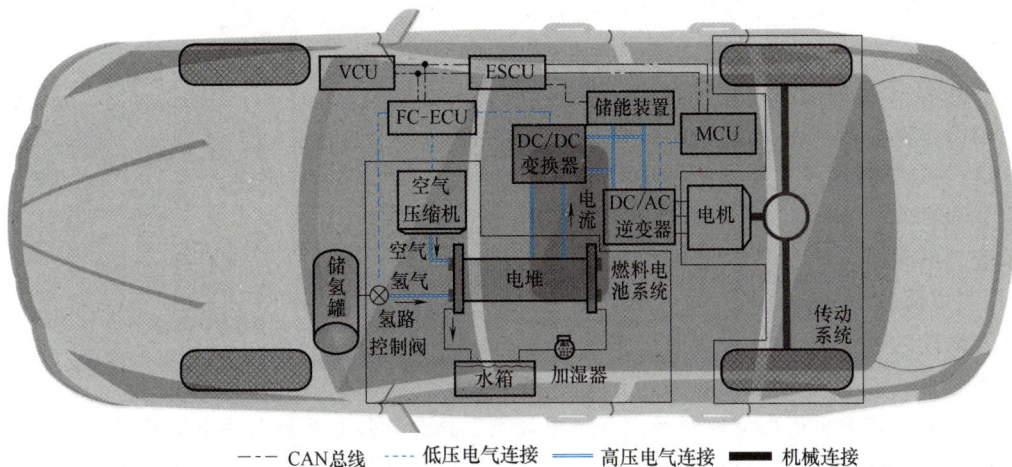

图 6-30　典型的燃料电池电动汽车构型

关注储氢系统的布置方案；最后，根据总布置确定的整车参数，通过搭建仿真模型，对整车性能进行验证。

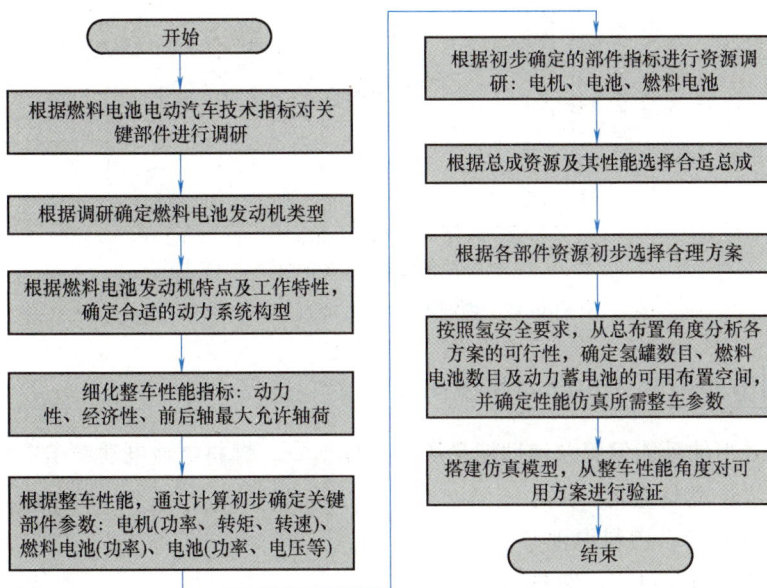

图 6-31　燃料电池电动汽车构型设计流程

6.3.3　燃料电池的选型及特性分析

根据电解质的不同，燃料电池可分为质子交换膜燃料电池、碱性燃料电池、磷酸燃料电池、熔融碳酸盐燃料电池、固体氧化物燃料电池，其中质子交换膜燃料电池因具有启动时间短、比功率高、单位面积功率高、工作效率高、工作温度适合车用等优势，在燃料电池电动汽车中得到了广泛应用。下面以质子交换膜燃料电池为例进行介绍。

燃料电池特性是合理使用燃料电池发动机、设计燃料电池电动汽车动力系统构型、开发整车控制系统的基础。如图 6-32 所示，与其他能量源相比，质子交换膜燃料电池具有很高的能量密度，而其功率密度却较小，且燃料电池属于不可逆能量源，这也使其无法实现制动能量回收功能。为此，主流构型多用电电混合方案。

图 6-33 所示为燃料电池发动机的特性曲线。由图可知，燃料电池的输出特性偏软且最佳运行区在中载区（图中所示的静电流密度为 $0.18\sim0.62A/cm^2$，这里的具体数字仅用于示意，不同燃料电池各区间的数值均不相同）；当负荷较小（轻载区）时，由于空气压缩机等附件的寄生功率较大，所以系统的总体效率较低；当负荷较大（重载区）时，虽

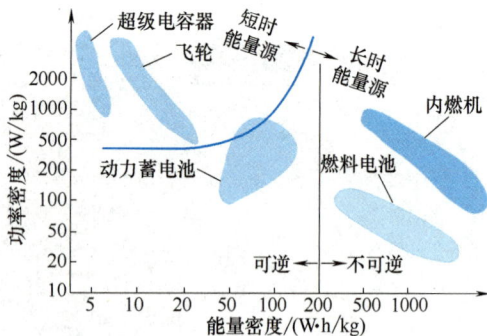

图 6-32　常见储能装置的功率密度与能量密度

然净功率密度较大，但所需燃料及空气量也较大，这会导致其系统效率下降较快，又因存在浓度损失，所以电压的下降也较快，进而会严重影响其使用寿命。因此，为了延长燃料电池的使用寿命，需要使燃料电池尽量在中负荷区工作。

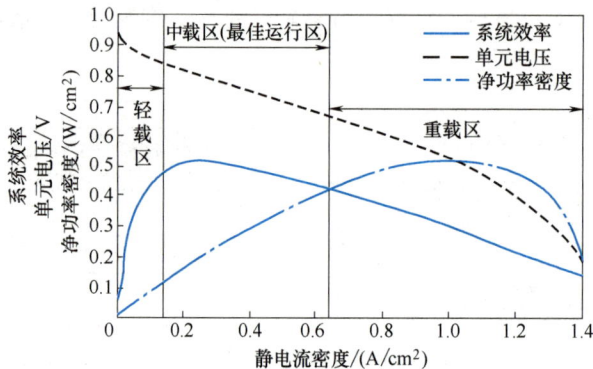

图 6-33　燃料电池发动机的特性曲线

6.3.4　燃料电池电动汽车动力系统构型方案的选择

根据是否采用辅助能量源及辅助能量源的具体形式，燃料电池电动汽车主要分为纯燃料电池构型（FC）、燃料电池+动力蓄电池构型（FC+B）、燃料电池+超级电容器构型（FC+C）、燃料电池+动力蓄电池+超级电容器构型（FC+B+C）四大类。

1. 纯燃料电池构型（FC）

纯燃料电池电动汽车以燃料电池作为唯一的能量源，其动力系统构型根据是否采用 DC/DC 分两种构型方案，如图 6-34 所示。该构型以燃料电池发动机作为唯一的能量源，这就需要由燃料电池独自满足整车功率需求，而燃

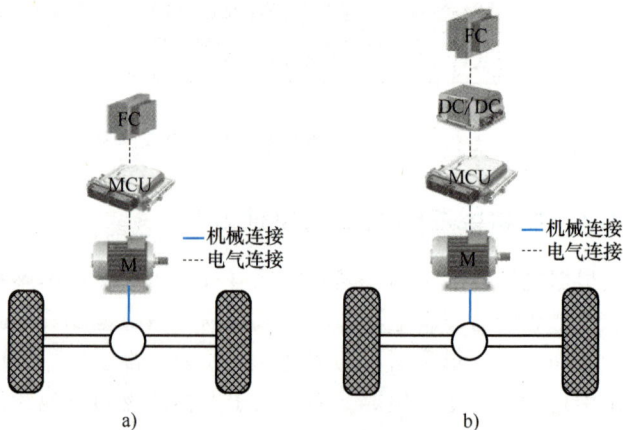

图 6-34　纯燃料电池电动汽车动力系统构型方案
a）构型方案 1　b）构型方案 2

料电池本身功率密度较低，且会工作在重载区，这就会导致整车动力性弱、燃料电池寿命短、整车起动速度慢，且无法实现制动能量回收功能等问题。这种构型多应用在初期的燃料电池电动汽车中，目前应用较少。

2. 燃料电池+动力蓄电池构型（FC+B）

FC+B 构型在驱动时，可控制动力蓄电池和燃料电池共同提供整车所需的能量，当燃料电池输出功率不能满足整车需求时，控制燃料电池工作在高效区，不足的功率由蓄电池补充；当燃料电池输出功率大于整车需求时，则用多余功率给蓄电池充电；当整车需求功率较小且蓄电池 SOC 较高时，由蓄电池单独驱动汽车。起动时，由蓄电池提供能量，以有效减少整车起动时间。制动时，通过蓄电池回收制动能量，以降低整车能耗。根据 DC/DC 的数目和安装位置，FC+B 构型有 4 种可行方案，如图 6-35 所示。可从动力性、经济性、安全性、电压匹配性、控制性能、制动能量回收率、燃料电池寿命、整车起动速度、总成成本、总成复杂程度等角度，对上述构型进行定性的对比分析，见表 6-5。

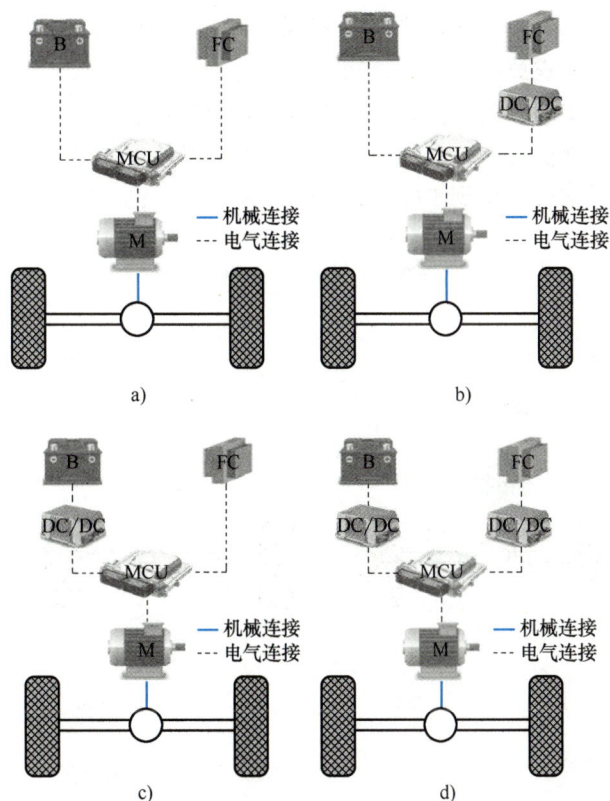

图 6-35 FC+B 燃料电池电动汽车动力系统构型方案

a）构型方案 1　b）构型方案 2　c）构型方案 3　d）构型方案 4

表 6-5 FC+B 燃料电池电动汽车构型性能对比表

评价指标	构型方案 1	构型方案 2	构型方案 3	构型方案 4
动力性	●	●	●	●
经济性	●	●●	●	●●
安全性	●	●●●	●●	●●●●

（续）

评价指标	构型方案 1	构型方案 2	构型方案 3	构型方案 4
电压匹配性	●	●●●	●●	●●●●
控制性能	●	●●●	●●	●●●●
制动能量回收率	●	●	●	●
燃料电池寿命	●	●●	●	●●
整车起动速度	●	●	●	●
总成成本	●●●	●●	●●	●
总成复杂程度	●●●	●●	●●	●

注：●越多表示该指标越好。

表 6-5 是从定性分析的角度得出的，如果从定量的角度，各项评价指标还受具体部件参数、控制策略等因素的影响，部分指标可能会与表 6-5 存在一定的差别。

3. 燃料电池+超级电容器构型（FC+C）

与 FC+B 构型相比，两者工作原理基本相同，FC+C 构型用超级电容器作辅助能量源，其特点在于超级电容器的充放电效率高、功率密度高、循环寿命长，特别适用于制动能量回收和需要短时输出高功率的工况；且由图 6-32 可知，超级电容器的功率密度远高于动力蓄电池，但相应的能量密度低于动力蓄电池，这会导致两者的工作模式有较大差别，相应的整车控制策略也需要进行调整。根据 DC/DC 的数目和安装位置，FC+C 构型也存在 4 种可行方案，如图 6-36 所示。

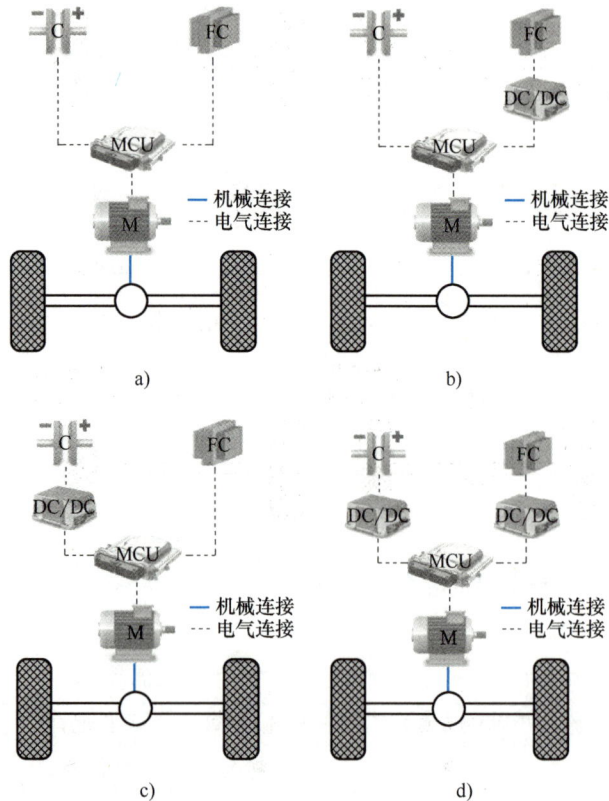

图 6-36 FC+C 燃料电池电动汽车动力系统构型方案

a）构型方案 1 b）构型方案 2 c）构型方案 3 d）构型方案 4

与 FC+B 构型类似，为了分析各构型的优缺点，可从动力性、经济性、安全性、电压匹配性、控制性能、制动能量回收率、燃料电池寿命、整车起动速度、总成成本、总成复杂程度等角度，对 4 种构型方案进行对比分析，见表 6-6。

表 6-6　FC+C 燃料电池电动汽车构型性能对比表

评价指标	构型方案 1	构型方案 2	构型方案 3	构型方案 4
动力性	●	●	●	●
经济性	●	●	●	●
安全性	●	●●●	●●	●●●●
电压匹配性	●	●●●	●●	●●●●
控制性能	●	●●●	●●	●●●●
制动能量回收率	●	●	●	●
燃料电池寿命	●	●●	●	●●
整车起动速度	●	●	●	●
总成成本	●●●	●●	●●	●
总成复杂程度	●●●	●●	●●	●

注：●越多表示该指标越好。

表 6-6 也是从定性分析的角度得出的，如果从定量的角度，各项评价指标还受具体部件参数、控制策略等因素的影响，部分指标可能会与表 6-6 存在一定的差别。

4. 燃料电池+动力蓄电池+超级电容器构型（FC+B+C）

虽然 FC+B 和 FC+C 构型各有优点，但也均存在一定的缺点。例如，FC+B 构型存在燃料电池和电池容易过载，不能充分回收制动能量的问题；FC+C 构型受电容能量密度小和整车总布置空间的影响，存在燃料电池运行区间宽，燃料电池容易运行在非高效区，会降低整车能量转换效率及燃料电池寿命的问题。为此，基于复合电源的思路，可将动力蓄电池与超级电容器共同作为辅助能量源，即 FC+B+C 构型，以有效解决上述问题，并能充分发挥动力蓄电池高能量密度和超级电容器高功率密度的优势，从而进一步优化整车动力性和经济性。根据 DC/DC 的数目和安装位置不同，FC+B+C 构型存在图 6-37 所示的 8 种可行方案，图 6-37a 为无 DC/DC 方案，图 6-37b~d 为单 DC/DC 方案，图 6-37e~g 为双 DC/DC 方案，图 6-37h 为三 DC/DC 方案。

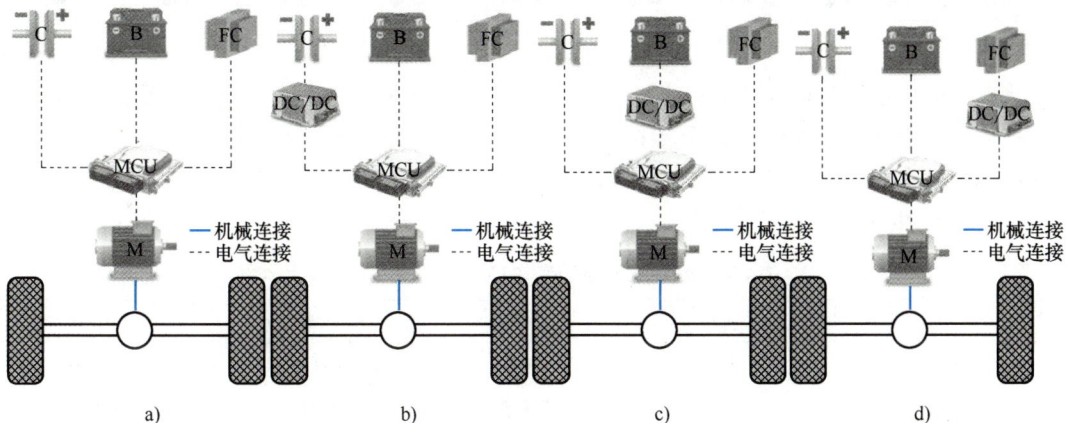

图 6-37　FC+B+C 燃料电池电动汽车动力系统构型方案

a）构型方案 1　b）构型方案 2　c）构型方案 3　d）构型方案 4

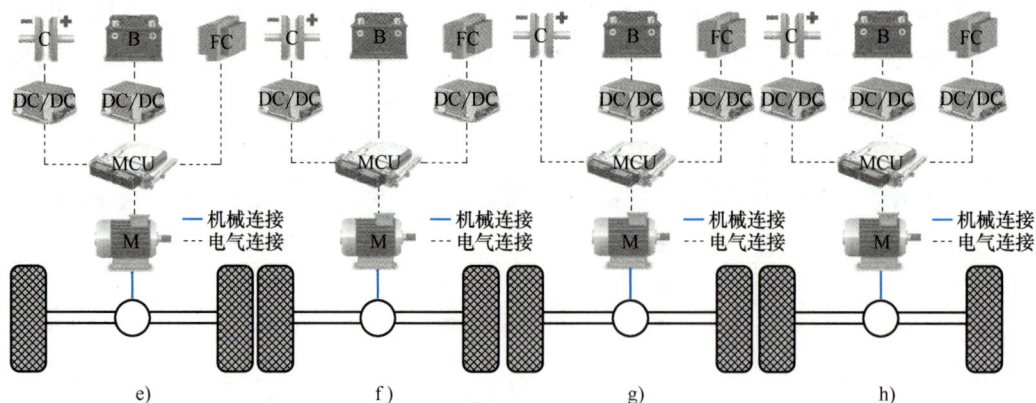

图 6-37　FC+B+C 燃料电池电动汽车动力系统构型方案（续）

e）构型方案 5　f）构型方案 6　g）构型方案 7　h）构型方案 8

为了分析各构型方案的优缺点，可从动力性、经济性、安全性、电压匹配性、控制性能、制动能量回收率、燃料电池寿命、整车起动速度、总成成本、总成复杂程度等角度，对 8 种构型进行对比分析，见表 6-7。

表 6-7　FC+B+C 燃料电池电动汽车构型性能对比表

评价指标	构型方案 1	构型方案 2	构型方案 3	构型方案 4	构型方案 5	构型方案 6	构型方案 7	构型方案 8
动力性	●	●	●	●	●	●	●	●
经济性	●	●	●	●●	●	●●	●●	●●
安全性	●	●●	●●	●●●	●●	●●●	●●●	●●●●
电压匹配性	●	●	●	●●	●	●●	●●	●●
控制性能	●	●●	●●	●●●	●●	●●●	●●●	●●●●
制动能量回收率	●	●	●	●●	●	●●	●●	●●
燃料电池寿命	●	●	●	●●	●	●●	●●	●●
整车起动速度	●	●	●	●●	●	●●	●●	●●
总成成本	●●●●	●●●	●●●	●●●	●●	●●	●●	●
总成复杂程度	●●●●	●●●	●●●	●●●	●●	●●	●●	●

注：●越多表示该指标越好。

表 6-7 是从定性分析的角度得出的，如果从定量的角度，各项评价指标还受具体部件参数、控制策略等因素的影响，部分指标可能会与表 6-7 存在一定的差别。

综上所述，FC 构型、FC+B 构型、FC+C 构型、FC+B+C 构型相关性能的对比见表 6-8，该表也是从定性分析的角度得出的。

表 6-8　燃料电池电动汽车各构型相关性能对比

评价指标	FC 构型	FC+B 构型	FC+C 构型	FC+B+C 构型
动力性	●	●●	●●●	●●●●
经济性	●	●●●	●●	●●●●
安全性	●	●●	●●	●●
电压匹配性	●	●●	●●	●●

（续）

评价指标	FC 构型	FC+B 构型	FC+C 构型	FC+B+C 构型
控制性能	●	●●	●●	●●
制动能量回收率		●	●●	●●●
燃料电池寿命	●	●●	●●	●●●
整车起动速度	●	●●	●●	●●
总成成本	●●●	●●	●●	●
总成复杂程度	●●	●●	●●	●

注：●越多表示该指标越好。

6.3.5　燃料电池电动汽车对燃料电池的要求

燃料电池作为燃料电池电动汽车的关键部件，其高低温性能、安全性、寿命等性能指标必须满足整车的使用需求，部分关键指标要求如下：

1）高低温性能好、环境适应性强。目前，燃料电池电动汽车可在 $-30℃$ 环境下工作，到 2025 年，要实现冷起动温度 $<-40℃$，工作过程中不会发生燃料气体的结冰和泄漏，同时还可在高温环境下正常工作。

2）高功率密度。燃料电池应具有较高的功率密度以保证整车动力性。到 2025 年，要实现商用车燃料电池堆体积功率密度 $>2.5kW/L$，乘用车燃料电池堆体积功率密度 $>4kW/L$；到 2035 年，要实现商用车燃料电池堆体积功率密度 $>3kW/L$，乘用车燃料电池堆体积功率密度 $>6kW/L$。

3）高安全性和可靠性。正常使用情况下，燃料电池不能发生泄露、爆炸，当受到撞击后，能够防止电路短路和气体泄漏。

4）长寿命。燃料电池的寿命也会影响整车的寿命。到 2025 年，要实现商用车燃料电池堆寿命 $>16500h$，乘用车燃料电池堆寿命 $>5500h$；到 2035 年，要实现商用车燃料电池堆寿命 $>30000h$，乘用车燃料电池堆寿命 $>8000h$。

5）绿色、环保，价格低廉。氢气的制取、储存和输送要尽量保证价格低廉，环保无污染，燃料电池排放物无污染，部件成本要尽可能低。

6.3.6　燃料电池电动汽车关键总成的匹配

由燃料电池电动汽车的工作原理和构型可知，动力系统的匹配与纯电动汽车相同，而能量系统的匹配是燃料电池电动汽车整车匹配的关键。燃料电池电动汽车关键总成的匹配主要包括燃料电池功率、动力蓄电池功率和容量、储氢系统参数的匹配。本节以常用的 FC+B 型燃料电池电动汽车为例进行介绍。

1. 燃料电池功率的匹配

燃料电池功率需要在考虑总成资源的前提下，根据最高车速确定。

$$P_{fc} \geq \frac{1}{\eta_{DC}\eta_m\eta_T}\left(mgfu_{amax}+\frac{1}{2}C_DA\rho_au_{amax}^3\right) \tag{6-24}$$

式中，P_{fc} 为燃料电池的输出功率（W）；η_{DC} 为 DC/DC 变换器的效率；η_m 为电机驱动系统效率；η_T 为传动系统效率；m 为整车质量（kg）；g 为重力加速度；f 为路面滚动阻力系数；u_{amax}

为最高车速（m/s）；C_D 为空气阻力系数；A 为汽车迎风面积（m^2）；ρ_a 为空气密度（kg/m^3）。

2. 动力蓄电池的功率和容量的匹配

动力蓄电池的功率通常根据电机功率和燃料电池功率差值的最大值确定，还需要考虑一定的余量，即

$$P_{bat} = i(P_m - P_{fc}) \tag{6-25}$$

式中，P_{bat} 为动力蓄电池的输出功率（W）；P_m 为电机峰值功率（W）；P_{fc} 为燃料电池的确定功率（W）；i 为余量系数。

动力蓄电池的最小容量通常由坡路起步工况和百公里加速所需的能量确定，考虑到增大电池容量可减小燃料电池在重载区工作的比例，因此在总布置空间允许的前提下，应尽可能增大动力蓄电池容量。

3. 储氢系统参数

燃料电池电动汽车储氢系统的匹配也是燃料电池电动汽车匹配的关键技术，首先，可根据式（6-26）计算得到目标整车行驶工况下的百公里耗氢质量。

$$Q_H = \frac{100W}{S\eta_{fc}H_V} \tag{6-26}$$

式中，Q_H 为目标行驶工况下的整车百公里耗氢质量（kg）；W 为目标行驶工况下的燃料电池输出电量（MJ）；H_V 为氢的热值（MJ/kg）；η_{fc} 为燃料电池效率；S 为目标行驶工况下的行驶距离（km）。

常用储氢方法：高压气态储氢、低温液态储氢、金属氢化物储氢。常见储氢系统与储氢材料的储能密度见表6-9。

表 6-9　常见储氢系统与材料的储能密度

储氢方法		质量能量密度/（MJ/kg）	体积能量密度/（MJ/L）
高压气态储氢		120	6.87
低温液态储氢		120	8.71
金属氢化物储氢	氢化镁（MgH_2）	10.63	14.68
	氢化铝锂（$LiAlH_4$）	11.04	12.58
	氨基硼烷（NH_3BH_3）	18.87	19.57

（1）高压气态储氢　在不考虑效率损失的情况下，高压气态储氢罐体积的计算公式为

$$V_g = \frac{SQ_H H_V}{100\rho_{gv}} \tag{6-27}$$

式中，V_g 为高压储氢罐体积（L）；S 为目标行驶工况下的续驶里程（km）；Q_H 为目标行驶工况下的整车百公里耗氢质量（kg）；H_V 为氢的热值（MJ/kg）；ρ_{gv} 为高压储氢罐（充满氢）的体积能量密度（MJ/L）。

高压储氢罐质量的计算公式为

$$M_g = \frac{SQ_H H_V}{100\rho_{gm}} - \frac{SQ_H}{100} \tag{6-28}$$

式中，M_g 为储氢罐质量（kg）；ρ_{gm} 为高压储氢罐（充满氢）的质量能量密度（MJ/kg）。

（2）低温液态储氢　在不考虑效率损失的情况下，低温液态储氢罐体积的计算公式为

$$V_1 = \frac{SQ_H H_V}{100\rho_{1v}} \tag{6-29}$$

式中，V_1 为低温液态储氢罐的体积（L）；ρ_{1v} 为低温液态储氢罐（充满氢）的体积能量密度（MJ/L）。

低温液态储氢罐质量的计算公式为

$$M_1 = \frac{SQ_H H_V}{100\rho_{1m}} - \frac{SQ_H}{100} \tag{6-30}$$

式中，M_1 为低温储氢罐的质量（kg）；ρ_{1m} 为低温储氢罐（充满氢）的质量能量密度（MJ/kg）。

（3）金属氢化物储氢　在不考虑效率损失的情况下，金属氢化物体积的计算公式为

$$V_s = \frac{SQ_H H_V}{100\rho_{sv}} \tag{6-31}$$

式中，V_s 为金属氢化物的体积（L）；ρ_{sv} 为金属氢化物的体积能量密度（MJ/L）。

金属氢化物质量的计算公式为

$$M_s = \frac{SQ_H H_V}{100\rho_{sm}} - \frac{SQ_H}{100} \tag{6-32}$$

式中，M_s 为金属氢化物的质量（kg）；ρ_{sm} 为金属氢化物的质量能量密度（MJ/kg）。

6.3.7　燃料电池电动汽车的整车控制系统

与纯电动汽车相比，燃料电池电动汽车增加了燃料电池系统及加氢系统。控制系统由整车控制器、燃料电池控制器、辅助储能装置控制器和电机控制器等组成，各控制器之间通过 CAN 总线相连，相应的工作原理与纯电动汽车类似，不同之处主要在于多能量源之间的协调控制，各构型的能量协调控制与动力系统的构型相关，FC+B 构型与 FC+C 构型的协调控制方案类似，FC+B+C 构型的协调控制方案最为复杂。下面以图 6-38 所示的 FC+B+C 构型为例进行介绍。

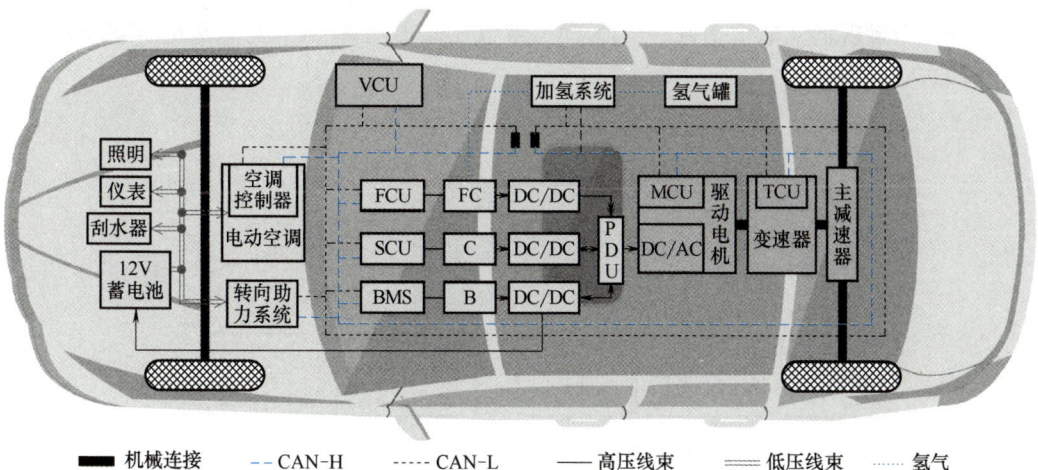

图 6-38　FC+B+C 构型燃料电池电动汽车整车控制系统

VCU—整车控制器　FCU—燃料电池控制器　FC—燃料电池　SCU—超级电容器控制器　C—超级电容器
BMS—电池管理系统　B—动力蓄电池　PDU—高压配电盒　MCU—驱动电机控制器　TCU—变速器控制器

　　燃料电池电动汽车能量管理策略通常应遵循下列原则：为保证燃料电池寿命和整车经济性要求，燃料电池应尽可能工作在高效区；为保证整车经济性要求，动力蓄电池与超级电容器应至少有一种能量源可以储存制动回收的能量；为保证燃料电池与动力蓄电池的寿命，应尽量控制超级电容器进行制动能量回收，避免燃料电池工作在过载区域，同时尽可能避免动力蓄电池工作在过充或过放状态；为提高制动能量回收率，优先采用超级电容回收制动能量；当燃料不足时，燃料电池停止工作，根据动力蓄电池和超级电容器的状态，仅通过动力蓄电池和超级电容器驱动车辆行驶。据此可设置图 6-39 所示的能量管理策略流程图。

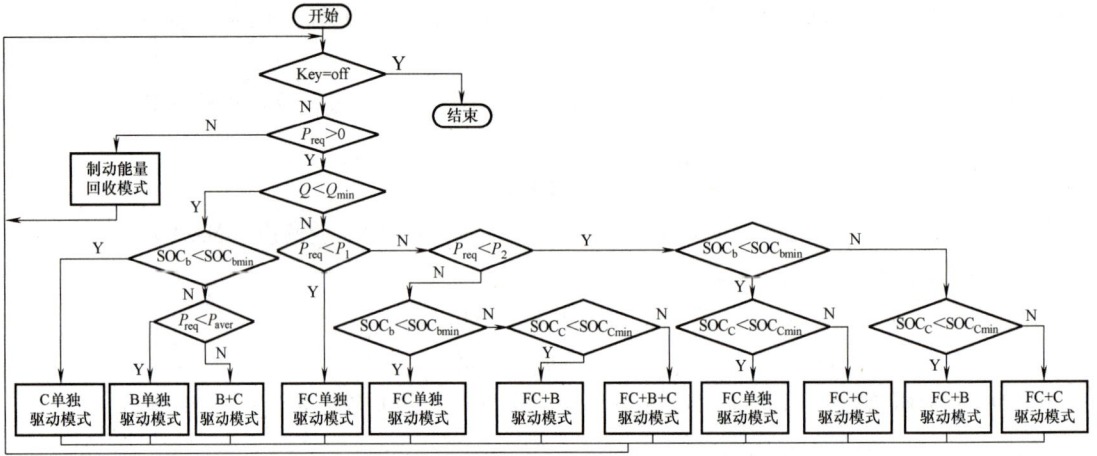

图 6-39　FC+B+C 构型燃料电池电动汽车能量管理策略流程图

　　图 6-39 中，P_{req} 为整车需求功率，P_1、P_2 和 P_{aver} 均为设定的功率门限值，Q 为车载储氢量，Q_{min} 为设定的车载储氢量门限值，SOC_{bmin} 为允许动力蓄电池输出电能的 SOC 下限值（标定值），SOC_{Cmin} 为允许超级电容器输出电能的 SOC 下限值（标定值），SOC_b 为动力蓄电池的 SOC 值，SOC_C 为超级电容器的 SOC 值。

　　当燃料不足时，燃料电池停止工作，进入 B+C 驱动模式，具体控制策略如图 6-40 所示。图 6-40 中，P_{ball} 为动力蓄电池所能输出的最大功率，P_{Call} 为超级电容器所能输出的最大功率，P_{fc} 为燃料电池输出功率，P_b 为动力蓄电池输出功率，P_C 为超级电容器输出功率，其他字母的含义同上文。

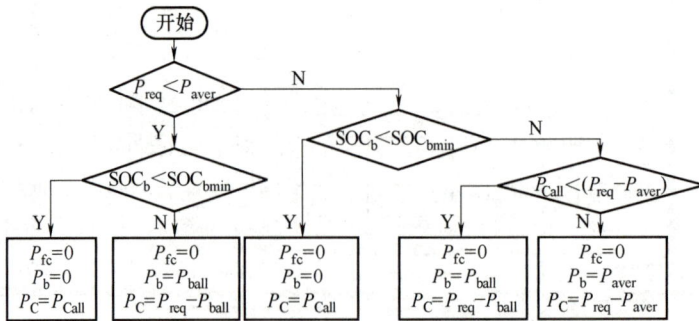

图 6-40　B+C 驱动模式的控制策略

　　FC+B+C 构型燃料电池电动汽车驱动控制策略的制定需要满足如下要求：应保证整车的动力性需求；应保证燃料电池尽可能工作于高效区；尽量保证动力电池与超级电容器中至少有一种能量源可存储回收的制动能量；在驱动状态下，尽量避免燃料电池与动力蓄电池过载。据此可设置图 6-41 所示的驱动控制策略，其中，P_{fc1} 为设定的燃料电池功率门限值，P_{fcall} 为燃料电池所能输出的最大功率。

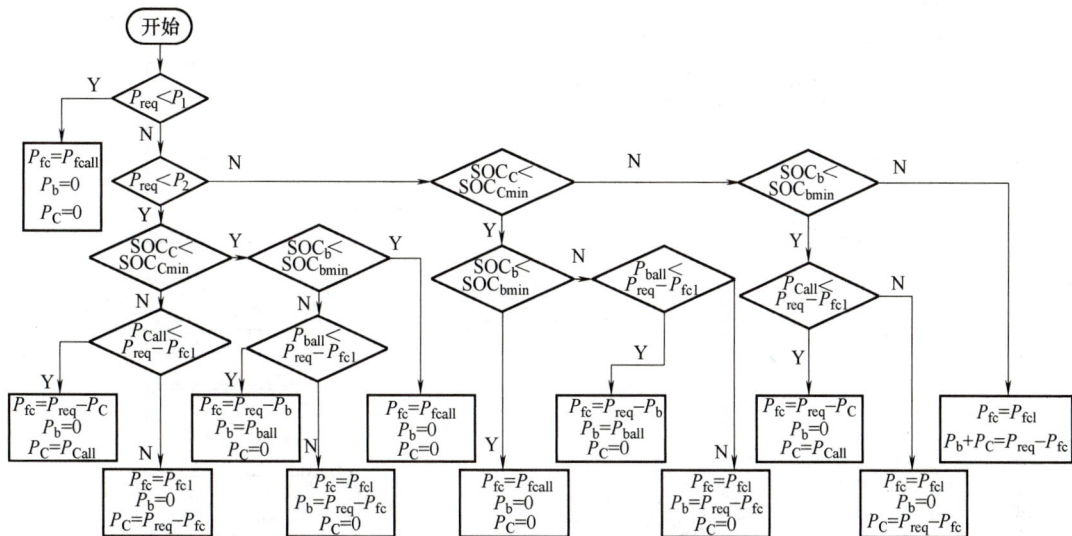

图 6-41 FC+B+C 构型燃料电池电动汽车驱动控制策略

为了提高制动能量回收效率，制动时优先采用超级电容器回收制动能量。制动能量回收控制策略如图 6-42 所示，其中，SOC_{Cbmax} 为允许制动能量回收的超级电容器 SOC 门限值，SOC_{bbmax} 为允许制动能量回收的电池 SOC 门限值，P_{req_b} 为整车需求制动功率，P_{call_b} 为超级电容器所能回收的最大制动功率，P_{ball_b} 为电池所能回收的最大制动功率，P_{bmin} 为允许制动能量回收的功率门限值，其他字母的含义同上文。

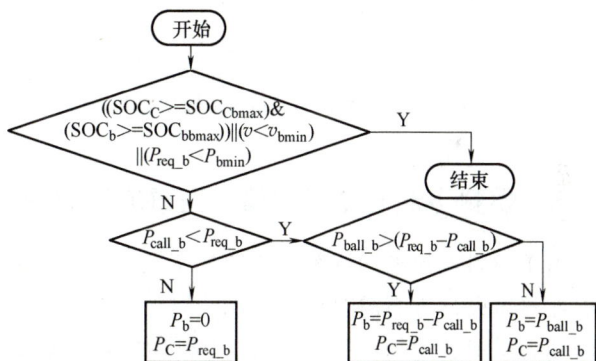

图 6-42 制动能量回收控制策略

相应的，FC+B 构型（图 6-35 构型方案 2）燃料电池电动汽车的能量管理控制策略可采用图 6-43 所示的方案。图中，α_b 为制动踏板开度，α_d 为加速踏板开度，α_{bmin} 为判断驾驶员是否踩下制动踏板的踏板开度下限值，α_{dmin} 为判断驾驶员是否踩下加速踏板的踏板开度门限（标定值），v 为车速，v_{bmin} 为允许制动能量回收的车速门限（标定值），η_{DC} 为 DC/DC 变换器效率，η 为整车传动效率，SOC_{max} 为允许制动能回收的 SOC 门限（标定值），k_1、k_2、k_3、k_4 为标定系数，P_{fc} 为燃料电池的输出功率，P_{bat} 为电池的输出功率，P_d 为整车需求驱动功率，k_b 为制动能量回收强度标定系数，P_{fc_rate} 为燃料电池输出的额定功率，SOC_{min} 为允许动力蓄电池输出电能的 SOC 下限值（标定值），P_{bat_max1}、P_{bat_max2} 为在相应 SOC 状态下电池能够输出的最大功率，v_1 为滑行状态下进入充电模式时的车速门限值，P_{bat_charge} 为动力蓄电池充电功率。

开始

驾驶员输入$(\alpha_b、\alpha_d)$

$\alpha_b > \alpha_{bmin}$ —Y→ $(v > v_{bmin})\ \&\ (SOC < k_1 \times SOC_{max})$ —Y→ $P_{fc}=0$, $P_{bat}=k_b \times P_d$

N→ $P_{fc}=0$, $P_{bat}=0$

$\alpha_d > \alpha_{dmin}$ —Y→ $P_d > P_{fc\_rate} \times \eta \times \eta_{DC}$ —Y→ $SOC < k_2 \times SOC_{min}$ —Y→ $P_{fc}=P_{fc\_rate} \times \eta_{DC}$, $P_{bat}=0$

$P_{bat} > P_d/\eta - P_{fc\_rate} \times \eta_{DC}$ —N→ $P_{fc}=(P_d/\eta - P_{bat\_max1})\eta_{DC}$, $P_{bat}=P_{bat\_max1}$

—Y→ $P_{fc}=P_{fc\_rate} \times \eta_{DC}$, $P_{bat}=P_d/\eta - P_{fc}$

$SOC < k_3 \times SOC_{max}$ —N→ $P_{fc}=0$, $P_{bat}=P_d/\eta$

—Y→ $P_{bat} > P_{fc\_rate}\eta_{DC} - P_d/\eta$ —Y→ $P_{fc}=P_{fc\_rate} \times \eta_{DC}$, $P_{bat}=P_{fc\_rate} \times \eta_{DC} - P_d/\eta$

—N→ $P_{fc}=(P_d/\eta - P_{bat\_max2})\eta_{DC}$, $P_{bat}=P_{bat\_max2}$

$(v > v_1)\ \&\ (SOC < k_4 \times SOC_{min})$ —N→ $P_{fc}=P_{bat\_charge}/\eta_{DC}$, $P_{bat}=\bar{P}_{bat\_charge}$

—Y→ $P_{fc}=0$, $P_{bat}=0$

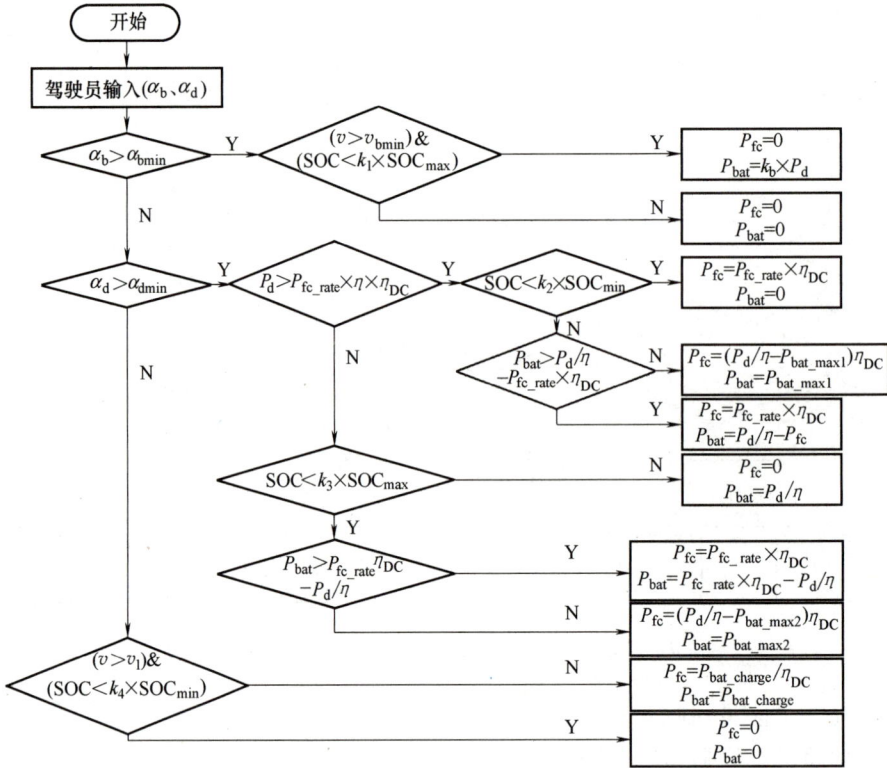

图 6-43　FC+B 构型燃料电池电动汽车的能量管理策略

6.3.8　燃料电池电动汽车整车布置的注意事项

由于燃料电池电动汽车与传统汽车及电动汽车在构造及能量供给等方面存在很大差异，所以在整体设计方面需要重新考虑。燃料电池电动汽车与传统汽车相比，取消了发动机及变速器动力总成，增加了驱动电机、DC/DC 变换器和其他车载储能装置等设备；与纯电动汽车相比，增加了燃料电池及其控制系统。

燃料电池电动汽车由储氢罐、燃料电池发动机、辅助电源、电动附件等组成。从安全角度，其整车布置需考虑各总成和供氢管路的布置，要遵循以下几个原则：

1）氢管路要避开蓄电池及热源，至少保持 200mm 的距离。

2）储氢罐的管路接头不应位于完全密封的空间内，储氢气瓶和管路一般不应装在乘员舱、行李舱或其他通风不良的地方；如果必须要安装在行李舱或其他通风不良的地方，应采取相应措施，以将可能泄漏的氢气及时排出。

3）储氢气瓶应避免直接暴露在阳光下。

4）储氢容器及附件的安装位置距车辆边缘至少 100mm。

5）燃料电池应尽量远离运动部件，至少保持 200mm 的距离。

6）为了把燃料电池堆、动力蓄电池等高压电源零部件与储氢区分开，常将燃料电池电堆布置在传统车发动机舱处或底盘中部，将储氢罐布置在底盘的中后部或后排座椅的下方，这还可以降低人员的触电风险。

6.3.9　燃料电池电动汽车的技术路线

作为氢能在交通领域的重要应用场景，氢燃料电池电动汽车是全球汽车动力系统电动化转型升级的重要方向。氢燃料电池电动汽车具有车辆使用阶段“零排放”、能源利用高效、续驶里程长、燃料加注时间短等优势，如果使用可再生能源制氢，燃料电池电动汽车甚至能实现全生命周期零排放。

燃料电池堆及关键材料研发、燃料电池系统关键技术突破和氢能生产储存运输，以及加注等基础设施建设都有待发展。为推动氢燃料电池电动汽车及相关产业的发展，2020 年，中国汽车工程学会制定了氢燃料电池电动汽车的技术路线，如图 6-44 所示。

		2025年	2030年　2035年
总体目标		基于现有储运加注技术，各城市因地制宜，经济辐射半径150km左右，运行车辆10万辆左右	突破新一代储运技术，突破加氢站数量瓶颈，城市间联网跨域运行，保有量100万辆左右
总体目标		燃料电池系统产能>1万套/企业	燃料电池系统产能>10万套/企业
氢能燃料电池汽车	功能要求	冷起动温度达到−40℃，提高燃料电池功率整车成本，达到混合动力的水平	冷起动温度达到−40℃，燃料电池商用车动力性、经济性及成本需达到燃油汽车水平
氢能燃料电池汽车	商用车	续驶里程≥500km 客车经济性≤5.5kg/100km 寿命≥40万km 成本≤100万元	续驶里程≥800km 重型货车经济性≤10kg/100km 寿命≥100万km 成本≤50万元
氢能燃料电池汽车	乘用车	续驶里程≥650km 经济性≤1.0kg/100km 寿命≥25万km 成本≤30万元	续驶里程≥800km 经济性≤0.8kg/100km 寿命≥30万km 成本≤20万元
关键技术	燃料电池电堆技术	冷起动温度<−40℃	
关键技术	燃料电池电堆技术	商用车用电堆体积功率密度>2.5kW/L 寿命>16500h 成本<1200元/kW	商用车用电堆体积功率密度>3kW/L 寿命>30000h 成本<400元/kW
关键技术	燃料电池电堆技术	乘用车用电堆体积功率密度>4kW/L 寿命>5500h 成本<1800元/kW	乘用车用电堆体积功率密度>6kW/L 寿命>8000h 成本<500元/kW
关键技术	基础材料技术	批量化催化剂、质子交换膜、膜电极组件、双极板生产技术及装备	高温质子交换膜及电堆技术、非铂(Pt)催化剂及电堆技术、碱性阴离子交换膜及非贵金属催化剂电堆技术应用
关键技术	控制技术	阴极中高压流量压力解耦控制技术、能量综合利用技术、面向寿命优化的动态运行控制技术	无增湿长寿命技术，宽压力流量范围自适应控制技术、阳极引射泵循环泵回流控制技术
关键技术	储氢技术	供给系统关键部件高可靠性技术、储氢系统高可靠性技术	供给系统关键部件低成本技术、储氢系统低成本技术
关键零部件技术		高速无油空压机与高集成空气系统、氢循环泵引射泵与氢循环系统、含交流阻抗功能的专用DC/DC变换器、70MPa储氢瓶、液氢储氢瓶等关键系统附件性能满足车用指标要求	
氢能基础设施	氢气供应	鼓励可再生能源分布式制氢，氢气需求量达到20万～40万t/年	可再生能源制氢为主，氢气需求量达到200万～400万t/年
氢能基础设施	氢气储输	高压气态氢、液氢、管道运氢	多种形式并存
氢能基础设施	加氢站	加氢站>1000座 加注压力为35MPa或70MPa 氢燃料成本≤40元/kg	加氢站>5000座 加注压力为35MPa或70MPa 氢燃料成本≤25元/kg

图 6-44　氢燃料电池电动汽车的技术路线

参 考 文 献

[1] 环境保护部. 轻型汽车污染物排放限值及测量方法：中国第六阶段：GB 18352.6—2016 [S]. 北京：中国标准出版社, 2016.

[2] 中国汽车工程学会. 节能与新能源汽车技术路线图2.0 [M]. 北京：机械工业出版社, 2021.

[3] 全国汽车标准化技术委员会. 电动汽车术语：GB/T 19596—2017 [S]. 北京：中国标准出版社, 2017.

[4] 王顺利, 李小霞, 熊莉英, 等. 锂电池等效电路建模与荷电状态估计 [M]. 北京：机械工业出版社, 2021.

[5] 胡信国, 等. 动力电池技术与应用 [M]. 北京：化学工业出版社, 2013.

[6] 朴正基, 等. 锂二次电池原理与应用 [M]. 张治安, 杜柯, 任秀, 译. 北京：机械工业出版社, 2014.

[7] 肖成伟, 等. 电动汽车工程手册：第四卷 动力蓄电池 [M]. 北京：机械工业出版社, 2019.

[8] 熊瑞. 动力电池管理系统核心算法 [M]. 2版. 北京：机械工业出版社, 2022.

[9] 王芳, 夏军, 等. 电动汽车动力电池系统设计与制造技术 [M]. 北京：科学出版社, 2017.

[10] 王芳, 夏军, 等. 电动汽车动力电池系统安全分析与设计 [M]. 北京：科学出版社, 2016.

[11] 中华人民共和国工业和信息化部. 电动汽车安全要求：GB/T 18384—2020 [S]. 北京：中国标准出版社, 2020.

[12] 谭晓军. 电动汽车动力电池管理系统设计 [M]. 广州：中山大学出版社, 2011.

[13] 孙振宇, 王震坡, 刘鹏, 等. 新能源汽车动力电池系统故障诊断研究综述 [J]. 机械工程学报, 2021, 57 (14)：87-104.

[14] 熊瑞. 基于数据模型融合的电动车辆动力电池组状态估计研究 [D]. 北京：北京理工大学, 2014.

[15] 徐裴行. 锂离子动力电池荷电状态与健康状态联合估计算法研究 [D]. 南宁：广西大学, 2022.

[16] 崔相雨. 基于嵌入式MCU的车载动力锂电池管理系统关键技术研究 [D]. 长沙：湖南大学, 2019.

[17] 孙逢春. 电动汽车工程手册：第三卷 燃料电池电动汽车设计 [M]. 北京：机械工业出版社, 2019.

[18] 中华人民共和国工业和信息化部. 电动汽车用动力蓄电池循环寿命要求及试验方法：GB/T 31484—2015 [S]. 北京：中国标准出版社, 2015.

[19] 中华人民共和国工业和信息化部. 电动汽车用动力蓄电池安全要求：GB 38031—2020 [S]. 北京：中国标准出版社, 2020.

[20] 吴志新, 周华, 王芳. 电动汽车及关键部件测评与开发技术 [M]. 北京：科学出版社, 2019.

[21] 周志敏, 纪爱华. 电动汽车动力电池梯次利用与回收技术 [M]. 北京：化学工业出版社, 2019.

[22] MILLER J M. 超级电容器：建模、特性及应用 [M]. 韩晓娟, 李建林, 田春光, 译. 北京：机械工业出版社, 2018.

[23] 全国汽车标准化技术委员会. 车用超级电容：QC/T 741—2014 [S]. 北京：中国计划出版社, 2014.

[24] 邵长江. 轮毂电机式复合电源纯电动客车能量管理策略研究 [D]. 淄博：山东理工大学, 2022.

[25] 张雷, 王震坡. 面向电动车辆的超级电容系统应用技术 [M]. 北京：北京理工大学出版社, 2020.

[26] 苏少平, 高琳, 杜锦华, 等. 电机学 [M]. 北京：机械工业出版社, 2021.

[27] 凌胜跃, 黄文美, 宋桂英. 电机理论基础 [M]. 北京：中国电力出版社, 2009.

[28] 赵莉华, 曾成碧, 苗虹. 电机学 [M]. 2版. 北京：机械工业出版社, 2018.

[29] 曾成碧, 赵莉华. 电机学 [M]. 2版. 北京：机械工业出版社, 2016.

[30] 孙克军. 电机学 [M]. 北京：化学工业出版社, 2013.

[31] 赵影. 电机与电力拖动 [M]. 3版. 北京：国防工业出版社，2010.

[32] 崔胜民. 新能源汽车技术与实践 [M]. 北京：机械工业出版社，2022.

[33] 崔胜民，韩家军. 新能源汽车概论 [M]. 北京：北京大学出版社，2011.

[34] 乌曼. 电机学 [M]. 5版. 刘新正，苏少平，高琳，译. 北京：电子工业出版社，2014.

[35] 徐静，阮毅，陈伯时. 异步电机按定子磁场定向的转差频率控制 [J]. 电机与控制学报，2003，7（1）：1-4.

[36] 高建平，郗建国. 新能源汽车概论 [M]. 北京：机械工业出版社，2018.

[37] 张舟云，贡俊. 新能源汽车电机技术与应用 [M]. 上海：上海科学技术出版社. 2013.

[38] 冀国威. 电动汽车永磁无刷直流电机驱动控制系统研究 [D]. 沈阳：东北大学，2013.

[39] 叶云岳. 直线电机原理与应用 [M]. 北京：机械工业出版社，2000.

[40] 王利. 现代直线电机关键控制技术及其应用研究 [D]. 杭州：浙江大学，2012.

[41] 张卓然，王东，花为. 混合励磁电机结构原理、设计与运行控制技术综述及展望 [J]. 中国电机工程学报，2020，40（24）：7834-7850；8221.

[42] 张卓然，耿伟伟，戴冀，等. 新型混合励磁电机技术研究与进展 [J]. 南京航空航天大学学报，2014，46（1）：27-36.

[43] 罗念宁，张健，姜继海. 液压混合动力技术 [J]. 液压气动与密封，2012，32（2）：81-85.

[44] 全国汽车标准化技术委员会. 混合动力电动汽车动力性能试验方法：GB/T 19752—2024 [S]. 北京：中国标准出版社，2005.

[45] 全国汽车标准化技术委员会. 轻型混合动力电动汽车能量消耗量试验方法：GB/T 19753—2021 [S]. 北京：中国标准出版社，2021.

[46] 爱塞尼. 现代电动汽车混合动力电动汽车和燃料电池电动汽车 [M]. 杨世春，译. 北京：机械工业出版社，2019.

[47] 余志生. 汽车理论 [M]. 5版. 北京：机械工业出版社，2009.

[48] 高龙飞. 插电式同轴并联混合动力系统参数匹配与控制策略研究 [D]. 太原：太原理工大学，2019.

[49] 于永涛. 混联式混合动力车辆优化设计与控制 [D]. 长春：吉林大学，2010.

[50] 伍国强，秦大同，胡建军，等. 混合动力行星齿轮动力传动系统方案及参数匹配研究 [J]. 机械设计，2009，26（6）：60-65.

[51] 肖锦钊，杨坤，王治宝，等. 电动真空助力系统精细匹配研究 [J]. 中国科技论文，2019，14（10）：1128-1133；1153.

[52] 杨坤，肖锦钊，王杰，等. 电动空调匹配及模糊控制研究 [J]. 中国工程机械学报，2022，20（5）：377-383.

[53] 崔淑梅，程远，陈清泉. 先进汽车电气变速器 [J]. 电工技术学报，2006（10）：111-116.

[54] 王同金. 阿特金森循环发动机燃油经济性研究 [D]. 天津：天津大学，2016.

[55] 刘卓. 阿特金森循环发动机的分析与研究 [D]. 广州：华南理工大学，2017.

[56] 中国电器工业协会. 燃料电池术语：GB/T 28816—2020 [S]. 北京：中国标准出版社，2020.

[57] 李星国. 氢与氢能 [M]. 2版. 北京：科学出版社，2022.

[58] 高帷韬，雷一杰，张勋，等. 质子交换膜燃料电池研究进展 [J]. 化工进展，2022，41（3）：1539-1555.

[59] 李明阳. 直接甲醇燃料电池镍基催化剂制备及甲醇氧化性能研究 [D]. 哈尔滨：哈尔滨工业大学，2021.

[60] 陈蓉，杨嘉伟，李微，等. 熔融碳酸盐燃料电池阳极用多孔铜镍铝合金的制备及其压缩性能 [J]. 机械工程材料，2013，37（11）：92-95；100.

[61] 王洪建，许世森，程健，等. 熔融碳酸盐燃料电池发电系统研究进展与展望 [J]. 热力发电，

2017，46（5）：8-13.

[62] 史践. 氢能与燃料电池电动汽车 [M]. 北京：机械工业出版社，2021.

[63] 王昭懿. 车用质子交换膜燃料电池空气供给系统建模及控制策略研究 [D]. 长春：吉林大学，2022.

[64] 杜真真，王珺，王晶，等. 质子交换膜燃料电池关键材料的研究进展 [J]. 材料工程，2022，50（12）：35-50.

[65] 侯明，衣宝廉. 燃料电池的关键技术 [J]. 科技导报，2016，34（6）：52-61.

[66] 蔡聿星，刘闪闪，付念，等. 高温质子交换膜的研究进展 [J]. 材料导报，2016，30（6）：57-62；76.

[67] 陈海平，侯明，高燕燕，等. 质子交换膜燃料电池气体扩散层耐久性研究 [J]. 电源技术，2020，44（5）：693-697；735.

[68] 李俊超，王清，蒋锐，等. 质子交换膜燃料电池双极板材料研究进展 [J]. 材料导报，2018，32（15）：2584-2595；2600.

[69] 孟豪宇，唐泽辉，闫承磊，等. 燃料电池复合材料双极板的研究现状与发展 [J]. 复合材料科学与工程，2021（4）：124-128.

[70] 林玲，朱青，徐安武. 直接甲醇燃料电池的阳极和阴极催化剂 [J]. 化学进展，2015，27（9）：1147-1157.

[71] 刘洋洋，孙燕芳，靳文，等. 直接甲醇燃料电池阳极催化剂的研究进展 [J]. 电源技术，2019，43（8）：1397-1402.

[72] 黄国勇. 氢能与氢燃料电池 [M]. 北京：中国石化出版社，2020.

[73] 张立新，李建，李瑞懿，等. 车用燃料电池氢气供应系统研究综述 [J]. 工程热物理学报，2022，43（6）：1444-1459.

[74] 毛宗强，毛志明，余皓. 制氢工艺与技术 [M]. 北京：化学工业出版社，2018.

[75] 苏树辉，毛宗强，袁国林，等. 国际氢能产业发展报告：2017 [M]. 北京：世界知识出版社，2017.

[76] 曾升，李进，王鑫，等. 中国氢能利用技术进展及前景展望 [J]. 电源技术，2022，46（7）：716-722.

[77] 俞红梅，邵志刚，侯明，等. 电解水制氢技术研究进展与发展建议 [J]. 中国工程科学，2021，23（2）：146-152.

[78] 何泽兴，史成香，陈志超，等. 质子交换膜电解水制氢技术的发展现状及展望 [J]. 化工进展，2021，40（9）：4762-4773.

[79] 马晓锋，张舒涵，何勇，等. PEM电解水制氢技术的研究现状与应用展望 [J]. 太阳能学报，2022，43（6）：420-427.

[80] 全国氢能标准化技术委员会. 质子交换膜燃料电池汽车用燃料　氢气：GB/T 37244—2018 [S]. 北京：中国标准出版社，2018.

[81] 王永锋，张雷. 氢气提纯工艺及技术选择 [J]. 化工设计，2015，25（2）：14-17.

[82] 陈明和，胡正云，贾晓龙，等. Ⅳ型车载储氢气瓶关键技术研究进展 [J]. 压力容器，2020，37（11）：39-50.

[83] 张晓飞，蒋利军，叶建华，等. 固态储氢技术的研究进展 [J]. 太阳能学报，2022，43（6）：345-354.

[84] 曹军文，覃祥富，耿嘎，等. 氢气储运技术的发展现状与展望 [J]. 石油学报（石油加工），2021，37（6）：1461-1478.

[85] 吴朝玲，李永涛，李媛，等. 氢气存储和输运 [M]. 北京：化学工业出版社，2021.

[86] 胡华为，何青，孟照鑫. 加氢站高压储氢容器安全性分析 [J]. 现代化工，2022，42（6）：9-15.

［87］　冼静江，林梓荣，赖永鑫，等．加氢站工艺和运行安全［J］．煤气与热力，2017，37（9）：51-56.

［88］　杨坤，王杰，肖军生，等．某 B 级燃料电池电动汽车匹配设计研究［J］．汽车工程学报，2018，8（6）：399-406.

［89］　杨坤，董丹秀，王杰，等．多能量源燃料电池电动客车参数匹配及控制策略［J］．汽车安全与节能学报，2020，11（3）：362-370.

［90］　国家发展和改革委员会．燃料电池电动汽车术语：GB/T 24548—2009［S］．北京：中国标准出版社，2009.

［91］　欧阳明高．中国新能源汽车的研发及展望［J］．科技导报，2016，34（6）：13-20.

［92］　王墨林，王贺武，欧阳明高，等．燃料电池汽车及氢能基础设施在美国的最新进展［J］．汽车安全与节能学报，2013，4（2）：178-184.

［93］　吴朝玲．氢气储存和输运［M］．北京：化学工业出版社，2020.

［94］　中华人民共和国工业和信息化部．燃料电池电动汽车安全要求：GB/T 24549—2020［S］．北京：中国标准出版社，2020.